U0793956

北京教育学院志

(2008—2013)

北京教育学院　编

北京出版集团公司
北 京 出 版 社

图书在版编目（CIP）数据

北京教育学院志．2008～2013／北京教育学院编．—
北京：北京出版社，2013．10
ISBN 978－7－200－09327－8

Ⅰ．①北… Ⅱ．①北… Ⅲ．①北京教育学院—校史—
2008～2013 Ⅳ．①G659．281

中国版本图书馆CIP数据核字(2013)第233649号

北京教育学院志(2008—2013)
BEIJING JIAOYU XUEYUAN ZHI (2008—2013)
北京教育学院　编

*
北 京 出 版 社 集 团 公 司
北　京　出　版　社　出　版
(北京北三环中路6号)
邮政编码:100120
网　　址:www.bph.com.cn
北京出版集团公司总发行
北京市新华书店发行
北京京华虎彩印刷有限公司
*
787毫米×1092毫米　16开本　33.5印张　640千字
2013年10月第1版　2013年10月第1次印刷
ISBN 978－7－200－09327－8
定价:98.00元
如发现印装质量问题影响阅读请与北京出版社联系
质量监督电话:010－58572393

1986 年，胡耀邦为学院题写校名

题 词

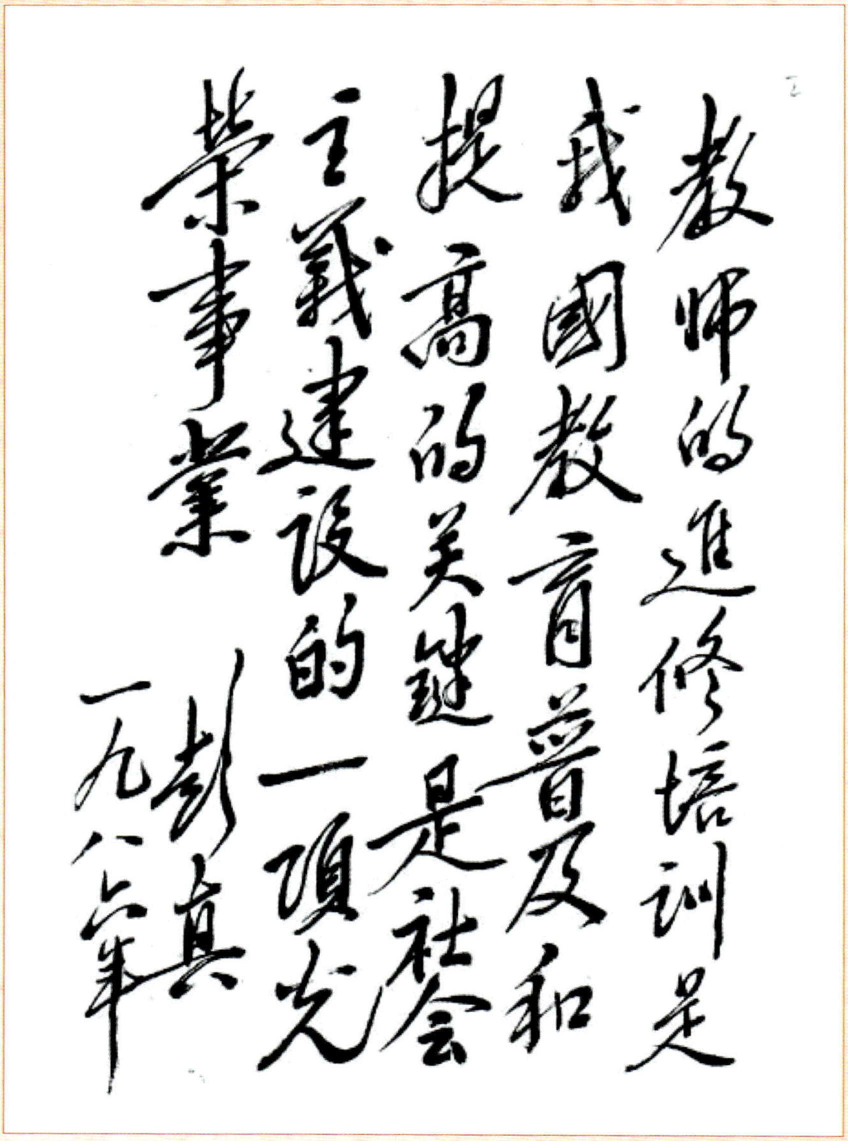

1986 年，彭真为学院题词

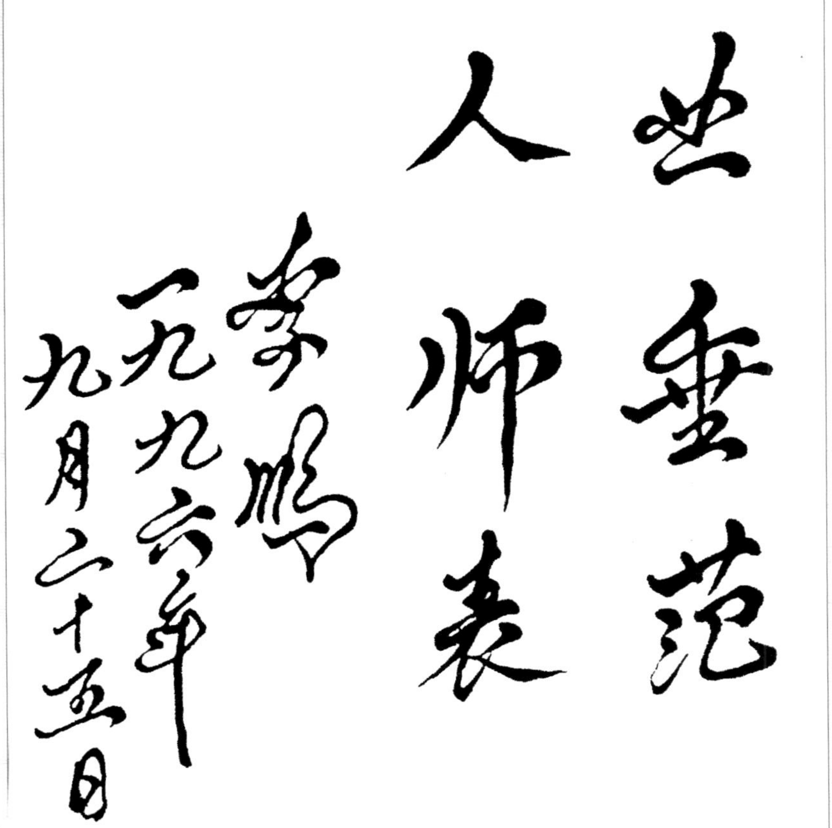

1996 年，李鹏为学院题词

题词

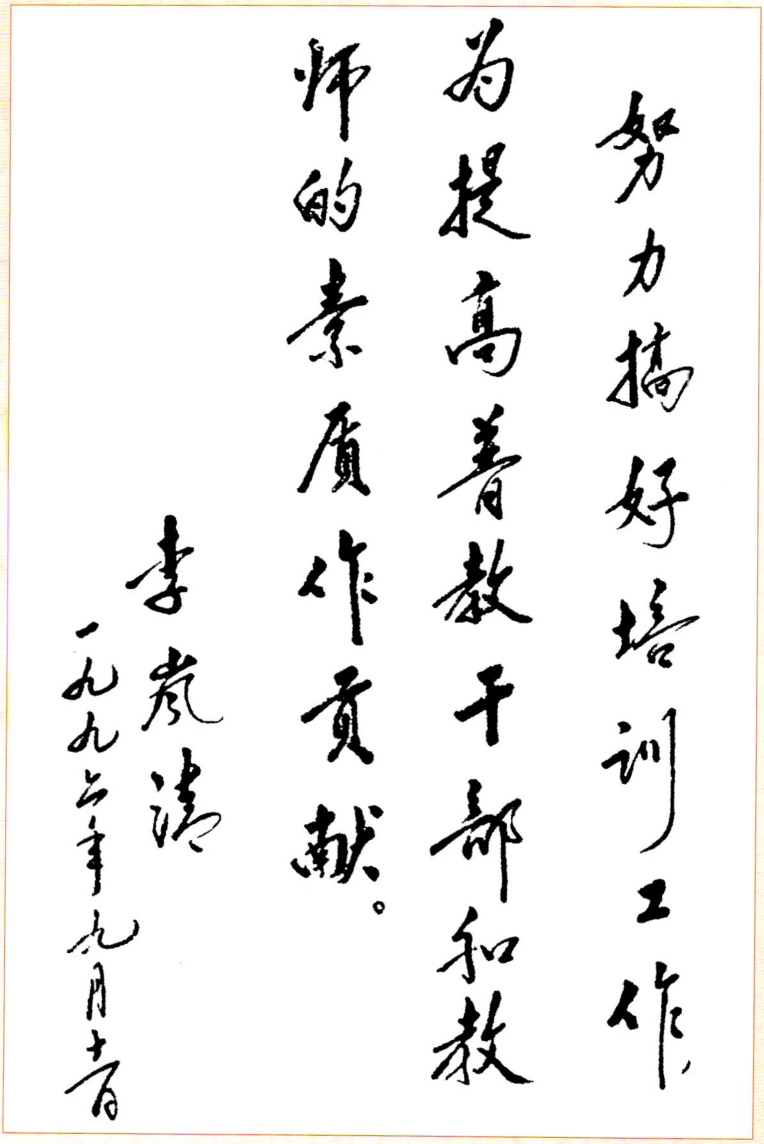

1996 年，李岚清为学院题词

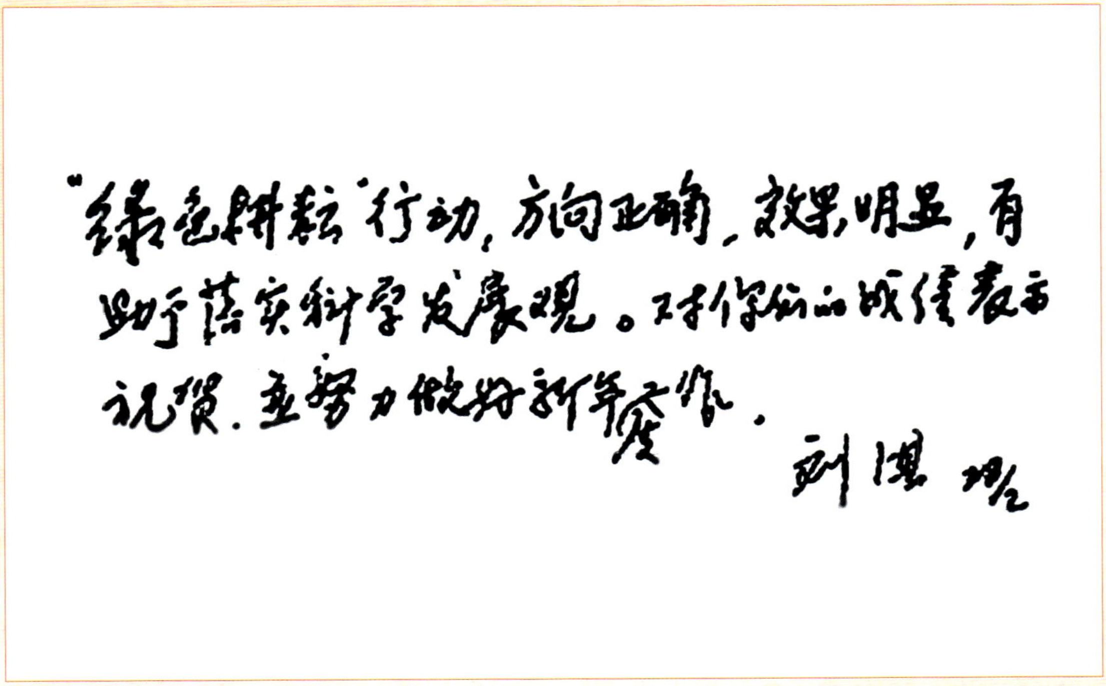
“绿色耕耘”行动，方向正确，效果明显，有助于落实科学发展观。对你们的成绩表示祝贺，并努力做好新年度工作。

刘淇

2005 年，刘淇为学院“绿色耕耘”行动作批示

党的建设

教育教学

2010 年，举办北京市学科带头人与骨干教师培训

2010 年，举办第二届民盟北京市委基础教育论坛

2010 年，承办国培计划示范性项目和中西部项目

2011 年，第二期北京市中小学名校长工作室启动

2011 年，组织北京市中小学中等职业学校教师资格认定考试

2011 年，举办“国内访学计划”项目

2011 年，职业教育学院在全国商科院校技能大赛上获奖

2012 年，首次开展城区教师“学教一体”培训

2012 年，召开新疆干部教师培训汇报座谈会

2013 年，开展“十二五”公共课网络培训

2013 年，京郊教师“绿色耕耘”培训开班，迎来项目开展的第十年

2011 年，教育部副部长刘利民传达温家宝总理为贺乐凡教授自我教育课题研究所作的批示

2010 年，学院聘任学科带头人

2012 年，《中小学教师专业发展标准及指导》通过专家论证

2012 年，北京教育学会小学教育研究分会成立

2010 年，北京市市长郭金龙出席北京教育学院附属中学开学典礼

2013 年，丰台区教委与学院签署合作办学协议，建立北京教育学院附属丰台实验学校

《中小学管理》杂志

2009年，《北京教育丛书》新一届编委会成立

《学报》自然科学版

《学报》综合版

2013年，出版《春风化雨丛书》

合作交流

开展对外汉语培训

2010 年，华北五省市签署师训干训工作合作协议

2010 年，举办多元智能国际研讨会

2010 年，举办全国中小学优秀班主任专业成长论坛

2011 年，举办海峡两岸教育论坛

2011 年，举办全国中小学校长培训论坛

2008 年，举行建院 55 周年纪念大会

2008 年，院史馆揭幕

2011 年，开展全员岗位聘任

2010 年，建成教材教参阅览室

2011 年，召开第六届教职工代表大会暨第九届工会会员代表大会

2011 年，召开离退休工作会

2012 年，北京市督学研修中心成立

2013 年，新版校园网开通

2013 年，召开学院人才工作会议

2008 年，学院志愿者服务奥运

2011 年，成立收藏协会，举办书画摄影展

2012 年，为老同志举行生日会

2013 年，开展“健康行”活动

2012 年，学院领导在新年联欢会上向教职工拜年

《北京教育学院建院60 周年系列丛书》

总编辑委员会

主　　任：马宪平　李　方
委　　员：刘枫耘　郭世安　卢　晖　钟祖荣　许志矛
　　　　　张彦春　杨志成

《北京教育学院志（2008—2013）》

编辑委员会

主　　编：郭世安　杨志成
执行主编：齐宪代
副 主 编：冯　华　滕利君　沙培宁
编　　委：谢志东　宋忠志　佟德仲　李　凌　王红樱
　　　　　杨　禾　石　玚　余　新　胡淑云　汤丰林
　　　　　伍芳辉　方怀胜　吴　珊　韩永江　王远美
　　　　　张　丹　陈　丽　吴安民　陈雁飞　孟宪凯
　　　　　王卫则　朱宝利　张　瑾　柴纯青
编　　辑：曲　静　曹　青　何　艳　刘　琳
编辑顾问：方金秋　张亚新

总 序

2013年适逢北京教育学院甲子华诞，这是一件可喜可贺的大事。在党和政府特别是北京市委、市政府的关怀与领导下，北京教育学院始终坚持为首都基础教育、职业教育和成人教育服务的办学方向，培养了大批教育行政管理干部、党务工作者、骨干校长和优秀教师，被誉为首都教育事业发展的“奠基石”。

北京教育学院是北京市教委直属的成人高等师范院校，主要承担北京市基础教育、职业教育、成人教育管理干部与教师的学历教育及在职培训，其办学历史可上溯至1953年成立的北京教师进修学院。她的创办，实开新中国首都中小学校长、教师在职进修培训之先河。此后，一代又一代学院人孜孜不怠，为培训事业的发展作出了艰苦卓绝的努力。

改革开放以来，中共中央、国务院先后召开四次全国教育工作会议，要求进一步加强基础教育、职业教育、继续教育师资培养培训工作，改革、改组和改制现有职业大学、独立设置的成人高校及部分高等专科学校，统筹教育资源。北京教育学院1993、2000年实施的两次整合重组，正是落实国家科教兴国、教育优先发展战略的重要举措。

21世纪，在党中央推进改革开放、社会主义现代化建设和全面建设小康社会的全面部署下，北京市着眼于建设中国特色世界城市的战略目标，全力实施首都教育发展战略。根据国家和北京市《中长期教育改革和发展规划》等文件精神，北京教育学院以科教兴国和人才强国战略为旨归，积极推进战略转型，践行内涵式发展，着力打造“特色鲜明、品质卓越、国内示范引领、国际开放合作的校长教师研修高地和首都基础教育党建研究中心”，为实现首都教育现代化提供人力资源保障和智力支持。

人间沧桑辟新道，弹指挥间一甲子。经过不断开拓创新，北京教育学院业已成为首都人才强教的重要支撑力量，其核心竞争力和社会影响力也进一步提高。她所培养的大批名师名校长和教育家，有效提升了教师干部队伍素质，为教育事业的科学发展提供了重要保障。

国以人立，教以人兴。教育承载着国家和民族的希望，而千万教师正是中国教育的脊梁！时值我国教育改革与发展的关键期，建设一支不负党和人民重托的高素质、高水平的教师生力军，实现教育现代化、建设人力资源强国，是关系到小康社会全面建成和中华民族伟大复兴的重要时代课题，北京教育学院可谓任重而道远。在上级领导的大力支持和关怀下，北京教育学院全体教职员工将以此为契机，继续秉持“敬业垂范、博学笃行、求实创新”的院训，与时偕行，锐意进取，共同谱写教师教育培训事业的新华章！

是为序。

北京教育学院党委书记　马宪平

北京教育学院院长　李　方

2013 年 10 月

目 录

第三编　教学院系与专业发展

第四编 管理与组织建设

前 言

2013年10月金秋，北京教育学院将迎来建院60周年。

从1953年建院至今，北京教育学院走过了60年的发展历程。

60年来，学院一直在开拓中前进，在发展中跨越。在60年的历程中，在北京市委、市政府和市委教育工委、市教委的领导下，学院历任领导和全院教职工同心协力，紧紧抓住各种重大发展机遇，不断更新办学观念，不断创新发展模式，不断拓宽办学思路，不断改善办学条件，不断增强办学实力，不断提高教育教学质量，为将学院建设成为“特色鲜明、品质卓越、国内示范引领、国际开放合作的校长教师研修高地和首都基础教育党建研究中心”而不懈努力。学院多年来完成了北京市和教育部下达的大量相关任务，充分发挥了首都教师、干部培训的主渠道和主阵地的作用，为首都率先基本实现教育现代化作出了重要贡献。

学院在长期的发展历程中，逐步形成了自己的办学特色：始终坚持为基础教育服务的方向，不断探索师训、干训规律，坚持按需施教，调整培训内容、培训模式、培训方法和培训手段，形成了办学的动态性和多层次、多规格、多途径的特点。学院在首都教育发展中找到并确立了自己独特、重要、不可替代的位置，发挥着重要的作用。

为了回顾学院不平凡的发展历程，为梳理学院在长期发展中留下的丰厚历史遗产，总结、记取在发展中的经验和不足，学院在建院55周年之际，编写了《北京教育学院志（1953—2008）》。那部院志通过对学院前55年发展历程的历史性回顾，使广大教职工可以从中了解学院不平凡的发展历程，并满怀信心地去迎接、创造更加美好的未来。

时光荏苒，今年距上一版院志的出版已经过去了5年。在这5年中，学院召开了第二次党代表大会，提出了学院新的发展目标，制定了学院发展的长远规划。学院召开了科研工作会议、人才工作会议等重要会议，制定了学院发展的一系列文件。学院的工作重心有了较大的变化，从学历教育和继续教育并重转向以继续教育为主的方向。学院从事的培训任务有了较大的变化，从对首都中小学教师全员培训转向了主要以市级骨干教师和学科带头人为主的培训，并且承担了大量的国家级教师培训和培训者培训任务。学院的教职工队伍发生了较大的变化，一大批接受了较高程度教育的博士、硕士补充到了教师队伍中，使整个教师队伍逐渐年轻化。学院启动了重点学科建设工作，为学院的长远发展积蓄力量。学院成立了第一所附属中学，并开始着手启动附属学校的建设，为实践教师培训的成果、锻炼教师队伍、建设教师、干部培训的实践基地开拓了新的途径。学院为北京市和全国完成了大量的干部、教师培训工作，每年都要完成数千人的培训任务，并对教师、干部培训模式和培训规律进行了认真的研究。

为总结这5年的工作，我们组织各部门同志一起编写了这本《北京教育学院志（2008—2013）》，回顾这5年来学院的发展的情况，总结学院取得的新的成绩和经验，反映广大教职工的辛勤劳动成果，并向建院60周年献上一份厚礼。

回顾历史，豪情满怀；瞻望前程，任重道远。我们相信，全院教职工将在新的征程上承前启后，继往开来，勇敢面对新的挑战，坚持改革发展，坚持开拓创新，为实现学院党代会提出的奋斗目标，为首都的师训、干训事业，为首都乃至全国基础教育的改革和发展，谱写出新的更加辉煌的篇章。

凡　例

一、《北京教育学院志（2008—2013）》（以下简称《院志》）记事上迄2008年7月（个别情况可追溯到此前），下迄2013年6月，共5年。

二、《院志》材料，主要来自各部门的历史资料，同时参阅了《北京教育学院志（1953—2008）》、《北京教育学院工作年报》（分年度）等相关资料。

三、为突出《院志》的资料性，本着求全的原则对有参考价值的资料尽量予以保留。

四、《院志》承续《北京教育学院志（1953—2008）》的基本结构，共分为四编，采取横列项目、纵述史实的体例记载学院近5年来的工作。

五、《院志》记述学院情况，设置了北京教育背景、学院的基本功能、主要任务、办学特色、管理体制与领导班子构成等项目；记述各处、室情况，设置了基本情况、工作职责和工作概况等项目；记述各二级学院和教学系、室情况，设置了基本情况、工作概况、教研工作及教材编写、学术研究机构（科研工作）、专业及课程设置、队伍建设、办学特色等项目，但依各单位实际情况有所不同。

六、《院志》力求完整记述学院近5年来的历史。鉴于近5年来学院的工作发展和机构的变迁，个别新产生的机构、发生变化的机构，新版对相关情况进行了补充和完善。新设置的部门，如在部门设置前已有相关部门（或这个部门中的某个机构或人员）在履行（或曾经履行）这个部门的职责，这个相关部门（或这个部门中的某个机构或人员）则被视作这个部门的前身，在“沿革”等项中将其情况和所做的工作加以记述。

七、《院志》力求记述的完整，同时突出重点，注意记述学院和各部门在5年发展历程中的重要情况和所做的重要工作。除非特别需要，一般不涉及教职员工的个人情况。学院各级负责人，只记述到中层。

八、《院志》按照资料性、纪实性、客观性的原则编撰，力求史料完整、真实，记述客观、简明、准确。使用记述体，直陈其事，避免使用评论性、评价性、抒情性和修饰性的语言。

综 述

北京教育学院作为一所主要承担北京市基础教育教师与管理干部在职培训的成人高等师范院校，经过60年的艰苦奋斗，在人才培养、学科建设、科学研究、队伍建设等方面取得了显著成绩，核心竞争力和综合办学水平不断提高，根据首都基础教育60年不同时期的发展任务和需要，培养了数以十万计的优秀干部、教师、学科带头人以及教育专家，为首都基础教育干部与教师队伍的建设作出了应有的贡献，成为首都“人才强教”和事业发展的“奠基石”。

2008年学院隆重举办了55周年院庆，对办院历史经验进行了系统总结。2008年以来的5年间，学院认真落实国家和北京市《中长期教育改革和发展规划纲要》的要求，主动适应新时期深化基础教育课程改革、全面实施素质教育的现实需求，满足广大干部、教师接受更高质量培训的期盼，坚持以人为本、专业引领的培训理念，坚守服务教育、引领发展的办院理想，树立与时俱进、开放创新的前瞻意识，倡导超越自我、追求卓越的专业精神，在出色完成国家和北京市重大培训任务的基础上，在教育规律和培训规律上开展了卓有成效的探索，为首都实现教育现代化提供了强有力的人力资源保障，不仅为首都基础教育的优质均衡发展作出重大贡献，而且在全国基础教育干部教师培训领域发挥了示范引领作用。5年的探索也为学院的办院经验增添了新的内涵。

一、以科学定位为先导

2011年，学院第二届党代会鲜明地提出了学院的功能定位和发展的总体目标：全面服务于首都教育改革发展和基础教育干部、教师发展的需要，着力建设培养首都教育家、名师名校长、优秀党务工作者和优秀培训者的人才高地；着力建设干部、教师专业发展与培训理论、普教系统党的建设理论的科学研究、知识创新与应用转化的研究中心；着力建设开放联合、集聚利用各种优质教学、管理及设施设备资源的培训资源平台；着力建设对全市师干训的专业标准、管理制度、基地建设、培训绩效等进行统筹规划、组织协调、监控评估、信息服务的培训管理中枢。增强学院核心竞争力与持续发展力，将北京教育学院建设成为特色鲜明、品质卓越、国内示范引领、国际开放合作的校长教师研修高地和首都基础教育党建研究中心。学院根据党代会的要求和新形势，制定了《学院“十二五”改革发展规划》，具体规划了“十二五”期间的发展目标、任务、策略和保障机制，使学院的定位具体化、行动化。

学院的定位和目标是在科学分析北京和全国教育形势与发展趋势基础之上的价值追求，通过多年的教育实践，这种科学的办学定位和明确的服务方向，已内化到教职工心中，转化为理性的价值自觉、价值自信和价值自律，成为教职工的自觉意识。特别是“特色鲜明、品质卓越、国内示范引领、国际开放合作”的高标准办院目标，更是激励大家不断进取，追求卓越。全院上下目标同向，行动同步，始终坚持为基础教育干部、教师培训服务的功能定位，心无旁骛，坚定地走培训之路，努力打造学院的办学特色。

二、以特色服务为龙头

北京教育学院的核心职能是培训，宗旨是服务基础教育。在新的时期，首都基础教育的重点任务是优质均衡发展。近年来，学院主动适应教育改革发展和干部教师专业成长的需要，立足首都，面向全国，支援西部，逐渐形成了相辅相成的“市级培训”“国家级培训”“援助培训”“委托培训”四种培训并存发展的格局，为首都基础教育干部教师培训作出了重要贡献，也充分利用首都的资源和区位优势，发挥了在全国教师培训领域的辐射和引领作用，体现了首都教育的地位。

市级培训是体现公益性的主业服务。坚持“面向全体、突出骨干、倾斜农村、服务急需”的培训原则，全力搞好对北京市基础教育干部与教师的培训。在倾斜农村方面，开拓了农村教师研修工作站、带薪脱产培训等新形式；在培养高端人才方面，连续举办两期名校长工作室、1期优秀班主任工作室，骨干教师和学科带头人工作室每年培养近千人，有效提高了他们的教学研究力和教学领导力。

援助培训是体现辐射性政治性的服务。根据市政府、市教委统一部署，2008年至2013年，出色完成了新疆“双语”骨干教师培训任务，培养459名“双语”骨干教师，学员回疆后大多发挥了骨干作用。此外，连续为西藏拉萨市、四川省什邡市、湖北省恩施市、青海省玉树藏族自治州、内蒙古乌兰察布市等地的教育管理干部及教师对口援助性培训任务。培训人数逐年递增，援助区域逐年扩大，增强了首都优质教育资源的辐射力。

国家级培训是体现示范性的服务。“国培计划”的宗旨是雪中送炭、改革创新、示范引领，学院基于研发的“培训管理工具箱”等经验，积极承担了教育部师范司“国培计划”的中小学培训管理者培训，培训近500人，覆盖全国，学员为各省市和各高校的培训管理者，为提高各地的培训水平发挥了引领作用。此外还承担班主任、数学、体育、艺术等中小学骨干教师培训项目。截至2012年，学院具备“国培计划”资质的学科已增至9个，27名同志入选“国培计划”专家库，彰显了学院培训的专业实力，有效提升了学院在教育培训领域的影响。

委托培训是体现合作双赢的服务。自2010年起，学院广泛开展与国内培训机构之间的合作，通过竞标，先后承接了河北、河南、吉林、新疆、新疆生产建设兵团、青海、海南、云南等20多个省（市、区）的委托培训。成立了教育学院联盟，与秦皇岛、西安等地签署了教师发展服务区协议。基于这些平台，以首都先进的教育理念和优质的教育资源，有效推动了受训地区教育改革及干部教师培训事业的发展。

三、以专业培训创品牌

基础教育干部教师培训是专门的教育实践领域，在运行上有一系列的自身规律与特点。学院高度重视加强培训领域的专业化建设，在培训过程中，注意探索培训规律，创新培训理论，完善培训实践，把专业化作为无止境的追求过程，不断提升培训的专业品质，丰富专业品质的内涵。

学院努力建设专业化的培训管理机构。2008 年，学院成立了教师教育人文学院、教师教育数理学院、校长研修学院等 7 个二级学院。2012 年又设立了“北京市教育督导研修中心”。2013 年拟积极筹建“北京教育人才科学研究院”。各二级学院和中心明确自己在培训中的定位，努力朝培训的专业化方向，建设专业队伍，提高培训品质。

为做好培训管理工作，学院完善项目管理与职能管理相结合的体制，以完善培训的申报、标准、服务、实施、评估“五统一”为核心的管理制度，完善了专业化的培训管理制度。以服务项目、统筹资源、提高效率为宗旨，将管理专业化贯穿于培训规划、项目设计、课程开发、组织实施、质量监控、绩效评估全过程，立体化地推进培训专业化。

学院视培训质量为生命线，制定严格的培训质量标准，加强质量管理。建立以学院督导室为主体、聘请外单位各领域专家，根据需要组成培训质量评估团队，建构以专业评估人员为主的多元评估主体，对整个培训过程各环节，包括培训方案、培训教学、培训效果进行监控和质量评估。为保障培训质量，还实施了培训质量提高工程，作为“十二五”期间的重大工程加以推进。

创新培训模式是提升培训质量的关键。学院强调深入研究成人学习规律，加大培训改革力度，根据不同培训的对象、目标和内容，探索创造合适的多样的培训新模式，努力做到科学培训，努力实现干部教师培训的科学发展。近年来学院在这方面做了很多有益的探索，创造并使用了一些行之有效的培训模式。诸如农村教师研修工作站以观摩学习为基础的师徒制模式，基于教学技能标准、技能学习规律和基于结果的管理的带薪脱产培训模式，不用出国也能留学的国内访学模式，主题驱动与合作研究的骨干教师工作室模式，主题研究式校长高级研修班模式，网络与面授混合式培训模式等。

四、以内涵创新求发展

产能的积蓄是事业持续发展的源泉。没有这种积蓄，学院不可能走得远。这 5 年，内涵发展、积累资本，成为学院全体教职工越来越强烈的意识。学院通过学科建设、科学研究、队伍培养来积淀持续发展力。

重点学科建设是高校的龙头。这 5 年，在以往学科建设的基础上，开始了系统的有规划的重点学科建设新历程。2009 年，学院正式出台了《北京教育学院 2009—2015 年学科建设规划》及相关配套文件，确立了 20 个重点学科，先后分两批聘任了学科带头人和学科骨干教师，建立了 17 个学科建设团队，以校长培训学、教师培训学、学科教育学、学校管理学等为重点，建设具有学院特色的重点学科群。学科团队在实践中逐步构建完善的校长教师培训课程体系，开发了一批在全国校长教师培训领域富有特色的优质培训课程和教材。

建立严实缜密的培训科研体系。学院于 2009 年召开了科研工作会议，制定了《2009—2015 年科研发展规划》及 7 个配套科研管理文件，建立、完善 8 个专业研究所，组织实施教师教育创新平台建设，加强对学院科研力量的整合力度，建立学院、二级学院和教学系、专业研究所三级科研管理体制。学院还在 2009 年至 2012 年建立教师教育创新平台，在教师专业标准、发展阶段、国际动态等研究，微格教室、视频资源、教师测试室等建设方面都取得较大进展。学院连续召开校长培训专业化、教师培训专业化等学术会议，在全国发挥了引领作用。

学院强调深入研究基础教育中全局性、战略性、前瞻性重大问题，集中优势力量组织有关校长教师专业化发展和教师继续教育的重点课题研究。近年来，学院主持的许多教科研课题都取得了重要的成果，产生了比较广泛的影响，如：关于“借鉴多元智能理论开发学生潜能”“全脑开发培养学生形象思维能力和创新能力”“国际理解教育”“校长和教师专业发展标准”“培训模式创新”“教师培训师素质”“学生发展”“整体把握学科本质”“学校文化建设”等研究，都为干部教师培训带来新的内容。学院注意以科研促进重点学科与课程建设，先后组织出版了《首都市级学科带头人及骨干教师研修丛书》（2009 年）、《当代中小学教师研修教材》（2009 年）、《春风化雨丛书》（2013 年），在全国教师教育领域产生了较大影响。

学院高度重视培训者队伍建设。2013 年专门召开人才工作会议，制定和实施学院人才发展规划，提出合理改善教职工队伍结构，下大力气打造专业化的教学、管理和工勤人员队伍。5 年来，学院注意加强学科带头人队伍建设，发挥他们在学科建设、科学研究和培训工作中的示范引领作用。学院强化“欲为人师先拜师，欲强培训先下校”的人才培养理念，倡导“顶天立地”的人才培养思路，坚持实施教师深入中小学实践的制度，打造既有专深的教育理论学科理论，又熟悉中小学教育实践的特殊师资队伍。学院注重促进青年教师专业发展，完善青年教师院内外拜师、在职攻读博士研究生和进入博士后工作站制度，筹建青年教职工发展基金，通过多种形式创设激励青年教职工岗位成才的良好环境。学院还注意建设高水平的兼职专家队伍，聘请了 108 位院外名誉教授、客座教授和兼职教授。

五、以开放合作谋超越

开放合作是学院一贯的办学思路。5 年来，学院在合作方面进一步加大力度，使开放更自觉，使合作更深入，既利用外部资源，又输出学院资源。学院与塞浦路斯大学即将成立孔子学院，传播中华文化。学院在开放合作上采取了 8 项较大的举措，包括：提升学院国际化水平、支持基础教育国际化建设、探索国际教育服务、开展面向国内外的学术交流、充分发挥学术媒体的作用、加强与兄弟省市的交流与合作、加强与高校开展合作、建立与各区县干部教师培训机构更加顺畅的业务关系等。建立了教育学院联盟，建立了教师发展合作区，加强与各省市的合作。学院特别注意加强与北京市 16 个区（县）教师培训机构的合作，开展合作培训、合作研究、资源共享、共同发展。学院还注意加强北京市教师培训基地校建设，2008 年、2013 年先后与西城区、丰台区签订合作协议，共建两所附属学校，为开展教育实验、促进理论与实践的结合打下良好基础。

六、以文化建设做基石

学院高度重视文化建设，注意发挥文化建设在推动学院事业发展中的引领、教育、服务作用。努力把学院建设成充满精神感召力和凝聚力的学习型、发展型、创新型的文化组织，打造物质环境与人文环境和谐统一的工作空间。

学院文化建设最根本的是核心价值观建设。近年来，学院始终注意引导教职工坚持共同的价值追求，组织全院教职工开展核心价值追求的大讨论，在原有校训、价值追求的基础上不断丰富，形成具有学院特色、适合培训需要、广大教职工遵循的核心价值观，为凝聚全院师生共同奋斗提供强大的精神动力。始终高举基础教育干部教师继续教育的旗帜，秉承“敬业垂范、博学笃行、求实创新”的院训，以“梦系中华腾飞，践行教育兴国大计；心系首都教育，造就教育专家名师；情系学院发展，营造教师发展摇篮”作为全院共同的价值追求。在坚守办学理念中创新办学特色，在创新办学特色中坚守办学理念。

教职工的行为是文化建设的具体体现。多年来，全院教职工牢固树立和大力倡导自强不息、艰苦奋斗的创业精神，顾全大局、精诚合作的团队精神，兢兢业业、争创一流的奉献精神，追求真理、知行统一的治学精神，宁静致远、兼容并包的人文精神，兴教强院、从我做起的主体精神。学院教职工努力建设环境优美、特色鲜明、人文气息浓厚的校园环境，树立以人为本、求真务实、追求卓越的服务意识，坚持励精图治、多办实事、注重民生、广开言路、反对功利倾向、拒绝浮躁肤浅，营造理解、尊重、合作、诚信的校园氛围，形成健康和谐、清正高雅、文明向上的校园风尚，不断提升学院软实力和正能量。

60 年奋斗，积淀了办院的经验与成就。纪念北京教育学院建院 60 周年的时候，也意味着学院发展站在一个新的起点上，将预示着新的发展与辉煌。我们将认真贯彻落实党的十八大精神，认真学习习近平同志一系列重要讲话精神，全面落实国家和北京市《中长期教育改革和发展规划纲要》规定的教育现代化目标与任务，进一步解放思想，增强忧患意识，科学发展，和谐发展，内涵发展，创新发展，振奋精神，锐意进取，为实现中国梦、教育梦和学院梦而再努力！

第一编　学院的基本功能与主要任务

第一章　北京市的教育发展与学院的基本情况

教育是民族振兴和社会进步的基石。中共十八大提出，要全面建成小康社会，必须在改善民生和创新管理中加强社会建设，首要任务即是“努力办好人民满意的教育”。

北京市“十一五”教育发展规划实施以来，首都教育取得长足发展。北京教育学院积极推进战略转型，践行内涵式发展，书写了教师教育培训事业的新篇章。

一、北京市的教育发展

（一）新形势下的教育发展战略

2007年，中共十七大提出了“优先发展教育、建设人力资源强国”的战略部署。为此，北京市在制定建设“人文北京、科技北京、绿色北京”的战略任务和建设中国特色世界城市的战略目标时，提出要实现上述目标，必须充分发挥教育的基础性、先导性、全局性作用。

为落实中共中央、国务院的工作精神，实施科教兴国战略和人才强国战略，北京市“十一五”教育发展规划提出，坚持教育优先发展，全力实施首都教育发展战略，中心任务为“全面提升首都教育发展质量”，总体目标是“在全国率先基本实现教育现代化，努力办好让人民满意的教育”。

2010年5月，国务院审议通过《国家中长期教育改革和发展规划纲要（2010—2020年）》，其中提出了“基本实现教育现代化，基本形成学习型社会，进入人力资源强国行列”的战略目标。同年，北京市制定了《中长期教育改革和发展规划纲要（2010—2020年）》，其总体目标为：“到2020年实现教育现代化，建成公平、优质、创新、开放的首都教育和先进的学习型城市，进入以教育和人才培养为优势的现代化国际城市行列。”《规划》指出，到2015年，北京要“基本形成推进教育事业持续健康发展的长效机制，基本形成适应首都现代化建设要求的教育资源布局，创新型人才培养能力显著提升，学习型城市建设取得重大进展，教育现代化水平全面提高”。

2012年10月，中共十八大召开，会议提出要“努力办好人民满意的教育”，并对教育的根本任务和重点工作进行全面部署。

围绕相关战略要求，北京市全力推进教育事业发展，走出了一条北京特色的教育现代化之路。

（二）教育发展情况

“十一五”教育发展规划实施以来，北京市公共教育服务体系不断完善，各级各类学校教育教学质量显著提升，教育改革开放逐步深化，教育对社会的贡献能力不断增强。具体表现为：

第一，教育普及程度大幅提高，教育结构不断优化。

“十一五”期间，北京市0~3岁婴幼儿接受早期教育率达90%，学前三年净入园率为90.6%，义务教育普及率巩固在99.5%以上，高中阶段毛入学率保持在98%以上，高等教育毛入学率近60%，教育普及程度基本达到世界发达国家水平。

教育结构不断优化，各级各类教育质量明显提高。通过“本科教学质量与教学改革工程”、精品课程评选与建设、优秀教学团队和教学名师队伍建设、校外人才培养基地、实验教学示范中心等措施，高等教育教研水平不断提升。

第二，创新能力不断增强，素质教育持续推进。

素质教育成效显著。北京市中小学广泛开展了阳光体育运动、高雅艺术进校园和民族艺术进校园活动。2008年，共有10个区县22所中小学开展“京剧进课堂”改革试点。“社会大讲堂”“蓝天工程”等一系列素质教育品牌形成，德育管理体系和工作机制建立，学生综合素质评价制度全面实行。

第三，教育教学改革逐步深化，教育活力明显增强。

教学课程与人才培养模式改革效果明显。义务教育新课程体系初步建立，以“翱翔计划”“雏鹰计划”为代表的基础教育教学改革取得成效。职业院校积极探索构建“工作过程导向”的中等职业教育课程模式，“职业教育实训基地建设”工程实施以来，共确定25个市级重点建设高职实训基地。

学科群建设在经济效益转化、政策参考、科研实力增强等方面成效显著，教育功能不断拓展。

办学体制改革不断细化。北京市中小学办学体制改革试点校转制工作基本完成。名校办分校改革不断推进。全市中等职业学校结构布局调整积极推进，73所国家级和市级重点中职学校建设获重点支持。

管理体制改革更加深入。教育管理服务方式继续创新，“96391”首都教育咨询服务热线、网站留言板等教育服务资源整合。教育督导制度不断完善。义务教育均衡发展督导监测体系初步建立。

第四，教育公平惠及人民，基本实现公共教育服务均等化。

农村教育受到重点扶持，城乡一体化进一步推进，来京务工人员随迁子女受义务教育权利基本得到保障，送教下乡、新型农民培养行动计划等培训活动坚持开展，区县、乡（镇）、村三级数字远程教育网络建设进一步完善。

民族教育受到高度重视，特殊教育获得有力支持，特殊教育入学率居全国领先地位。

第五，师资水平不断提高，干部教师队伍建设切实加强。

北京市对干部教师队伍开展分层、分类培训，培训面覆盖全市幼儿园、中小学教师和校（园）长。高层次人才队伍建设受到重视，学科带头人、骨干教师、“基础教育教学名师”“基础教育管理名家”等相关培养选拔机制继续完善。“绿色耕耘行动计划”、农村教师研修工作站、“北京市职业院校教师素质提高工程”“北京高校人才强教计划”“学术创新团队”“杰出人才引进计划”等工作积极开展。农村师资水平进一步提高，职业院校获得良性发展，高校教研、管理高层次人才队伍建设继续加强。

人事制度、收入分配制度、教师职务聘任制度改革、中小学职称制度改革调研等工作积极推进，教师队伍结构日益优化，师德师风建设继续推进。

第六，各类培训广泛开展，学习型城市建设初见成效。

各类非学历教育和职业技能培训广泛开展，企业教育、农村教育、社区教育协调发展，学习型城市建设初见成效。2012 年，首都市民终身学习平台正式开通，“干部在线学习”“国子监大讲堂”“北京周末社区大讲堂”“益民书屋”等一批首都市民学习品牌形成，市民终身学习成果认证试验积极开展。

第七，国内外合作交流日趋深入。

来京留学生规模与层次不断跃升。截至 2010 年，北京市招收外国留学生的高等院校已达 79 所，外国留学生已达 28 万人次。另有近 100 所中小学具有从境外招收外国学生的资格，约有 5400 名外籍学生在京就读。

境外优质教育资源被积极引进。截至 2010 年，北京市中外合作办学机构及项目达 117 个，在各级各类教育机构任教的外籍教师有 4000 余人。

以汉语国际推广为龙头的“走出去”战略初见成效。通过兴办孔子学院和国际中文学校、选派境外汉语教师和志愿者、培训境外汉语教师、开发对外汉语精品教材和课程，北京教育正积极走向世界。截至 2010 年，北京院校在境外共承办孔子学院（课堂）102 个。

第八，教育投入持续增加，办学条件显著改善。

2008 年至 2011 年，北京市不断加大教育投入力度。全国与北京财政性教育经费及其占国内生产总值（GDP）比重具体对照如表 1－1：

表 1－1　全国与北京财政性教育经费及其占 GDP 比重对照表（2008—2011 年）

年份	财政性教育经费（亿元）		占 GDP 比重（%）	
	全国	北京	全国	北京
2008	10449.63	383.31	3.33	3.65
2009	12231.09	433.27	3.59	3.65
2010	14670.07	513.13	3.65	3.72

续表

年份	财政性教育经费（亿元）		占 GDP 比重（%）	
	全国	北京	全国	北京
2011	18586.70	627.73	3.93	3.92

注：本表数据来源于《中国教育经费统计年鉴》，见中华人民共和国国家统计局编《中国统计年鉴》，中国统计出版社，2008、2009、2010、2011 年。另据 2010 年《中国统计年鉴》中关于 2008 年全国国内生产总值（GDP）最终核实数，2008 年国家财政性教育经费占国内生产总值比例应为 3.33%。

总体来看，北京教育发展已达到中等发达国家同期平均水平。但与此同时，北京教育存在与国家、首都经济社会发展不相协调的地方。教育发展的不平衡与人民对良好教育的强烈需求间还存在矛盾，城乡教育一体化建设长效机制亟待建立；教育体制机制有待进一步完善，人才培养模式仍需继续创新，学生综合素质还需全面提升；教育与经济社会联动发展的格局有待继续完善，科技创新能力和教育公共服务能力需要进一步增强。只有高度重视和解决已有问题，才能继续推进首都教育事业科学发展。

为此，北京市相继启动实施了“初中建设工程”“学前教育三年行动计划”“中小学建设三年行动计划”“特色高中建设计划”“教育信息化基础环境优化工程”等项目。

二、北京教育学院的基本情况

在上述背景下，为实现首都教育率先实现现代化的目标，学院制定并实施了《北京教育学院 2004—2010 年发展战略纲要》《北京教育学院“十一五”发展规划》《北京教育学院“十二五”改革和发展规划》（以下分别简称《战略纲要》、学院“十一五”规划、学院“十二五”规划）。2008 年以来，学院在人才培养、学科建设、科学研究等方面成果丰硕，核心竞争力和社会影响力进一步提高，成为首都人才强教的重要支撑力量。

（一）战略转型下的功能定位

《战略纲要》明确指出，学院要进一步巩固“两个基地一个中心”的地位，努力成为首都普职成干部、教师终身学习的绿色基地。“十一五”期间，学院着力推进“从学历教育向继续教育”的战略转型。

2011 年，学院“十二五”规划以“实践取向、专业引领、优质服务、开放创新”为工作方针，将总目标定为满足首都教育改革发展和中小学校长教师发展需要，着力建设校长教师培训的人才高地、研究中心、资源平台、业务枢纽，增强学院核心竞争力与持续发展力，将学院建设成为“特色鲜明、品质卓越、国内示范引领、国际开放合作的校长教师研修高地和首都基础教育党建研究中心”。在此基础上，提出培训与教学工作、科研与学科建设、队伍与组织建设、校园与文化建设 4 个分目标，并将主要任务细化为 6 个方面，即教育干部与教师培训、培训的统筹管理、科研与学科建设、信息化建设、国际交流与合作、政治思想与文化建设，涵盖“首都教育家培育行动”“骨干校长和教师培训行动”“农村教师素质提升专项计划行动”等 12 项行动，开创了干部、教师培训事业的新局面。

（二）机构设置与人员构成

北京教育学院目前内设机构26个，其中党政管理机构16个，教育教学机构8个（包括教师教育人文学院、教师教育数理学院、校长研修学院、职业教育学院、体育与艺术学院、信息与远程教育学院、国际语言与文化学院7个二级学院和图书馆），直属单位2个（包括《中小学管理》杂志社、《北京教育丛书》办公室），挂靠单位6个（包括全国中小学教师继续教育工程办公室、北京市普教系统干部培训中心办公室、北京教育党校、北京市中小学中等职业学校教师培训中心办公室、北京市基础教育党建研究中心、北京市督学研修中心）。另有学院主办的5个经济实体、办学实体和1个中外合作办学机构。2008年，学院与北京市西城区政府合作，成立北京教育学院附属中学。

截至2013年5月，学院共有教职工546人，其中专任教师237人，教授、副教授102人，具有博士学位、硕士学位的教师229人，另聘有来自中国科学院、北京大学、清华大学、北京师范大学等科研院所的客座教授、兼职教授108名。获北京市有突出贡献专家奖2人，获曾宪梓教育基金奖10人，享受国务院及北京市政府特殊津贴的专家13人，获全国优秀教师、北京市优秀教师和优秀教育工作者、“首都五一劳动奖章”“北京市教育系统优秀共产党员”“北京市高校师德标兵”等荣誉称号的共计36人。

（三）工作概述

5年来，北京教育学院按照科学发展观的要求，高度重视党建和思想政治工作，注重提高教育培训质量，加强学科建设、学术研究建设，进一步提升国际交流与合作水平，各项工作取得了重要成就。

1. 党建和思想政治工作深入开展

通过主题学习、座谈会、网络及纸媒宣传教育等方式，学院开展了党委理论中心组学习、党风廉政建设宣传月主题教育、党建理论研究等活动，使党的思想建设、组织建设、作风建设、反腐倡廉建设和制度建设进一步推进。

近年来，学院先后开展了学习中共十八大精神、科学发展观、“创建先进基层党组织、争当优秀共产党员”等活动，积极加强思想建设。同时，学院高度重视基层党组织建设和领导干部队伍建设。2008年，构建了院党委、党总支、党支部较完备的党组织体系。2009年，学院制定并下发了《北京教育学院教代会代表列席院长办公会议办法（试行）》，共落实53项党委会议题、31项党政联席会议题和72项院长办公会议题。学院纪委组织开展了反腐倡廉宣传教育活动，积极落实党风廉政建设责任制。此外，学院积极推进制度建设，先后出台了《党总支、党支部建设和思想政治工作实施细则（试行）》（征求意见稿）《北京教育学院教代会代表列席院长办公会议办法（试行）》、《党代表提案制度》等文件，建立起离退休工作管理体制与运行机制。学院还坚持推进民主建设，积极做好工会、共青团、妇联、老干部、统战工作。

2. 教育培训规模、质量跃上新台阶

近5年来，学院成人学历教育招生主要集中在学前教育（专升本）、幼儿艺术教育（高起专）等专业。2008年至2012年，北京教育学院本、专科共招收8813人（其中本科

2902 人、专科 5911 人），毕业生人数合计 11150 人。在管理模式上，学院的学历教育沿用学院、二级学院、教学系三级教学管理模式，与区县的合作模式则采用市、区（县）两级管理模式。为稳定学历教育规模，提高教学质量，2008 年以来，学院相继颁发《北京教育学院管理稳定学历教育规模、提高教育教学质量的若干意见》《北京教育学院教学工作量计算与管理办法（试行）》《北京教育学院外聘教师管理办法（试行）》等文件，以进一步规范教学计划管理工作。为拓展学历教育规模，在需求调研的基础上，2008 年至 2013 年，学院新增英语（商务）、体育教育、学前教育、汉语国际教育等 10 个招生专业。

为进一步提高教职工教学研究水平，学院组织了中年教师教学观摩活动、青年教师教学基本功比赛、北京市高等学校教育教学改革立项申报、院级教育教学改革立项等活动，并通过教学督导、学员评教、市教委检查等手段，加强对学历教育的督导和研究。

在干部教师培训工作方面，学院以干部培训办公室、教师培训办公室（以下简称“干训办”“师训办”）等职能部门为主体，配合北京市教委开展了干部教师培训、教师资格认定等相关制度的制定与管理工作，并积极整合国内外优质教育资源，使各级各类培训工作取得了显著成绩。

2008 年至 2012 年，学院承担的国家级培训、对口支援培训、委托合作培训（以下分别简称“国培”“援培”“委培”）项目培训人数合计情况如表 1－2：

表 1－2　学院承担的“国培”“援培”“委培”项目培训人数统计（2008—2012 年）

	2008 年	2009 年	2010 年	2011 年	2012 年	小计
国家级培训	360	698	2440	1334	1782	6614
对口支援培训	170	389	431	272	805	2067
委托合作培训	1028	2209	3493	1833	1546	10109
合计	1558	3296	6364	3439	4133	18790

在干部培训方面，“十一五”期间，学院着力于“提高培训质量”这一主题，以“名校长工作室”为龙头，以“绿色耕耘”——农村中小学校长培训为重点，围绕教育改革和发展中心工作开展主题式培训。5 年中，共培训干部 10902 人。培训兼顾到中小幼和职成学校教育干部、教育行政机构领导干部和培训机构培训者 3 类人员，坚持研训一体、研训互动，有力提升了干部队伍素质。

这一时期，学院初步形成了“项目多、规模大、质量高、辐射远”的教师培训局面。“十一五”期间，学院共培训教师 68848 人，其中北京市级培训（以下简称“市培”）项目约占 78%，“国培”项目约占 11%，“委培”项目约占 9%，“援培”项目约占 2%。其中，“绿色耕耘”农村骨干教师培训、“北京市农村中小学教师研修工作站”、西部小学体育骨干教师国家级培训等项目受到高度评价，已成为学院教师培训的品牌项目。

2011 年至 2012 年，根据《关于“十二五”时期中小学干部教师培训工作的意见》等文件的要求，学院共承担“国培”“市培”“援培”“委培”4 类培训共 138 个项目的教师培训任务，培训学员 18757 人次。在此基础上，学院进一步拓展了培训者培训等项目，加大了非义务教育阶段教师培训的力度。

此外，学院积极开展党务干部培训工作。2008 年以来，共举办中小学党支部书记与党务干部研修班 6 个，培训干部 206 人次；举办行政干部研修班和党校师资培训班 6 个，培训干部教师约 288 人次；为干部、党员约 3760 人次举办学习报告会和专题讲座。

上述举措使北京市中小学干部教师队伍整体水平进一步提升，积极推动了义务教育优质均衡发展和高中教育多样化发展，为首都教育现代化的全面实现提供了重要智力支持和人才保证。

3. 学科建设工作全面推进

2009 年，《北京教育学院 2009—2015 年学科建设规划》印发，学院重点学科建设工作正式启动。文件指出，要在未来 10 年以至更长时间，在校长培训、教师培训、学校管理、学科教育等学科上形成在全国有一定影响的学科、学科带头人和项目团队，形成学科高地和人才高地；在 10 个左右的学科上形成在北京市有一定影响的学科、学科带头人和项目团队，打造中小学校长教师继续教育的特色基地；形成与校长教师培训高地相适应的比较完善和先进的知识体系。同时，文件规划了 2009 年至 2015 年研究、课程、教学、队伍、条件、管理 6 个方面的建设目标。

为扎实推进学科建设工作，学院成立专门领导小组，以重点学科建设为龙头，依靠学科团队力量全面推进建设工作，并从组织、制度、经费等方面提供支持和保障。2010 年，《北京教育学院学科带头人、学科骨干教师聘任办法》《北京教育学院 2009—2015 年重点学科建设管理办法（试行）》《北京教育学院继续教育课程建设办法（试行）》《北京教育学院优秀教学成果评选及奖励办法（试行）》等文件出台。

目前，学院首批 12 个重点学科建设进展顺利，共聘任重点学科带头人 12 位、学科骨干教师 30 位；第二批 5 个学科通过评审，开始启动。

4. 科学研究水平不断提高

2001 年，学院建立了由科研处统筹、各教学部或二级学院主管的两级科研网络。其中，科研处负责学院科研和《北京教育学院学报》归口管理工作。近 5 年来，学院科研水平不断提高，涌现出一批高质量、有影响的科研成果。

据不完全统计，2008 年至 2012 年，学院教职工共提交科研成果 1531 部（篇），其中著作 162 部，教材（教参）146 册，论文 1223 篇。2008 年以来，学院承担国家级课题 6 项，其中全国教育“十一五”规划课题 2 项，全国教育科学规划专项课题 4 项；市级课题 34 项，其中北京市教育科学规划课题 10 项，北京市哲学社会科学规划课题 6 项，北京教委社科计划面上项目 18 项。

针对学院教师教育培训工作重点，《北京教育学院学报》于 2008 年开设了“教师专业化发展”专栏，主要刊发教师教育培训理论和实践工作的研究成果，为相关教研活动搭建了重要的交流平台。2013 年，网上数字化采编系统开通，《学报》开始实施数字化编辑。近年来，《学报》获得全国高职成高学报研究会十佳学报和全国教育院校学报研究会十佳学报等多项荣誉，其中《学报》综合版获得了“北京市高校人文社科优秀学报”“全国优秀社科期刊”等称号。

此外，学院承担了北京市委、市政府主管的《北京教育丛书》常规管理工作。2009

年至2013年共出版《丛书》14种、《感悟　传承　创新——第五届读用〈北京教育丛书〉征文选》1种。

5. 国际交流与合作水平显著提升

北京教育学院是“联合国教科文组织亚太地区教育革新为社会发展服务机构”（APEID）联系中心之一，是联合国教科文俱乐部北京市协会成员。2008年以来，学院先后与美国、英国、法国等10余个国家及我国香港、澳门、台湾地区的教育机构建立了学术交流与合作关系。据不完全统计，2008年至2012年，学院共组织659人次出访20个国家及我国香港、澳门、台湾地区，接待访问团组1800余人，培训留学生约2550人。

近年来，学院积极开展中小学校长和教师境内外合作培训，并与国外大学开展合作教育科研等国际教育合作与交流项目，先后成功举办了“中美教育研讨会”“教师培训国际论坛”“多元智能理论与应用”等大型国际研讨会。学院国际合作与交流向全方位、多领域、高层次方向拓展，实现了社会效益与经济效益的双提升。

6. 管理、信息化和后勤建设有效推进

学院积极推进人才、信息化、制度等方面的管理、后勤建设。“十一五”期间，学院共接收教职员工125人，其中包括博士后3人，博士23人，硕士51人。5年来，学院教职工学历结构不断优化，建立了专兼职结合的复合型人才队伍。

学院高度重视信息化建设。“十一五”期间，学院出台《北京教育学院信息化校园建设规划》。至2010年年底，计算机网络系统升级改造、电子院务系统框架建设工作完成，目前已实现网络管理自动化。北京市中小学校长、教师继续教育信息系统进一步完善，“北京市中小学教师‘十二五’继续教育网络视频课程开发”项目、“创新平台子项目北京市中小学优秀视频课例库建设”项目等网络课程教学资源建设工作积极推进。与此同时，学院不断加强制度建设，出台了一系列与教研相关的规章制度，不断提升管理水平。

此外，学院积极改善办学环境，做好国有资产的动态管理，开展后勤社会化服务试点工作，试行属地管理，加强安全保卫工作，为各项事业的顺利开展提供了可靠保证。

第二章　学院的功能新拓展、任务新格局与特色丰富化

2008年至2013年，是“十一五”计划后期和“十二五”计划前期，也是学院内涵发展和创新发展的重要时期。基于《国家中长期教育改革发展规划纲要（2010—2020年）》《北京市中长期教育改革发展规划纲要（2010—2020年）》《北京市中长期教育人才发展规划》、全国教师工作会议等精神，围绕教育质量、教育均衡和打造高素质专业化创新型首都教师队伍的大局，北京教育学院在功能、任务方面融入新的内涵，以培训为核心的各项事业深入推进和不断创新，办学特色逐渐深化和丰富。

5年来，在北京市委、市政府、市委教育工委和市教委的领导下，学院坚定办学方

向，锐意开拓创新，各项事业成效显著。校长教师培训规模逐年扩大、质量不断提高，分岗、分层、分学科、分专题培训达到新高度；师干训统筹协调功能增强；科研与学科建设取得进展；人才队伍结构不断优化；和谐校园建设稳步推进；校园信息化建设全面启动；党建工作扎实推进。学院核心竞争力和综合办学水平不断提高，在全国校长教师培训领域的影响力不断增强，出色地完成了国家和北京市的多项重大培训任务，有力地促进了首都基础教育校长教师队伍的成长。

一、功能拓展与任务格局

（一）确立了学院改革发展方向和新时期任务

2011年年初，学院召开了第二次党代表大会，确立了“十二五”期间学院发展的总体目标：服务首都教育改革发展，服务首都高素质、专业化校长教师队伍建设，着力增强学院的核心竞争力与持续发展力，将北京教育学院建设成为特色鲜明、品质卓越、国内示范引领、国际开放合作的校长教师研修高地和首都基础教育党建研究中心。这个目标使学院的发展方向更加清晰和明确，对指导学院工作的发展发挥了重要的引领作用。

2011年，学院制定了《北京教育学院“十二五”改革和发展规划》，进一步明确了学院在2011年至2015年发展的工作方针、具体目标、主要任务及保障措施和要求，为学院事业发展奠定了基础。《规划》指出：“十二五”时期是学院内涵发展的关键期，也是创新发展的机遇期。为此，《规划》提出了“实践取向、专业引领、优质服务、开放创新”的工作方针及四方面目标、六大类任务（其中重点是12项培训行动）和四方面保障。

2013年6月，学院召开了人才工作会，提出了建设“阳光成长、幸福工作、人人成才、永续发展”的人文环境，培养和造就一支规模适度、结构合理、素质优良、适应性强的管理、教学、专技、服务和兼职教授人才队伍，服务于首都基础教育干部教师专业成长，为落实学院改革发展的目标任务提供人力资源保障的人才队伍建设目标。

（二）坚定办学方向，四类培训格局明显形成

5年来，学院坚持正确的办学方向，坚持服务首都教育发展大局和“人才强教”的工作方向，服务首都，辐射全国，发挥研修高地作用，圆满完成各级各类师干训任务，形成了功能明确、相互支持的“市培”“国培”“援培”“委培”4类培训并存发展的格局，市级培训体现公益性核心功能、国家级培训体现示范引领功能、援助性培训体现辐射和政治性功能、委托性培训体现辐射和区域合作功能。

在“十一五”期间，学院的市级培训坚持“面向全员、突出骨干、倾斜农村、服务急需”的方针，有效开展了“绿色耕耘”——农村骨干校长教师培训、“春风化雨”——城区校长教师培训、市级学科带头人和骨干教师培训、干部培训（名校长工作室和校长高研班）、党建、农村中小学教师城镇研修工作站、全市中小学教师师德全员培训和教育技术能力全员培训、音体美学科特色项目培训等一系列大规模培训活动，直接培训人数达5万多人次，惠及全市10万余名基础教育的管理干部及教师。

“十二五”期间，市级培训按照“突出两端、面向全员、分岗分层、加强基础”的原

则，整体设计和实施干部教师12项培训行动。其中新增的有：名师名校长发展工程、境外研修行动、幼儿教育干部教师培训等；全员培训为“教师职业理想与道德”“学科教育心理学”两门学科的网络培训；基础建设加强了培训者培训、培训课程开发、培训基地建设、培训研究等工作。

国家级培训规模扩大，示范性培训的学科达到9个，为各个参与培训的院校之最，同时承担中西部项目的任务。2010年以来，学院出色完成了培训者、班主任、体育、美术、数学等国家级培训。

学院还保质保量地完成了对新疆、西藏、四川、青海、内蒙古等地的援助性培训，尤其是新疆“双语”教师培训在全国产生了较大影响，全国人大常委会副委员长司马义·铁力瓦尔地、教育部副部长鲁昕等领导多次参加新疆教师培训的结业式，给予充分肯定和热情关怀。

学院还承接了20多个省市的委托培训等。

为做好这些培训工作，学院师训办完善功能，专人负责“国培”“援培”“委培”的统筹管理任务。为做好对培训工作的组织管理，从2011年起，学院开始实施“五统一”的统筹培训管理模式。在项目管理过程中，学院注重加强制度建设，完善继续教育工作质量评价方法和绩效考评。

学院的成人学历教育在校生人数保持在6000名左右的规模，并不断加强招生改革、专业建设、质量督导、学生管理等工作，为北京市中小学和学前教育机构教师的学历达标继续作出贡献。

教师资格认定工作不断推进。2012年市编办批复“北京市中小学教师资格认定事务中心”挂牌，建立教师资格认定网，修订教育学、教育心理学考试大纲，重编教材，组织考试，每年报名人数达2万人左右。同时组织对笔试合格人员的教学基本技能测试工作，每年有数千人参加测试。

2012年7月，为进一步加强北京市教育督导的制度化建设，为督学队伍的专业化发展提供更为有力的支持和保障，北京市督学研修中心在学院成立，承担了市教委和市政府教育督导室委托的面向督学和学校负责教育评价的相关人员开展专业培训和高级研修，开展督学专业发展和督学资格认定研究，开发督学培训课程等工作职责。

（三）学科建设、特色课程体系逐渐形成

重点学科建设是内涵发展、持续发展的重要任务，学院对此高度重视，整体推进。2009年，学院颁布了《北京教育学院2009—2015年学科建设规划》及相关配套文件，确立了学科教育学、校长培训学、教师培训学等20个重点学科，分两批共聘任了17位重点学科带头人和44位学科骨干教师，建立了学科建设团队，每年拨付100万元建设经费，同时给予学科带头人、骨干教师发放任务津贴，采取年度计划与总结、定期交流等方式推进。各学科团队在确立方向、开展研究、研发课程、培养队伍、建设基地等方面做了大量探索，形成了阶段性成果，为提高人才培养质量奠定了新的学科基础。

近年来，学院加强校长教师培训的课程和教材建设。开发了“十二五”教师培训课程指南，组织了特色培训课程的评选，编写出版了13种《当代中小学教师研修教材》，开发

了137门共计1327课时的中小学校长教师培训网络课程及60课时优秀视频课例，建成了“北京市中小学教师教育网”“北京市中小学校长及培训资源系统”和远程教学平台，受市教委委托承担的“北京市中小学教师数字化学习与培训平台”项目也已正式立项。

（四）推进“研训一体”，科研水平稳步提高

学院采取多项措施积极引导教师结合校长教师培训主业，开展教育科学研究，并鼓励将科研成果转化为培训项目。2009年，学院召开科研工作会议，颁布《2009—2015年科研发展规划》及7个配套科研管理文件；建立、完善了8个专业研究所，加强附属中学等实践研究基地建设；2009年至2011年组织实施教师教育创新平台建设，在教师发展阶段、教师专业发展标准、国外教师培训追踪、微格教室建设等方面取得一定创新性成果；建立学院、二级学院和教学系、专业研究所三级科研管理体制。5年来，学院教职工共承担国家级教育科研课题7项、各种市级教育科研课题34项、院级科研课题220余项，5年累计发表科研论文1223篇，出版著作、教材308部，其中“国际理解教育教材”“教学与策略研究”“艺术剪纸”等十几项成果获国家级和市级奖励。

（五）坚持人才强院，队伍建设迈上新台阶

学院始终坚持党管人才原则，实施人才强院战略，下大力气打造符合学院发展与岗位要求的教师和专业技术人员、管理人员和工勤人员队伍。2013年6月，学院召开人才工作会议，颁布《北京教育学院人才队伍建设规划2013—2020年》；通过到附中挂职锻炼、进中小学研修工作站、教学人员到职能部门挂职、赴上级机关和外省市兄弟院校挂职等方式，加强干部和教师队伍建设。近年来，学院教师、干部深入中小学和到上级机关挂职半年以上的有36人。师资队伍学历和学员结构不断优化，5年来，学院共接收博士、博士后26人，硕士51人；具有研究生学历的人员占全院教职工总数的36%，占专业技术人员总数的52%；5年中有66人晋升副高级及以上专业技术职称。学院秉承开放人才观念，聘请108位院外荣誉教授、客座教授和兼职教授，对学院发展战略、学科建设、教育科研等方面予以指导和帮助。学院重视覆盖全员的适应岗位需求的院本培训，不断提高培训专业性、科学性和针对性；不断拓展教职工的国际视野，先后安排了本院246人次到境外培训和考察，其中专业技术人员达百余人次。

（六）坚持开放办学，交流合作领域有了新拓展

学院以开放的视野、专业的精神、服务的理念，与北京大学、北京师范大学、首都师范大学、中国青年政治学院等多所高校开展学科建设、学生培养、教师培训项目实施等方面的合作与交流；巩固北京市16个区（县）教师培训协作体，每年召开协作体会议和学术论坛；与西城区签订合作共建附属中学的协议，牵头组建华北五省（市、区）教师培训联盟、全国教育学院联盟，与西安、秦皇岛等地签署了区域合作协议。同时，扩大和深化国际合作交流，完成了74个团组共659人次出国考察培训；接待了来自46个国家和港澳台地区172个团组、共1800余人次来院考察、交流、洽谈项目；成功举办多元智能国际研讨会、中美教育研讨会、中欧教育论坛、海峡两岸教育论坛、全国校长培训专业化论坛、全国教师培训学术研讨会等国际性、全国性会议，产生了较大学术影响；积极推进对

外汉语培训和留学生项目，完成3个国家182名汉语教师及来自美国、日本、澳大利亚等国2550名留学生的汉语培训工作。

（七）加强校园建设，办学保障与服务水平有了新提高

学院完成了计算机网络系统升级改造，启动电子院务工程，推进教务管理系统应用，加强图书馆软硬件建设，保障北京市中小学教师网等5个教学系统的正常运行。“教师大厦”竣工并投入使用，学院建筑面积增加8000余平方米。开展后勤社会化服务试点工作，试行属地管理，尝试社会化托管。5年来，学院克服校区分散、狭小等不利因素，投入基本建设和校园修缮经费达1亿多元。努力建设平安校园，健全安全管理制度，为教育教学、科研培训等提供安全、高效、便捷、优质的服务。

（八）坚持围绕中心抓党建，党建和思想政治工作取得新成效

学院坚持党委领导下的院长负责制，重视领导班子的自身建设，健全和坚持党委会和院长办公会议事规则，坚持一年两次的领导班子务虚会制度，不断提高依法、科学、民主治院理教能力。注重干部队伍建设，严格执行《党政领导干部选拔任用条例》和干部四项监督制度的规定，以竞争上岗、职责管理、严格考核等方式不断健全干部选任、管理的制度和程序。围绕学院中心工作，着力加强基层党组织建设。

学院重视教职工思想政治工作，树立共同核心价值追求，2010年，开展学院核心价值大讨论，树立全院教职工共同的核心价值追求。制订并认真实施每年的教职工思想政治学习计划；定期举行优秀党员和先进党支部、“三育人”标兵评选表彰活动。

学院全面加强反腐倡廉建设，认真贯彻落实党风廉政建设责任制，以贯彻落实《建立健全教育、制度、监督并重的惩治和预防腐败体系实施纲要》为主线，加强惩防体系建设，以推进廉政风险防范工作为抓手，切实加强党风廉政建设和反腐败工作，为党员干部廉洁履职提供了制度和纪律保障。

学院加强民主建设，推进民主治院理教进程。积极完善和坚持“三重一大”制度和院务公开工作，稳步推进党务公开工作；制定并严格实施《教代会代表列席院长办公会议办法（试行）》《党代会代表列席党委会办法（试行）》，尊重、发挥教代会、工会和共青团等群众团体组织的作用，邀请民主党派和党外其他同志为学院工作献计献策、共谋发展。

学院关注民生问题，和谐校园建设初见成效。学院建立“阳光救助”基金，并通过以共产党员率先向“阳光救助”基金捐款的方式加大向离退休和在职困难教职工补助的力度；适当提高教职工住房公积金标准；完善教职工体检制度，提高体检质量；做好青年教师购买“两限房”的组织工作等。

学院高度重视离退休工作。形成党委领导下“四位一体”的离退休工作管理体制和运行机制；充分发挥老教协、关工委在学院教学、科研中的积极作用。

二、办学特色的丰富深化

学院在长期办学实践中形成了服务基层、坚持理论与实践的紧密结合以及艰苦奋斗、保障质量、追求卓越等传统和办学特色。在5年的实践中，这些特色不断得到深化和丰

富。在服务基层方面，更加注重深入区县和学校，或市、区、校合作开展培训，开展需求调研，指导校本培训，提高服务的针对性和实效性。在理论联系实际方面，发挥一批博士的作用，搭建研究项目的平台，加强了培训的学术性；同时挂职锻炼、下校实践等形式促进了与实践的联系；此外，培训模式始终坚持理论学习与实践追踪结合，不断完善实践的指导。全院教职工面对任务重、任务多、要求高、时间紧等挑战，克服困难，不断学习，勤奋努力，顽强拼搏，才使得各类任务得到很好地完成。在保障质量、追求卓越方面，学院通过强化学科建设、科学研究，实施质量工程，加强督导监控，以创新求发展，以管理求质量，培训效果和总体满意度高，同时在教师职后教育的研究方面有所创新。

第三章　管理体制与领导构成

第一节　管理体制

学院实行党委领导下的院长负责制，实行学院、部门两级管理体制。

2011 年 2 月，学院认真总结以往四轮机构调整的经验，正式启动了新一轮机构调整工作。

学院发布了《2011 年机构调整和基层党组织设置方案》，在保持主要党政职能部门和二级学院设置基本不变、注重功能、编制与资源配置均衡合理的前提下，对个别机构做适度调整。在建立和完善北京市普教系统干部培训领导小组和北京市普教系统教师培训领导小组体制机制基础上，成立北京市基础教育党建研究中心，统筹全市基础教育党建研究、管理和党务干部培训工作。调整后的院内机构共 25 个。其中党政管理机构 15 个（学院办公室、组织宣传部、纪监审处、安全保卫处、离退休工作处、工会、人事处、财务处、科研处、教务处、干部培训办公室、教师培训办公室、北京市基础教育党建研究中心、国有资产管理处、总务处），教学科研机构 8 个（教师教育人文学院、教师教育数理学院、校长研修学院、职业教育学院、体育与艺术学院、信息与远程教育学院、国际语言与文化学院、图书馆），直属单位 2 个（《中小学管理》杂志社，《北京教育丛书》办公室）。

2011 年 2 月 25 日至 3 月 25 日，学院顺利完成处级干部聘任和党总支书记、副书记的选任工作。此次干部聘任工作按照中共中央《党政领导干部选拔任用工作条例》和北京市委《关于深化党政干部制度改革的意见》有关文件要求，遵循总体稳定、政策连续的基本方针，按照党管干部，德才兼备、以德为先，群众公认、注重实绩，公开、平等、竞争、择优，民主集中制，依法办事的原则，采取党委任命和竞争上岗相结合的方式开展。根据民主推荐情况、三年履职情况和任期考核测评情况等，学院党委对部分处级岗位采用任命方式。同时对 7 个正处级岗位、17 个副处级岗位采用公开竞争上岗方式，竞争上岗通过个人自荐、民主推荐、公开竞聘、资格审定、上岗答辩、组织考察、党委票决等民主程序，通过两次公示，充分听取群众意愿，最后按照民主集中制原则，由党委集体研究确定学院新一届处级干部人选。此次聘任实行了差额考察，考察组先后与362人次进行了谈话，参加民主测评362人。经过系统、规范、认真的选拔，党委共聘任处级干部67名，其中，任命48人，占现有处级干部的66.7%；经过公开竞争上岗18人，占现有处级干部的29.2%；正处级干部26名，副处级干部41名。在新提任的19名干部中，具有硕士及以上学历学位的16名，占新提任干部的84.2%；具有副高级以上职称的11名，占新提任干部的57.9%。经过聘任，干部队伍的平均年龄降为45.5岁（聘任前48.1岁），干部队伍结构得到进一步优化，干部的知识背景进一步凸显学院的专业特点，为实现学院的发展目标提供了坚强有力的组织保证。

2011年4月，在公开、公正、任人唯贤原则的指导下，为促进人才的合理流动、积极应对机构功能及岗位需求的变化，学院制定了《北京教育学院2011年教职工岗位聘任实施办法》和《北京教育学院党政管理机构处长助理、二级学院院长助理、系主任聘任与管理办法（修订）》两个文件。于4月7日召开2011年教职工岗位聘任工作动员会，正式启动三年一轮的全员岗位聘任工作。之后对教师、管理、工勤和专业技术人员的岗位聘任工作陆续推进，至5月初此项工作圆满完成。在此基础上学院进一步修订了薪酬分配实施办法，并于新聘期开始后先后组织了新员工、党务干部、教务管理人员、学历班班主任、继续教育项目管理人员、部门兼职档案员、宣传员、资产管理员、计生员等人员队伍的专项培训，为管理人员专业化水平的提高打下基础。

2012年7月，北京市督学研修中心在学院成立，学院内部机构增至26个。

学院设置有院级非常设机构委员会和工作领导小组如下：考工评审委员会、人口与计划生育工作领导小组、交通安全委员会、老教育工作者协会、公费医疗领导小组、信息化工作领导小组、远程教育管理小组、中轴路校区管理领导小组、中轴路校区物业考核小组、对口支援培训领导小组、国培计划领导小组、专业技术职务评审委员会、教职工专业技术职务聘任工作领导小组、教学指导委员会、政工职称中级评审委员会、民族宗教工作领导小组、思想政治工作领导小组、保密委员会、离退休工作领导小组、突发事件（事故）领导小组、稳定工作领导小组、处理“法轮功”和邪教工作领导小组、国家安全工作领导小组、贯彻落实党风廉政建设责任制领导小组。5年来，随着机构设置和人员岗位的变化，学院对以上机构成员名单做了动态调整。

学院在决策方面继续执行《党委会议事规则》《院长办公会议事规则》《书记办公会议事规则》和《中共北京教育学院委员会关于执行“三重一大”制度规定》等一系列相关制度。2009年2月，出台了《北京教育学院教代会代表列席院长办公会议办法（试行）》；2011年12月，出台了《北京教育学院二级学院院长例会制度（试行）》；2013年1月出台了《中共北京教育学院委员会关于党代表列席党委会议的意见（试行）》。

第二节　领导构成

一、2007年1月—2009年12月

党委书记：马宪平
副 书 记：李　方
　　　　　刘枫耘
院　　长：李　方
副 院 长：郭世安
　　　　　方中雄
　　　　　田宏忠
　　　　　钟祖荣（2007年12月起）
纪委书记：刘枫耘（2007年7月止）
　　　　　卢　晖（2007年7月起）

二、2009年12月—2011年5月

2009年12月30日市委组织部、市委教育工委领导来院宣布任命许志矛为学院副院长，免去田宏忠副院长职务，调至北京电子科技职业学院任副院长。

党委书记：马宪平
副 书 记：李　方
　　　　　刘枫耘
院　　长：李　方
副 院 长：郭世安
　　　　　方中雄
　　　　　钟祖荣
　　　　　许志矛
纪委书记：卢　晖

三、2011年5月—2011年8月

2011年5月25日，市委组织部、市委教育工委领导来院宣布任命张彦春为北京教育学院副院长；任命郭世安为北京教育学院党委副书记，免去副院长职务，同时免去李方党委副书记职务；免去方中雄北京教育学院副院长职务，调至北京教育科学研究院任副院长。

党委书记：马宪平
院　　长：李　方

副 书 记：刘枫耘
　　　　　郭世安
副 院 长：钟祖荣
　　　　　许志矛
　　　　　张彦春
纪委书记：卢　晖

四、2011 年 8 月至今

2011 年 8 月 30 日，市委组织部、市委教育工委领导来院宣布任命杨志成为北京教育学院副院长。

党委书记：马宪平
院　　长：李　方
副 书 记：刘枫耘
　　　　　郭世安
副 院 长：钟祖荣
　　　　　许志矛
　　　　　张彦春
　　　　　杨志成
纪委书记：卢　晖

第二编　教学与科研

第一章　2008年至2013年的学历教育

第一节　专业设置与办学规模

2008年至2012年，北京教育学院的成人学历教育规模基本呈现缩小趋势，这主要由于北京市中小学教师学历补偿教育的任务基本完成，师范类专、本科教育的入学需求明显降低。详见表2－1。

表2－1　学历教育招生、在校生、毕业生规模统计表（2008—2012年）

专业层次	类别	2008年	2009年	2010年	2011年	2012年
专科	招生专业数（个）	17	16	18	9	10
	招生数（人）	1061	1320	1572	1239	719
	在校生数（人）	3559	3182	3127	3282	3785
	毕业生数（人）	1208	1152	1064	801	1123
本科	招生专业数（个）	15	16	11	7	7
	招生数（人）	727	740	617	418	400
	在校生数（人）	4708	3220	2518	1946	1383
	毕业生数（人）	2076	1375	1067	630	654
本、专科合计	招生专业数（个）	32	32	29	16	17
	招生数（人）	1788	2060	2189	1657	1119
	在校生数（人）	8267	6402	5645	5228	5168
	毕业生数（人）	3284	2527	2131	1431	1777

2008年以来，招生数量相对比较集中的专业为学前教育（专升本）、幼儿艺术教育（高起专）专业等。专升本的师范类专业迅速下降，特别是英语、小学教育专业，这是由于北京市中小学教师学历已达标造成的。而幼儿教师紧缺及学历提升的需要导致学前教育教师成为学员主体。

2008年至2012年，学院共培养本、专科毕业生11150人，同时继续对学习优秀的毕业生授予北京师范大学学士学位，5年共有126名毕业生获得学士学位。详见表2-2。

表2-2　本科生获北师大学士学位人数统计表（人）（2008—2012年）

专业名称	2008年	2009年	2010年	2011年	2012年
汉语言文学	3	3	8	6	0
数学与应用数学	2	0	0	0	0
英语	18	15	24	35	12
合计	23	18	32	41	12

第二节　教学管理与制度建设

一、教学管理与制度建设

1. 教学管理和组织

2008年至2013年，学院的学历教育的组织或运行管理仍然沿用原来的组织管理模式，即学院、二级学院、教学系的三级管理模式。与区县的合作模式采用市、区县两级管理模式：区县作为学院的校外教学点负责学生日常教学的组织与管理，学院负责统一招生、提供教学计划、教材，安排教师面授和辅导，负责学生的学籍管理及毕业审定。

2012年5月，北京市教委组织专家对学院的5个院外教学点进行检查，5个接受检查的教学点均备案通过。

2. 学历教育的常规性会议

学院每年召开下列常规性教学管理的工作会议：

一是每学期初召开全院性的教学工作会，参加人员包括二级学院领导、教学系主任、教学办主任等，会议主要布置本学期的教学工作计划、教学督导安排，并提出管理和教学要求。

二是每年5月份召开优秀班主任表彰和全体班主任培训会，旨在肯定班主任在学生管理中作出的贡献，交流和学习优秀班主任的班级管理经验，挖掘全体班主任的班级管理潜能，同时通过培训进一步提高班主任的班级管理能力。

三是每年7月份组织召开学历教育招生工作会，表彰上一年的招生工作先进个人和集体，布置当年的学历教育招生工作。

3. 经常性的专题会议

2008年6月，学院召开了“学历教育发展战略研讨会”，研讨稳定学历教育规模，提高教学质量的对策。参会人员主要包括主管院领导、各二级学院院长、主管院长、系主任以及教务处相关人员，市教委主管高等教育的副主任郭广生应邀到会并讲话。在此会议的基础上，9月学院出台了《北京教育学院关于稳定学历教育规模、提高教育教学质量的若干意见》。

2013年7月，召开了学院落实市教委《北京市教育委员会关于进一步提高北京高等学校人才培养质量的意见》（简称24条）座谈会，参加会议的有二级学院院长、副院长等，会议学习了24条的内容，就学院落实的方案进行了研讨交流，并形成和完善了学院的方案。

4. 完善相关制度

学院不断完善相关制度，并配合相关文件的出台组织培训和学习。

2008年，《北京教育学院教学工作量计算与管理办法（试行）》出台，该《办法》重新界定了学历标准教学班的人数以及教师上课的课时系数与人数的关系，学历教育教师的课时费标准有了显著提高。

2008年11月，学院组织系主任以上的教学管理干部学习《北京市教育委员会关于进一步加强北京成人高等教育和继续教育管理提高教育质量的意见》。

2009年，学院出台了《北京教育学院学历教育班主任管理办法（试行）》。

2010年，为积极拓展生源、稳定学历教育规模、促进学历教育持续发展，出台了《北京教育学院关于稳定学历教育规模的补充意见》。

2011年，学院修订了2008年的《北京教育学院教学工作量计算与管理办法（试行）》。同年出台了《北京教育学院外聘教师管理办法（试行）》。

5. 推进教务管理的信息化

从2008年开始，学历教育的课程全面实行教务系统计算机软件排课和成绩录入。

从2010年开始，毕业生全部通过教务系统进行毕业审核。

二、教学计划管理

教学计划是教学实施的依据，也是在教委申报学费的依据，因此学院对教学计划的管理非常严格。学院要求各二级学院和各系在安排教学活动时要严格按照教学计划执行。

为了适应时代和市场的需求，依据《北京教育学院管理稳定学历教育规模、提高教育教学质量的若干意见》，从2008年开始，学院准许教学系对专业的教学计划提出修改。个别专业还通过调整专业计划，使学制由原来的3年改为了2.5年，以更好地进行专升本的招生衔接。

各教学系在每年下半年对当年招生专业的教学计划进行微调，调整课程科目不超出计划总科目的10%。11月份，教务处组织教学指导委员会对调整后的教学计划进行审议，审议通过的专业教学计划报市教委高教处备案。

三、教学质量管理

1. 组织教学基本功比赛和教学观摩活动

组织中年教师的教学观摩活动和青年教师教学基本功比赛是学院进行教学质量管理的方法之一。2008 年以来学院共计组织了 4 次活动。

2008 年 6 月，学院组织中年教师教学观摩活动，7 个二级学院共推荐 24 位教师参加了课堂教学展示，院领导、二级学院院长、系主任以及青年教师参加了观摩。

2009 年、2011 年、2013 年学院组织青年教师教学基本功比赛，参赛教师分别为 17 人、13 人和 11 人。

学院组织教学评奖，获奖情况见表 2 -3。

表 2 -3　中年教师教学展示、青年教师基本功比赛学院的评定结果

	2008 年	2009 年	2011 年	2013 年
一等奖	王漫、季苹、周玉芝、顾晓华	邸磊、张莉娜、卫星	陈莉、公维余、崔艳丽	吴欣歆、丁友福、曲小毅
二等奖	刘宇、乔灵芝、张洲、杨建伟、姜峰、高明书	吕俐敏、仇妍、刘晓婷、孙章华、于晓雅、李丰、王元艳	李慧芳、冯启磊、靳飞、何佳垣	刘琳娜、吕红梅、白永潇、符彦虹、支斌
三等奖	方美玲、王劲松、任卫廷、李杰、李涛、吴薇、肖玉柱、杨雪梅、杨颂、陶钧、高宝华、郭宏伟、韩彦龙、韩金妍	柯丹、张学岩、杨小丽、王丽、李雯、魏大松、林泰然	段颖玲、叶一粟、李军、杨宣、林泰然、高胜海	郑婉、韩冰、王菲

在 2013 年的青年教师基本功比赛中，还设立了最佳教案奖，由数理学院的丁友福获得。

按照北京市教育工会要求，学院每次推选 1 人参加北京市的青年教师教学基本功比赛。2009 年，教师教育学院的邸磊代表学院参加北京市高校第六届青年教师教学基本功比赛并荣获三等奖。2011 年，教师教育人文学院的陈莉代表学院参加北京市高校第七届青年教师教学基本功比赛并荣获二等奖。2013 年教师教育人文学院的吴欣歆代表学院参加北京市高校第八届青年教师教学基本功比赛并荣获二等奖。

2. 开展质量分析，撰写质量报告

2008 年至 2010 年，学院每学期组织对不同范围的任课教师进行学员评教，并将评教结果反馈给这些教师。从评教结果看，学生对教师的上课满意度较高。2008 年评教得分在 80 分以上的教师占 79%；2009 年评教得分在 80 分以上的占 85%；2010 年评教得分在 80 分以上的占 92%。

2008 年以来，学院每年向北京市教委上报教学质量年度报告。

2009 年开始，学院每年在北京高等学校继续教育数据平台上报学院的招生、毕业生以及在校生数据，同时上报教学质量年度报告。

3. 教学督导室工作

学院成立有教学督导室，由已退休、具有丰富教学和管理经验的教师组成督导室成员，主要成员每三年聘任一次。

学院的教学督导室负责对学院的继续教育和学历教育的教学进行督导和研究。

教学督导室每学期都会围绕该学期学院教学工作计划，制订有针对性的常规督导工作计划和专项督导工作计划。走进课堂听课评课一直是督导室常规工作中的重要内容。每学期被督导教师人数达50人以上。

教学督导室十分关注学院中青年教师的专业发展与个人成长，指导、帮助新入院教师尽快适应以职后培训为主的教学工作。教学督导室积极配合教务处组织的青年教师教学基本功大赛和中年教师教学基本功观摩活动，指导中青年教师，发挥专家引领作用。

教学督导室先后参与、开发《中小学教师专业发展标准及指导》，参与研制学院继续教育教学质量评价标准，为课堂教学、实践追踪、项目管理等培训环节建立了一系列标准、模板。

（教学督导室的沿革及主要职责详见第四编第六章）

第三节　专业、课程和教材

一、专业建设

学院高度重视学科和专业建设工作，在2008年出台的《北京教育学院关于稳定学历教育规模、提高教育教学质量的若干意见》中，再次提出要加强学历教育的学科、专业、课程和教材建设。

2008年以来，学院共新申报并被批准招生的专业有12个（见表2－4）。

表2－4　学历教育新增招生专业统计表（2008—2013年）

年份	专业名称	专业层次	学制	学习形式
2008	英语（商务）	专升本	3	业余
	教育学（小学数学）	专升本	3	业余
	旅游管理	专升本	3	业余
	计算机科学与技术	专升本	3	业余
2009	体育教育	高起本	3	业余
	多媒体设计与制作	高起专	2	脱产
2010	人力资源管理	高起专	2	脱产
	会计学	专升本	2	业余
2011	学前教育	高起本	5	业余
2012	电子商务	高起专	3	业余
2013	汉语国际教育	高起本	5	业余
	英语（教育）	高起本	5	业余

2010 年，由于新生注册人数太少，北京教育考试院关闭了我院主考的小学教育（专科）自学考试专业。

2011 年开始，会计、工商企业管理、艺术设计（酒店）、旅游管理 4 个高职类专业由原来的学制 3 年改为 2.5 年。

二、课程和教材

2008 年，钟祖荣教授的《现代教师学导论》被评为 2008 年北京市高等教育精品教材。

为了在一定程度上缓解工学矛盾，2009 年，校长研修学院在信息学院的支持下，组织开发了儿童发展心理学、现代教育理论两门学历教育课的网络课，这两门课程分别为学前教育本科和教育学（学校）本科两个专业的课程。

2010 年，由学院教师编写的《道德与生活》（廖明华、金钊）、《中国传统文化》（朱筱新）、《中西文化比较》（李军、朱筱新）、《儿童发展心理学》（齐建芳）等高校通识课程教材由中国人民大学出版社出版。

第四节　教学研究工作

一、教学指导委员会的设置

2008 年，新一届学术委员会和新一届教学指导委员会成立。

教学指导委员会 15 人：李方、郭世安、钟祖荣、方中雄、余新、胡淑云、李晶、渠素彬、王远美、何妮妮、陈丽、陈雁飞、吴安民、王松美、孟宪凯；主任：李方，秘书处设在教务处。

2011 年，由于部分学院领导工作调整和委员退休，教学指导委员会进行调整，成员有李方、钟祖荣、余新、胡淑云、李晶、王远美、王卫则、陈丽、陈雁飞、吴安民、孟宪凯、张丹、汤丰林；主任：李方，常务副主任：钟祖荣，副主任：余新。

二、教学研究工作主要内容及成果

2008 年，学院组织北京市高等学校教育教学改革立项申报工作，王松美老师的《有效利用国际教学资源促进教师培训方式的多样化》获得面上课题立项。

2012 年，学院组织院级教育教学改革的立项工作。《小学教师生活价值教育教材开发研究》《学前教育本科专业课程体系和课程标准建设研究》《幼儿艺术教育专业教材建设的研究》《通用技术学科项目学习方式课程化和实验基地建设研究》获批为 2012 年院级课题。

2012 年，钟祖荣教授等人完成的“教师培训管理工具箱开发与应用研究”荣获北京市高等教育教学成果二等奖。

学院教师每周以二级学院或教学系室开展教学研究活动。

第五节　学员德育管理

成人教育学员参加学习，会遇到许多现实的问题，如工学矛盾、家庭负担等，这些问题会直接影响他们学习的积极性和持久性，因此成人教育学员思想教育也就显得非常重要。

为做好学员的思想工作，每年新生入学，学院都开展对学员的入学教育，主要解读《北京教育学院学生管理手册》，使学员对学院的规章制度和学生管理规定有比较清楚的认识和了解。

为了及时了解学员的思想状况，及时发现问题和解决问题，保证正常的教学秩序，学院按照班级进行学员管理，为每个班级配备了一名班主任，负责学员的日常管理工作。为了树立优秀班主任的榜样作用，学院每年举行一次优秀班主任评选和表彰会。2008 年以来，评选并表彰优秀班主任 117 名。为加强班主任管理，学院还要对全体学历教育的班主任进行有针对性的培训，以提高他们的班级管理能力。

学院每年定期开展优秀学生、优秀学生干部和优秀毕业生的评选工作。详见表 2－5。

表 2－5　优秀学生、优秀学生干部、优秀毕业生数统计表（2008—2012 年）

类别＼学年	2008	2009	2010	2011	2012	合计
优秀学生数（人）	584	435	404	345	295	2063
优秀学生干部数（人）	140	118	115	100	104	577
优秀毕业生数（人）	187	154	113	62	137	653

第二章　校长、教师及党务干部培训

第一节　校长培训

一、“十一五”中后期的教育干部培训：提高培训质量

（一）规划与任务

中共北京市委教育工委、北京市教委联合发布《北京市普职成教干部培训“十一五”规划》及《北京市普职成教干部培训“十一五”规划实施细则》，突出“提高培训质量”

这一主题，认真落实“大规模培训干部，大幅度提高干部素质”的要求，紧密结合中小学教育改革和发展的实际需要，优化设计，精化管理，扩大干训规模，提高干训质量，创建干训品牌，高质量地完成大规模、多层次的教育干部培训工作。

2008 年，首次举办幼儿园园长高研班；举办“祥云行动”——提高高中校长课改领导力跟进培训；举办第一期“名校长工作室”并在探索中前进；市区密切配合，编印画册《迈向新的高度——2008 北京市普职成教干部培训掠影》，第一次以图文并茂的形式反映全市一个年度的干训工作成果。详见表 2－6。

表 2－6　2008 年教育干部各级各类培训一览表

序号	培训类型	培训项目	培训对象	培训人数	培训课时
1	市级培训	北京市农村小学校长高研班	远郊小学校长	39	360
2		北京市农村初中校长高研班	农村初中校长	21	360
3		北京市城区小学校长高研班（两个班）	城区小学校长	71	360/班
4		北京市中学教学副校长高研班	初中教学副校长	34	360
5		北京市小学教学副校长高研班	小学教学副校长	38	360
6		北京市小学德育副校长高研班	小学德育副校长	36	360
7		北京市公立幼儿园园长高研班	公立幼儿园园长	34	360
8		北京市中学专职书记高研班	中学专职书记	31	360
9		北京市名校长工作室（第一期）	中小学校长	26	360
10		“祥云行动”——提高高中校长课改领导力跟进培训	全市高中校长、教学副校长、德育副校长	1200	40
11		中英联合校长培训	小学校长	108	240
12		北京市中小学领导干部贯彻十七大精神系列培训	区（县）教育领导干部	1600 人次	160
13		北京市区（县）委教育工委组织科长研修班	区（县）委教育工委组织科长	33	80
14		北京市区（县）教委德育科长研修班	区（县）教委德育科长	28	80
15		培训者培训	区（县）教育干部培训机构干部教师	88	200
16	援助培训	内蒙古阿拉善盟中小学校长培训班	中小学校长	22	88
17		西藏自治区中小学校长培训班	中小学校长	30	240
18	委托培训	广东省深圳宝安区中小学校长培训班	中小学校长	26	160
19		广东省佛山中小学校长培训班	中小学校长	26	240
		总计（人次）		3491	

2009 年，继续开展多种形式的区县培训者研修活动（培训者培训），组织培训机构全体人员参加了“全国中小学校长培训专业化研究学术论坛”；受北京市人民政府教育督导室委托，首次举办北京市专兼职督学培训；成功举办全国中小学校长培训专业化研究论坛；编辑画册《收获——2009 年北京市普职成教干部培训工作概览》；并对“十一五”时期中小学干部培训总结、“十二五”时期培训工作规划制定工作进行了初步沟通。详见表 2 - 7。

表 2 - 7　2009 年教育干部各级各类培训一览表

序号	培训类型	培训项目	培训对象	培训人数	培训课时
1	市级培训	北京市中学校长高级研修	中学校长	32	360
2		北京市城区中学教学副校长高级研修	城区中学教学副校长	28	360
3		北京市小学校长高级研修	小学校长	56	360
4		北京市中学专职书记高级研修	中学专职书记	30	360
5		北京市区县教委中教科长研修培训	区县教委中教科长	19	200
6		北京市民办中小学管理干部研修培训	民办中小学管理干部	100	102
7		北京市区县干训机构培训者研修培训	区县教育干部培训机构干部教师	88	56
8		北京市中小学校长任职资格培训	中小学校长	37	360
9		“祥云行动”——提高高中校长课改领导力跟进培训	高中校正、副校长；区县教委中教科长；区县培训机构干训主管领导	1000	64
10		北京市专职督学暨第九届兼职督学培训	专、兼职督学	137	
11		北京市第一期专职督学培训	专职督学	19	96
12	援助培训	四川省什邡市中小学教学干部培训	四川什邡中小学教学干部	48	300
13		四川省什邡市中小学德育干部培训	四川什邡中小学德育干部	49	344
14		西藏拉萨教育行政人员培训	西藏拉萨教育行政人员	27	200
15	委托培训	教育部—中国移动中小学校长“影子培训”	四川、云南、广西、甘肃、宁夏、新疆六省（区）骨干校长	70	104
16		广东省深圳宝安区校级后备干部培训	广东深圳宝安区校级后备干部	40	160
17		中央彩票公益金支持青少年学生校外活动场所建设项目教育管理干部培训	12 个省（区）县级青少年活动中心管理干部	169	160
		总计（人次）		1949	

2010 年，举办第二期“北京市区县教委副主任研修班”；组织各区县主管干训工作的院（校长）参加“全国干训工作会暨教育部小学校长培训中心成立十周年庆典”；继续开

展北京市专兼职督学培训，并创办了“北京市督学大讲堂”，使督学培训迈上新台阶；完成教育部—中国移动中小学校长“影子培训”培训任务；开展“全市中小学校长培训效果与培训需求调研”，为总结“十一五”、规划“十二五”摸清底数；开发“中小学校长及培训资源系统建设”专项，搭建北京市教育干部培训管理的公共服务平台；编辑画册《风华——2010年北京市普职成教干部培训工作概览》。

自2009年始，面向四川省什邡市地震灾区开展援助性培训，培训持续两年，共培训各级各类学校干部200人，基本覆盖什邡全市所有教育干部；在北京市援助四川省什邡市表彰大会上，学院作为先进单位受到表彰。详见表2-8。

表2-8　2010年教育干部各级各类培训一览表

序号	培训类型	培训项目	培训对象	培训人数	培训课时
1	市级培训	北京—南京合作小学校长高级研修	北京、南京小学校长	30	360
2		京、浙、蓉合作小学校长高级研修	京、浙、蓉小学校长	30	360
3		中英校长领导力高级研修	中学正职校长	23	360
4		“祥云行动”——北京市高中骨干校长课改专题高级研修	高中骨干校长	43	360
5		北京市中小学校长任职资格培训	中小学校长	30	360
6		北京市区县教委副主任高级研修	区县教委副主任	19	200
7		北京市区县教工委组织科长、教育党校常务副校长研修	区县教工委组织科长、教育党校常务副校长	27	80
8		北京市中小学书记主题研修	中小学专职书记或副书记	45	160
9		学习科学发展观系列专题培训	市中小学书记、区县党建研究骨干、教育学院总支书记、支部书记	170	28
10		北京市区县干训机构培训者培训	区县教育干部培训机构干部教师	88	348
11		北京市专职督学培训（第2期）	专职督学	32	88
12		北京市中小学校长及培训资源系统建设	区县信息系统管理员	37	64
13	援助培训	四川省什邡市校级干部培训班（春季）	四川省什邡市学校干部	50	344
14		四川省什邡市校级干部培训班（秋季）	四川省什邡市学校干部	50	344
15		西藏拉萨省中小学校长培训	西藏拉萨市中小学校长	30	200
16		内蒙古阿拉善盟中小学校长培训班（第2期）	中小学校长	35	80
17	委托培训	陕西省西安市中学校长高级研修（第6期）	陕西省西安市中学校长	26	80（在京）
18		教育部—中国移动中小学校长“影子培训”	四川、广西、新疆、宁夏、甘肃、云南六省（区）校长	64	104

续表

序号	培训类型	培训项目	培训对象	培训人数	培训课时
19	委托培训	2009年中央专项彩票公益金支持青少年学生校外活动场所建设项目管理干部培训（第3、4期）	河北、安徽、山西、黑龙江、吉林、湖南、河南、辽宁八省青少年校外活动场所管理干部	181	80/期
		合计（人次）		1010	

（二）主要成绩与特点

1. 完成大规模培训干部的任务

“十一五”期间，北京市在任职资格培训、提高培训和高级研修的大框架下，适应北京市中小幼和成教干部培训的新形势、新任务和新要求，坚持专业做培训、质量促发展的原则，按照“面向全员、突出骨干、倾斜农村、服务急需”的总体思路，以“名校长工作室”为龙头，以“绿色耕耘”——农村中小学校长培训为重点，以围绕教育改革和发展中心工作的主题式培训为主线，分类、分层、分岗全员覆盖，实现了中小幼和职成教干部的全员培训。5年中，共培训干部10902人，其中任职资格培训2765人，提高培训5895人，高研培训2242人。

2. 分类、分岗、分层开展系列培训，提高培训的针对性

“十一五”期间，北京市干部培训兼顾到中小幼和职成教育干部、教育行政机构领导干部和培训机构培训者3大类人员，分类开展培训，将中小幼和职成教所有教育干部纳入培训视野，培训对象全员覆盖，保证了大规模培训干部任务的完成。

在分类的基础上，分别对3类干部进行分岗培训。学校干部按学校的校长（园长）、书记、教学副校长、德育副校长、总务副校长，教育行政干部按区（县）教委主任、小教科长、中教科长、德育科长，培训者按管理者、骨干教师等进行分层培训，提高了培训的针对性。

在国家规定的任职资格培训、提高培训和高级研修的基本格局下，着眼于教育家培养工程，遵循干部成长规律，将干部分为后备干部、履新干部、发展期干部、成熟期干部等开展分层培训，针对不同层次干部的需要，为不同阶段的干部的发展提供及时、有效的助动力。

3. 促进干部素质和培训专业化程度的提高

北京市“十一五”基础教育干部培训评估验收表明，干部对培训的满意度在95%以上。“十一五”干部培训，促进基础教育干部素质的提高，促进干部队伍整体水平的提升，促进了义务教育优质均衡发展和高中教育多样化发展，为首都全面实现教育现代化提供了重要的智力支持和人才保证。“十一五”干部培训基本做到了培训课程有系列，培训模式有创新，培训管理有规范，培训质量有保证。培训工作的研究含量、学术含量有很大提高，培训对干部的吸引力得到增强，干部培训中已经呈现出从“要我学”向“我要学”

转变的良好态势。

4. 坚持研训一体，研训互动

研训一体，研训互动，是“十一五”期间北京市干部培训的一个鲜明特色。“十一五”期间，市区（县）培训者承担市级及以上研究课题82项，承担区级课题160项，开发专题课程1000多门，编写教材114本，公开发表干训研究论文616篇，正式出版干训研究专著32部，正式出版学员研修成果集91部。研训一体、研训互动成为专业做培训和培训工作可持续发展的有力支撑，提升了干部培训的质量。

5. 建立专业、开放的培训格局，加强培训基础和支持系统建设

“十一五”期间，北京的干部培训基本形成了北京市教育干部培训中心统筹规划、管理协调、业务指导、质量监控和信息服务，市级专业培训机构示范引领，区（县）培训机构主动承担，高等学校积极参与的专业、开放的培训格局，实现了各负其责、优势互补和优质资源整合。伴随着专业、开放培训格局的建立，一支高水平、专业化的专兼职结合的干部培训师资队伍成长起来，北京市区（县）干部培训基地和培训实践基地建设成效明显。专业、开放的培训格局和优质资源整合，促进了北京干部培训品质的提高。

二、“十二五”以来的教育干部培训：大规模培训干部，大幅度提高干部素质

（一）规划与任务

“十二五”时期是国家和首都经济社会发展的重要时期，也是教育改革和发展的关键时期。中共北京市委教育工委和北京市教委在《关于“十二五”时期中小学干部教师培训工作的意见》及《北京市“十二五”时期中小学干部培训工作实施意见》中提出：“十二五”时期的工作目标是大规模培训干部、大幅度提高干部素质；建设有利于促进干部专业发展的培训资源与环境；干部培训制度建设取得新进展；完善干部培训工作的领导体制、管理体制和运行机制。将首都名校长、教育家发展工程，中青年骨干校长高级研修工程，农村校长高级研修工程，中小学书记高级研修工程，职业学校与成人学校校长培训工程，幼儿园园长高级研修工程，教育党政干部能力提升工程，教育干部远程培训工程，干部培训支持系统建设工程9项工程列为“十二五”时期重点工作。通过全员培训，全面提升干部素质教育的能力和水平，为全面提升首都教育现代化水平提供有力的人才支持。

2011年是北京市中小学干部培训“十一五”收尾、“十二五”全面启动的一年，学院共举办22个培训班，培训北京市及兄弟省市干部共计2026人次（见表2－9）。2011年，市干部培训中心办公室组织召开了全市中小学干部培训“十一五”总结表彰、“十二五”培训工作启动大会；围绕“十二五”培训计划启动工作，与区（县）多次沟通，包括召开干训院校长会、组织科长会以及参加区（县）培训工作总结、启动会，传达“十二五”培训规划精神等工作，有效促进了“十二五”培训工作的启动和开展。同年，成功举办第二届全国中小学校长培训专业化研究论坛；举办第二期名校长工作室；首次开展中小学干部教师“国内访学计划”；编辑画册《继往开来——2011年北京市普职成教育干部培训工

作概览》。

表 2－9　2011 年教育干部各级各类培训一览表

序号	培训类型	培训项目	培训对象	培训人数	培训课时
1	市级培训	北京市中小学名校长工作室（第二期）	中小学校长	20	360
2		北京市中学校长省际合作高级研修	中学校长	20	360
3		北京市教育行政干部专业能力提升培训	区县教委中小教科科长	31	360
4		北京市中小学干部培训机构培训者培训	区县教育干部培训机构培训管理者、培训者	160	200
5		北京市中小学校长系列专题培训	德育研究室主任、小教科德育主管科长	34	200
6		国内访学计划	学校有国际部或国际合作项目的中小学校长	16	364
7		北京市中小学校长国际合作培训	具有国际合作办学实践的学校的主管校长	23	360
8		“祥云行动”——提高高中校长课改领导力的跟进培训	高中正职、德育、教学校长	736	360
9		北京市新任校长胜任力培训	新任正职中小学校长	150	80
10		北京市“十二五”第一期中小学书记高级研修	中小学专职书记或副书记	33	360
11		北京市区（县）委教工委组织科长、教育党校副校长研修	各区（县）委教育工委组织科科长（副科长）、教育党校常务副校长（副校长）	33	96
12		北京市督学大讲堂	专、兼职督学	200	16
13		北京市第三期专职督学培训	专职督学	27	120
14	援助培训	新疆和田地区管理干部培训班	新疆和田地区教育管理干部和骨干教师	90	480
15		西藏拉萨市教育管理干部培训班	西藏拉萨教育管理干部	29	200
16	委托培训	教育部—中国移动中小学校长“影子培训”	四川、广西、新疆、宁夏、甘肃、云南六省区中小学校长	76	96
17		江西省南昌市东湖区教育干部高研培训	南昌市东湖区校长、副校长	40	64
18		广东省深圳市宝安区教育系统后备干部培训	深圳市宝安区中小学后备干部	43	200

续表

序号	培训类型	培训项目	培训对象	培训人数	培训课时
19	委托培训	河北省鹿泉市小学校长高级研修	河北省鹿泉市小学校长	99	48
20		内蒙古赤峰、乌兰察布市中小学校长培训	内蒙古赤峰、乌兰察布市中小学校长	48	56
21		内蒙古乌兰察布市中小学校长培训	内蒙古乌兰察布市中小学校长	60	80
22		吉林省中小学校长培训管理者、培训者高级研修	吉林省省、市、县三级干部培训机构培训管理者及培训者	58	40（在京）
		合计（人次）		2026	

2012 年是全市全面实施《北京市“十二五”时期中小学干部教师培训工作指导意见》的关键一年，也是学院继续贯彻科学发展观、落实第二次党代会精神的重要一年。2012 年，北京教育学院共举办 24 个培训班，培训北京市及兄弟省市干部共计 2230 人（详见表 2－10）。完成本年度教育干部培训各项任务，并在探索高层次人才培养项目方面取得进展：以北京市中小学骨干校长境外研修项目的实施为标志，在境外培训国际合作上取得突破，标志着拓展海外培训资源、建立境外合作培训基地的全面启动；中小学校长国内名校高级访问研修创造了强强联手、优秀中青年校长跨省联合高级研修的新模式；组织开展干部培训课题研究和中小学干部培训优质资源建设，促进干部培训队伍成长和培训水平的提升；本年度加大基地学校建设力度，将培训实践基地从 23 所发展到 45 所；编辑画册《一路向前——2012 年北京市普职成教育干部培训工作概览》。

表 2－10　2012 年教育干部各级各类培训一览表

序号	培训类型	培训项目	培训对象	培训人数	培训课时
1	市级培训	北京市名校长工作室	各区县骨干校长	22	200
2		中小学骨干校长境外研修	中小学骨干校长	69	900
3		中小学校长国内名校高级访问研修	京苏粤中小学中青年校长	120	360
4		北京市中小学骨干校长高级研修	中小学骨干校长	31	360
5		北京市农村中小学校长研修	农村中小学校长	80	120
6		中小学教育干部培训（管理）者高级研修	市区县干训机构管理者与教师	180	600
7		北京市教育科研管理者研修项目	各区县中小学教育科研所所长或主任	21	200
8		2012 年北京市幼儿园园长高级研修项目	各区县公立幼儿园园长	21	200

续表

序号	培训类型	培训项目	培训对象	培训人数	培训课时
9	市级培训	北京市中小学校长国际合作培训	城区中学正职、教学副校长	31	200
10		“国内访学计划”（北京市中小学校级干部访学班）	各区县校级干部或优秀后备校级干部	39	360
11		“祥云行动”骨干校长培训	高中正职、德育、教学校长	28	360
12		“祥云行动”（北京市高中校长特色建设能力全员性培训）	高中正职、德育、教学校长	900	24
13		北京市督学大讲堂	专、兼职督学	240	48
14		第四期专职督学培训	专职督学	32	80
15		第一期新任督学培训	新任督学	22	24
16		督导室主任高级研修培训	区县督导室主任	16	60
17		北京市“十二五”第二期中小学书记高级研修	中小学专职书记或副书记	32	280
18	援助培训	新疆阿勒泰地区、青海省玉树州、西藏拉萨市教育管理干部培训	新疆阿勒泰地区、青海玉树州、西藏拉萨市教育管理干部	94	200
19	委托培训	教育部—中国移动中小学校长“影子培训”	中西部中小学校长	74	120
20		黑龙江省民族校长培训	黑龙江省民族中小学正职校长	50	128
21		安徽省亳州市谯城区中小学校长培训	安徽省亳州市谯城区中小学校长	60	64
22		浙江省余姚市中学校长培训	浙江省余姚市中学校长	30	40
23		广东省广州市中学校长高级研修班	浙江省广州市中学校长	22	36
24		陕西省西安市中小学名校长培训班北京段培训	陕西省西安市中小学名校长	16	
		合计（人次）		2230	

（二）主要任务与特点

1. 大规模培训干部，大幅度提高干部素质

继续以培训需求为导向，分层分类开展全员培训。通过培训，提高干部思想政治素质和职业素养，提高干部依法治教理校、科学管理、民主管理的意识和能力，提高干部改革创新的意识和实施素质教育的实践能力，提高干部的专业化水平，促进干部队伍整体水平

提高，促进学校改进，促进义务教育优质均衡发展，促进首都教育和先进的学习型城市、现代化国际城市的建设。

2. 建设有利于促进干部专业发展的培训资源与环境

整合境内外干部培训专家资源，建设优质的专兼职结合的培训者队伍。创建优势突出、资源丰富、培训专业、管理规范的干部培训基地和干部培训实践基地，拓展信息化、国际化培训渠道，搭建多元、立体的干部培训平台。建设一批水平高、适用性强的干部培训课程和教材。坚持北京市中小学校长专业标准、干部队伍状况、干部培训需求、培训质量管理、培训效果以及中小学教育改革热点、难点研究，探索有效的培训模式，推出系列培训研究成果，促进研究成果的转化和应用，提高培训的科学性、针对性和实效性。着力建设首都校长远程培训平台，探索适应远程培训的内容与组织管理方式，提高远程培训的规模与质量，缓解工学矛盾，提高培训效率。进一步探索跨区域合作培训和海外研修等方式。

3. 强化培训质量监控

建立培训机构资质标准，实行培训机构资质认定准入制度。建立和完善干部培训专业标准，引导培训机构提高培训质量和教学水平。加强培训的教学管理，建立和完善课程论证与教材审定制度。严格教学过程管理和督导、检查制度。充分利用信息化手段和网络平台，提高培训管理的科学化水平和效率。

第二节　教师培训

一、“十一五”期间的教师培训

“十一五”期间学院以促进基础教育优质、均衡发展为重心，努力培养适应首都基础教育改革与发展要求的教师队伍，为首都在全国率先基本实现教育现代化提供有力的人才支持，“十一五”期间，培训教师总人数达68848人，其中北京市级教师培训项目约占78%，初步形成了教师培训项目多、规模大、质量高、辐射远的崭新局面。

（一）延续项目

1. “绿色耕耘”培训项目

这个项目从最初的一种培训模式拓展到了分层分类（常规、再提高、“教非所学”三类）的模式，个性化的培训理念得以体现。通过调研，对主要问题的分析和学员需求的多样化，总项目组将相应的培训目标分为3类并进行相应的培训设计，2008年分为常规培训、再培养提高培训、学科教师专业提高培训。常规教师培训采用“集中面授—追踪指导—交流展示”三段式培训模式；再提高培训初步尝试校本教研式研修，选拔参加过“绿色耕耘”首次培训的骨干学员进行再提高培训，加强他们的校本教研和教育科研能力，在远郊区县义务教育学校形成较强的骨干辐射力量，带动学校的发展；“教非所学”培训采取集中面授和研讨与少量下校听课指导相结合的模式进行，以提高“教非所学”的学科专业素养为培训目标，更加强化与初中教材和教学相结合的学科专业知识补充，提高教师对学科本质的理解水平，从而达到真正提高课堂教学水平的目的。

2010 年“绿色耕耘”项目中设计了专门针对中小学学科教研组长的校本研修能力提升培训，以“在校本教研中学习校本教研”的方式，提高学员组织、策划、实施、监控、评价“校本教研”的能力，促进他们在校本教研中发挥骨干作用。

2. “春风化雨”项目

“春风化雨”项目2008 年在实施中做了新的探索，培训主题定位为“提高学校教育教学质量的校本研修”，即以提升教师的师德水平、课堂教学能力和解决学校问题为中心的教研能力为重点，通过理论指导下的行动研究，强化各学科教研组的教学研究能力，提升整体推进学校的自我改进和发展能力，同时，搭建立足学校校本教研的教师专业发展平台。培训对象向小学教师延伸；以课题为依托，强化培训的专业化；加强学科交流，分享培训经验；强化项目团队文化建设，共担培训重任。

2009 年“春风化雨”项目调整了培训对象和培训主题，分为 4 个子项目，即北京市城区中小学教师培训（提高学校教育教学质量的校本研修）、北京市城区中学英语教师培训（教师如何在校本研修中发挥骨干作用）、北京市中小学国际理解教育教师培训（掌握国际理解教育基本知识，提高任课教师教育教学水平）、北京市城区中学数学教师提高培训（在校本教研中学习校本教研）。在培训的思路上注重研究、注重问题解决并增加了信息化课程设计内容。2010 年又拓展出可持续发展教育项目。

3. 市级学科带头人及骨干教师培训项目

2008 年市级学科带头人及骨干教师培训项目，首次采用工作室模式开展培训，按照“干中研，研中干”的原则，实现研究和实践的有机结合，力求在促进骨干教师专业化发展的基础上，兼顾骨干教师群体与个体需求，变被动学习为主动研修，以主题研究为指引，激发骨干教师的主观能动性，提高骨干教师对学科教学的研究能力，提炼教学经验，形成有个人特色、具有指导意义的学科教学理论，加速骨干教师由教学型向教学—研究型转变，形成专业化程度更高的骨干教师队伍，真正发挥骨干教师的示范、辐射作用，带动北京市基础教育优质、均衡发展。

2010 年因要对所有尚未接受培训的骨干教师进行培训，故采用工作室和研修班两种方式。工作室进行专题研究和理论建构，使工作室成员经历研究全过程；研修班侧重小课题研究、理论指导实践以及教科研方法的体验。该项目深入开展骨干教师教学艺术特色展示活动，以走进区县和异地交流等方式进行示范课展示，发挥对区县的辐射引领作用并录制了《百节名师风采课》，在电视台播放。

4. 中职校文化课教师培训

北京市中职校文化课教师和教研组长培训项目，在实施中有效体现出了“抓好一个核心，突出两个特色，落实三个提高”的工作特点。即抓好职业教育以市场为导向这个核心，突出职业教育以德育人和技能提高两个特色，落实中职校培训项目使教师教学水平提高、社会实践能力提高和教师心理素质提高的特点。

5. 中小学教师教育技术能力培训

北京市中小学教师教育技术能力培训项目，对一线中小学教师的教育技术能力提升起到了积极的作用，同时对即将开展的“十二五”继续教育内容进行了先期的有效尝试。该项目分4个子项目，分别侧重信息技术在学科教学中的有效应用、信息技术教师教育技术能力培训、英特尔®未来教育培训项目和中小学教师教育技术能力（中级）培训。2008年还首次开展了“北京市中小学教师远程教育应用培训”，是一次面向学院教师和北京市区县中小学信息技术教师的远程教育技能应用培训。

6. 中小学音乐、体育、美术教师培训

中小学音乐、体育、美术教师培训一改过去单一学科的主题培训，从而转变为多学科交叉融合的专项培训，从注重对学科知识与专业创作的培训，转变为注重对专业功底与教学质量的提升，从深入学校与听课评课的方式转变为专业技能与课例评选的方式，开展了“百所中小学音体美教师专业技能提高培训与优秀教学课例评选展示培训项目”。

7. 教师培训机构教师培训

2009年北京市中小学教师培训机构专兼任教师培训项目以培训者专业能力建设为目的，以“教师培训的制度建设与培训管理能力发展”为研修主题，根据不同培训对象和任务，采用分岗、分层、分类的组班形式，分为4个培训班，即区县培训管理者高级研修班（主题为教师培训“研训一体”化模式研究）、继续教育项目负责人研修班（主题为项目管理制度建设与发展）、继续教育专任教师研修班（主题为研修教师培训质量标准）和继续教育项目秘书研修班（以“项目管理执行力”为主题）。

该项目在2010年聚焦教师培训管理工具，采取分类、分岗培训方式分为三个子项目，分别侧重“培训需求分析工具研发与应用培训”“学校心理咨询工具研发与应用培训”“远程数字化学习与培训平台的操作工具研发与应用培训”。

（二）新开发的项目

1. 农村中小学教师研修工作站项目

农村中小学教师研修工作站项目，是全面提高农村教师教育教学能力和水平的一种新尝试。这一项目同时被列入了2008年北京市政府的折子工程。它是在城镇地区具备研修条件的中小学校（或教师培训机构）设立农村中小学教师研修工作站，通过导师带教的方式，采用“零距离”的观察和体验，使远郊区县乡镇以下学校的校级骨干教师，感受名师的教学艺术和人格魅力，深入学习和体会名师的教学设计和教学实施，丰富自己的教学实践，提升实际教学能力。这项培训标志着学院在大力提高农村教师素质、促进城乡教育优质均衡发展，创新工作模式方面又迈出了新的一步。2009年2月组织召开了农村中小学教师城镇研修工作会议，教育部、北京市政府、中共北京市委教育工委、北京市教委有关领导参加了会议，编辑了《培训方案汇编》《工作站总结汇编》《指导教师总结汇编》《学员总结汇编》4本成果集。2010年增加了理论培训和集中学习环节，重点加强了对学员进行教学设计及说课能力的培训。

2. 带薪脱产培训项目

从2008年开始的带薪脱产培训项目是培训制度与模式的新探索。学员们在为期半年的时间里，通过理论学习、亲身实践、自我学习、展示交流等多种方式，重点提高自己在师德和教育理论、教学设计、教学实施和阅读写作4个方面的技能。项目管理采取学院统一设计实施方案，区县申报，专家组论证，形成了 19 个子项目，以区县为主办单位，学科专家组指导的运作方式。为保证培训的效果，该项目组开发了各学科“教师教学基本技能标准和检测指标”；各个学科根据标准设计 20 门“教师教学基本技能提高课程”，采取讲、练结合的方式上课，同时设计 6 门公共课，以提高教师的师德、教育理论素养、文化底蕴和写作能力；确定了“测—训—摩—练—测”的培训模式；建立主讲教师库，经过两轮集体备课、说课，各区打通使用师资。该项目采取的是“科研先行、评价先行、标准先行”的专业化培训方式。2009 年，带薪脱产培训项目共组织了 10 个班，人数 243 人。参加该培训的教师在 85 个工作日中，完成 680 学时的培训任务。该项目特色体现在：一是有标准的培训，制订了技能标准，评估学员与标准之间的差距，以此为依据，调整目标、课程、学习方式。二是有检测和过程监控的培训。由于制定了“过程性指标”，使过程监测有章可循，保证了监测的规范性，对促进培训质量提高发挥了积极作用。2010 年，还在地理、生物学科探索了教师学科专业提高半脱产培训，课程实施流程除继续遵循能力内化的基本规律外，更突出学科专业知识的补偿。

3. “迎奥运”体育教师全员培训

2008 年的“迎奥运”体育教师全员培训，在奥林匹克文化传播史上创造了新的世界奥林匹克教育历史。百年奥运史上东道主城市都没有举行过中小学体育教师“迎奥运”全员培训，而学院为北京举办一届历史上有特色的奥运会增添了新的元素，创造了新的奇迹，开创了新的篇章，给第 29 届奥运会留下更多的文化教育遗产。

4. 境内外结合教育管理硕士培训项目

新加坡南洋理工大学教育管理硕士培训项目，是首次境内外结合开展教育管理硕士项目。历经两年的境外培训，在征求多方意见的基础上向北京市教委建议并调整为境内外相结合授予学位的合作项目。第三期各区（县）共选派 27 人。境内学习由北京市中小学教师培训中心办公室配合市教委整体协调，北京教育学院校长研修学院组织管理和辅导，聘请北京师范大学教育管理学院教师授课，共计开设 6 门选修课程。学员于 2009 年 2 月下旬出国学习，主要学习必修课程，完成教育管理研究论文。

5. 市级支教大学生培训

2008 年首次组织开展市级支教大学生培训。北京市从 2007 年开始组织北京市高校毕业生到农村中小学从事支教活动。2008 年市教委通过公开招聘的方式，选聘了 695 名大学生到农村中小学支教，为做好上述人员的岗前培训，学院承担了首次市级支教大学生的培训工作（共培训两期，每期一周）。

6. 中小学教师艺术素养提升培训

中小学教师艺术素养提升培训项目给予具有艺术文化和才艺技能的教师提供展示的舞台、创作的平台，特别是在首都教师重大活动、表彰活动、庆典活动上发挥不可替代的作用，以专业培训拉动校园文化建设、以展示演出体现首都教师风范，打造独特的基础教育宣传阵地和首都教师文化阵地。

7. 班主任及心理健康教师培训项目

2009 年，学院实施了北京市优秀班主任工作室项目、北京市中小学骨干班主任培训项目、北京市中小学心理健康教育教师上岗培训项目学员上岗情况追踪调研项目。市、区、校三级逐层培训推荐选手，成功举办了全市首届班主任基本功培训与展示活动，中共北京市委常委、中共北京市委教育工委书记赵凤桐参加展示活动并为200多位获奖选手颁奖。

8. 普通高中新课程通用技术教师培训

2008年普通高中新课程通用技术教师培训，计划首批为100所高中校每校培养一名通用技术教师，打造出一支符合普通高中通用技术课程教学需要，能够体现首都基础教育现代化水平和特点的普通高中通用技术教师队伍。本次培训的目标定位是为北京市高中通用技术课程任课教师适应新课程教学提供较为系统的岗前培训。通过亲历技术设计的全过程和教学设计与教案的生成，提高学员对课标、教材的理解，提高设计与制作产品的技能和课堂教学的实际能力。此后又增加了高中新课程理科教师实验教学培训。

二、"十二五"期间的教师培训

根据《北京市"十二五"时期中小学教师培训工作实施意见》，学院提出"十二五"时期的教师培训与教学工作目标：做好全市教师培训工作的统筹、协调、指导与评估，发挥上级挂靠学院的各中心的重要作用；以骨干教师和农村教师培训为重点，建设一支师德高尚、业务精湛、结构合理、具有国际视野和创新活力的首都教师队伍，培养一批名师和首都教育家；高度重视对口援培和国家级培训，发挥首都教师培训方面的辐射、支援和示范作用；以培训观念、内容和模式的改革创新为突破口，全面提升教师培训质量。学院在实施"十二五"市级教师培训中，承担了主体的重点培训工程，在构建分层次分学段分学科的培训体系、培训模式创新、标准课程基地等培训基础建设等方面作出了诸多努力。

（一）延续项目

1. "绿色耕耘"培训

进入"十二五"以来，"绿色耕耘"培训项目培训对象分为"两个层次、一个群体"。两个层次为"熟练期"教师和"发展前期"教师，一个群体为"教非所学"教师。其中，"熟练期"培训的对象是教龄3~5年的专业教师，"发展前期"培训的对象主要为教龄10年左右的教师及教研组长和区骨干，"教非所学"培训的对象为专业背景与任教学科不一致的教师。培训为"熟练期"教师量身设计了"教学实施能力提高"的主题培训，来促进课堂教学效果的改进；为"发展前期"教师设计了"校本教研能力提升"的主题培训，来推动校本研修，带动更多教师和学校整体的发展；为"教非所学"教师设计了"提高学科知识水平"的主题培训，以课标为依据、以教材为线索对所教学科知识做系统梳理和补充。本项目与以往"绿色耕耘"项目相比，突出的变化和特色是：（1）培训对象按照教师专业发展阶段来划分，凸显培训针对性和实效性；（2）学科分布更加接近基础教育阶段的学科体系，凸显培训满足需求的特点，学段也从初中延伸到高中；（3）增设网络辅助课程，凸显培训渠道的多元化。

2. 农村中小学教师研修工作站项目

"十二五"期间的农村中小学教师研修工作站项目，对培训提出了新的要求，每位学员要达到以下培训目标：提升教学观摩能力，完成5篇教学案例分析；提升教学实践能力，完成两个单元的教材分析、两节研究课实录及教学反思；增进专业知识，通过相应的学科测试；提升教育研究能力，完成1篇总结指导教师教学特色的论文；提升师德水平及自我发展能力，制定三年专业发展规划。2012年项目进行了计划调整，将学习时间由半年延期到一年，其中半年在工作站，半年回原单位实践。半年的实践增强了学习成果的应用性、转化性。在实践期间，原工作站的导师还要进行跟踪指导。

3. 带薪脱产培训项目

中小学教师带薪脱产培训项目调整了对培训对象的分类，以具有3～5年教龄的出色青年教师和学校、区级骨干教师为培训对象。项目以“提高教师学科教学能力”为研修主题，通过开发适应课程改革理念的实践类课程，教学新秀班侧重提升教师的教学设计和实施能力，促进青年教师教育教学基本能力的提升，达到教学能力标准中的优秀水平。市区骨干教师班侧重促进骨干教师教学研究能力和组织校本研修能力的提升，解决教师成长过程中的关键问题。培训方式采用了全脱产培训、半脱产培训、网络培训等方式，为学校和学习者提供了更多的选择机会，更好地满足学习者的需要。

4. 市级学科带头人与骨干教师培训

本项目以“形成具有一定教学领导力的教学研究型骨干教师团队”为培训主题，分学科、学段建立骨干教师研修工作室，在近一年的时间内分阶段完成360学时的培训任务，具体包括研究的理论储备、专题研究与实践，成果形成与交流3个阶段。为帮助一些优秀教师提炼经验，项目组还委托《北京教育学院学报》汇编优秀研究成果，出版了专辑。为了给2013年骨干教师再认定做好准备，2012年培训规模达到1500余人。为此，项目组整合了北京师范大学、首都师范大学等大学及科研院所、培训机构的师资力量，分工作室开展培训。在培训形式上首次尝试实行短期集中培训，一方面缓解了工学矛盾问题，另一方面形成了浓郁的交流、研讨氛围。

5. 中小学教师教育技术能力培训项目

中小学教师教育技术能力培训项目以新技术新方法、信息技术有效应用为培训主题，采用面授与网授相结合的方式，把培训划分为三个部分：京郊教师教育技术应用能力提升培训、带薪脱产教师教育技术应用能力提升培训、城区教师教育技术应用能力提升培训。教师选择符合自己需求的培训内容，完成每人40课时的培训。

6. 中等职业学校文化课教师培训项目

北京市中等职业学校文化课教师培训项目“以工作过程为导向的中职课程改革实验过程中文化课教师的教学提高”为主题，使学员更新职业教育理念，提升教学水平、课堂控制力及心理疏导，更好地促进学生职业能力的实际提高。配合中等职业学校专业课发展，提高中职教师的教学能力。

7. 教师培训机构培训者培训

中小学教师培训机构培训者培训创新教师培训管理理念和制度，引进教师专业化培训理念，打造“培训师型”培训者和培训管理者，组织北京市、区两级中小学教师培训机构培训教师和培训管理者，开展主题研修活动。教师培训者团队研修项目基于学员的培训管理经验，通过破冰拓展训练、分组研讨问题、学员点评和互评、参观同行机构、作业打磨等多种方式，创建积极参与和反思的研修情境，帮助他们获得各种问题体验；以“世界咖啡”“行动学习”“教师培训专业化论坛”“案例教学”“研修成果交流”等方式，实现学员广泛参与的目的；以完善和展示培训实施方案形式，促进学员对研修内容的及时反思和提炼，达到了“掌握内容、体验形式、生成智慧”的预期学习目标。

（二）新开发项目

1. 学科教师市级培训项目

2011 年北京市中小学学科教师市级培训项目，是“春风化雨”项目的延伸，项目以集中讲座、分组实践、校本展示为主要培训方式，以“提升教师能力，提高教学质量”为主题，培训分 3 种类型：（1）“熟练期”教师，决定着未来城区教育的质量，提升其教学实施能力。（2）“发展前期”教师，提升其教学研究能力，以推进校本教研的实施，保障城区教育质量持续提高。（3）增加了可持续发展等专题研修。2012 年城区中小学教师“学教一体”培训则根据北京市城区教师的特点，提出“以学促教，提高教学实效”的培训主题，目的在于使学科教师提高基于学生发展的教学设计与实施能力、基于学生学习的校本教研能力，在提升学生学习与教学实效的基础上，促进学校课堂教学质量的提高。

2. 学科带头人与骨干教师境外培训

北京市学科带头人与骨干教师境外培训项目以“教师具有国际视野的教育理念提升”为主题，形成了“理论学习（国内）—观摩交流（国外）—反思提炼（国内）”的培训模式，提升教师的国际视野，帮助教师形成国际化的有特色的教学理念。

3. 积极心理教育大讲堂项目

中小学教师积极心理教育大讲堂项目是对学科教师进行的心理健康教育培训。通过著名教授学者和培训专家的讲座，提升一线中小学课任教师自身的心理素质，帮助教师转变教育观念，以积极正向的视角看待自己和学生，发现自身和学生的美德，提升积极情感和幸福感，激发教育的创造力，促进自身和学生的成长和成才。

4. 幼儿教师培训

2012 年新开发的幼儿教师培训，从幼儿园教师需求出发，以“学中思、教中研、研促教”为指导，贴近实践，以专业技能修炼、教学能力提升、实践问题解答、综合素养提高为核心，以强化技能、强化方法、强化策略、强化创新为目标，培养一批基本功扎实、精通专业、创新教学的幼教骨干教师，促进幼儿园教师的专业发展。

5. 校本研修和整校推进项目

北京市中小学校本研修和整校推进项目是依据《北京市“十二五”中小学干部教师培训工作意见》在 2012 年市级培训中特别增加的项目，项目深入两所基地校，与学科教师一同对教学中出现的“真问题”做“真”研究，让校本研修与教学实践融为一体，进而推动学校的整体发展。

（三）公共必修课远程课程开发

北京市中小学教师培训课程开发项目在 2011 年重点开发了“教师职业理想与道德”“学科教育心理学”两门公共必修课的教材和网络课程，并于 2012 年开始实施远程网络培训。西城区和房山区作为试点区共有 8891 人参加了该课程的学习，另外有 3 万余人在 2013 年上半年参加培训。

第三节　党务干部培训

2008 年以来，学院开展了党务干部研修培训，党校师资培训，学习报告会和专题讲座等多种类型的培训。共举办中小学党支部书记与党务干部研修班 6 期，培训干部 206 人次；举办行政干部研修班和党校师资培训班 6 期，培训干部教师约 228 人次；干部、党员约 3760 人次参加了北京教育党校举办的学习报告会和专题讲座。

一、举办中小学党支部书记与党务干部研修班

2008 年至 2013 年，连续举办北京市中小学专职书记高研班，各区（县）中小学专职书记共有 161 人参加了培训。

2010 年 9 月，围绕“提升中小学党支部书记党建能力”的主题举办了北京市中小学党支部书记主题研修班，共 45 人参加了培训。详见表 2－11。

表 2－11　2008—2013 年中小学党支部书记与党务干部培训情况

年份	培训项目	培训对象	培训人数	培训课时
2008	北京市中学专职书记高研班	中学专职党支部书记	31	360
2009	北京市中学专职书记高级研修	中学专职党支部书记	30	360
2010	北京市中小学书记主题研修	中小学专职书记或副书记	45	160
2011	北京市“十二五”第一期中小学书记高级研修班	有一定党务工作经验的骨干书记	33	360
2012	北京市“十二五”第二期中小学书记高级研修班	有一定党务工作经验的骨干书记	33	280
2013	北京市“十二五”第三期中小学书记高级研修班	有一定党务工作经验的骨干书记	34	320
合计			206	

二、举办行政干部研修班和党校师资培训班

2008 年，举办北京市区（县）委教育工委组织科长研修班，各区（县）委教育工委组织科长共 33 人参加了培训。举办北京市区（县）教委德育科长研修班，各区（县）教委德育科长共 28 人参加了培训。举办培训者培训，各区（县）教育干部培训机构主管党校与干训工作的院（校）长、党校与干训办主任、副主任及各学科教师共 88 人参加了培训。

2010 年，举办北京市区县教委副主任研修班，区（县）教委副主任共 19 人参加培

训。5 月 25 日至 26 日，中共北京市委教育工委、北京教育党校共同举办北京市区（县）委教育工委组织科长、区（县）教育党校常务副校长研修班，共 27 人参加了培训。

2011 年，举办区（县）委教育工委组织科长、教育党校副校长研修班，共 33 人参加了培训。

2013 年 4 月 10 日至 12 日，中共北京市委教育工委、北京教育党校举办了北京市各区（县）委教育工委组工干部、教育党校领导干部十八大精神专题研修班，共 60 余人参加培训。

三、组织学习报告会和专题讲座

2008 年，举办北京市中小学领导干部贯彻中共十七大精神系列培训，各区（县）教育领导干部 1600 余人参加了培训。

2010 年 3 月，北京教育党校、《中小学管理》杂志社与上海徐汇区教卫党委教育工委联合举办“中小学校党的建设研究论坛”，区县教育党校负责人和中学书记高研班学员参加了论坛；9 月 19 日至 21 日，举办中小学书记、党建研究骨干主题培训，2010 年北京市中小学书记研修班学员、各区县教育党校和一线党建研究骨干以及北京教育学院党总支书记、支部书记近 170 人参加了学习。

2012 年 12 月 3 日，中共北京市委教育工委、北京教育党校举办“基础教育系统学习贯彻党的十八大精神专题报告会”，近 1400 人参加。

2013 年 4 月 10 日，中共北京市委教育工委、北京教育党校举办“首都基础教育、职业教育系统学习贯彻党的十八大精神专题报告会”，近 600 人参加。

第四节 服务全国教师教育

一、承担国家级培训

2008 年以来，随着学院培训实力的增强、规模的扩大、影响力的提升，学院积极整合国内外的优质教育资源，抢占国内教师培训的制高点，承担了一系列国家级培训任务。

2009 年，学院通过竞标，成为唯一竞标成功承担“国培计划”示范项目的省级教育学院，承担教育部师范司“国培计划”培训者研修项目培训、管理者培训和班主任培训者培训，共计 100 名，西部小学体育教师国家级培训 600 名，承担了教育部基础教育一司“中央专项彩票公益金支持青少年学生校外活动场所管理人员和骨干教师培训”项目，共培训 1250 名。

2010 年，学院承担了教育部“国培计划”示范性项目 100 名中小学教师培训管理者团队研修项目，200 名中小学骨干班主任培训，50 名小学英语培训团队研修项目，700 名中小学体育、艺术骨干教师培训项目，120 名中学体育艺术骨干教师合唱指挥培训。同时，通过招投标的方式，承担了中西部项目河北省中小学骨干教师培训项目，130 名中学体育和79名小学英语骨干教师培训，100名河南省教师培训管理者培训项目，50名吉林省培训研修指导团队校本研修培训项目，教育部基础教育一司中央专项彩票公益金支持青少年学生校外活动中心管理人员、骨干教师培训项目共培训3515名。

2011年，学院承担了“国培计划”示范性项目中小学培训管理者、中小学骨干班主任、小学体育、中小学音乐教师培训，共培训650人，承担中西部项目新疆生产建设兵团小学美术、初中信息技术，新疆初中体育、英语，青海省初中音体美，海南省初中地理，河南省培训管理者，陕西省培训管理者研修，云南省初中英语，河北省小学语文教师培训，共培训760人。

学院李方、钟祖荣、余新、苏立康、王松美、李晶、何妮妮、陈雁飞、赵聪、孟宪凯、陈丽、陈爱苾12名同志入选“国培计划”首批500名专家库。

学院29项成果入选“国培计划”资源库首批推荐课程资源。其中，文本资源12项，音视频资源15项，网络课程2项，包括《教师培训管理工具箱》《中小学教师职业道德规范》《中小学班主任案例式培训教程》《百节名师风采课·初中语文》《百节名师风采课·小学品德》《中学英语学习策略与教学》《初中说明文教学策略》等。

2012年学院承担教育部“国培计划”（2012）——示范性项目培训团队研修（培训管理者，省、地市级教师培训机构负责人，体育与健康高校教师、教研员，美术高校教师、教研员）、紧缺薄弱学科骨干教师培训项目（小学美术、小学体育、初中体育）、中小学骨干班主任教师研修项目（初中班主任、高中班主任）、中小学骨干教师研修项目（初中数学）共9个学科的培训（机构）资质，并承担了国培计划示范性项目共计1250人。同时还承担了中西部项目河南省小学体育骨干教师培训和青海省小学音体美教师培训，新疆生产建设兵团初中美术农村骨干教师培训，甘肃省初中地理骨干教师短期集中培训，吉林省名师工作室主持人班（初中数学班），新疆初中英语教师培训，新疆生产建设兵团初中信息技术教师培训，云南省小学思想品德与社会教师培训共计550人。

学院汤丰林、季苹、迟希新、张丹、刘加霞、巩平、高胜海7名同志入选第二批“国培计划”专家库，彰显了学院培训的专业实力，有效提升了学院在教育培训领域的影响。

二、承担援助性培训

为了推进民族团结进步事业，实现国家长治久安。中央召开了新一轮援疆和援藏工作会议，北京市与新疆、西藏、内蒙古、青海、四川省什邡市等地签署了区域合作框架协议，全面推进对口帮扶和区域合作各项工作，标志着北京市新一轮对口帮扶合作正式步入实质性操作阶段。

根据教育部《关于继续实施国家支援新疆汉语教师工作方案的意见》和北京市对口支援和经济合作工作领导小组办公室《关于做好2008—2012年度对口支援地区干部人才来京培训工作方案》的文件精神和要求，受北京市教育委员会的委托，学院承担了新疆少数民族“双语”教师培训项目、新疆和田地区教育管理干部和新疆和田地区“双语”教师培训项目、西藏拉萨市教育干部教师培训项目、四川什邡市骨干教师培训项目、青海省中小学骨干教师培训项目和青海省玉树地区干部教师培训项目、内蒙古（赤峰、乌兰察布市）高中骨干教师培训项目、新疆阿勒泰地区教育管理干部教师培训项目等教育对口援助性培训任务，与受援地区教（体）育局、对口支援办建立了良好的教育对口支援合作关系。在市教委的直接领导与悉心指导下，学院以高度的政治责任感，以“首善标准”，举全院之力，科学规划、周密实施，用真情培训、科学培训、高效培训，为受援地区教育管理干部和教师素质的提高、教学质量的提升及教育事业的不断发展和社会长治久安作出应有的贡献，得到了国家和北京市领导的关注，全国人大常委会副委员长司马义·铁力瓦尔地、青海副省长高云龙等领导给予了高度评价。截至2012年年底，相继完成了新疆少数民族“双语”教师培训347人，新疆和田地区干部和“双语”教师培训205人，四川省什邡市校长教师培训500人，内蒙古干部教师培训项目520人，青海省中小学骨干教师300人，青海省玉树藏族自治州干部教师80人，新疆阿勒泰地区教育管理干部培训24人等。北京市委、市政府授予学院“什邡市恢复重建对口支援”先进集体奖荣誉称号。教育部副部长鲁昕在2011年新疆“双语”骨干教师培训结业典礼上讲话指出：北京教育学院精心策划，认真组织，在培训方案设计和教学环节方面创造了“双语”骨干教师培训的经验，特别是在推进“双语”教育科学化、高质量、双语教师专业成长方面下了很大功夫，希望北京教育学院今后能在教师技能培训方面树立典范。

三、承担外省市委托（合作）培训

为了积极探索区域合作培训模式，发挥首都优质教育资源的辐射力，扩大学院的社会影响力和知名度，学院积极与北京市区（县）、兄弟省市乃至境外机构开展合作培训。2009年由学院牵头在内蒙古呼伦贝尔市成立了华北五省（区市）师干训协作联盟并签署协议书，积极推动华北五省（区、市）教育合作和交流。2012年学院先后与西安市、鄂尔多斯市和秦皇岛市等地分别签署基础教育校长教师专业发展合作实验区协议，为当地的教育发展提供强有力的智力支持。

几年来，学院先后对吉林省、南海市、海口市、厦门市、沈阳市、佛山市、宁波市、鄂尔多斯市、呼和浩特市、鄂温克旗、承德市、秦皇岛市、天津市滨海新区、深圳市宝安区等地区的中小学校校长教师进行培训，首都先进的教育理念和优质的教育资源，有效推动了受训地区教育改革及教师培训的发展。

通过承办京外项目，为学院项目管理人员积累了短期集中培训的管理经验，也为学院教师与外省市学员和培训同行的交流提供了业务平台，这对反哺北京市级教师培训工作也产生了深远影响。详见表2-12。

表2-12 “国培”“援培”“委培”教师培训项目统计（2008—2012年）

2008年				
类别	序号	项目名称	培训课时	培训人数
国培	1	西部初中骨干教师培训	72	360
	合计			360

续表

类别	序号	项目名称	培训课时	培训人数
援培	1	西藏拉萨市文科、理科骨干教师	240	60
	2	湖北省巴东县中小学教师教学骨干教师培训	160	110
委培	1	希望工程全国教师培训暨第二期宝洁希望小学体育教育培训	80	89
	2	“农村教育烛光行动”语文、数学、外语初中骨干教师和教育培训管理干部培训	56	49
	3	山东省淄博市临淄区小学语文骨干教师培训		40
	4	小学科学实验教师培训		804
	5	北京市丰台区职业学校教师培训		30
	6	北京市门头沟区初中数学骨干教师培训		16
	合计			1028
2009 年				
类别	序号	项目名称	培训课时	培训人数
国培	1	培训管理者培训	80	50
	2	班主任培训者培训	80	48
	3	西部小学体育教师国家级培训	120	600
援培	1	西藏拉萨中小学教师培训（文科＋理科）	200	60
	2	西藏拉萨中小学音乐、体育教师培训	200	70
	3	新疆双语骨干教师培训	1400	112
	4	四川省什邡市小学语文	120	55
	5	四川省什邡市中学语文	120	35
	6	四川省什邡市小学数学	120	57
委培	1	广东省南海市教师挂职培训		28
	2	中央专项彩票公益金支持青少年学生校外活动中心骨干教师培训	80	1250
	3	北京市顺义中小学体卫干部培训		58
	4	鄂尔多斯东胜区中小学体育骨干教师培训		30
	5	北京市朝阳区中职校教师新课改培训		800
	6	浙江省宁波市名师异地培训	32	43
	合计			3296

续表

2010 年				
类别	序号	项目名称	培训课时	培训人数
国培	1	中小学骨干班主任培训	80	188
	2	中小学教师培训管理者团队研修项目	80	97
	3	小学英语培训团队研修项目	80	49
	4	中学体育	80	700
	5	艺术骨干教师合唱指挥培训	80	120
	6	新疆骨干教师短期培训项目（初中历史、初中英语、初中数学、小学品德）	120	160
	7	河北省中学体育骨干教师培训项目	56	147
	8	河北省小学英语骨干教师培训项目	56	82
	9	河南省教师培训管理者培训项目	120	100
	10	吉林省培训研修指导团队校本研修培训项目	80	50
	11	“国培计划”——内蒙古农村牧区中小学骨干教师集中培训	80	747
援培	1	西藏拉萨市中小学教师培训（文科）	200	30
	2	西藏拉萨市中小学教师培训（理科）	200	30
	3	新疆“双语”骨干教师培训	1440	121
	4	四川省什邡市中学数学教师培训	120	33
	5	四川省什邡市艺术教师培训	120	30
	6	四川省什邡市英语教师培训	120	30
	7	四川省什邡市理化生教师培训	120	30
	8	四川省什邡市史地政教师培训	120	29
	9	青海省高中数学教师培训	120	48
	10	青海省高中英语教师培训	120	50
委培	1	中央专项彩票公益金支持青少年学生校外活动中心骨干教师培训	64	3235
	2	内蒙古呼和浩特市旗县音乐骨干教师培训	16	30
	3	内蒙古呼和浩特市旗县体育骨干教师培训	16	29
	4	内蒙古呼和浩特市旗县美术骨干教师培训	16	28
	5	辽宁省大连教育学院教师培训者研修	40	26
	6	湖北省武汉市中小学教师培训者研修	48	48

续表

类别	序号	项目名称	培训课时	培训人数
委培	7	北京市宣武区中学英语教师培训	362	17
	8	北京市西城区小学科学教师培训	360	30
	9	浙江省宁波市名师异地培训	30	50
	合计			6364
2011 年				
类别	序号	项目名称	培训课时	培训人数
国培（示范性培训）	1	中小学音乐教师培训	60	94
	2	小学体育教师培训	60	295
	3	中小学培训管理者培训	60	96
	4	中小学骨干班主任培训	60	143
国培（中西部项目）	1	新疆兵团小学美术、初中信息技术	60	70
	2	新疆初中体育、英语教师培训	60	70
	3	青海省初中音体美教师培训	60	116
	4	海南省初中地理教师培训	60	40
	5	河南省培训管理者培训	60	50
	6	陕西省培训管理者研修	60	50
	7	云南省初中英语培训	60	48
	8	河北省小学语文培训	60	262
委培	1	中国教师发展基金会“龙子心”校园安全培训	56	127
	2	内蒙古呼和浩特市小学音乐骨干教师培训	24	75
	3	内蒙古呼和浩特市小学美术骨干教师培训	48	81
	4	教育部—乐高“技术教育创新人才培养计划”2011年度高中通用技术骨干教师培训	56	283
	5	宁夏石嘴山市中学体育骨干教师培训	56	39
	6	内蒙古鄂尔多斯市东胜区中小学、幼儿园新任教师专项培训	80	308
	7	广东省佛山市南海区校长教师异地研修班	56	25
	8	内蒙古鄂尔多斯中小学教研员异地研修培训（第一期）	120	88
	9	北京市青少年校外活动场所管理者培训	100	75
	10	内蒙古鄂温克旗教师进修短期培训班	52	12

续表

类别	序号	项目名称	培训课时	培训人数
委培	11	陕西省西安市中小学学科带头人培养项目	80	101
	12	海南省教师培训者团队研修项目	48	42
	13	浙江省温州市教师培训者团队研修项目	48	57
	14	湖南省长沙市教师培训者团队研修项目	48	50
	15	广东省广州市海珠区小学教研员团队研修项目	28	52
	16	天津市教师培训者团队研修项目	24	46
	17	浙江省温州市培训者培训团队研修项目 2 班	48	16
	18	浙江省温州市培训者培训团队研修项目 3 班	48	37
	19	湖北省武汉市培训者培训团队研修项目	48	50
	20	北京教育学院宣武分院合办西城区中学英语教师研修项目	36	17
	21	河北省承德市普通高中骨干教师培训	56	152
	22	内蒙古自治区乌兰察布教师培训	80	60
	23	青海省校外管理人员异地研修培训	64	40
援培	1	西藏拉萨骨干教师	200	60
	2	新疆和田“双语”教师	3520	58
	3	新疆双语初中数学	1280	119
	4	巴东教育系统人员	180	10
	5	西藏拉萨教育（体育）系统人员	180	25
	合计			3439

2012 年

类别	序号	项目名称	培训课时	培训人数
国培（中西部）	1	河南小学体育骨干教师培训	90	100
	2	青海省小学音体美教师培训	120	120
	3	新疆生产建设兵团初中美术农村骨干教师培训	120	57
	4	甘肃省初中地理骨干教师短期集中培训	90	88
	5	吉林省名师工作室主持人班初中数学班	72	50
	6	新疆初中英语教师培训	160	40
	7	新疆生产建设兵团初中信息技术教师培训	120	39
	8	云南省小学思想品德与社会教师培训	120	52

续表

类别	序号	项目名称	培训课时	培训人数
国培（示范类）	1	中小学骨干教师研修项目初中数学班	60	87
	2	培训团队研修	80	99
	3	培训团队研修（美术教师）	60	100
	4	培训团队研修（体育教师）	60	100
	5	紧缺薄弱学科小学美术班	60	200
	6	紧缺薄弱学科初中体育班	60	200
	7	紧缺薄弱学科小学体育班	60	200
	8	中小学骨干班主任教师研修项目（两个班）	80	250
援培	1	青海省玉树藏族自治州骨干教师赴京培训	240	40
	2	新疆“双语”骨干教师培训	720	107
	3	新疆和田“双语”骨干教师培训	720	60
	4	青海省中小学教师培训	160	198
	5	对口帮扶内蒙古赤峰市骨干教师培训	80	200
	6	对口帮扶内蒙古乌兰察布市骨干教师培训	80	200
委培	1	天津市滨海新区教坛能手培训项目	200	99
	2	内蒙古鄂尔多斯学科骨干教师培训	80	150
	3	青海省学科骨干教师培训	80	120
	4	山西省晋城市学科骨干教师培训	80	110
	5	宁夏石嘴山市中学音乐骨干教师培训		40
	6	河北省秦皇岛市高中语数外骨干教师培训	56	60
	7	河北省秦皇岛市高中理化生骨干教师培训	56	60
	8	河北省秦皇岛高中史地政骨干教师培训	48	60
	9	北京市第十四中学初中英语教师整校推进培训	120	19
	10	北京市大兴区中小学英语教师培训	80	366
	11	河南省郑州市优质教育资源倍增工程新增教师高层次培训	48	100
	12	广东省深圳市宝安区文科骨干教师培训	60	60
	13	内蒙古乌兰察布市小学科学及中小学网管员培训	80	102
	14	京蒙对口帮扶全区中小学教师继续教育管理者培训班（赤峰）	80	120
	15	走向社会——生活就业发展课程教师培训	80	80
合计				4133

第三章 重点学科建设

一、重点学科建设工作的缘起和启动

学科建设是高等学校最重要的基础性建设，决定着人才培养质量与办学水平及特色，对高等学校的改革与发展具有重要影响。为促进学院学科建设，提高学科水平和人才培养质量，促进学院可持续发展，建设首都人才强教的培训高地，2008 年 9 月 5 日，学院领导召集学院学术委员会委员、教学指导委员会委员及师训办、科研处、教务处、人事处负责人召开了学科建设规划座谈会，研讨学科建设规划问题。2009 年，学院把重点学科建设列入学院党政折子工程，加大对重点学科建设的行政支持。此后，学院又多次组织院内外专家就《北京教育学院 2009—2015 年学科建设规划（讨论稿）》进行深入讨论与交流，广泛征求意见。

经过前期缜密的研究及征求有关上级领导的意见，2009 年 11 月，学院印发《北京教育学院 2009—2015 年学科建设规划》，正式启动重点学科建设工作。

（一）学院重点学科建设的内涵

按照学院办学定位和目标，根据首都教育发展战略和校长教师持续发展的需求，遵循学科发展一般规律，配置和整合学科建设资源，优化学科结构、突出重点学科、选择学科方向，通过科学研究、课程开发、培训实践、队伍建设、条件建设、学术交流等途径提高学院学科水平和人才培养质量的重大实践活动。

（二）学科建设的基本原则

以马列主义、毛泽东思想、邓小平理论和“三个代表”重要思想为指导，贯彻落实科学发展观，坚持走“内涵发展、人才强教、统筹资源、开放创新”之路，遵循学科建设的一般规律，结合学院的特点，优化学科专业结构，突出学科重点，明确学科建设方向，提高学科整体水平和教育质量，为促进首都校长教师的持续发展，促进首都基础教育和职业教育发展，促进学院的可持续发展奠定坚实的学术基础和知识基础。具体包括：（1）学科分类与建设一般规律与学院特殊的功能定位相结合，突出特色；（2）基础理论研究与实践应用研发相结合，突出应用；（3）发展重点特色学科与学科的整体协调发展相结合，突出重点；（4）科学研究、课程开发、培训实践、队伍培养、条件建设相结合，突出研发。

（三）学科建设的总体思路

服务需要，突出重点，分类指导，过程科学，标准严格，团队合作，保障有力，动态管理。

（四）学科建设的长期目标

在未来 10 年以至更长时间，在校长培训、教师培训、学校管理、学科教育等学科上形成在全国有一定影响的学科、学科带头人和项目团队，形成学科高地和人才高地；在10个左右的学科上形成在北京市有一定影响的学科、学科带头人和项目团队，打造中小学校长教师继续教育的特色基地；形成与校长教师培训高地相适应的比较完善和先进的知识体系。

（五）2009年至2015年学院学科建设力争实现的目标

（1）研究目标：在20个左右的重点学科中分别进行若干关键领域的研究、开发和基础建设，取得一批高水平有影响的科研成果。

（2）课程目标：基于研究形成各培训项目的结构完整、内容科学、特色鲜明、手段先进、资源丰富和实践基地配套的课程体系，开发一批特色精品课程和百门左右的远程课程。

（3）教学目标：根据分岗分层的校长教师培训体系，建设10个左右切合校长教师专业发展需要、有特色的、竞争力强的继续教育项目，以及3个特色本科专业和4个左右特色专科专业，在培训和教学中检验研发成果并发挥其作用，促进培训和教学质量的提高。

（4）队伍目标：形成20个左右有影响的学科带头人，培养一批学科骨干和青年教师，逐步形成结构合理的学科团队。

（5）条件目标：建设若干与培训相关的、有特色的实验室和资源平台并发挥良好效应。

（6）管理目标：在两年内完善学科建设的制度和措施体系，并探索总结出成人高校学科建设的模式和经验。

学院确定了20个拟重点建设的学科，分别是校长学、校长培训学、教师学、教师培训学、学校管理学、学科教育学、语文教育学、英语教育学、思想政治教育学、国际理解与可持续发展教育、数学教育学、科学教育学、通用技术教育学、体育健康教育学、美育与艺术教育学、信息技术教育学、德育与班级管理、心理健康教育、终身学习生涯发展与智能创造性研究、远程教育学等。

二、重点建设学科及学科负责人、学科骨干教师

详见表2－13。

表2－13　重点建设学科及学科负责人、学科骨干老师一览表

<table>
<tr><th>序号</th><th>学科名称</th><th>学科负责人</th><th>学科骨干教师</th><th>建设批次</th></tr>
<tr><td rowspan="2">1</td><td rowspan="2">教师培训学</td><td rowspan="2">刘加霞</td><td>余新</td><td rowspan="7">第一批，2010年</td></tr>
<tr><td>金钊</td></tr>
<tr><td rowspan="2">2</td><td rowspan="2">校长培训学</td><td rowspan="2">汤丰林</td><td>杨雪梅</td></tr>
<tr><td>张红</td></tr>
<tr><td rowspan="3">3</td><td rowspan="3">通用技术教育学</td><td rowspan="3">李晶</td><td>龚燕江</td></tr>
<tr><td>张芳</td></tr>
<tr><td>乔灵芝</td></tr>
</table>

续表

序号	学科名称	学科负责人	学科骨干教师	建设批次
4	科学教育学	胡玉华	王凌诗	第一批，2010 年
			张素娟	
			周玉芝	
5	心理健康教育	伍芳辉	卢强	
			吕红梅	
6	远程教育学	孟宪凯	孟令惠	
			毕超	
7	信息技术教育学	陈捷	纪方	
			郭君红	
8	英语教育学	王松美	李宝荣	
			邸磊	
			张洲	
9	美育与艺术教育学	巩平	张宾	
			吕鹏	
10	数学教育学	张丹	王建明	
			伍春兰	
11	体育健康教育学	陈雁飞	韩兵	
			潘建芬	
			李健	
12	学科教育学	季苹	何彩霞（第一骨干教师）	
			顿继安	
			张金秀	
			方美玲	
13	国际理解与可持续发展教育	王远美	廖明华	第二批，2012 年
			尚九宾	
			王振先	
14	语文教育学	王漫	吴欣歆	
			吕俐敏	
15	终身学习生涯发展与智能创造性研究	曹新美	曾盼盼	
			金颖	
			齐宪代	

续表

序号	学科名称	学科负责人	学科骨干教师	建设批次
16	学校管理学（含校长学）	陈丽	刘维良（第一骨干教师）	第二批，2012 年
			何育萍	
			吕蕾	
			涂元玲	
17	德育与班级管理	迟希新	杨秀治	
			肖北方	

三、重点学科建设的推进

在院领导的高度重视下，学院重点学科建设工作从制度建设到贯彻落实稳步推进，并取得一定成效。

（一）明确了重点学科建设的组织分工和管理职责

（1）学院成立了重点学科建设领导小组，小组成员由学院领导、教务处、科研处、人事处等主要职能部门负责人、二级学院负责人、系主任和教授代表等组成，统筹负责重点学科建设工作。领导小组主要负责审定重点学科建设的各项管理制度，监督管理制度的有效实施；审定重点学科建设规划的立项评审结果、经费资助额度、年度考核结果和成果验收结论；审批重点学科带头人、学科骨干教师的选聘或撤换的建议；协调重点学科建设人员的相关事务；审定学院学科建设规划的调整事项及其他重要工作。

（2）教务处是学院重点学科建设日常工作的牵头部门，协调各职能部门分工开展相关工作。负责制定重点学科建设制度与标准，负责重点学科建设中课程与教学的管理，负责重点学科建设大型活动的组织。

（3）人事处依照《北京教育学院学科带头人、学科骨干教师聘任办法》，负责组织学科带头人和学科骨干教师的聘任、考核及年度津贴发放等。

（4）各二级学院和教务处、科研处、干训办、师训办等业务管理部门负责相关的重点学科建设规划制定与申报的组织、过程管理和评估、检查、验收工作。二级学院院长和业务管理部门负责人对部门承担的重点学科建设的管理负责。

（二）建立健全重点学科建设的管理制度

2012 年 1 月，学院印发《北京教育学院学科带头人、学科骨干教师聘任办法》《北京教育学院 2009 年至 2015 年重点学科建设管理办法（试行）》《北京教育学院继续教育课程建设办法（试行）》《北京教育学院优秀教学成果评选及奖励办法（试行）》等系列配套管理制度以保障学科建设的顺利推进。

学院文件在申报、评审、过程管理、经费管理和成果验收等方面也作出了相应的制度规定。

1. 重点学科建设的申报与评审

学科带头人、学科骨干教师和重点学科建设规划的申报工作由二级学院和业务管理部门负责组织。人事处会同科研处和教务处对申报人资格条件和《北京教育学院重点学科建设规划书》的填报进行审定。学院聘请有关专家组成专家评审委员会，对提出申请的学科带头人、学科骨干教师和重点学科建设规划通过现场答辩、查阅材料进行综合论证和评审。领导小组根据专家评审委员会意见，综合评定后确定重点学科规划、学科带头人、学科骨干教师，经院长办公会审批后，学科带头人与学院、学科骨干教师与人事处分别签订《聘任合同任务书》。

2. 重点学科建设的过程管理

（1）内容方面。要求学科带头人制定团队活动规则或制度，并对团队成员及其活动进行管理；按学科建设规划确定的目标和任务推进工作，进行自我管理。二级学院和业务管理部门对本部门承担建设的重点学科进行学期检查，检查的内容主要包括：重点学科建设的学期进展情况、团队运行情况、重点学科建设的困难和问题等。学院对各重点学科进行年度检查，检查的内容主要包括：重点学科建设的年度进展情况、所取得的阶段性成果、经费使用情况、重点学科建设的困难和问题等。

（2）方法方面。强调学科带头人撰写学期重点学科建设总结，提交本部门，部门对总结进行评价，并将意见反馈教务处备案。学科带头人根据重点学科规划中年度建设目标撰写年度总结报告，报教务处；教务处和人事处牵头，组织学科专家和领导小组成员及纪监审处，根据各学科的建设目标进行检查，写出年度考核评估意见，并提交领导小组审定。过程评估作为学科建设改进的参考，学科团队根据评估意见形成改进方案。

3. 重点学科建设的经费管理

根据《北京教育学院2009—2015年学科建设规划》，学院每年投入100万元的专款作为重点学科建设经费，资助重点学科建设。重点学科建设经费支出项目主要包括：资料费、调研费、会议费、差旅费、案例搜集编写费、教材（讲义）编写费、课程开发与网络课程制作费、出版费、专家咨询费等。

4. 重点学科建设的成果验收

（1）成果验收的程序。重点学科建设周期为3年，建设期满后，学科带头人填报重点学科建设验收评审表格，写出自评报告，负责准备好验收材料。领导小组召开验收评审会议，组织专家听取学科带头人的报告，查阅材料，进行评审，给出验收结论并对评估验收结果进行公示。

（2）关于奖惩的规定。对于通过验收的重点学科，领导小组根据学院有关规定进行奖励。同时学院继续投入建设资金支持下一周期重点学科建设。未按时完成建设的重点学科，暂缓进入下一期建设，经申请可延长1年，1年后仍未能达到周期建设目标者，根据学院有关规定扣发学科带头人津贴，取消重点学科建设资格。

（三）积极行动，贯彻落实学科建设制度

1. 组织了两次重点建设学科的申报与评审

第一次评审是在2010年5月13日。评审会邀请了清华大学、北京师范大学、华东师范大学、南京师范大学、首都师范大学、人民教育出版社等京内外多所高校、科研单位的37位不同学科领域的知名学者作为评审专家，为学院各重点学科规划“把脉”，建言献策。

学科申报团队、学科评审专家、院领导班子、人事处、教务处、科研处、师训办、干训办等相关职能部门领导、教师代表以及工作人员约120人参加会议并列席学科专家评审会。

2010年6月10日，学院召开学院学科聘任领导小组审定意见和专家评审意见反馈会。参会人员有学院领导、二级学院院长、学科专家组组长、拟聘学科带头人、学科骨干教师等。科研处长石瑒宣读了拟聘人员名单，教务处长余新、财务处长杨禾解释了研制年度计划和预算的框架。党委书记马宪平和院长李方分别讲话，提出了推进工作的要求。此次会议标志着我院首批重点学科建设研究正式开始。

第二次评审是在2012年10月11日。学院聘请来自中共教育科学研究院、北京市教育科学研究院、北京师范大学和北京市中小学的15位全国知名教育专家，对语文教育学、思想政治教育学、国际理解与可持续发展教育、德育与班级管理、校长学、教师学、学校管理学、终身学习生涯发展与智能创造性研究8个重点学科建设规划进行评审。

2. 组织督导室对首批重点建设学科进行过程督导

2010年9月到12月，学院安排教学督导室对首批重点建设的12个学科进行了督导。专家们对12个学科进行了现场活动观察和访谈调研。在调研中，督导室专家听取了学科带头人关于学科建设的进展状况、经验、特色及存在的问题的介绍，参加了相应的学科建设活动，访谈了11个学科带头人，并听取了外请专家的点评。最后专家们形成报告，在肯定学科建设取得成绩的同时指出了存在的一些问题，建议学院在学科建设过程中进一步凝练学科方向，彰显学科建设的特色；进一步加强学科的理论建设，建立和完善本学科的理论体系；强“强项”，弱“弱项”；进一步加强学术环境和学术氛围的建设；厘清学科建设与培训项目的关系，进一步加强学科队伍的建设。

3. 组织首批重点建设学科进行了两次阶段性总结与交流

2011年1月22日至23日，学院组织召开了首批重点学科建设学期总结交流会。参加会议人员主要是12个重点学科的学科带头人、学科骨干教师及教务处、人事处、科研处、组织部等职能部门主要负责人。会上，学院教学督导室副主任白桂香教授报告了本学期教学督导专家对12个重点学科的督导情况和意见。12个重点学科带头人分别介绍半年来各自的工作进展、特色经验、问题困惑及对策；有关职能管理部门同志也作了发言，表示继续加强对重点学科建设工作的服务与支持。

2012年6月28日，学院教务处协同人事处、财务处、科研处组织了首批重点学科建设经验交流会暨第二批重点学科申报动员会。首批重点建设学科带头人、学科骨干教师以及第二批拟申报重点学科的团队成员共计56人参加了会议。李方院长在会上作了题为《整合力量、攻坚克难，锐意创新、巩固深化，拓展学科建设成果》的主题发言。

4. 组织了两次对首批重点建设学科的年度考核

学院教务处、人事处共同组织了对首批重点建设学科的2011年度和2012年度两次大考核。

第一次考核是在2012年1月6日。参加会议人员包括学院全体党政领导、各二级学院院长、12个学科带头人及25位学科骨干教师，会议还邀请了8位院外专家和学院学科建设领导小组教师代表参会。

第二次考核是在2012年12月20日。参会人员包括学院学科带头人、学科骨干教师聘任工作领导小组成员、首批和第二批16个重点学科带头人与骨干教师、相关职能部门负责人。另外，特邀督导室专家和3名院外专家参会。

（四）重点学科建设的成果

据不完全统计，自2010年6月至2012年12月，12个重点学科成员公开发表论文计有200多篇，其中在国内核心期刊发表论文约50篇，出版学术专著和主编教材近30部，开发专题课程近200个。通过努力，学院学科建设成果初见成效。

（五）学院领导的重视及建设成果的宣传

学院领导高度重视学科建设工作，不但出台制度和文件，还多次就学科建设提出要求并进行指导。

2010年1月21日，学院党委书记马宪平在学院学科带头人聘任动员暨学科建设规划解读会上，就学科建设规划及配套文件与学科带头人聘任工作提出要求：第一，要充分认识学科建设的必要性和重要性。学科建设在高等学校发展中占有举足轻重的地位，而重点学科建设是突出体现学校综合办学实力，集中展示学校学科建设水平的举措。第二，要抓住机遇，凝练特色。在学科布局上，以学院功能确定学科结构，突出功能性强的特色；在学科重点上，以基础教育与教师教育为主，突出教育性强的特色；在学科建设策略上，坚持理论紧密联系实际，突出应用性强的特色。第三，要做到全员动员、全面参与、全程参加。

2012年12月20日，马宪平书记在学科建设2012年度考核总结会上作重要讲话，他指出：学院第一批重点学科团队对学科建设工作投入很大、成绩显著，初步显现出学院学科建设在推动和促进干部教师培训工作上所发挥的作用。他希望各学科团队要做到科学发展、协调发展，科学设计、勇于创新，凝结成果、带出队伍，努力实现学科建设规划目标。各职能部门要继续研究重点学科建设管理工作，做到创新管理，有效服务，为重点学科建设导航、护航。

2010年5月13日在重点学科评审会上，院长李方代表学院领导班子和学科建设领导小组讲话，指出学科建设是高等学校的永恒主题，也是学院落实科学发展观的一项重要举措。经过长期的校长教师继续教育实践的积淀与验证，经过认真的调研和提炼，学院学科建设力求能够填补在职校长教师教育的学科空白，在课程体系构建上实现职前职后一体化，实现校长教师的全面持续发展，真正构建终身学习体系、建立生涯发展的绿色通道。

2012年1月12日，李方院长在重点学科建设工作部署会上对重点学科建设进行了深度解读。他结合学院重点学科建设的背景，阐述了重点学科建设的重要意义，重申了未来学科建设的努力方向。该讲话后经整理以《聚焦教师教育　创新学科建设》为题发表在《北京教育学院学报》2012年第3期上。文章重申学科建设是高等院校办学的永恒主题。北京教育学院的重点学科建设主要是为了创建有中国特色、首都特点的校长教师在职培训的学科体系，形成一批精品课程或课程群。在学科建设过程中，要突出“重点”“学科”“建设”3个关键词，处理好继承与发展、借鉴与创新、主干与边缘、主线与多维度、学科内容与教学呈现形态、课程研发与质量管理等诸多关系。

为了让学院领导和广大教职员了解学科建设活动的进展，每逢有重大活动，学院教务处及17个重点建设学科都会在学院网站发布消息。学院网站开辟了“学科规划与学科建设专题报道”专栏对相关活动进行报道。从启动至今，学院教务处共编写了5期工作简报，翔实记录了学科建设的全过程。2012年11月28日，《现代教育报》发表《打通校长教师生涯发展绿色通道》，对学院重点学科建设工作进行了宣传报道。中国特色的校长教师培训学科体系在全院教职工的共同努力下正一步一步地构筑起来。

一些学科的研究成果也正在《北京教育学院学报》陆续刊出。

第四章　科学研究与学术出版

第一节　科研方向、重点课题与成果

一、科研方向

作为首都基础教育教师、干部培训的基地，学院的科研工作坚持以科学发展观为指导，围绕建设首都教育人才强教培训高地的目标，计划从2009年到2015年，经过7年努力，建设与学院定位相适应的科研平台和科研人才队伍；建设资源整合、分工协作、突出特色、管理科学的科研工作体系；形成鼓励创新、追求卓越的科研激励机制；结合学科建设、人才队伍建设与人才培养和教育信息化建设，推出一批具有“研训一体”特色的、有理论深度或实践指导意义的科学研究成果，展现学院的综合实力和学术影响，初步建成研训一体的新型教师教育专门学院。

二、科研课题汇总

2008年以来，学院教师获得国家级、省部级课题立项共6项，获得北京市教育科学规划课题立项共10项，获得北京市哲学社会科学项目立项共6项，获得北京市教委社科计划面上项目立项18项，获得北京教育学院课题立项共220项。其中，多项研究成果获得省部级、市级教育教学成果奖励。

（一）学院教师获得国家级课题立项情况（2008—2013年）（见表2-14）

表2-14　学院教师获得国家级课题立项名单（2008—2013年）

序号	课题名称	负责人	课题类别
2008年全国教育科学“十一五”规划课题			
1	多维目标中知识与其他目标的关系的研究	季苹	教育部重点课题

续表

序号	课题名称	负责人	课题类别
2	“阳光体育运动”初始阶段实践探索与未来深度推进策略的研究	陈雁飞	国家一般课题
2010年全国教育科学规划专项课题			
1	中小学德育成果新进展研究	郭世安	教育部重点课题
2	基于PCK的中小学数学教师专业发展研究	刘加霞	中小学数学教育研究专项
3	基于课程标准的学生数学学业质量评估体系建立及测试结果分析研究	张丹	中小学数学教育研究专项
2011年全国教育科学规划专项研究课题			
1	“双师型”高职教师教学胜任特征与工作绩效研究	张祥兰	职业技术教育专项

（二）2008—2012年获得北京市教育科学规划立项课题（见表2－15）

表2－15　2008—2012年获得北京市教育科学规划立项课题

年份	序号	课题名称	负责人	课题类别
2008	1	高中理科新课程实验及其教学研究	何彩霞	重点课题
2009	1	教师课堂基本教学技能标准，训练及其评价的研究	孟宪凯	重点课题
2010	1	农村地区高中英语新课程实施中的问题与对策研究	王媛	一般课题
	2	中小学体育课堂教学行为观察及诊断的研究	李健	一般课题
	3	教师培训的质量保证体系研究	钟祖荣	重点课题
2011	1	首都国际化进程中国际理解教育的价值及策略研究	陈红	重点课题
	2	中小学教师心理健康状况与对策研究	曹新美	重点课题
	3	北京市小学班主任胜任力模型与工作绩效评价的实证研究	张祥兰	青年专项课题
	4	北京市农村中小学教师研修工作站的有效性研究：教师学习的视角	钟亚妮	青年专项课题
2012	1	北京市小学语文学业水平的城乡差异研究：儿童阅读的视角	陈莉	重点课题

（三）2008—2012年获得北京市哲学社会科学规划项目立项情况（见表2－16）

表2－16　2008—2012年获得北京市哲学社会科学规划项目立项情况

年份	序号	项目名称	项目负责人	申报学科	项目类别
2011	1	首都文化创意产业创新型人才培养模式研究	卓思廉	教育学	青年项目
	2	北京市中小学推进教育国际化的策略研究	马宪平	教育学	一般项目
	3	基于教师改变的专家引领下的教师培训模式研究	马效义	教育学	一般项目
2012	1	北京市中小学家长择校研究	涂元玲	教育学	一般项目
	2	北京市农村小学科学教育现状及对策分析	张玉平	教育学	青年项目
	3	北京市小学学校文化建设研究	石瑒	教育学	一般项目

（四）2008—2013 年获得北京教委社科计划面上项目立项情况（见表 2－17）

表 2－17　2008—2013 年获得北京市教委社科计划面上项目立项情况

年份	项目名称	学科领域	申请人
2008	中小学教学领导者角色与任务的研究	公共管理	赵玉如
	北京市中小学理科教师学科知识素养调研及对策研究	教育学	何妮妮
	基于胜任特征的中小学校长基准模式与卓越模式研究	教育学	刘维良
2009	北京市启蒙教师科学素养调查及提高对策的研究	教育学	王凌诗
	中小学英语教师群体科研意识、科研能力的培养和普及的研究	教育学	邸磊
	北京市中小学体育市级骨干教师科研意识、科研能力的现状与培训对策研究	教育学	陈雁飞
2010	北京市中小学教师远程培训教学模式研究	教育学	毕超
	基于课例研究，促进中小学教师学科教学知识发展	教育学	刘加霞
	面向首都文化创意产业的校企合作发展模式研究	教育学	卓思廉
2011	小学生数学素养个性化诊断研究	教育学	白永潇
	中小学优秀班主任成长机制研究——以北京市优秀班主任工作室成员为例	教育学	杨秀治
	中小学英语课堂用语案例研究	教育学	徐国辉
2012	小学生个性化自主学习特征与有效指导策略研究	教育学	张祥兰
	高中历史必修政治、经济、思想文化史的教学策略研究	历史学	李军
	问题导向，能力本位，小组研讨式培训模式研究——以北京市中小学校长高研班为例	教育学	吕蕾
2013	北京市中小学教育干部培训课程体系建设的研究	教育学	杨志成
	中小学教师继续学习的动力因素研究	教育学	刘琳娜
	北京市区（县）教育党校建设现状分析与发展对策研究	政治学	马宪平

（五）2008 年以来院级课题立项（略）

三、获奖情况

（一）获得国家级研究成果奖情况（见表 2－18）

表 2－18　获得国家级研究成果奖情况

序号	获奖姓名	成果名称	评奖单位	获得奖次	获奖时间
1	贺乐凡	对我国教育改革的若干建议	教育部	第四届全国教育科学研究优秀成果二等奖	2011

（二）获得市级研究成果奖情况（见表2－19）

表2－19　获得市级研究成果奖情况

序号	获奖姓名	成果名称	评奖单位	获得奖次	获奖时间
1	冯杉	甘油对于野生型和突变体兔肌肌酸激酶折叠和稳定性的影响	北京市科学技术协会	第十届北京青年优秀科技论文二等奖	2009
2	陈爱苾	课程改革与问题解决教学（专著）	北京市教育科学规划办	北京市第五届教育科学优秀成果奖一等奖	2008
3	李方	京郊中小学教师专业发展机制与对策研究（研究报告）	北京市教育科学规划办	北京市第五届教育科学优秀成果奖二等奖	2008
4	陈丽	学校发展策划：理论、方法与实践（专著）	北京市教育科学规划办	北京市第五届教育科学优秀成果奖三等奖	2008
5	李京生、张延华、苗宏、李丽霞、孙鲁滨、刘建国	教师专业发展校本培训理论与实践研究（研究报告）	北京市教育科学规划办	北京市第五届教育科学研究优秀成果三等奖	2008
6	马宪平	首都基础教育党建工作的现状与改进对策调研报告	北京市党的建设研究会	北京市党建研究2012年度课题成果优秀奖	2013

学院承担的一些教育科研项目为首都基础教育的发展发挥了重要的作用，取得了良好的社会效益。如由李方院长负责的《北京市教师教育创新平台》项目，作为服务于北京市教师教育的管理（包括规划等）与实施（包括市级培训等）、促进教师培训的科学化、现代化、专业化的研究、综合建设类项目，经过3年的研究，初步完成了首都中小学教师专业发展标准及测评研究、北京基础教育教师数据库建设、中小学视频课例库建设、北京市中小学教师培训项目电子资料库建设、教师测试室建设、微格教室建设与应用及学校诊断策划室建设等工作，为学院成为首都基础教育干部教师培训高地奠定了重要基础。又如学院承担的市教委新课程改革项目《教与学策略》《学习者分析》经过、历时5年的研究，惠及全市200多所中小学，促进了学校的教学改革，形成了一系列重要的研究成果，先后获得北京市和教育部颁发的基础教育教学改革成果奖。

第二节　科研创新与重大活动

2009年学院召开科研工作会议，制定和颁布了《北京教育学院2009—2015年科研发展规划》，出台了6个科研管理文件，它们分别是《北京教育学院学术委员会工作条例》《北京教育学院科研课题管理办法》《北京教育学院科研经费管理办法》《北京教育学院科研奖励办法》《北京教育学院专业研究所管理章程》《北京教育学院学术科研假管理办法》。同时学院建立了三级科研管理体制和8个专业研究所。

5年来，学院和各二级学院科研学术活动日益活跃。学院先后举办多种科研讲座和培训班，提高了教师的科研素质。2008 年，学院依托各二级学院举办了 14 场系列学术讲座；2013 年配合建院 60 年的活动，面向社会推出 60 场公益讲座。各二级学院的科研学术活动也逐渐形成机制，有的定期举办博士论坛，有的定期举行青年教师发展日活动。各专业研究所在引导教师参与科研方面发挥了平台和向导作用，除承担二级学院科研管理和学术活动的组织之外，还在承担重要科研项目方面发挥了重要作用。如国际语言文化学院的国际基础教育比较研究所承担了“借鉴多元智能理论，促进学生有效学习、全面发展、多元评价的实践研究”课题，参与筹办多次多元智能国际研讨会，还开发了汉化的多元智能教师培训国际课程并用于国内教师培训。

学院积极发挥挂靠在学院的学术团体的作用，使它们为学院的干部教师培训服务，为全市中小学的改革发展服务。如北京市教育学会的小学教育研究分会、学习与思维研究会、创造教育研究会等积极承担科研课题，引领广大中小学进行教学改革实验，促进了教师的专业发展，受到中小学干部教师的好评。

第三节 《北京教育丛书》的发展与成果

一、基本情况

《北京教育丛书》（以下简称《丛书》）编纂工作起源于 1986 年 8 月，是中共北京市委、市人民政府尊师重教的重要举措。市委市政府委派专人组成领导小组和编辑委员会，并拨付专款。

《丛书》的宗旨是：有领导、有计划地组织北京市普通教育系统的优秀教师总结教育教学经验，著书立说，在社会上确立他们的学术地位，使他们的经验传播于当代，流传于后世，成为社会的共同财富。

《丛书》收录的著作都是北京市优秀教师、优秀教育工作者的经验专著，是他们十几年、几十年乃至用毕生精力教书育人、探索教育规律的结晶，有鲜明的实践性和较高的学术价值。《丛书》的内容涉及中学、小学、幼儿园、中等职业教育、特殊教育、家庭教育等诸多学科、诸多方面；其选题注重从教育实践、教学效果出发，总结经验，研究问题，揭示规律。《丛书》对引导广大教师和教育管理干部走教育、教学、学校管理与科学研究相结合的道路，对推进教师专业化发展、教师队伍建设，对推动教育改革和教育发展，已经产生并将继续产生深远影响。

2005 年年初，中共北京市委教育工委、北京市教育委员会办公会通过《〈北京教育丛书〉调整与衔接工作方案》，同时增聘姚幼钧为顾问，北京教育学院院长李方为常务副主编。《丛书》常规管理工作由北京教育学院承担。《丛书》工作的思路是坚持“三个不变”，即宗旨不变、质量标准不变和规格层次不变；力求做到“三个结合”，即紧密结合首都教育发展战略的质量工程，紧密结合首都教育发展战略的两支队伍建设人才强教名师工程，紧密结合教师终身学习、专业化发展和继续教育工程；尝试进行“三项创新”，即机制创新、效益创新和形式创新。

二、机构情况

2009 年 8 月，新一届《丛书》编辑委员会成立。由时任北京市委常委、市委教育工作委员会书记赵凤桐任主编。刘利民、刘建、罗洁、王民忠、马宪平、李方（执行）任副主编，2013 年姜沛民接替刘利民任副主编。中共北京市教育工作委员会和北京市教育委员会领导和北京出版集团、北京市教育科学研究院、北京教育考试院、北京教育学院《丛书》编辑委员会办公室主任和北京市各区县教育委员会主要负责同志以及北京市基础教育专家代表共 35 人组成新一届编委会。部分历任《丛书》的老领导、主编任顾问。

2012 年 3 月，《丛书》编辑委员会召开工作会议。由于部分编委工作岗位变动，本次会议对《丛书》编委会成员做了调整，增补了北京教育学院副院长张彦春为编委。另因编辑委员会办公室主任吴元建退休由接替其工作的张瑾任编委。

《丛书》建立了专家及编辑队伍，由北京市一些有着丰富教育教学、教育管理经验的专家、学者以及中小学一线教师承担。

《丛书》编辑委员会办公室设在北京教育学院，由学院工作人员承担日常工作。2010 年吴元建任办公室主任，2012 年吴元建退休后由办公室副主任张瑾主持工作。

三、2008 年至 2013 年工作成果

（一）编辑出版

2009 年至 2013 年共出版《丛书》14 种、《感悟　传承　创新——第五届读用〈北京教育丛书〉征文选》1 种（见表 2 - 20）。新出版的《丛书》内容涉及物理、中学数学、中学地理、中学历史、中小学管理、小学语文、小学班主任、幼儿教育以及职业教育等。

表 2 - 20　《北京教育丛书》出版书目

年份	名称	作者	学科
2009	爱心托起明天	曲丽梅	小学班主任
2010	为师与师承——王能智教师培训实录	王能智　曹彦彦	中学地理
	中学数学建模的理论思考与教学实践	唐安华、隋丽丽	中学数学
	教育是温暖的——一位班主任的 18 个教育故事	万平	小学班主任
2011	执着·坚守——我的职业教育	张长谦	职业教育
	为了学生的健康成长——一位中学校长的自述	龚正行	中小学管理
	全接纳　慢引导——心灵的教育	郑丹娜	小学班主任
	教有智慧的地理	张素娟	中学地理
	感悟　传承　创新——第五届读用《北京教育丛书》征文选	编委会办公室	

续表

年份	名称	作者	学科
2012	我和幼儿教育	梁雅珠	幼儿教育
	童谣编织七彩童年	杨英	中小学管理
2013	永远的新校长	王欢	中小学管理
	历史教学与学生思维能力的培养	颜家珍　陈红	中学历史
	依托学案　自能阅读	孔凡艳	小学语文
	我的语文读写实践历程	杨德伦	小学语文
	教研心得与建议——与教师朋友分享（暂定）	郭震仑	物理

（二）《丛书》的学习与应用

1. 第五届《丛书》征文活动

2010 年，北京市教育委员会和《丛书》编委会组织了面向北京市全体中小学、幼儿园教师的“第五届《北京教育丛书》征文活动”。北京市 1091 所学校、幼儿园及教师培训与教研机构的 21926 名教师参加活动并撰写征文。征文活动领导小组共收到 190 篇入选优秀征文，评选出一等奖 28 篇，二等奖 48 篇，纪念奖 99 篇，同时评选出 5 个优秀组织奖。2010 年 12 月召开了“第五届《北京教育丛书》征文活动”表彰大会，《丛书》老领导、顾问、《丛书》部分编委、《丛书》作者、获奖教师代表和区县《丛书》联络员等 100 余人出席了颁奖大会。

2. 赠送《丛书》

自 2008 年至 2013 年共向全市中小学赠送《丛书》11843 册；为支持西部教育，向参加北京教育学院国培项目、委培项目、援培项目培训的学员，以及对口支援的西藏自治区、新疆维吾尔自治区、四川省什邡市、青海省玉树藏族自治州、内蒙古自治区等地赠送《丛书》137554 册；《丛书》的使用还推广至山东省淄博市、山西省、广西壮族自治区柳州市、云南省、江西省九江市等地（见表 2－21）。

3. 组织《丛书》作者讲学

为把《丛书》的优秀经验转化为社会共同财富，北京市、区（县）教育行政部门和《丛书》编委会以多种形式开展了《丛书》“学用”活动。2011 年至 2013 年，编委会办公室聘请 10 位《丛书》作者，完成讲学 72 场。讲学活动覆盖了北京 12 个区县，直接听众达 6000 余人。

2012 年，《丛书》编委会办公室组织作者远赴西藏自治区开展讲学活动，将北京的优质教育资源与西藏同行分享，受到了西藏中小学教师的热烈欢迎。

4. 启动《丛书》导读工作

为了更好地传播第一、第二个百本《丛书》的优秀教育教学经验，编委会办公室于 2012 年启动了“《北京教育丛书》专家导读”的工作。组织了北京教育学院教师和北京市的部分优秀教师共同研究《丛书》经验，目前已撰写导读文章 12 篇。

表 2－21 《北京教育丛书》赠书情况

年份	赠送对象		数量（册）
2008	北京教育学院培训项目	西藏自治区培训班	600
2009	北京对口支援地区	西藏自治区、新疆维吾尔自治区、四川省什邡市	29000
	北京教育学院培训项目	西藏自治区、新疆维吾尔自治区、四川省什邡市	3114
	北京市各区县中小学		1219
2010	北京对口支援地区	西藏自治区、新疆维吾尔自治区、四川省什邡市	21000
	北京教育学院培训项目	国培、委培、援培	4900
	北京市各区县中小学		3936
	其他	桂馨慈善、台湾班等	13000
2011	北京对口支援地区	西藏自治区、新疆维吾尔自治区、青海省玉树藏族自治州、内蒙古自治区	40000
	北京教育学院培训项目	国培、委培、援培	3000
	北京市各区县中小学		3572
2012	北京对口支援地区	西藏自治区、内蒙古自治区	18000
	北京教育学院培训项目	国培、委培、援培	4940
	北京市各区县中小学		3116
合计			149397

（三）开展区县调研工作

2011 年至 2012 年，为更好地完成《丛书》的学、用、写工作，编委会办公室深入区县，走访北京市东城区、西城区、门头沟区、房山区、密云县等 10 个区县，开展调查研究工作，了解《丛书》学用的情况和区县教师需求。同时与被推荐的意向作者座谈，提供专家指导。

（四）获奖情况

2011 年，《教育是温暖的——一位班主任的 18 个教育故事》获得“第四届全国教育科学研究优秀成果奖”二等奖。

（五）召开新书发布会

2012 年 4 月，《丛书》编委会办公室与北京市西城区教育委员会合作，在宣武师范第一附属小学召开了杨英撰写的《童谣编织七彩童年》新书发布会。

2013 年 5 月，《丛书》编委会办公室与北京市东城区教育委员会合作，在东城区府学胡同小学召开王欢撰写的《永远的新校长》新书发布会。

第四节 《北京教育学院学报》的发展与成果

一、基本情况和主要职责

（一）刊物介绍

《北京教育学院学报》（以下简称《学报》）分为综合版和自然科学版两个版，均为北京市教育委员会主管、北京教育学院主办、北京市新闻出版局批准注册的面向国内外公开出版发行的综合性学术理论刊物，两个版分别拥有国内刊号和国际刊号。2009 年综合版由季刊改为双月刊，每期 88 页，自然科学版由双月刊改为季刊，每期由 48 页调整至 72 页。编辑部工作人员 5 人，负责《学报》两个版每年 10 期正刊及 2 ~ 4 期增刊的采编、审校、出版、发行工作。

（二）办刊宗旨

《学报》以教师教育研究和基础教育研究为自己的特色，重点反映学科教育研究、继续教育理论与实践、中小学教育教学改革、学科基础理论研究、学校管理工作研究以及职业教育、成人教育研究等方面的研究成果。

（三）出版发行

《学报》每期印刷 1800 册，主要面向师范院校、教师培训机构、部分中小学（北京市主要是高中示范校）、职业学校以及北京市教师培训机构，教育部及各省教育厅师范（人事）处、基础教育处，各综合大学教育学院、数字期刊和图书馆、文摘社发行，并通过交换、赠送的方式与同行进行交流。目前除赠送作者样刊外，发行和交换的总份数约 1000 份，在院内向各二级学院和部门发放 200 份，还不定期为参加各种培训的学员提供部分刊物。

《学报》已入编中国核心期刊（遴选）数据库、中国科技期刊数据库和中国期刊全文数据库，并被中国学术期刊网、万方数据库和维普资讯中文期刊网收录。

二、工作概况

（一）特色栏目

经过多年的努力，“中小学教育教学”栏目已经成为《学报》的一个特色栏目，主要刊载基础教育课程和教学改革方面的理论和实践类文章。

从 2008 年起《学报》综合版开设了“教师专业发展”栏目，专门刊发有关教师教育、教师培训方面的研究成果，并就在教师培训中出现的新问题进行有针对性的交流探讨。该栏目聚焦有关教师教育的理论探索和工作方针，也注重反映北京教育学院、全国各地的师范大学、教师培训机构和北京市各区县教师培训机构开展教师培养、培训的实践探索成果和成功经验。

（二）获得荣誉称号情况

（1）2008 年，《学报》综合版、自然科学版被评为全国教育学院学报研究会“优秀学报”；2012 年，《学报》综合版被评为该研究会“十佳学报”。

（2）2008 年和 2010 年，《学报》综合版两次被北京市高教学会人文社会科学学报研究会评为“北京市高校人文社科优秀学报”，2010 年，中小学教育教学栏目获得“人文社科优秀栏目”称号。

（3）2010 年《学报》综合版获得全国人文社会科学学报研究会授予的“全国优秀社科期刊”称号。同年，还获得全国高职成高学报研究会授予的“重点学报”称号，中小学教育教学栏目获得“特色栏目”称号。

（4）2010 年，《学报》综合版获得全国高职成高学报研究会授予的“重点学报”称号，“中小学教育教学”栏目获得特色栏目称号。

（5）2012 年《学报》综合版被评为全国高职成高学报研究会“十佳学报”，自然科学版被评为全国高职成高学报研究会“重点学报”。

（6）《学报》自然科学版获得全国高校科技期刊编辑质量奖。

（7）《学报》每年被中国人民大学书报资料中心索引和转载量、清华知网个刊影响力有关评价指标逐年稳中有升。

此外，在上述学术团体的评奖过程中，《学报》的主编、编辑多次获得优秀主编、优秀编辑等个人奖项。

（三）队伍建设

1. 调整充实编委会

2008 年，在学院机构调整和人员变更的情况下，学院调整《学报》编委会，根据《学报》的版别，分别成立两个编委会。

综合版编委会主任：李方；副主任：郭世安、方中雄、齐宪代；主编：齐宪代。自然科学版编委会主任：李方；副主任：郭世安、钟祖荣、齐宪代。

2011 年，新的聘期开始，再次调整编委会，综合版、自然科学版编委会主任均为李方；副主任：杨志成、齐宪代；主编：齐宪代；编辑部主任：曹青。

编委会每年定期召开会议，听取《学报》编辑部年度工作汇报，就新一年的工作开展讨论。2011 年，《学报》综合版举办了创刊 25 周年暨出版 100 期纪念活动。

2. 聘任区县兼职编辑

为加强学报与区县教师培训机构的联系，更好地反映全市教师培训的情况，2012 年，《学报》编辑部在全市聘任兼职编辑。来自本市各个区县教师培训、教科研部门的 19 位教师被聘为兼职编辑。李方院长亲自为编辑们颁发了聘书。兼职编辑将承担为《学报》的组稿和发行任务，把一线教科研人员的研究成果带到这个新的学术交流平台上来，提升《学报》的品质特色。《学报》编辑部也为兼职编辑举办了业务培训和业务交流。

3. 鼓励编辑人员参加继续教育和学术团体的活动

编辑部成员每年参加北京市新闻出版局组织的 72 学时专业继续教育，并且通过相关考试和审查，取得了国家新闻出版总署的岗位任职资格注册。《学报》还是全国教育院校学报研究会、全国高职成高学报研究会、北京市文科学报研究会、北京市自然科学学报研究会的会员单位，积极参加以上团体组织的有关学术活动。《学报》主编担任了全国高职成高学报研究会副理事长、全国教育院校学报研究会副理事长兼秘书长、北京市人文社会科学学报研究会常务理事。由院《学报》编辑部承办的全国教育院校学报研究会第八届会员代表大会2012年6月在学院召开，来自全国25家院校学报编辑部的44位代表参加了会议。

（四）工作创新

（1）2013年年初，《学报》开通网上数字化采编系统，开始实施刊物的数字化编辑。

（2）《学报》编辑部积极开展科研活动，承担了《教育学院学报特色质量研究》的院级课题，其研究成果之一的《教育学院学报特色研究》一文获全国高职成高学报研究会和全国教育院校学报研究会学术年会一等奖。

第五节 《中小学管理》的发展与成果

一、《中小学管理》的发展

《中小学管理》创刊于1987年，原北京市教育局局长陶西平为第一任主编。1989年起成立杂志社，张瑞玲任社长，1996年起姬向群任社长。

2008年10月，姬向群社长退休。

2008年10月至2010年6月，沙培宁任主编兼社长，许丽艳任党支部书记（兼职）。

2010年6月至今，沙培宁任主编，柴纯青任社长，许丽艳任党支部书记（兼职）。

二、《中小学管理》的读者定位及主要栏目

《中小学管理》是以中小学管理干部、教育行政干部、教育管理科研人员等为主要读者对象的专业期刊。期刊的主要栏目有：本刊视点、卷首语、探索与争鸣、课程与教学管理、干部发展与管理、教师发展与管理、学生发展与德育管理、教育行政管理、教育现场、学校法制、教育评价、管理纵横、鉴往知来、主编播报、他山之石、封面人物、读书平台、絮语、文苑、月论月清等。

三、《中小学管理》的品牌形象

（1）核心价值观：内容提升影响，服务促进变革。

（2）办刊宗旨：以专业的精神做专业的杂志。

（3）办刊理念：为基础教育管理者提供高品质的教育服务。

（4）经营理念：开放办刊，影响力经营。

（5）编辑方针：新—宣传新的教育思想，介绍新的教育管理理论，传播新的教育管理

改革信息，报道新的学校管理改革经验。实—内容实在，贴近实际，贴近基层，贴近读者；文风朴实，不讲套话、空话、大话；实实在在地为读者服务（实实在在的内容，实事求是的文风，实心实意地对待读者）。准—准确把握内容的科学性，做到理论观点准，政策口径准，基本事实准，引文准，数据准。短—文章篇幅较短。精—精心策划，精心选稿，精心校对，使每篇文章都成精品。活—学术思想活跃，促进学术生长，尊重学术规律，引领价值变革。

四、《中小学管理》的特色

（1）扎根一线，服务管理；主题运作，追求卓越。

（2）实现对实践的理论引领，建立对理论的实践取向，促进基础教育的发展与改革。

五、《中小学管理》的成绩及获奖情况

2008 年 6 月至 2013 年 6 月，《中小学管理》共出版 60 期，发表学术论文约 1800 篇。经过近 5 年的发展，《中小学管理》在基础教育管理领域的领军地位得到了进一步巩固，同时对基础教育学术研究的价值引领作用进一步显现，品牌影响力不断提升。《中小学管理》发行遍布全国各省市、港澳台地区以及 20 余个国家。

2008 年 11 月，荣获 2008 年度“北京市新闻出版（版权）创意成果奖”——先进集体奖；沙培宁获得 2008 年度“北京市新闻出版创意成果奖”——先进个人奖。

2009 年 8 月，被评为“中国北方优秀期刊”。

2010 年 1 月，被评为“2009 年度北京市新闻出版版权工作先进集体”。

2011 年和 2012 年，在年度中国人民大学《复印报刊资料》教育类期刊论文转载排名中取得佳绩，被列入“人大复印报刊资料重要转载来源刊”。

2012 年 3 月 1 日，连续第六次入编《中文核心期刊要目总览》。

第六节　教材与学术著作出版

2008 年以来，学院教职工积极参加科研，撰写学术论文和出版学术成果，据不完全统计 5 年共出版学术著作 162 部，编写教材和教学参考资料 146 本，发表论文 1223 篇（见表 2－22）。

表 2－22　学院教职工科研成果统计（2008—2012 年）

年份	著作（册）	教材教参（册）	论文（篇）	小计
2008	19	28	216	263
2009	33	69	322	424
2010	46	18	297	361
2011	41	17	209	267

续表

年份	著作（册）	教材教参（册）	论文（篇）	小计
2012	23	14	179	216
合计	162	146	1223	1531

表 2－23　学院教职工出版专著情况统计（2009—2012 年）

序号	部门	姓名	成果名称	出版时间	出版单位
2009—2010 年度共计提交著作 64 部，其中专著 7 部					
1	教师教育人文学院	杨秋荣	海子诗歌研究	2009 年 12 月	百花文艺出版社
2	教师教育数理学院	张丹	小学数学教学策略	2010 年 7 月	北京师范大学出版社
3	校长研修学院	涂元玲	村落中的本土教育	2010 年 6 月	山西教育出版社
4	校长研修学院	汤丰林	问题体验论	2010 年 4 月	首都师范大学出版社
5	校长研修学院	季苹	教什么知识	2009 年 9 月	教育科学出版社
6	校长研修学院	王淑娟	美国公立院校的州问责制	2010 年 2 月	知识产权出版社
7	体育与艺术研修学院	吕鹏	湖社研究	2010 年 5 月	文化艺术出版社
2010—2011 年度共计提交著作 51 部，其中专著 2 部					
1	体育与艺术学院	张庆新	中国体育教材史论	2011 年 7 月 1 日	中国农业大学出版社
2	校长研修学院	吕蕾	中小学校长培训专业化研究	2010 年 9 月 1 日	北京师范大学出版社
2011—2012 年度共计提交著作 34 部，其中专著 3 部					
1	教师教育数理学院	张素娟	教有智慧的地理	2012 年 12 月	北京出版社
2	校长研修学院	迟希新	有效主题班会八讲	2012 年 5 月	华东师范大学出版社
3	职业教育学院	杨颂	洛书中的智慧——中华智慧人生九宫秘商探微	2012 年 8 月	知识产权出版社

第五章 对外交流、国际合作及与我国港澳台地区的合作交流

第一节 主要国际合作项目

2008年至2012年的5年间，北京教育学院国际合作项目在质量和数量上都有了长足的进步。

一、挪威卑尔根大学学院幼儿教育专业大学生培训项目

学院于2003年与挪威卑尔根大学学院（Bergen University College）建立合作伙伴关系，共同致力于促进中挪两国基础教育界的相互了解与合作。自2004年起，学院每年都接待来自卑尔根大学学院教育系幼教专业的大学生开展幼儿教育学术交流活动。自2007年起，正式将这项活动拓展为4周的“跨文化理解与比较教育”合作培训课程。该课程包括学前教育和中国文化讲座、幼儿园参观与实习、文化考察3个模块。该课程由学院外事办公室统筹，国际语言与文化学院、体育与艺术学院和教师教育人文学院等有关部门的教师参与授课和接待工作。

2008年10月7日至31日，27位来自卑尔根大学学院幼儿教育专业的师生参加了“跨文化理解与比较教育”课程。

2010年10月11日至11月10日，20位来自卑尔根大学学院幼儿教育专业的师生参加了“跨文化理解与比较教育”课程。

2012年10月8日至11月6日，27位来自卑尔根大学学院幼儿教育专业的师生参加了“跨文化理解与比较教育”课程。

二、多元智能早期教育网络培训课程项目

2009年，学院与国际多元智能学会签订联合运营多元智能早期教育网络培训课程合作协议。双方合作共同在我国运营多元智能早期教育网络培训课程，旨在促进多元智能理论在中国的教育普及，为学校及教师提供优秀实用的培训。学院与国际多元智能学会于2010年2月至2013年5月共举办了6期面向艾毅教育机构的幼儿教师多元智能理论在线培训培训班，共有209人参加培训。截至2013年3月，共有144人通过培训考核获得了结业证书。

三、中英合作中小学校长培训项目

2009年至2010年，学院继续与英国大使馆文化教育处合作承办北京市中小学校长培

训项目。

2009 年 1 月，学院和英国大使馆文化教育处合作，举办中英联合校长培训项目，65 名校长参加了为期 4 天的学习培训。此次培训由英国培训专家组成的培训团队为学员授课，内容涉及英国学校系统介绍、创造学校愿景、学校社区合作、评价教与学、课程国际化、工作团队的建立、学校自我评价等 12 个专题。

2010 年 9 月，学院和英国大使馆文化教育处合作，举办中英联合校长领导力高研班培训。学员共来自 17 个区县的 30 名中学正职校长，培训时间为 40 天，培训主题为国际比较视野下的校长领导力建设。培训方式定位于基于群体的合作学习、基于案例的情景学习、基于问题解决的行动学习、基于经验的反思学习和基于原创的研究学习，分为集中接受英国培训专家培训、下校考察、选派优秀学员赴英考察 3 个阶段。在课程设计上，根据中英双方培训资源的优势，由中英双方的培训专家密切配合，交替开展培训。

四、中英合作北京中小学英语骨干教师培训项目

2009 年 1 月，学院与英国大使馆文化教育处合作，举办北京市市级英语骨干教师寒假英国专家集中培训班，共培训 60 人。聘用 2 位来自英国纽卡斯尔大学（Newcastle University）的英国专家担任中小学英语学科带头人和骨干教师培训项目外教，提升培训质量。

2011 年 9 月，学院与英国大使馆文化教育处合作，举办英语特级培训师培训项目，该培训是英国大使馆文教处全额资助的培训项目，培训对象为 10 名全国英语资深培训者，分别来自北京、上海、广东、浙江、重庆、湖北等地的高校及教研部门。培训内容包括：教材开发、课堂观察、英语教师专业发展和行动研究等。英国外籍专家采用课堂讨论、迷你课堂、英语教学或培训相关文章阅读、观看国外英语教学录像等方式，使学员了解英语教学和培训的前沿理念和方法。此次培训旨在通过为期两个月的国内学习和前往英国一个月的学习，提升学员在英语交际教学及英语教师培训方面的能力，使他们充分发挥骨干作用，为中国英语教学改革作出积极贡献。

五、中韩合作北京教育学院玄宇艺术学院项目

2008 年至 2012 年间，中韩合作办学机构北京教育学院玄宇艺术学院合计培训专科毕业生 401 人。学院与韩方的合作协议至 2012 年 8 月到期，之后没有再续签新的合作协议。

六、英特尔®未来教育项目

英特尔®未来教育项目是教育部和英特尔公司合作开展的一项对中小学教师开展信息技术培训的合作项目。10 年来，英特尔®未来教育项目在中国培训了 170 万名中小学教师，学院作为北京项目执行机构，由信息远程学院负责全北京市英特尔®未来教育项目的组织管理和课程培训，在北京市教委人事处的大力支持下，10 年共计培训近 7 万名北京中小学教师，连续多次获得省级优秀组织管理单位称号。孟宪凯、纪方为该项目教育部教师工作司聘任的项目专家。

2010 年 12 月 2 日上午，英特尔®未来教育项目在北京长城饭店举行了隆重的十周年

庆典和教育部—英特尔公司2011年至2015年合作备忘录签署仪式，李方院长被教育部和英特尔公司联合授予“英特尔®未来教育项目十周年特别贡献奖”。学院叶九成、孟宪凯、盛泓洁同时被授予英特尔®未来教育十周年特别贡献奖。

从2008年至2010年北京市各区县培训机构将此课程作为北京市中小学教育继续教育必修课程之一，“十一五”期间参加该项目培训的学科教师近2万人。2011年项目推出了核心课程V10版，该课程在北京市部分区县作为新教师培训的必修课。另外项目陆续推出专题课程：基于项目的学习、21世纪课堂评价、运用数据进行高级思维、信息化课堂中的合作学习、思维技能和21世纪信息化领导力等课程。参加培训的学员覆盖了北京市的16个区县。

第二节 主要国际合作院校与机构

学院目前已经与美国、加拿大、英国、法国、荷兰、希腊、挪威、俄罗斯、塞浦路斯、日本、澳大利亚、新加坡等10余个国家的20余所大学和教育机构建立了合作与交流关系。

一、主要国际合作院校和教育机构

1. 美国佛蒙特大学

美国佛蒙特大学教育学院院长米勒博士和王觉非教授于2009年访问学院，双方洽谈建立合作关系。2013年5月22日，米勒院长和王觉非教授再次访问学院，洽谈了教育硕士课程和教授访学等合作意向。

2. 美国南加州大学罗希尔教育学院

学院和美国南加州大学罗希尔教育学院于2010年建立合作关系，双方此后互派团组进行教育交流访问。2012年10月12日，罗希尔教育学院副院长Dominic James Brewer博士和该学院亚太地区国际学术交流中心执行主任Michael A. Diamond博士来访，学院纪委书记卢晖及学院外事办公室负责人陪同接待。双方进一步洽谈了在2013年开展远程网络互动课堂、互派干部教师和学员到对方大学访学等合作项目。

3. 美国密歇根州立大学

2010年11月，美国密歇根州立大学与学院合作，承办了北京市级骨干教师赴美培训项目，共有19名各学科市级骨干教师在该大学参加了为期3周的培训。

4. 美国肯塔基大学

2011年，学院与美国肯塔基大学签署了合作备忘录，学院赵玉如副教授于2011年赴该大学访学半年。

5. 美国俄勒冈大学教育学院

2011年至2012年，美国俄勒冈大学教育学院与学院合作，承办了北京市小学教育管理干部、中学教育管理干部、市级数学骨干教师和市级科学骨干教师4个短期培训班，共有 83 名干部教师赴该大学接受了为期 3 周的培训。

6. 美国哥伦比亚大学教育学院

2008 年 11 月 8 日至 30 日，学院组织北京市名校长工作室成员 22 人赴美国哥伦比亚大学教育学院参加培训。

2012 年 9 月至 2013 年 9 月，哥伦比亚大学教育学院接收学院杨秀治副教授访学 1 年。

7. 美国纽约市立大学

2012 年 4 月，美国纽约市立大学巴鲁商学院管理系副主任 Abraham D. Tawil 博士访问学院，双方在教授访学、合作培训等方面达成了合作意向。2013 年 3 月至 9 月，学院教育管理系副主任孟瑜副教授到巴鲁商学院管理系访学半年。

8. 美国海外学术旅游公司

学院自 1999 年 6 月与美国海外学术旅游公司签署合作协议，至 2013 年已连续合作 14 年。该公司下属的汉语教育游学分公司（Chinese Education Tour，简称 CET）每年选派来自北美地区的大学生来学院学习汉语。2009 年以来，平均每年有近 200 名大学生来学院留学。

9. 加拿大温哥华列治文市教育局

2009 年 4 月 16 日，学院与加拿大温哥华列治文市教育局签署合作意向书，计划开展校长和教师合作培训项目。

10. 加拿大皇家路大学（Royal Road University）

2012 年，学院与加拿大皇家路大学合作承办北京市教育管理干部硕士学位班，共有 27 名来自北京市各区县教育行政管理部门和中小学的管理人员参加了为期 1 年的培训。2012 年 9 月至 2013 年 1 月，皇家路大学派教授来我院授课；2013 年 2 月至 8 月，27 名学员赴加拿大皇家路大学学习半年。

11. 英国东伦敦大学

2011 年，英国东伦敦大学与学院合作，承办了北京市中学校长中英联合校长领导力境外培训项目和北京市幼儿园园长境外培训项目，共有 15 名中学校长和 20 名幼儿园园长赴英国东伦敦大学参加了为期 3 周的培训。

12. 法国汉语教学协会

法国汉语教师协会（AFPC）成立于 1984 年，其宗旨在于推广中国语言和文化的教育，在法国汉语教学界具有广泛的群众基础，会员已近 450 名，分别任职于各大、中、小学及协会团体。2012 年 2 月 11 日，该协会更名为“法国汉语教学协会”，以使更多的中国同人和合作伙伴更加准确地了解协会的性质。

在法国教育部汉语总督学白乐桑先生的推荐下，自 2007 年 7 月起至今，法国汉语教学学会每年选派约 20 名会员来北京教育学院参加由国家汉办资助的汉语教师培训班。至 2012 年 7 月已连续举办 6 期培训班，共培训 100 余名法国汉语教师。

13. 澳大利亚西澳大学

2004 年，学院与澳大利亚西澳大学签订协议，开始合作办学，每年对 40 名左右的西澳大学学生进行为期 4 周的汉语培训。截至 2012 年，学院共培训西澳大学留学生 240

余人。

14. 新西兰奥克兰大学

2010 年，学院与新西兰奥克兰大学孔子学院和教育学院建立了合作关系。学院协助奥克兰大学孔子学院组织新西兰中小学校长来北京交流访问。学院分别于 2010 年、2012 年和 2013 年组团访问奥克兰大学，并与该大学教育学院达成了互派访问学者的合作意向。

15. 挪威卑尔根大学学院

2003 年与学院签订合作交流协议，自 2004 年起每年派该院幼教专业大学生来院进行学术交流活动。自 2007 年起，两校正式将这项活动拓展为 4 周的“跨文化理解与比较教育”合作培训课程。从 2008 年至 2012 年，共有 74 名卑尔根大学学院的师生来学院参加为期 4 周的培训。

16. 日本长崎大学

2006 年 3 月与学院签订合作协议。2009 年续签了合作协议，期限为 5 年。根据协议学院每年为长崎大学的学生开设 3 周的短期汉语培训班。2008 年至 2012 年，培训学生的数量呈逐年递增的态势，2012 年度学生数量近 50 人。

17. 新加坡南洋理工大学国立教育学院

学院自 2006 年起接受北京市教委人事处委托与新加坡南洋理工大学国立教育学院共同负责培训项目的组织实施工作。2005 年至 2008 年，共举办 3 期培训班，共有 51 名北京市教育管理干部赴南洋理工大学国际教育学院学习并获得教育管理硕士学位。

18. 新加坡国立大学李光耀公共政策学院

2012 年 1 月，新加坡国立大学李光耀公共政策学院高级公共行政与管理硕士学位项目副主任顾清扬博士访问学院，与学院达成合作意向。2012 年至 2013 年，学院推荐丰台区 5 名基础教育管理干部赴新加坡国立大学李光耀公共政策学院攻读硕士学位。

19. 荷兰蒂尔堡大学

2009 年 3 月至 5 月，受荷兰蒂尔堡大学 Peter Broeder 副教授委托，学院办公室副主任王振先副教授与 Broeder 副教授共同指导其硕士生 Renee 女士完成硕士学位论文，论文题目为《影响青少年母语阅读行为的社会因素分析——在北京、开普敦和荷兰开展的一项国际比较研究》。

20. 希腊亚里士多德大学

学院自 2008 年起与亚里士多德大学建立合作关系，两校在 2008 年至 2012 年间，各组织 3 个团组访问对方学校，并探讨了开展远程教育研究的合作意向。

21. 俄罗斯莫斯科州立大学

2010 年 6 月，院长李方教授率团首访莫斯科州立大学，与该校签署了合作备忘录。

2010 年 10 月，学院派数理学院周玉芝、冯爽和靳飞 3 位教师赴莫斯科州立大学参加该校主办的“森林生态环境与气候变化”的学术研讨会，进行学术交流。

2011 年 10 月，学院主管外事工作的纪委书记卢晖率团参加莫斯科州立大学建校 80 周年庆典活动。

2012 年 5 月，俄罗斯莫斯科州立大学副校长 Klychnikov Vladimir 先生及国际交流与合作部部长 Svetlana Tonsheva 女士和副部长 Makeeva Galina 女士一行 3 人应邀访问我院，就学院派遣汉语教师到莫斯科州立大学任教达成合作协议。

2012 年 9 月，学院派遣国际语言与文化学院张昆老师赴莫斯科州立大学任教。

22. 塞浦路斯大学

2012 年 4 月 25 日至 28 日，院长李方教授率团首访塞浦路斯大学，洽谈合作建立孔子学院的意向。

2012 年 8 月 31 日至 9 月 4 日，学院副院长钟祖荣教授率团参加塞浦路斯大学主办的“东西方交汇——国际教育研讨会”。

2012 年 9 月 5 日至 7 日，塞浦路斯大学副校长 Marios Mavronicolas 教授和该校国际合作处官员 Elena Avgoustidou 女士访问学院。

2012 年 12 月 8 日，学院与塞浦路斯大学签订合作举办孔子学院备忘录，开始筹备在塞浦路斯大学合作建立孔子学院的相关事宜。

2013 年 3 月 8 日，学院向市教委正式提交与塞浦路斯大学合作建立孔子学院的申请和计划书。

2013 年 4 月 23 日至 26 日，学院再组团赴塞浦路斯大学，学院办公室副主任王振先代表学院与该校洽商举办孔子学院有关细节。

第三节　因公出国团组与外事接待

为促进干部教师培训方面的国际合作交流，开拓干部教师视野，学院采取“走出去”和“引进来”相结合的办法，积极开展国际合作培训活动，并取得丰硕成果。

一、因公出国考察团组

学院每年组织一定数量的因公出访团组赴境外进行教育考察交流。团组成员主要包括学院干部教师和区县中小学校长教师和教育行政干部。考察机构涉及境外的大学、中小学、幼儿园、教育科研机构和行政管理部门等，出访任务包括参加汉语教师年会，参加国际 IB 课程研讨会、骨干教师培训，洽谈合作举办孔子学院相关事宜，参加联合国教科文组织年会，教育文化交流展览会，世界数学教育大会，考察职业教育情况、校长教师培训情况，以及举办多元智能理论专题研修班、海峡两岸英语教师教学交流研修班等。通过各类出访，不仅拓宽了出访者的国际视野，增强了跨文化交流的能力，还巩固和深化了学院与有关境外教育机构的合作关系。详见表 2－24。

表 2－24　2008—2012 年因公出国情况

年份	出访国家	人次
2008	加拿大、美国、英国、日本、韩国	72
2009	法国、荷兰、希腊、新加坡、韩国、日本、英国、瑞典、挪威、芬兰、德国、马来西亚、美国、加拿大和澳大利亚	74
2010	美国、英国、法国、德国、澳大利亚、新西兰、俄罗斯、乌克兰、匈牙利	59
2011	美国、加拿大、英国、希腊、瑞士、意大利、土耳其、俄罗斯、匈牙利、新加坡	122
2012	英国、美国、加拿大、法国、德国、意大利、奥地利、西班牙、葡萄牙、塞浦路斯、澳大利亚、新西兰、南非、赞比亚、以色列、泰国、印度、日本、韩国、新加坡	158

二、中小学校长教师出国培训团组

2010 年至 2012 年，受北京市教委委托，学院共组织 253 名中小学、幼儿园教育管理干部和教师赴境外培训，为北京市基础教育干部教师提升国际视野和教育教学能力与管理水平作出了积极贡献。

2010 年，北京市级各学科骨干教师 19 人赴美国密歇根州立大学参加为期 3 周的境外培训。

2011 年，北京市中小学校长教师境外培训项目（见表 2－25）：

表 2－25　2011 年北京市中小学校长教师境外培训项目

序号	项目名称	项目人数	培训天数	境外培训机构
1	北京市中学校长中英联合校长领导力培训项目	14	28	英国东伦敦大学
2	北京市专职督学赴英培训项目	10	21	英国教师中心
3	北京市幼儿园园长培训项目	20	21	英国东伦敦大学
4	北京市中小学英语学科骨干教师培训项目	18	21	英国 Bell
5	北京市中小学数学学科骨干教师培训项目	20	21	美国俄勒冈大学教育学院
6	北京市高中骨干校长课程改革高级研修境外培训	21	21	美国俄勒冈大学教育学院
7	北京市小学校长高级研修学校课程文化建设境外培训	16	21	美国俄勒冈大学教育学院

2012 年北京市中小学校长教师境外培训项目（见表 2－26）：

表 2－26　2012 年北京市中小学校长教师境外培训项目

序号	项目名称	项目人数	培训天数	境外培训机构
1	中小学骨干校长境外研修项目（境外高级访问研修）	20	70	美国加州富乐顿州立大学
2	中小学骨干校长境外研修项目（加拿大短期培训）	25	21	加拿大皇家路大学

续表

序号	项目名称	项目人数	培训天数	境外培训机构
3	中小学骨干校长境外研修项目（加拿大硕士学位班）	27	180	加拿大皇家路大学
4	小学英语教师骨干教师培训项目	18	21	英国东伦敦大学教育学院
5	高中理化生骨干教师境外培训项目	25	21	美国俄勒冈大学教育学院

三、接待境外来访团组

随着我院与境外大学及各学术机构交流合作的日益频繁，学院外事办公室每年都要接待大量国外考察团的来访，2008 年至 2012 年接待来访情况汇总如下：

2008 年，全年共接待来自英国、美国、法国、德国、挪威、瑞典、澳大利亚、希腊、日本、韩国、马来西亚、新加坡等 10 多个国家和我国澳门、台湾地区约 30 个团组近 400 人次来学院考察、交流、洽谈项目，进一步拓宽了我院的国际交流与合作渠道。

2009 年，全年共接待来自英国、美国、加拿大、法国、德国、澳大利亚、希腊、荷兰、韩国、日本和非洲等 25 个国家的国外访问团组 43 个，接待来访人员 393 人次。

2010 年，全年接待来自美国、法国、德国、加拿大、挪威、荷兰、英国、澳大利亚、希腊、泰国、马来西亚等 10 余个国家 33 个团组共 345 人次来学院考察、交流、洽谈项目。

2011 年，全年共接待来自美国、英国、法国、德国、荷兰、挪威、瑞典、印度、印尼、韩国、新加坡、澳大利亚、新西兰、塞浦路斯、马来西亚 15 个国家及我国台湾地区 35 个团组共 400 余人来学院考察、交流、洽谈项目。

2012 年，学院外事办公室共接待来自美国、英国、法国、荷兰、德国、挪威、印度、韩国、新加坡、澳大利亚、新西兰、塞浦路斯、马来西亚 13 个国家及我国香港、台湾地区共 45 个团组 200 余人次来学院考察、交流、洽谈项目。

第四节　举办和承办涉外学术会议

2008 年 10 月，学院承办了第 16 届全国教育学院书记院长协作会暨国际教师教育论坛。

2008 年、2010 年和 2012 年每年举办一次中国—挪威幼儿教育学术论坛。该学前教育论坛是挪威卑尔根大学学院学前教育专业大学生来学院参加“跨文化理解与学前教育比较”课程的组成部分。每届论坛有挪威师生 20 余人和北京市参与此课程交流的幼儿园园长和教师 30 人参会，双方就中国和挪威学前教育课程大纲、活动设计、家园合作、儿童保育等问题开展交流研讨。通过研讨，双方了解到，挪威注重健康和户外活动教育，中国擅长儿童室内主题活动教育，学前教育论坛促进了双方相互学习借鉴。

2010年5月31日至6月1日，由学院和国际多元智能学会共同主办的2010年多元智能国际研讨会在北京隆重举行。此次研讨会以“多元智能与全球教育转型”为主题，多元智能理论创始人、美国哈佛大学教授加德纳博士出席此次并作多次专题演讲。本次会议吸引了来自国内外近500名研究者和教师参加会议。本次会议是学院自2000年开展多元智能理论实践课题研究以来举办的第五次多元智能国际会议，为国内外学者了解国际前沿理论、深化课题研究搭建了重要平台，与会人员通过充分的沟通、交流与研讨，获得了学术与实践的双重收获。

2011年6月，外事办公室与教师教育数理学院共同承办了“正规教育中的可持续发展教育2010年国际高级培训项目”第二次国内研讨会暨中国区结业仪式。

2011年10月，北京市教委、北京教育学院以“中小学教师专业化的政策、理论与实践”为主题，在京召开2011年全国教师培训学术研讨会。学院外事办公室配合教师培训办公室邀请法国、新加坡和香港地区专家学者参加此次会议并作主题报告和高端交流，为加强教师队伍建设及教师培训的理论研究与实践经验的交流研讨作出了贡献。

2011年12月25日，学院与清华大学素质教育中心、清华大学老科协教育评估中心共同举办了2011年（北京）幼儿教育国际交流年会。

2012年5月17日至18日，由学院和国际多元智能学会及天津市教委共同主办的第二届多元智能国际研讨会在天津市河西区召开。会议主题是多元智能理论与少年儿童学习能力培养，中外参会代表200人参加会议，学院组织北京市多元智能实践研究课题校50多名干部教师参会。多元智能国际研讨会组委会主席、学院院长李方作了题为“借鉴多元智能理论，创新人才培养模式”的主题报告。

第五节　与台湾院校合作及学术交流

学院与台湾屏东教育大学（2005年以前为屏东师范学院）、台北市教育大学和台中教育大学建立了长期合作关系。

一、与屏东教育大学的合作

2010年，学院与台湾屏东教育大学续签了合作协议，并启动了两校互派教授讲学的项目。2010年9月至11月，台湾屏东教育大学的陈正昌副教授来我院讲学3个月。

2011年2月至3月，教师教育人文学院霍俊明副教授到屏东教育大学讲学两个月。

二、组织北京市中小学干部教师赴台交流

2010年5月和12月，学院分两次共组织120位中小学校长和10名学院干部教师赴台湾考察交流，访问了屏东教育大学、台北市立教育大学和台中教育大学。

2012年9月，学院组织北京市级英语骨干教师23人赴台湾空中英语教室开展为期8天的英语教学研修活动。

2012 年 12 月，学院组织多元智能实践研究课题校的干部教师 20 人赴屏东教育大学和台北市立教育大学开展多元智能教学交流活动。

三、承办海峡两岸教育论坛

2010 年至 2012 年的 3 年间，受北京市人民政府台湾事务办公室委托，学院分别联合朝阳区教委、海淀区教委和北京联合大学承办了 3 届海峡两岸教育论坛，共邀请近 300 名台湾教育界人士来北京开展教育研讨和交流活动，为促进两岸教育界的交流与合作作出了贡献。

第三编　教学院系与专业发展

第一章　教师教育人文学院

一、基本情况

2008 年 1 月成立二级学院教师教育人文学院（以下简称人文学院）。由原教师教育学院的中文系、社会科学系和初等教育系组合而成，主要承担北京市中小学人文学科教师的学历教育和继续教育的任务，为首都中小学人文学科教师的专业化发展服务。现设有“三系一室一所”，即中文系、社会科学系、初等教育系、综合办公室和教师专业发展研究所。

人文学院现任领导班子成员 5 人：院长兼党总支书记：王远美；副院长：李永莲、刘加霞、陈琳；院长助理：尚九宾。

人文学院党总支为黄寺校区第一党总支，下设 4 个党支部，即中文系党支部、社会科学系党支部、初等教育系党支部、综合办公室党支部。

人文学院现有教职工 44 人，其中专业教师 39 人，行政管理人员 5 人。教职工中有中共党员 32 人，占教职工人数的 72%；民主党派 4 人，占教职工人数的 9%。专业教师中，正教授 1 人，副教授 20 人，正、副教授占教职工人数的 48%；博士 19 人，硕士 16 人，硕士、博士占教职工人数的 80%。

二、工作概况

（一）教学工作

1. 学历教育

人文学院继承了教师教育学院文科系别和专业的设置，设有汉语言文学、小学教育、思想政治教育、历史教育 4 个本科专业和幼儿艺术教育 1 个专科专业。

2008 年以来，人文学院曾与昌平、大兴、密云、房山、平谷 5 个区县合作办学，共招生 221 人，毕业 2347 人。其中，小学教育专业获学士学位 33 人。目前，仅小学教育专业有在校生38人，共两个教学班。具体情况见表3－1。

表3－1 人文学院学历教育基本情况统计（2008—2013年）

年份	专业	招生人数（人）	毕业人数（人）	备注
2008	幼儿艺术教育	0	481	本专业目前在体育与艺术学院
	小学艺术教育	0	69	本年度停招
	汉语言文学	0	124	本年度停招
	小学教育	125	266	
2009	小学艺术教育	0	49	
	汉语言文学	0	105	
	小学教育	47	540	
	幼儿艺术教育	0	5	
2010	小学艺术教育	0	47	
	幼儿艺术教育	0	6	
	汉语言文学	0	71	
	小学教育	30	208	
2011	小学教育	19	194	
	汉语言文学	0	28	
2012	小学教育	0	116	本年度停招
2013	小学教育		38	招生尚未开始
合计		221	2347	

2. 继续教育

人文学院成立以来，承担了北京市及全国部分省（市、区）中小学教师的继续教育培训任务，培训范围辐射河北、天津、山东、江西、广东、云南、西藏、新疆、青海、四川、内蒙古等省、市、区。2008年至2013年期间，共承担4项国家级培训、10项市级培训、5项援助培训、12项委托合作培训。截至2013年7月，共培训教师8429人。其中"绿色耕耘"项目培训北京市农村中小学骨干教师2097人，"春风化雨"项目培训北京市城区中小学教师1328人，北京市学科带头人及骨干教师培训项目共培训骨干教师和学科带头人1160人次。具体情况见表3－2。

表3－2 人文学院继续教育培训统计（2008—2013年）

年份	序号	项目名称		培训人数（人）	合计（人）
2008	1	北京市级	"绿色耕耘"——远郊区县中小学教师培训	337	

续表

年份	序号	项目名称		培训人数（人）	合计（人）
2008	2	北京市级	“春风化雨”——城区中小学教师培训	306	1117
	3		北京市市级学科带头人及骨干教师培训	220	
	4		北京市中小学教师带薪脱产培训	185	
	5		北京市中小学国际理解教育教师培训（2009—2012 年，培训人数计入“春风化雨”和“学教一体”项目中）	69	
	6	援助培训	西藏拉萨市文科骨干教师培训	30	30
	7	委托培训	民盟“农村教育烛光行动”培训者培训	49	89
	8		山东省淄博市临淄区小学语文骨干教师培训	40	
2009	1	北京市级	“绿色耕耘”——远郊区县中小学教师培训	456	1455
	2		“春风化雨”——城区中小学教师培训	726	
	3		北京市市级学科带头人及骨干教师培训	206	
	4		北京市中小学教师带薪脱产培训	67	
	5	援助培训	新疆“双语”骨干教师培训	120	266
	6		四川省什邡市骨干教师培训	146	
2010	1	北京市级	“绿色耕耘”——远郊区县中小学教师培训	205	979
	2		“春风化雨”——城区中小学教师培训	296	
	3		北京市市级学科带头人及骨干教师培训	348	
	4		北京市中小学教师带薪脱产培训	130	
	5	“国培计划”（中西部）	新疆中小学骨干教师短期集中培训（小学品德、初中历史）	80	341
	6		内蒙古农村牧区中小学骨干教师短期集中培训（小学品德、初中思想品德、初中历史）	261	
	7	援助培训	新疆“双语”骨干教师培训	121	
	8		西藏拉萨市文科骨干教师培训	30	174
	9		四川省什邡市骨干教师培训（历史、政治）	23	

续表

年份	序号	项目名称		培训人数（人）	合计（人）
2011	1	北京市级	“绿色耕耘”——远郊区县中小学教师培训	380	1029
	2		北京市市级学科带头人及骨干教师培训	153	
	3		北京市中小学教师带薪脱产培训	128	
	4		北京市城区教师“学教一体”培训	368	
	5	“国培计划”	河北省中小学骨干教师培训	262	262
	6	援助培训	新疆“双语”骨干教师培训	119	177
	7		新疆和田地区“双语”骨干教师培训	58	
	8	委托培训	河北省承德市高中语文教师培训	50	80
	9		内蒙古乌兰察布市初中语文教师培训	30	
2012	1	北京市级	“绿色耕耘”——远郊区县中小学教师培训	419	1185
	2		北京市市级学科带头人及骨干教师培训	233	
	3		北京市中小学教师带薪脱产培训	9	
	4		北京市城区教师“学教一体”培训	333	
	5		校本研修和整校推进教师培训	191	
	6	援助培训	新疆“双语”骨干教师培训	107	201
	7		新疆和田地区“双语”骨干教师培训	54	
	8		青海省玉树藏族自治州小学语文骨干教师培训	40	
	9	“国培计划”（中西部）	云南省小学品德骨干教师培训	38	38
	10	委托培训	内蒙古乌兰察布市高中语文教师培训	50	441
	11		内蒙古赤峰市高中语文教师培训（送培到省）	50	
	12		青海省中小学骨干教师培训	97	
	13		天津市滨海新区教学能手培训	72	
	14		江西省南昌市东湖区小学语文数学骨干教师培训	50	
	15		广东省深圳市宝安区文科骨干教师培训	62	
	16		河北省秦皇岛市高中文科骨干教师培训	60	

续表

<table>
<tr><th>年份</th><th>序号</th><th colspan="2">项目名称</th><th>培训人数（人）</th><th>合计（人）</th></tr>
<tr><td rowspan="6">2013</td><td>1</td><td rowspan="4">北京市级</td><td>“绿色耕耘”——远郊区县中小学教师培训</td><td>300</td><td rowspan="4">458</td></tr>
<tr><td>2</td><td>北京市中小学教师国际理解和可持续发展教育专题培训</td><td>59</td></tr>
<tr><td>3</td><td>北京市城区教师专业促进培训</td><td>90</td></tr>
<tr><td>4</td><td>北京市名师工程培训</td><td>9</td></tr>
<tr><td>5</td><td rowspan="2">委托培训</td><td>广东省深圳市福田区国际理解教育骨干教师培训</td><td>86</td><td rowspan="2">107</td></tr>
<tr><td>6</td><td>西部爱心小学教师培训</td><td>21</td></tr>
<tr><td colspan="4">合计</td><td colspan="2">8429</td></tr>
</table>

（二）科研工作

1. 承担课题情况

自 2008 年以来，人文学院教师申请全国教育科学规划课题 1 项，申请北京市教育科学规划重点课题 2 项，申请北京市教委社科计划面上项目 3 项，申请学院科研课题 40 项，申请中国联合国教科文组织全国委员会、中国教育学会“十二五”教育科研规划重点课题子课题 1 项，申请教育部教师队伍建设示范项目 1 项，申请学院教学改革立项项目 1 项。

2. 主要学术成果

人文学院教师坚持“研训一体”思路，以人文学科基础研究、教师培训理论与实践研究、教师专业发展标准研究、国际理解教育研究等为重点，促进人文学院内涵发展，提升教师培训专业水准，取得了较为丰富的研究成果。2008 年至 2013 年共计发表学术论文 350 多篇，出版专著（编著）教材 30 多部，出版继续教育培训成果 12 部。

3. 重点学科建设

人文学院在学院实施五大攻坚任务之一的重点学科建设工作中，于 2010 年和 2012 年成功申报教师培训学、语文教育学、国际理解与可持续发展教育 3 个重点建设学科，分别由刘加霞、王漫和王远美任重点学科带头人，负责组建学科团队，开展重点学科建设。

三、教师队伍建设

人文学院师资队伍的主要优势在于有一支师德师风良好、专业背景多样、教学功底扎实、具有学术影响力的高学历高职称的教师队伍。现有正教授 1 人，副教授 20 人，重点学科带头人 3 人。赵聪和刘加霞 2 位教师入选教育部“国培计划”专家库专家。

2008 年，人文学院招聘高校优秀毕业生 2 人，其中博士 1 人，硕士 1 人。

2009 年，人文学院招聘高校优秀毕业生、博士 1 人。

2011 年，人文学院积极引进管理人员，调入军转干部 1 人。

2012 年，人文学院招聘高校优秀毕业生 4 人，其中博士 2 人，博士后研究人员 1 人，硕士 1 人。

2013 年，人文学院招聘高校优秀毕业生、博士 2 人。

人文学院确立了以院本培训促进教师专业发展的思路，通过教师讲坛、课题研究、学术会议、境外访学、读书交流、在职进修、参观考察等形式，促进教师队伍的专业发展。

（一）开设“教师讲坛”，为教师搭建学术交流平台

2008 年以来，人文学院共主办 40 多期“教师讲坛”活动。本部门有 30 多名教师担任主讲人，与同伴分享研究成果。另外，还聘请了北京师范大学、首都师范大学、北京教育科学研究院、台湾屏东教育大学、香港中文大学的教授、学者在“教师讲坛”作专题讲座，促进学术交流。

（二）支持教师参加境内外学术会议，扩大学术视野

2008 年以来，人文学院有 10 名教师赴日本、韩国、泰国、新西兰等国家参加境外学术会议，有 25 名教师参加京外的学术会议。

（三）支持教师在职研修，不断提升学历水平

自 2008 年以来，人文学院有 2 名青年教师参加在职博士研究生的学习，获得博士学位；有 1 名青年教师正在攻读博士学位；有 2 名管理人员参加在职硕士研究生的学习，获得硕士学位。

（四）支持教师参加访学和专业学习

自 2008 年以来，人文学院有 1 名教师赴台湾屏东教育大学访学；1 名教师赴英国东伦敦大学短期培训；1 名教师赴日本京都大学留学。

（五）聘请兼职教师，充实教师队伍

自 2008 年以来，人文学院聘请了高校、科研单位和中小学优秀教师 20 多人为客座教授和兼职教授，发挥兼职教师队伍的专业引领和指导作用。

四、获奖情况

自 2008 年以来，人文学院及教师获得市级及以上奖励 16 项。具体如下：

2009 年，人文学院获北京市教育委员会“2008 年度人口和计划生育工作先进集体”荣誉称号。

2009 年，王漫获“第二届全国青年教师师德演讲比赛”二等奖。

2009 年，陈红、张学岩、赵克玲、廖明华参加编写的北京市地方课程《国际理解》教材获北京市第三届（2009 年）教学成果奖（基础教育）一等奖。

2009 年，王远美被中共北京市委教育工作委员会、北京市教育委员会、北京市人民政府教育督导室评为北京市“初中建设工程先进个人”。

2010 年，陈红、张学岩参与的《国际理解教育》课程建设项目获教育部基础教育课程改革教学研究成果二等奖。

2011 年，王远美、张学君被北京市教育委员会评为“北京市‘十一五’继续教育工

作优秀教师”。

2011 年，陈莉获“第七届北京高校青年教师教学基本功比赛”文史类 B 组二等奖。

2012 年，王远美被评为“北京高校 2010 年至 2012 年创先争优优秀共产党员”。

2012 年，陈莉被北京市教育工会评为“2012 年北京市师德先进个人”。

2013 年，中文系被评为 2010 年至 2012 年度北京市语言文字工作先进集体。

2013 年，杨智被评为 2010 年至 2012 年度北京市语言文字工作先进个人。

2013 年，金钊参与的“‘主题驱动的骨干教师工作室’模式构建与实践”项目获北京市第四届（2013 年）基础教育教学成果一等奖。

2013 年，陈琳参与的“基于‘绿色耕耘’培训项目的农村中小学教师培训模式创新研究与实践应用”项目获北京市第四届（2013 年）基础教育教学成果二等奖。

2013 年，吴欣歆获“第八届北京高校青年教师教学基本功比赛”文史类 B 组二等奖。

2013 年，杨智、张学君、徐莉被新疆维吾尔自治区教育厅译为“新疆‘双语’教师培养工作优秀教师”。

2013 年，陈红申报的“北京市中小学教师国际理解教育能力建设最佳实践”项目被联合国教科文组织亚太国际理解教育中心评为“最佳实践活动”。

五、办学特色

（一）坚持继续教育和学历教育稳步发展

人文学院的继续教育坚持立足北京、重点援疆、面向全国的思路，广泛开展中小学人文学科教师的专业培训，努力探索人文学科教师专业发展的规律、培训模式、培训课程和评价体系。学历教育以小学教育和全院公共政治理论课教学为主，具有基础性、全员性和思想性的特点，为提高中小学教师思想政治理论素养作出贡献。

（二）坚持开放的培训理念，建构合理的培训体系

人文学院以北京市中小学人文学科教师培训为主体，以新疆“双语”骨干教师脱产培训为重点，以面向全国的委托合作培训为补充，基本形成了国家级培训、市级培训、援助培训、委托合作培训的培训体系。

（三）坚持研训一体，着力打造培训品牌

人文学院以追求培训专业化、提升培训质量为导向，在跨部门、跨区县的合作培训中打造了众多的培训品牌，在北京乃至全国产生了较大影响力。如“绿色耕耘”“春风化雨”“市级骨干”“带薪脱产”“新疆‘双语’骨干”“国际理解教育”“可持续发展教育”“整校推进”等等项目都产生了较大影响力。

（四）坚持价值引领，努力建设成人成事的文化氛围

人文学院坚持“博学　向善　质朴　大气”的价值理念，通过开展多种形式的团队文化建设活动，发挥人文学院人的智慧和潜能，积极创建进取、友好、民主、包容、团结的团队氛围，努力促进教职工成人成事。

第一节　中文系

一、基本情况

2008 年 1 月，中文系划归教师教育人文学院，共有教师 16 人。系主任：张学君；党支部书记：刘汉霞；副主任：王漫。下设 4 个教研室：古代文学教研室、现当代文学教研室、汉语教研室、语文教学法教研室。

2011 年 5 月，中文系进行了换届选举。系主任：王漫；党支部书记：姜峰；副主任：杨智。教研室整合为 3 个：文学教研室（主任：霍俊明）、语言学教研室（主任：杨智）、语文教育教研室（主任：王漫）。

2008 年至 2013 年间，中文系退休教师 6 人，调出本单位 1 人，新进教师 3 人。目前在职教师共 12 人。

二、工作概况

（一）教学工作

1. 学历教育

2008 年以后，中文系招生的学历班已基本结束。本系教师从事的学历教育工作，主要是为其他院系执教大学语文、儿童文学、实用写作、学科教学课例等课程。

2. 继续教育

2008 年以来，中文系的工作重心转向中学语文教师的职后培训，承担了各级各类大量的继续教育项目。

（1）北京市级培训项目

主要在“绿色耕耘”——北京市远郊区县农村学校骨干教师培训、“春风化雨”——北京市城区中小学教师培训项目（2011 年后改名为“学教一体”项目）、北京市市级学科带头人和骨干教师培训、“北京市中小学教师带薪脱产培训”这 4 个常规项目中，承担中学语文教师的培训任务。

在市级培训项目的高端培训——市级学科带头人与骨干教师培训中，中文系整合院内外教师和专家资源，5 年来共举办中学语文市级骨干教师工作室 13 个，具体情况见表3－3。

表 3－3　中文系北京市级骨干教师工作室基本情况统计（2008—2012 年）

年份	学科负责人	工作室主题
2008	张学君	当代文化转型与中学语文教学
	霍俊明	文学教育与人文关怀（爱心工作室）

续表

年份	学科负责人	工作室主题
2009	李镗	运用测评工具提高教学有效性
	王漫	高中语文模块及单元教学研究
2010	李镗	运用测评工具提高教学有效性
	王漫	高中语文模块及单元教学研究
	姜峰	语文教学的内容与目标的达成
2011	姜峰	中学语文教学视野中的鲁迅
	霍俊明	互文性教学与学科知识
2012	胡春梅	高中语文外国文学文本解读与教学
	吴欣歆	基于表现性评价的中学阅读教学研究
	刘德水	立足课文解读，提高中学语文教师学科素养
	李镗	语文专题教学的测评实践研究

（2）新疆“双语”骨干教师培训

从2009年开始，北京教育学院承担了国家教委委派的新疆“双语”骨干教师培训项目，由中文系直接负责培训工作；2011年开始，学院同时承接了新疆和田地区“双语”骨干教师的培训项目，仍由中文系直接负责。

（3）短期集中的外地教师援助培训项目

5年来，中文系还承担了许多援助性培训项目，这些项目多为外地教师赴京进行的短期集中式培训。

中文系5年来的继续教育培训项目情况见表3－4。

表3－4 中文系继续教育培训情况统计（2008—2013年）

年份	序号	项目名称		培训人数（人）	合计（人）
2008	1	北京市级	“绿色耕耘”——中学语文教师培训	108	374
	2		“春风化雨”——中学语文教师培训	106	
	3		北京市市级学科带头人及骨干教师培训（中学语文）	50	
	4		北京市中小学教师带薪脱产培训（中学语文）	80	
	5	援助培训	西藏拉萨市文科骨干教师培训（1期）	20	
	6	委托培训	民盟“农村教育烛光行动”培训者培训（中学语文）	10	

续表

年份	序号	项目名称		培训人数（人）	合计（人）
2009	1	北京市级	“绿色耕耘”——中学语文教师培训	120	484
	2		“春风化雨”——中学语文教师培训	80	
	3		北京市市级学科带头人及骨干教师培训（中学语文）	50	
	4		北京市中学语文教师带薪脱产培训	80	
	5	援助培训	新疆“双语”骨干教师培训	120	
	6		四川省什邡市中学语文骨干教师培训	34	
2010	1	北京市级	“绿色耕耘”——中学语文教师培训	30	336
	2		“春风化雨”——中学语文教师培训	30	
	3		北京市市级学科带头人及骨干教师培训（中学语文）	105	
	4		北京市中学语文教师带薪脱产培训	20	
	5	援助培训	西藏拉萨高中文科骨干教师培训（2期）（中学语文）	20	
	6		新疆“双语”骨干教师培训	121	
2011	1	北京市级	“绿色耕耘”——中学语文教师培训	70	487
	2		“学教一体”——中学语文教师培训	60	
	3		北京市市级学科带头人及骨干教师培训（中学语文）	50	
	4		北京市中小学教师带薪脱产培训	30	
	5	援助培训	西藏拉萨高中文科骨干教师培训（3期）	20	
	6		新疆“双语”骨干教师培训	119	
	7		新疆和田地区“双语”骨干教师培训	58	
	8	委托培训	河北省承德市高中语文教师培训	50	
	9		内蒙古乌兰察布初中语文教师培训	30	
2012	1	北京市级	“绿色耕耘”——中学语文教师培训	60	
	2		“学教一体”——中学语文教师培训	70	

续表

年份	序号	项目名称		培训人数（人）	合计（人）
2012	3	北京市级	北京市市级学科带头人及骨干教师培训（中学语文）	70	494
	4	援助培训	新疆“双语”骨干教师培训	107	
	5		新疆和田地区“双语”骨干教师培训	54	
	6		内蒙古赤峰市高中语文教师培训（送培到省）	50	
	7		青海省中学语文骨干教师培训	48	
	8	委托培训	天津市滨海新区中学语文教学能手培训（第1期）	15	
	9		河北省秦皇岛市高中文科骨干教师培训（中学语文）	20	
2013年（截至6月）	1	北京市级	“绿色耕耘”——中学语文教师培训	60	75
	2	委托培训	天津市滨海新区中学语文教学能手培训（第2期）	15	
合计				2250	

（二）科研工作

1. 承担课题情况（见表3－5）

表3－5　中文系教师承担课题情况统计（2008—2013年）

类别	课题名称	负责人	立项年份
教育部重点课题	新疆“双语”骨干教师有效性培训	杨智	2012
院级课题	对中国几部长篇小说的美学剖析——从《红楼梦》到《围城》	杨秋荣	2008
	现代文学教育	姜峰	2008
	中学语文与文言文教学	连劭名	2008
	中学语文古代汉语教学法研究	连劭名	2009
	关于新疆中学少数民族汉语教师课堂教学现状的研究（重点课题）	张念荀	2010
	高中语文外国文学教学研究	胡春梅	2010
	文本的教学价值	姜峰	2010

续表

类别	课题名称	负责人	立项年份
	散文修辞美学与中学语文教学	杨秋荣	2011
	教师培训视野下的新疆全日制民族小学汉语课堂教学研究（重点课题）	张念荀	2012
	高中语文课外阅读调查研究	胡春梅	2013

2. 主要学术成果

中文系5年来取得了很多学术成果，见表3－6。

表3－6　中文系教师部分学术成果统计（2008—2013年）

姓名	成果名称	成果形式	发表年份
张学君	走进《背影》解读的秋日时代	论文	2011
	从战士到隐士——论孙犁文学创作主体的角色转换	论文	2011
	从五行说到性善论——思孟学派与早期儒家学说的体系化过程	论文	2012
王漫	语文新课程教学与教师成长	著作	2009
	重构散文的本体知识与教学知识	论文	2010
	教师培训项目中听评课的制度建设与策略研究	论文	2010
	初中文学作品的目标定位	论文	2011
	教师培训项目中实践性课程的设计	论文	2012
	中小学教师专业发展标准及指导·语文	著作	2012
杨智	高中新课程怎么教·语文（主编）	著作	2008
	以研促训，以考促学——新疆“双语”培训项目考试设计	论文	2012
	新疆双语培训写作课教学	论文	2012
胡春梅	精致的瓮：诗歌结构研究	著作	2008
	越界的书写	论文	2008
	女性的隐喻	论文	2009
	“一只贝”，究竟让孩子们学什么？	论文	2010
	好情境与好老师	论文	2010
	种族·性别·阶级	论文	2010
	华人版美国梦国家神话的反思	论文	2011
	论中学语文外国文学教学的背景知识	论文	2011
	从守望到寻根	论文	2011
	超越与借鉴	论文	2012

续表

姓名	成果名称	成果形式	发表年份
杨智	是血统还是允诺?	论文	2012
	经典作品在教学中的定位	论文	2012
杨秋荣	海子诗歌研究	著作	2010
	小说家的形而上学	著作	2011
	悠哉学术文选	著作	2012
	陈词套语有时也成一种美	论文	2012
刘晓光	古诗阐释的多元解读	论文	2009
	古诗教学中的课堂提问与理答——以《行路难》(其一)为例	论文	2013
霍俊明	尴尬的一代——中国70后诗歌先锋	著作	2009

3. 重点学科建设

在北京教育学院开展的重点学科建设工作中，以中文系教师为主体的语文教育学于2013年3月被学院正式批准成为17个重点建设的学科之一。

三、专业及课程设置

1. 学历教育

中文系的学历教育设置“汉语言文学专业”(师范类)，主要课程有古代文学、现当代文学、外国文学、美学、现代汉语、现代教育理念与技术、语文教学论等。近5年来，为其他院系开设的课程有大学语文、儿童文学、实用写作等。

2. 继续教育

近5年来，中文系主要面对北京市及外地的中学语文教师开展继续教育，主要课程有中学语文教师的语文素养、文本解读、各类文体的阅读教学(小说、散文、诗歌、文言文、实用文章等)、课外阅读指导、语文单元教学、互文性教学、鲁迅作品教学、外国文学教学、语文教学设计、学生研究、表现性评价设计、特级教师教学思想研究等。

四、教师队伍建设

1. 基本情况

中文系的教师队伍，以高学历为显著特色。

中文系现有专职教师12人，其中副教授6人，讲师6人。博士8人，硕士3人。

为了使这支高学历、高起点的队伍更快更好地适应教育学院的工作性质，中文系多次组织系本研修活动(如课例研讨、课程标准研习、集体下校观课等)，促进本系教师深入研究中学语文课程与教学实践，使他们逐渐成为语文课程与教学的专家。

5年来，中文系还先后聘请了多位兼职教授与客座教授，引领中文系的学科建设与教学工作。他们是：袁志勇(语文特级教师，北京教育学院宣武分院)、刘占泉(教授，首都师范大学文学院）、程翔（特级教师，北京市 101 中学副校长）、翟小宁（特级教师，中国人民大学附属中学副校长）。

2. 教学与科研等方面的获奖情况

2008 年 5 月，在北京教育学院举办的“中青年教师教学观摩大赛”中，王漫获得一等奖，姜峰获得二等奖。

2008 年 6 月，在学院 55 周年院庆征文中，王漫的散文《红烛与黄埔》获得一等奖；杨秋荣、霍俊明、张学君等人的征文获得二等奖。

2009 年 9 月，王漫代表北京市参加“全国教师师德演讲比赛”，获得二等奖。

2010 年度学院优秀科研成果评审中，王漫获一等奖，杨秋荣、霍俊明获二等奖；2011 年度学院优秀科研成果评审中，张学君获三等奖。

2011 年，张学君被北京市教育委员会评为“北京市‘十一五’继续教育工作优秀教师”。

2012 年，中文系被评为 2010 年至 2012 年度北京市语言文字工作先进集体。

2012 年，杨智被评为 2010 年至 2012 年度北京市语言文字工作先进个人。

2013 年 4 月，在北京教育学院举办的“青年教师教学基本功大赛”中，吴欣歆获得一等奖，并被学院推举参加“第八届北京高校青年教师教学基本功比赛”，获得文史类 B 组二等奖。

五、教育教学特色

（1）强调学术立身、科研兴教。中文系历来重视科研工作，每位教师都需要“学术立身”，基于深入扎实的学术研究来开发课程、开展教学，以此取得广大学员的认可和欢迎。

（2）超越功利培训，追求根本效益。主要从事的大量的教师培训工作中，反对片面关注教学技能的治标不治本的培训，反对过于忠实地解读现行教材以及应对中高考的功利化培训，着眼于教师素质的根本提高与长远的可持续发展，从教师的文本解读能力、教育教学理念更新等方面开展教学，以区别于普通教研，这种高端培训赢得深远的社会影响。

（3）提倡百花齐放、各显其能。中文系教师个性鲜明、善于独立思考，每个人都有自己的业务专长和学术见解，在系里的学术研讨与教学工作中，鼓励教师百家争鸣，给学员提供多种视角和观点让他们甄别与思辨。

六、其他工作

5 年来，中文系积极参与北京教育学院及人文学院的各项活动，也组织了一些富有影响的公益性活动。例如：

中文系教师张学君、王漫、霍俊明、杨秋荣等人，在人文学院的“教师论坛”上多次作主题发言。在北京市课题“基于课例研究，促进中小学教师学科教学知识（PCK）发展”的专题研讨中，王漫等人作了多次学术汇报。

2011 年 11 月 20 日，中文系约请著名哲学家、作家周国平先生作了题为《谈散文创作》的学术讲座。

2012 年 3 月 1 日，邀请北京教育科学院基础教育研究中心的语文特级教师李卫东，作了题为《以叙事的方式来思考和生活》的专题讲座。

第二节　社会科学系

一、基本情况

社会科学系的前身是1956 成立的北京教师进修学院政史地教研室，1986 年设立政史系，1987 年政史系分为政教系和历史系。1997 年，政教系更名为政治法律教育系。2001 年北京教育学院设立综合文科部，政治法律教育系与历史系合并改称社会科学系。2008 年 1 月划归教师教育人文学院。社会科学系现设思想政治教育、历史教育 2 个专业，下设政治与法律、经济与哲学、党建、历史、国际理解与可持续发展教育 5 个教研室。

系主任：廖明华；副主任：方美玲、陈红；党支部书记：张学岩。

二、工作概况

（一）教学工作

1. 学历教育

主要承担学院公共政治理论课和人文选修课的教学任务。

针对学院成人教育业余学习形式、教学层次多、教育辐射区域广的特点，社会科学系承担了大专和本科层次公共政治理论课网络课程的教学。

2. 继续教育

社会科学系承担的中小学教师继续教育培训有北京市级全员培训、骨干培训以及受教育部或北京市委托的国家级培训、援助性培训等。

其中，市级全员培训主要是“绿色耕耘”——北京市远郊区县农村义务教育学校骨干教师培训和“春风化雨”——北京市城区中小学教师培训；骨干培训主要以高级研修班和名师工作室的形式，培训北京市中小学政治学科、历史学科市级学科带头人和骨干教师。2008 年至 2013 年间，社会科学系承担北京市级中学政治、中学历史、小学品德等学科教师培训项目 64 个；承担国家级培训“国培计划”（中西部）项目 6 个，为内蒙古、新疆、云南等地骨干教师进行短期培训；承担委托培训项目 5 个；对口援助性教师培训项目两个，共培训教师 3109 人。

2008 年开始，社会科学系还开展了北京市中小学教师国际理解教育培训，这在全国中小学教师培训中属于首创。具体情况见表 3 - 7。

表 3－7　社会科学系继续教育培训情况统计（2008—2013 年）

年份	序号	项目名称		培训人数（人）	合计（人）
2008	1	北京市级	“春风化雨”——小学品德学科教师培训	40	421
	2		“春风化雨”——思想品德学科教师培训	40	
	3		北京市市级学科带头人及骨干教师培训（小学品德）	25	
	4		北京市市级学科带头人及骨干教师培训（中学历史）培训	20	
	5		北京市市级学科带头人及骨干教师培训（中学政治）培训	20	
	6		北京市市级学科带头人及骨干教师培训（国际理解教育）	14	
	7		北京市中小学国际理解教育教师培训	80	
	8		“绿色耕耘”——初中历史教师培训	80	
	9		“绿色耕耘”——小学品德教师培训	80	
	10		“培训者培训”——中学政治学科培训	22	
2009	1	北京市级	“绿色耕耘”——思想品德学科“教非所学”教师培训（房山班）	50 49	475
	2		“绿色耕耘”——中学历史学科“教非所学”教师培训（房山班）	40	
	3		“绿色耕耘”——小学品德学科教师培训		
	4		北京市市级学科带头人及骨干教师培训（小学品德）培训	25	
	5		北京市市级学科带头人及骨干教师培训（中学政治）培训	40	
	6		“春风化雨”——小学品德学科教师培训	128	
	7		“春风化雨”——中学历史学科教师培训	29	
	8		“春风化雨”——国际理解教育教师培训	84	
	9	委托培训	西藏拉萨市文科骨干教师培训	30	
2010	1	北京市级	北京市普通高中教师培训专项项目（中学政治）	40	
	2		北京市市级学科带头人及骨干教师培训（中学政治）	40	
	3		北京市市级学科带头人及骨干教师培训（中学历史）	40	

续表

年份	序号	项目名称		培训人数（人）	合计（人）
2010	4	北京市级	北京市市级学科带头人及骨干教师培训（小学品德）	31	848
	5		“春风化雨”——国际理解教育教师培训	70	
	6		“春风化雨”——可持续发展教育教师培训	61	
	7		“绿色耕耘”——思想品德学科“教非所学”教师培训通州班	30	
	8		“绿色耕耘”——小学品德学科教师培训	30	
	9		“绿色耕耘”——历史学科教师“教非所学”项目怀柔班	24	
	10		“春风化雨”历史学科教师培训丰台班	30	
	11	“国培计划”（中西部）	内蒙古自治区农牧区中小学骨干教师培训（初中思想品德）	75	
	12		内蒙古自治区农牧区中小学骨干教师培训（小学品德）	113	
	13		内蒙古农村牧区中小学教师培训（初中历史）	73	
	14		新疆农村中小学教师短期集中培训（小学品德）	40	
	15		新疆中小学骨干教师短期集中培训（初中历史）	42	
	16	对口支援	四川省什邡市史地政骨干教师研训中学政治班	20	
	17		四川省什邡市史地政骨干教师研训中学历史班	30	
	18	委托培训	北京市宣武区历史学科教师继续教育培训	29	
	19		西藏“双语”骨干教师培训（文科班）	30	
2011	1	北京市级	北京市市级学科带头人及骨干教师培训（中学政治）培训	42	
	2		北京市市级学科带头人及骨干教师培训（小学品德）培训	25	
	3		北京市市级学科带头人及骨干教师培训（中学历史）培训	21	
	4		“春风化雨”——思想政治学科教师培训	35	
	5		“绿色耕耘”——“教非所学”教师培训（思想品德学科）	60	

续表

年份	序号	项目名称		培训人数（人）	合计（人）
2011	5	北京市级	“绿色耕耘”——“教非所学”教师培训（思想品德学科）	50	588
	7		“绿色耕耘”——思想政治学科教师培训（大兴班）	29	
	8		“绿色耕耘”——小学品德学科教师培训	80	
	9		“绿色耕耘”——小学品德学科教师培训（平谷班）	30	
	10		“春风化雨”——小学品德学科教师培训	80	
	11		“春风化雨”——中学历史学科教师培训	36	
	12		“春风化雨”——可持续发展教育教师培训	60	
	13		“春风化雨”——国际理解教育教师培训	40	
2012	1	北京市级	北京市级学科带头人及骨干教师培训（中学政治）	72	571
	2		“学教一体”——思想政治学科教师培训	30	
	3		“学教一体”——思想品德学科教师培训	30	
	4		“学教一体”——国际理解教育学科教师培训	30	
	5		“学教一体”——可持续发展教育学科教师培训	37	
	6		北京市市级学科带头人及骨干教师培训（小学品德）	25	
	7		北京市市级学科带头人及骨干教师培训（中学历史）培训	19	
	8		“绿色耕耘”——思想品德学科发展前期教师培训（大兴班）	30	
	9		“绿色耕耘”——思想政治学科教师培训（通州班）	30	
	10		“学教一体”小学品德学科教师培训	35	
	11		“绿色耕耘”——小学品德学科熟练期教师培训（怀柔班）	30	
	12		“绿色耕耘”思想品德学科“教非所学”教师培训（平谷班）	40	

续表

年份	序号	项目名称		培训人数（人）	合计（人）
2012	13	北京市级	“学教一体”——中学政治学科教师培训	30	
	14		“绿色耕耘”——中学历史学科教师培训通州班	25	
	15		“学教一体”——中学历史学科教师培训	30	
	16	“国培计划”（中西部）	云南省小学品德骨干教师培训	38	
	17	委托培训	河北省秦皇岛史地政教师培训思想政治学科	20	
	18		河北省秦皇岛史地政教师培训中学历史学科	20	
2013	1	北京市级	“绿色耕耘”——思想品德学科教师培训房山班	30	206
	2		“绿色耕耘”——小学品德学科教师培训昌平班	30	
	3		北京市城区中小学教师专业促进培训小学品德学科	31	
	4		“绿色耕耘”——中学历史学科教师培训大兴班	28	
	5		北京市城区中小学教师专业促进培训思想品德学科	28	
	6		北京市中小学教师国际理解和可持续发展教育专题培训（可持续发展教育石景山班）	33	
	7		北京市中小学教师国际理解和可持续发展教育专题培训（国际理解教育石景山班）	26	
合计				3109	

（二）科研工作

社会科学系在开展多层次教学的同时，积极开展科研活动，并取得了一定的成绩。

1. 承担课题情况

从2008年至今，社会科学系教师共承担科研课题14个，其中市级课题2个，院级重点课题4个、院级普通课题8个。同时，社会科学系教师承担教育部教师队伍建设示范项目1项，承担学院教学改革立项项目1项。

金钊老师参与的市级课题“‘主题驱动的骨干教师工作室’模式的构建与实践”获得北京市第四届基础教育教学成果一等奖。

2011年，陈红老师的“首都国际化进程中国际理解教育的价值及策略研究”被立项为北京市教育科学规划重点课题。

社会科学系教师承担课题的具体情况见表3－8。

表3－8 社会科学系教师承担课题情况统计（2008—2013年）

类别	课题名称	负责人	立项年份
北京市级	首都国际化进程中国际理解教育的价值及策略研究（北京市教育科学规划重点课题）	陈红	2011
	高中历史必修政治、经济、思想文化史的教学策略研究	李军	2012
院级	十七大精神与政治课教学	金钊	2008
	高中课改背景下历史教学“疑难”问题教学策略的研究（重点课题）	方美玲	2009
	通过典型案例提升中学政治教师教学科研能力（重点课题）	高宝华	2009
	史料在历史课堂教学运用策略研究	程张	2009
	高中历史“世界经济史”的教学策略研究	李军	2009
	政治骨干教师培训项目有关问题研究	乔自洁	2009
	初、高中世界历史教学的有效衔接研究	李军	2010
	美国公民教育中的“全球关联”及其对我国初中德育课程的借鉴意义	尚九宾	2010
	高中历史必修思想文化史的教学策略研究（重点课题）	李军	2011
	聚焦学生学习需要　促进学生全面发展——以中学思想政治课程为例	高宝华	2012
	小学品德教师法律素养之现状、成因及对策	刘军	2012
	2011年版义务教育历史课程标准的新变化及教学策略研究（重点课题）	李军	2013

2. 主要学术成果

自2008年以来，社会科学系教师共发表论文73篇，出版著作30部、教材2套，其中不乏精品，有较大影响。

2010年，金钊老师参与的《论新时期共产党员修养》被中组部全国党建研究会评为全国优秀党建读物。2010年，由朱筱新、廖明华、金钊、李军编写的高等学校通识课程系列教材《中国传统文化》《中西方文化比较》《道德与生活》广受好评。2004年至2009年，以社科系教师为核心成员编写的北京市中小学地方教材《国际理解》8册，获2009年北京市人民政府教学成果一等奖、2010年教育部基础教育课程改革教学研究成果二等奖。

社会科学系教师主要学术成果情况见表3－9。

表3－9 社会科学系教师部分学术成果统计（2008—2013年）

姓名	成果名称	成果形式	发表年份
陈红	成人网络学习外部监控的认识误区和基本策略	论文	2009
	试析如何在学科教学中渗透国际理解教育	论文	2010

续表

姓名	成果名称	成果形式	发表年份
陈红	“学生研究”的三个策略	论文	2010
	国际理解：跨越文化认同的困境	论文	2011
	国际理解教育学科渗透基点探析	论文	2011
	国际理解教育的框架体系	论文	2011
	整体把握：高中学科教师培训的思考	论文	2012
	国际理解视域下的世界遗产教育	论文	2012
	中小学校如何开展世界遗产教育	著作	2012
金钊	高中新课程怎样教政史地	专著	2008
	深入学习实践科学发展观教育读本	专著	2008
	新时期党建一点通	专著	2008
	改革开放：中华民族的伟大复兴之路	论文	2008
	深化对中国特色社会主义的认识	论文	2008
	科学发展观：从熟知到真知	论文	2009
	加强领导干部党性修养　弘扬良好作风学习读本	专著	2009
	党政领导班子和领导干部考核评价机制解读	专著	2009
	新时期思想政治工作手册	专著	2009
	深入贯彻落实科学发展观　加快经济发展方式转变学习读本	专著	2010
	党的建设科学化学习读本	专著	2010
	道德与生活	专著	2010
	论邓小平理论中的以人为本	论文	2011
	中国共产党对中国特色社会主义的探索	论文	2011
	骨干教师工作室的研修实践及反思	论文	2011
	骨干教师培训的理论基础	论文	2012
	党员手册	专著	2013
	新编党支部书记培训教材	专著	2013
	党务工作实用方法与规程一本通	专著	2013
	发展党员工作实用方法与规程一本通	专著	2013
	党支部工作实用方法与规程一本通	专著	2013
	党员干部不可不知的党章常识	专著	2013
	党支部书记不可不知的常识	专著	2013

续表

姓名	成果名称	成果形式	发表年份
金钊	党员干部不可不知的党建常识	专著	2013
	新编党支部书记培训教材	专著	2013
	坚持和拓展中国特色社会主义道路	论文	2013
	骨干教师培训主题及课程的设计与实施	论文	2013
	“国培计划”短期集中培训实效性的思考	论文	2013
	PCK 在小学品德课教学中的应用策略	论文	2013
	中小学生价值观教育的新维度	论文	2013
方美玲	信息技术下的《世界经济全球化》	论文	2008
	对春雨培训项目的思考	论文	2008
	历史知识分类和历史教学本质	论文	2008
	全球历史资料指南的特点	论文	2009
	改革开放和现代化建设新时期	论文	2009
	历史课堂教学技能技巧	论文	2009
	板书与有效教学	论文	2009
	单元把握《历史上重大改革回眸》	论文	2009
	历史与现实结合的高三复习课	论文	2009
	历史新课程教学与教师成长	著作	2009
	中国当代史（1949－2007）（高教“十一五”国家级规划教材）	著作	2009
	北京市中小学教师专业标准研制的思考	论文	2010
	新中国外交方针的历史考察	论文	2010
	历史概念的教学理解	论文	2010
	社会主义基本制度在中国的确立	论文	2010
	从历史知识分类看《江南的开发》	论文	2010
	普通高中历史课程分析与实施策略	著作	2010
	信息　技术　学习——研究论文集	著作	2010
	学习与课程的探讨	著作	2010
	历史事件的教学理解和教学设计	论文	2011
	中小学教师专业发展标准及其指南	著作	2012
	校本教研和教师专业发展	著作	2013

续表

姓名	成果名称	成果形式	发表年份
高宝华	我国近代手工业中包买制工场经营的概念、形式及特点	论文	2008
	我国30年来的对外开放及其对经济体制改革的影响	论文	2008
	构建服务型政府——改革开放以来我国政府机构改革的回顾与思考	论文	2008
	我国近代包买制工场经营的概念、形式和特点	论文	2009
	日本养老保险政策及启示	论文	2010
	日本企业年金制度构建及其对中国的借鉴	论文	2011
	中学政治教师的科研能力及其指导策略	论文	2012
胡英才	高校网络教育综述	论文	2009
	以史为线培养学生民族精神	论文	2010
林永清	亲历历史——图片中的世界近代史	论文	2009
	文化史教学中的史料运用	论文	2009
	世界史教学策略与案例分析	论文	2009
	近代英、美代议制的历史变迁	论文	2012
	世界工业文明的曙光与近代社会的开端	教材	2012
	世界工业文明的曙光与近代社会的开端	教学参考	2013
尚九宾	建构主义视域中的网络课程实践与反思	论文	2009
	改革开放以来我国社会主义文化建设的发展历程与经验总结	论文	2009
李军	《世界文明史》第八版与第五版异同刍议	论文	2008
	浅论中学历史教师的学科素养	论文	2008
	读安迪·亚当斯的《一个牛仔的日记》	论文	2008
	中国学者的全球历史观	论文	2009
	世界经济史的教学策略	论文	2009
	“牧畜王国”的兴起与美国的现代化	论文	2009
	《弗吉尼亚人》的史学价值	论文	2010
	美国早期牛仔小说的历史价值	论文	2011
	美国牛仔生活史	论文	2011
	从历史文化的角度看美国西部牛仔	论文	2011
	美国西部牛仔小说的研究述评	论文	2011
	美国西部开发中的青年牛仔	论文	2011

续表

姓名	成果名称	成果形式	发表年份
李军	追求黄金是新航路开辟的内在动因吗？	论文	2011
	2011 年版义务教育历史课程标准世界近代史课程目标变化释疑	论文	2012
	浅析世界近代史的课程内容	论文	2012
	中西文化比较	专著	2012
张学岩	历史教师的校本教研	论文	2009
	文化多样性与世界遗产教育	论文	2010
	文化多样性的内涵与国际理解教育	论文	2010
	世界遗产教育资源的开发	著作	2012
赵力	培养学生爱国情感的教学	论文	2010
	北京市中小学教师专业标准研制的思考	论文	2010
赵克玲	国际理解教育（中日韩联合开发）	教材	2012
武蔚	建设生态文明，促进科学发展	论文	2008
	小学品德课堂教学问题研究	编著	2013
廖明华	国际理解	教材	2009
	道德与生活	著作	2009
	理解　共享　合作	编著	2011
王远美	校长培训创新实践与研究	编著	2009
	北京市实施国际理解教育的回顾与思考	论文	2010
	品德新课程教学与教师成长	编著	2010
	北京市中小学教师专业标准研制的思考	论文	2010
	教师专业素养与培训效果检测的初步研究	论文	2010
	基础教育国际化的实践与案例分析	论文	2011
	研制首都中小学教师专业发展标准及指导的思考	论文	2011
	理解　共享　合作	编著	2011
	中小学教师专业发展标准及指导（社会科）	编著	2012
	价值、内容与路径：关于国际理解教育学科建设的思考	论文	2013
	内涵与策略：中小学教师价值教育能力研究	论文	2013

3. 教研工作

2008 年以来，社会科学系每年均邀请教务处、各区县授课老师就公共政治课进行集体备课，严把公共必修课程质量关。

5 年间，社会科学系的教师先后有 6 人次赴境外考察课程建设或参加学术会议；5 人次参加全国学科教学研究会年会；3 次组织全系教师赴天津、重庆、南京、扬州等地进行专业和继续教育课程体系建设情况考察。

2011 年，社会科学系承担“北京市中小学教师‘十二五’培训课程体系建设项目”中小学政治、历史、国际理解教育 3 个学科的培训课程建设任务。

2012 年，学院确定国际理解与可持续发展教育为重点建设学科，社会科学系承担主要工作。

三、专业及课程设置

社会科学系分设思想政治教育、历史教育两专业。为学院学历教育开设的公共必修课主要有毛泽东思想邓小平理论和“三个代表”重要思想理论、马克思主义基本原理、思想道德修养与法律基础、中国近现代史纲要等；开设的公共选修课主要有北京历史与文化、中国传统文化、中国历史与文化、世界文化遗产、中西文化对比、人际沟通与交往、旅游客源国概况、生活价值教育理论与实践等。

继续教育先后开设的专题或讲座有：对思想政治课标的再认识、政治学学科知识结构分析与整体把握、学科知识分类与单元教学设计、核心价值观与小学品德课教学、思想品德课程中的法律问题、政治学科教学中的法律教学问题、中国古代史的教与学、中国近现代史的教与学、世界近现代史的教与学、历史教学课件的制作和使用、历史概念教学、聚焦核心概念的历史单元教学设计、中国现代化的概念梳理、国际理解教材体系解读、国际理解教育与学科融合、国际理解教育的教学方法与途径、生活价值教育与小学品德体验式教学等。

四、队伍建设

社会科学系根据本系承担的教学任务，构建一支知识结构合理、理论功底扎实、具有教学经验、教学能力强素质好、能胜任不同层次教学任务的教师队伍，以适应学院和社会发展的需要。

这些年来，社会科学系在教师队伍建设方面主要采取了如下措施：组织全系教师编写教材，提高教师的业务水平和编写教材的水平；支持和鼓励教师参加校内外的课题研究，提升科研能力；支持和鼓励教师参加国际、国内的学术会议和学术活动；选送部分教师参加国家举办的或大学主办的专题研修班；支持年轻教师在学历上继续深造；奖励在教学、科研方面取得成绩的教师。

建系之后，社会科学系强化了队伍建设，积极招聘和引进高校的优秀人才。目前，有专职教师 16 人，其中副教授 11 人，讲师 5 人；博士 3 人，博士后研究人员 1 人，硕士 7 人。另聘请兼职客座教授 5 人。

五、教育教学特色

适应学院发展战略，不断引领教师更新教育教学观念，创新培训模式，以满足社会需求，致力于提高中小学政治、历史教育教学水平，成为北京市中小学教师继续教育和教科研的重要基地。

第三节　初等教育系

一、基本情况

初等教育系成立于1995年。2008年下设两个教研室：小学语文研究教研室，小学数学研究教研室。2008年，初等教育系主任：刘加霞。2011年4月，系主任：吕俐敏；副主任：王蔚；党支部书记：刘月艳。

二、工作概况

（一）教学工作

1. 学历教育

学历教育方面，开设了服务一线教师的小学教育专业（本科），以培养具有较强的解决实际问题能力和从事学校教育教学的专门人才。多年来，为提升小学教师学历水平作出了重要贡献。

2008年到2013年间，初等教育系为首都教育培训了300多名合格的成人本专科毕业生，其中很多人现已成为普教系统的科研骨干教师和学科带头人。

现在初教系的本科学历班共两个：2011级1个班，2012级1个班，共40人。

2. 继续教育

初等教育系主要负责小学语文和小学数学学科教师培训工作，所有教师都独立承担过学科项目负责人工作，并在“国培计划”、市培、援培、委培等多类教师培训项目中作出了突出成绩。

初等教育系继续教育培训具体情况见表3－10。

表3－10　初等教育系继续教育培训情况统计（2008—2013年）

年份	序号	项目名称		培训人数（人）	合计（人）
2008	1	北京市级	“绿色耕耘”——小学语文数学教师培训	69	309
	2		“春风化雨”——小学语文数学教师培训	120	
	3		北京市市级学科带头人及骨干教师培训（小学语文、小学数学）	50	
	4		北京市中小学教师带薪脱产培训（小学语文）	30	
	5	委托培训	山东省淄博市小学语文骨干教师培训	40	
2009	1	北京市级	北京市市级学科带头人及骨干教师培训（小学语文）	22	494
	2		“春风化雨”——小学语文、数学教师培训	190	

续表

年份	序号	项目名称		培训人数（人）	合计（人）
2009	3	北京市级	“绿色耕耘”——小学语文、数学教师培训	140	
	4		带薪脱产小学语文教师培训	30	
	5	对口支援	四川省什邡市小学数学教师培训班	57	
	6		四川省什邡市小学语文教师培训班	55	
2010	1	北京市级	北京市市级学科带头人及骨干教师培训（小学语文、小学数学）	90	359
	2		“春风化雨”——小学语文数学教师培训	121	
	3		“绿色耕耘”——小学语文数学教师培训	118	
	4		带薪脱产小学语文教师培训	30	
2011	1	北京市级	北京市市级学科带头人及骨干教师培训	60	705
	2		“学教一体”——小学语文、小学数学	140	
	3		“绿色耕耘”——小学语文数学教师培训	148	
	4		带薪脱产小学语文教师培训	38	
	5	“国培计划”（中西部）	河北省小学语文骨干教师	262	
	6	对口支援	新疆“双语”骨干教师培训项目小学数学教师培训	27	
	7		新疆“双语”骨干教师培训项目小学语文教师培训	30	
2012	1	北京市级	校本研修整校推进——小学语文、小学数学	161	776
	2		绿色耕耘——小学语文、小学数学	181	
	3		北京市市级学科带头人及骨干教师培训（小学语文）	53	
	4		“学教一体”——小学语文、小学数学	93	
	5		带薪脱产小学语文教师培训	9	
	6	“国培计划”（中西部）	青海省玉树藏族自治州小学语文骨干教师培训	40	
	7	对口支援	新疆“双语”骨干教师培训项目小学数学教师培训	40	
	8		新疆“双语”骨干教师培训项目小学语文教师培训	40	
	9	委托培训	江西省南昌市东湖区骨干教师培训小学数学骨干教师培训	25	
	10		江西省南昌市东湖区骨干教师培训小学语文骨干教师培训	25	

续表

年份	序号	项目名称		培训人数（人）	合计（人）
2012	11	委托培训	广东省深圳市宝安区文科骨干教师培训	60	
	12		青海省中小学语文骨干教师培训（小学语文）骨干教师培训	49	
2013	1	北京市级	“绿色耕耘”——小学语文数学教师培训	180	313
	2		北京市学科教师培训“学教一体”	90	
	3		北京市名师工程培训	9	
	4		天津市滨海新区教坛能手培训计划小学数学教师培训	13	
	5	委托培训	西部爱心小学教师培训	21	
合计				2956	

（二）科研工作

1. 承担课题情况

初等教育系从2010年开始承担各级课题，其中，国家级课题1项，市级课题3项，院级课题18项，包含院级重点课题4项。具体见表3－11。

表3－11　初等教育系教师承担课题情况统计（2008—2013年）

类别	课题名称	负责人	立项年份
国家级	基于PCK的中小学数学教师专业发展研究（中小学数学教育研究专项重点课题）	刘加霞	2010
北京市级	基于课例研究，促进中小学教师学科教学知识发展	刘加霞	2009
	北京市小学语文学业水平的城乡差异研究：儿童阅读的视角	陈莉	2012
	中小学教师继续学习的动力因素研究	刘琳娜	2012
院级	小学语文教材的儿童文学化与教师培训课程设计	陈莉	2008
	几何画板在小学数学中的应用性研究	刘月艳	2008
	概念为本的“课例研究”在小学数学教师培训中的应用（重点课题）	刘加霞	2009
	小学汉字象形字识字教学研究	吕俐敏	2009
	“文本细读”理论指导下的小学语文教材研究（重点课题）	陈琳	2009
	小学语文阅读教学课堂及时评价研究	王蔚	2009
	远郊区县教师教育质量保障体系研究——基于全面质量管理（TQM）的实证分析	马素林	2009

续表

类别	课题名称	负责人	立项年份
	不同版本教材识字理念、方法的比较研究	吕俐敏	2010
	基于课例分析的童话阅读教学研究	陈莉	2010
	小学语文阅读教学策略研究（重点课题）	陈晓波	2011
	小学汉字会意字识字教学研究	吕俐敏	2011
	中小学教师继续教育动机与障碍因素调查研究（重点课题）	刘琳娜	2012
	儿童文学教学研究：基于北京市小学语文课例的深度分析	陈莉	2012
	小学语文实用文阅读教学研究	陈琳	2012
	基于汉语言文字规律的词语教学案例研究	吕俐敏	2012
	小学语文教师课堂提问行为改进的案例研究	王蔚	2012
	小学语文叙事性作品阅读教学研究	陈琳	2013
	小学语文教材中的多音字教学研究	吕俐敏	2013

2. 主要学术成果

初等教育系历来重视科研工作，坚持“研训一体”的理念，努力把培训和教学工作的成效建立在学术研究（包括研究小学语文、数学教学实践）的基础上，5 年来取得诸多学术成果。具体情况见表 3－12。

表 3－12　初等教育系教师部分学术成果统计（2008—2013 年）

姓名	成果名称	成果形式	发表年份
刘加霞	把握学科本质与研究学生：数学教育永恒的课题	论文	2008
	函数思想在小学数学教学中的渗透（上）	论文	2008
	函数思想在小学数学教学中的渗透（下）	论文	2008
	“数形结合”思想及其在教学中的渗透（上）	论文	2008
	“数形结合”思想及其在教学中的渗透（下）	论文	2008
	行走在“朴素理解”与“形式化”之间	论文	2008
	实践取向的教学反思：不同反思水平的案例分析	论文	2008
	有效课堂教学的根本：将“理念”转化为“概念”	论文	2008
	作为“模型”的乘法——对数学概念多元表征的思考	论文	2008
	对于时间，我们了解多少	论文	2008

续表

姓名	成果名称	成果形式	发表年份
刘加霞	在激情中享受思想的睿智光芒：评特级教师窦桂梅的《优秀小学语文教师应该知道的7件事》	论文	2008
	小学数学课堂的有效教学	专著	2008
	儿童时间概念形成的心理基础与有效教学活动设计	论文	2009
	设计有“过程”的教学，促进学生高水平理解	论文	2009
	概念为本的教学	论文	2009
	在自主建构中提升学生的数学理解力	论文	2009
	所有行为的背后都是“推理”	论文	2009
	打造优质团队　促进学科发展	论文	2009
	在“解构”与“建构”中实现有效学习	论文	2009
	数的多重含义、多模式表示的教育价值分析	论文	2009
	“解构—重构”百数表，深入理解数概念，渗透重要数学思想	论文	2009
	设计“过程”，理解概念本质	论文	2009
	经历“计数”过程，体验“单位化”思想	论文	2009
	基于学生思维特点设计有教育价值的练习题	论文	2009
	熟悉而又陌生的“十万”	论文	2010
	利用学习的多元表征方式，促进学生对算理的“真理解”	论文	2010
	搭建“支架”，实现学生有效的数学学习	论文	2010
	知道教什么比怎么教更重要	论文	2010
	从加法结构到乘法结构：“倍”是转折点	论文	2010
	强化乘法意义本质，积累数学活动经验	论文	2010
	技能的背后是对数学概念本质的理解	论文	2010
	把握平均数本质，强化统计意义弱化计算	论文	2010
	体验问题解决过程，实现“三维目标”的有机整合	论文	2010
	技能背后是对概念本质的理解	论文	2010
	“解决问题”教学重在理清思路	论文	2010
	把握分数的本质内涵，在比较大小中体验分数的神奇	论文	2011
	通过“分”与“数”，分数是个“数”？	论文	2011
	读懂学生的经验、直觉与逻辑	论文	2011

续表

姓名	成果名称	成果形式	发表年份
刘加霞	基于学生的理解水平，实施有“过程”的教学	论文	2011
	熟悉的未必熟知	论文	2011
	选择“好素材”，落实探究性教学的价值	论文	2011
	以知怡情，快乐地学数学	论文	2011
	对“基本活动经验”的内涵与形成的思考	论文	2011
	学科内容教学化知识（PCK）内涵及其对教师培训的启示	论文	2011
	在多重认知冲突中认识钟表	论文	2012
	基于图形“度量特征”的本质与结构落实有效教学	论文	2012
	专家型教师思维特质研究：基于华应龙深度教学思考的分析	论文	2012
	运用定义辨析，生成对面积的理解	论文	2012
	“面积”教学简录	论文	2012
	数学活动经验的内涵与价值分析	论文	2012
	重视“数数”活动，理解体积公式的本质	论文	2012
	小学生对长方体表面积体积理解现状以及空间观念培养研究	论文	2012
	体积“单位块”堆积与小学生空间观念的培养	论文	2012
	以空间观念培养为主线，落实复习课的有效性	论文	2013
	在 CARE 伙伴式校本研修中提升学校与教师自发展力	论文	2013
	关爱与卓越：CARE 伙伴式校本研修的文化愿景	论文	2013
	校本研修中真问题的寻与解	论文	2013
吕俐敏	谈谈“壬”和“ting”的写法	论文	2009
	识字教学现状与对策	论文	2010
	“字”里乾坤大	论文	2010
	正在进行的“即”与已经完成的“既”	论文	2010
	历与厉	论文	2010
	“井井有条”为哪般?	论文	2010
	系统观照，凸显汉字的意义教学	论文	2010
	北京市中小学教师专业标准研制的思考	论文	2010
	为深刻的理解而教	论文	2011
	利用科学的汉字知识纠正错别字	论文	2011
	“辛苦”的“辛”	论文	2011

续表

姓名	成果名称	成果形式	发表年份
吕俐敏	说“旌”“旗”	论文	2011
	“采”与“釆”	论文	2011
	年，不是猛兽	论文	2011
	以学科专业知识成就教师的专业尊严	论文	2012
	当多元解读遇上统一评估	论文	2012
	以“喜”字教学为例，谈学生汉字规则意识的培养	论文	2013
	学生研究，促进教师专业发展的必由之路	论文	2013
	字理识字应有度	论文	2013
	关爱与卓越：“CARE 伙伴式”校本研修的文化愿景	论文	2013
刘晓婷	凸多面体欧拉定理的证明	论文	2008
	历史上三角函数表——弦表的建立	论文	2008
	数概念的学习与数感的培养——以百以内数的认识为例	论文	2009
	在自主建构过程中提升学生的数学理解力——评吴正宪老师“数的整除”复习课	论文	2009
	“解构—重构”百数表，深入理解数概念，渗透重要数学思想	论文	2009
	在错误中暴露学生真实思维，让学生越辨越明——以“除数是小数的小数除法”为例	论文	2010
	低年级儿童的数数状况及其教育价值分析	论文	2010
	自然数概念的产生、发展及教学启示	论文	2011
	不存在也是一种存在——“0”的产生、传播与意义	论文	2011
	北京师范学院数学系史研究（1954—1989）	论文	2012
	学生为何口服心不服——9＋几教学反思	论文	2012
	让复习课充满生长力——“万以内数的认识复习课”磨课反思	论文	2012
	正比例图像教学应关注什么	论文	2012
	课程资源的利用与开发	论文	2012
	数学技能的学与教	论文	2012
	问题解决的学与教	论文	2012
	低年级儿童找算式中未知量的研究	论文	2013
	带着“问题”做教材研究——从竖式计算的“标准形式”带来的困扰谈起	论文	2013

续表

姓名	成果名称	成果形式	发表年份
陈琳	窦桂梅和她的文学课	论文	2010
	童年悲欢记忆的生命吟唱	论文	2012
	祖父的园子：爱与生命的家园	论文	2013
	周益民民间故事课欣赏	论文	2013
刘琳娜	搭建一支架一实现学生有效的数学学习——以除数是整十数的笔算除法为例	论文	2010
	对小数的初步认识到底教什么的追问——评刘延革老师的小数的初步认识一课	论文	2010
	用好方格图理解除法竖式的算理——除数是整十数的笔算除法课堂教学实录	论文	2010
	基于社会稳定背景下的青年就业问题研究	论文	2011
	加强校企合作——保障高等工程继续教育的实效性	论文	2011
	美国私立学校办学经验对我国民办教育的启示	论文	2011
	小学教师培训要关注教师职业发展规划	论文	2011
	对于PCK核心内涵的澄清与理解	论文	2011
	“小猫钓鱼”与“小猴吃桃”引发的思考——对三次上“0的认识”的教学反思	论文	2011
	对小学数学概念教学的思考——以比的意义为例	论文	2012
	双因素激励理论在教师培训中的应用	论文	2012
	教师参与继续教育的障碍性因素分析	论文	2012
	新疆“双语”教师继续教育动机与障碍因素调研报告	论文	2012
	五年级学生对小数乘法意义理解水平的调研与分析	论文	2012
	校本研修中“真问题”的“寻”与“解”——以“CARE伙伴式”校本研修数学学科研究为例	论文	2013
陈莉	腰门里的城与人	论文	2009
	北京市小学语文教师的儿童文学素养：问题与对策	论文	2010
	试论第四代女性儿童文学作家笔下的“少女文学”	论文	2010
	读懂女儿心	论文	2010

续表

姓名	成果名称	成果形式	发表年份
陈莉	ABB式词语的教与学到底有多难——兼谈小学语文教学内容的选择与把握	论文	2011
	女性生存境遇的历史叙述——评葛翠琳自传体小说《蓝翅鸟》	论文	2011
	多元有界：文本细读之《去年的树》	论文	2011
	成长记忆与女性言说——论20世纪中国女性儿童文学作家的自传体小说	论文	2011
	教育基础设施建设与城乡教育公平——从推进农村小学生阅读说起	论文	2011
	身份的惶惑与认同——论中国女性儿童文学中的性别图式	论文	2011
	中国儿童文学中的女性主体意识	专著	2012
	在孩子心田种下什么——《小猫种鱼》课例研究	论文	2012
	20世纪中国女性儿童文学的生命意识与自觉追求	论文	2012
	ABB式词语的教与学到底有多难——兼谈小学语文教学内容的选择与把握	论文	2012
	让心灵的童年永存——《冬阳·童年·骆驼队》文本细读	论文	2012
	以教师培训为载体，提升教师儿童文学素养	论文	2012
	童话阅读的体验、想象与思索——兼谈周益民的童话阅读教学	论文	2012
陈晓波	优秀教师的特质分析与提炼：胜任素质的视角	论文	2011
	新版课程标准解析与教学指导·小学语文	编著	2012
	中小学教师专业发展标准及指导·语文	编著	2012
	在“CARE伙伴式”校本研修中提升学校与教师的“自发展力”	论文	2013
	关爱与卓越：“CARE伙伴式”校本研修的文化愿景	论文	2013
刘月艳	通过研究学生促进教师专业发展	论文	2008
	通过“研究学生，了解学生”，促进教师专业发展——记一个教师进行学生研究所带来的变化	论文	2009
	教师专业标准研制思考	论文	2010
	小学数学教师整体把握问题结构的现状分析	论文	2010
	信息技术学习——研究论文集	专著	2010

续表

姓名	成果名称	成果形式	发表年份
刘月艳	学习与课程的探讨	专著	2010
	通过培训，促使教师成为研究者————小学数学“春风化雨”培训模式探索的启示	论文	2011
	中小学教师专业发展标准及指导（数学）	编著	2012
	对沃利斯《无穷算数》的研究	论文	2013
	小学数学教师作为研究者	编著	2013

3. 教研工作

2008 年以来，伴随着初等教育系青年教师人数的增加，系里每年举办青年教师集体备课会，保证青年教师能够“立住”讲台。

2010 年，学院确定教师培训学为重点建设学科，初等教育系承担主要工作。

2011 年，初等教育系承担“北京市中小学教师‘十二五’培训课程体系建设项目”中小学语文学科的培训课程建设任务。

2012 年，学院确定语文教育学为重点建设学科，初等教育系语文学科教师参与重点学科建设。

从 2008 年以来，初等教育系青年教师在学院、北京市的教学基本功大赛中崭露头角，分别取得一等奖、二等奖的优异成绩。

三、专业及课程设置

初等教育系的专业设置以小学教学为重点。学历教育开设的基础课程有：基础教育比较、现代教育技术、学科教学论、自然科学基础、小学数学教学研究、小学语文教学研究、教师专业发展、数学史选讲、数论初步、中外教育史、教育心理学、教育研究方法、现当代文学、外国文学、中国古代文化、中国古代文学等。

在继续教育方面先后开设的专题或讲座有：自然数核心概念解析；空间与图形核心概念解析；做深度教学反思，促教师专业成长；整体把握小学数学；义务教育数学课程标准（2011 年版）解析；数的运算核心概念解析；基于 PCK 的小学数学课堂教学案例分析；课程资源的利用与开发；把握核心概念，渗透核心思想——以自然数的教学为例；小学生学习错误的案例分析——以数的运算为例；小学生长度测量估计的案例分析；数学技能的学与教；数学问题解决的学与教；算理的理解及直观模型的使用；小学数学教学设计与案例分析；教师如何做课例研究；数概念的学与教；课堂教学提问的策略；小学语文教学中的生活价值渗透；小学语文教材中外国文学作品解读；行动研究的理论与实践；小学语文教学课例研究；古希腊神话中的人文精神；古希腊神话对西方文学的发生学意义；基于汉字学的识字教学研究；基于语言学的词语教学研究；如何撰写教学反思；小学教材中的童话作品解读；小学教材中的名家名篇解读；如何做教学评价等。

四、队伍建设

初等教育系共有教师11人，其中教授1人，副教授5人；90%的教师具有硕士以上学历，拥有博士学历的6人，在读博士1人，硕士学历2人。初等教育系全体教师秉承“简单做人，纯粹做事”的原则，合理营造“和而不同，乐而不松”的团队文化，打造出了一个“认同、自主、思考、协作”的团队。

全系教师长期以来坚持结合本职工作，扎根教育教学的实践，自觉地运用理论指导实践，并时刻关心学院发展、关注自身专业提升。目前初等教育系承担着教育部、北京市、北京教育学院的6项科研课题，同时是学院重点学科建设的重要力量，参与并承担着学院多个重点学科建设的任务。

五、教育教学特色

首先，以小学数学、小学语文两大优势学科的教师培训工作为基础，探寻各学科教师培训的普遍规律，并将其运用于培训项目的设计与运行，力求形成更为科学的培训体系。

其次，秉承以研促训的培训理念，在深入的教师培训研究中，积累教师培训案例，追问教师培训的基本问题，以研究推动培训模式的创新和内容的更新。

再次，关注一线学校的自发展，以校本研修与整校推进项目为载体，深入研究学校和教师的发展需求，思考IE—S合作模式的特点与作用机制，促进一线教师和系内青年教师的专业成长，实现互惠共赢。

最后，打造优质的培训团队文化，以高度的热情和强烈的责任心投入到培训活动中，在深度参与中为一线教师营造良好的学习氛围与学习环境。

第四节　教师专业发展研究所

教师专业发展研究所是人文学院领导下的学术研究机构，成立于2009年5月，是人文学院教师的学习与研究共同体，业务上接受学院科研处统筹管理。现任所长：王漫；科研秘书：吕俐敏。

研究所成立以来主要开展了“中小学教师PCK”“教师专业发展阶段”“中小学教师专业发展标准”以及“中小学语文学科课例资源”的研究和建设，并大力支持人文学院教师参加全国性学术会议，形成了以课题为依托开展学术研究和课例资源建设的工作特点，为提升中小学人文学科教师培训的专业水准和教师的研训能力发挥了重要作用。

第二章　教师教育数理学院

一、基本情况

教师教育数理学院（以下简称数理学院）自2008年1月成立以来，始终坚持“严谨、奋进、和谐、创新”的共同价值追求，主要承担北京市中小学理科教师学历教育和继续教育的任务，是北京市中小学理科教师培训和教学研究、北京市中小学实验教学和研究的重要基地。

数理学院现设有“三系一中心一室一所”，即数学系、物理系、生化环境系、实验中心、综合办公室（由2008年1月至2011年3月的行政办公室、教学办公室合并而成）、基础教育课程教材教法研究所。数学系下设中学数学专业和小学数学专业；物理系下设物理和通用技术专业；生化环境系下设生物、化学、地理、小学科学4个专业。

2008年1月至2011年3月，数理学院领导班子成员4人，院长：何妮妮；副院长：吴珊（兼文兴街校区党总支副书记）、何彩霞、张丹（2010年何妮妮退休后主持工作）。2011年4月至今，数理学院领导班子成员5人，院长：张丹；副院长：何彩霞、李春艳（兼文兴街校区党总支副书记）；院长助理：王清（行政）、冯爽（业务）。

数理学院设有5个党支部，即数学系党支部、物理系党支部、生化环境系党支部、实验中心党支部、数理办公室党支部，均隶属于文兴街校区党总支。

截至2013年5月，数理学院共有教职工52人，其中专任教师46人，行政管理人员6人。专任教师中，教授2人，副教授18人；博士5人，硕士27人。教职工中有中共党员29人；民主党派（中国民主促进会）1人。另外，还有一支由在全国有较高影响的专家和教授组成的外聘教师队伍。

二、工作概况

（一）教学工作

1. 学历教育工作

2008年至2013年5月间，数理学院开设了教育学（小学数学方向）、物理学、科学教育（综合技术）、科学教育专业本科学历班，为北京市基础教育培养了732名合格的成人本科毕业生。具体情况见表3－13。

表3－13 数理学院学历教育基本情况统计（2008—2013年）

年份	专业	录取人数（人）	毕业人数（人）
2008	教育学（小学数学方向）	29	
	物理学		21
	科学教育（综合技术）		14
	科学教育	39	145
2009	教育学（小学数学方向）	62	0
	物理学	9	14
	科学教育（综合技术）	0	10
	科学教育	22	195
2010	教育学（小学数学方向）	22	0
	物理学	0	11
	科学教育	31	112
2011	教育学（小学数学方向）	0	0
	物理学	0	0
	科学教育	0	63
2012	教育学（小学数学方向）	0	29
	物理学	0	0
	科学教育	0	33
2013	教育学（小学数学方向）	0	54
	物理学	0	9
	科学教育	0	22
合计		214	732

2. 继续教育

2008年至2013年5月间，数理学院共承担了59个教师培训项目，其中10项国家级培训，23项市级培训，15项对口支援项目，6项委托培训。共培训中小学理科教师9377人次，其中国家级培训660人，北京市级培训7332人，对口支援846人，委托培训539人。具体情况见表3－14。

表 3－14 教师教育数理学院继续教育基本情况统计（2008—2013 年）

年份	序号	项目名称		培训人数（人）	合计（人）
2008	1	北京市级	北京市市级学科带头人及骨干教师培训	208	1740
	2		“绿色耕耘”——远郊区县中小学教师培训	297	
	3		“春风化雨”——城区初中薄弱校培训	281	
	4		北京市中小学教师带薪脱产培训	5	
	5		北京市门头沟区骨干教师高级研修班——初中数学	16	
	6		北京市普通高中新课程通用技术教师上岗培训	130	
	7		北京市小学科学实验教师培训	803	
	8	对口支援	康庄之路——北京教育学院支援延庆县康庄中学教师发展计划	14	142
	9		湖北巴东地区中学数学骨干教师培训	100	
	10		西藏拉萨市理科骨干教师培训	28	
2009	1	北京市级	北京市市级学科带头人及骨干教师培训	202	1448
	2		京郊教师“绿色耕耘”——远郊区县中小学教师培训	341	
	3		“春风化雨”——城区初中薄弱校培训中小学教师培训	404	
	4		普通高中新课程教师培训	501	
	5	对口支援	西藏拉萨中小学理科教师培训	30	30
2010	1	“国培计划”（中西部）	新疆骨干教师短期培训项目——初中数学骨干教师——邀标培训	40	396
	2		“国培计划（2010）”——内蒙古农村牧区骨干教师短期集中培训	356	
	3	北京市级	北京市市级学科带头人及骨干教师培训	277	1048
	4		“绿色耕耘”——远郊区县中小学教师培训	253	
	5		“春风化雨”	82	
	6		北京市普通高中新课程教师专项培训	186	
	7		北京市普通高中新课程教师专项培训	120	
	8		北京市中小学教师带薪脱产培训	130	
	9	对口支援	青海省高中数学骨干培训	50	214
	10		四川省什邡市理化生骨干教师培训	74	
	11		新疆“双语”骨干教师培训	60	
	12		西藏拉萨市中小学教师培训（理科）	30	
	13	委托培训	北京市小学科学实验教师新仪器新设备使用技能再提高培训	242	242

续表

年份	序号	项目名称		培训人数（人）	合计（人）
2011	1	“国培计划”	海南省中学地理骨干教师短期集中培训	40	40
	2	北京市级	北京市市级学科带头人与骨干教师培训	220	1410
	3		“绿色耕耘”——远郊区县中学教师培训	345	
	4		北京市中小学学科教师市级培训	660	
	5		北京市中小学教师带薪脱产培训	185	
	6	对口支援	西藏拉萨市骨干教师培训（中学物理）	15	134
	7		新疆“双语”教师培训（初中数学）	119	
	8	委托培训	河北省承德地区高中数学骨干教师培训	50	80
	9		内蒙古乌兰察布市骨干教师培训	30	
2012	1	“国培计划”（示范性）	中小学骨干教师研修项目初中数学班	87	87
	2	“国培计划”（中西部）	吉林名师工作室主持人班初中数学班	49	137
	3		甘肃省初中地理骨干教师短期集中培训	88	
	4	北京市级	北京市市级学科带头人和骨干教师培训	338	1217
	5		“绿色耕耘”——远郊区县中小学教师培训	418	
	6		北京市城区中小学学学科教师“学教一体”培训——数理子项目	383	
	7		北京市中小学教师带薪脱产培训	78	
	8	对口支援	青海省中小学骨干教师培训	100	326
	9		新疆和田地区“双语”骨干教师培训	26	
	10		对口帮扶内蒙古骨干教师培训（送培）赤峰市、乌兰察布市	200	
	11	委托培训	河北省秦皇岛市高中语数外骨干教师培训	100	217
	12		天津市滨海新区教坛能手培训项目——小学数学、初中数学、初中物理、初中化学	46	
	13		北京市西城区（南片）整校推进（北京66中学）培训——初中数学	21	
	14		内蒙古乌兰察布市小学科学及中小学网管员培训	50	

续表

<table>
<tr><th>年份</th><th>序号</th><th colspan="2">项目名称</th><th>培训人数（人）</th><th>合计（人）</th></tr>
<tr><td rowspan="3">2013</td><td>1</td><td rowspan="3">北京市级</td><td>“绿色耕耘”——远郊区县中小学教师培训</td><td>311</td><td rowspan="3">469</td></tr>
<tr><td>2</td><td>北京市城区中小学教师“专业促进培训”</td><td>90</td></tr>
<tr><td>3</td><td>市级理科实验教师专题培训</td><td>68</td></tr>
<tr><td colspan="5">合计</td><td>9377</td></tr>
</table>

（二）科研工作

1. 承担课题情况

数理学院将科研作为发展的先导，建立了科研激励体制，积极组织教师申报各级科学研究课题，特别鼓励教师围绕学科教育、理科教学、教师教育等重点问题开展课题研究。从2008年至2013年5月，数理学院教师申请国家级课题立项（全国教育科学规划课题）1项、北京市级课题3项（其中北京市教育科学规划重点课题1项、北京市教委社科计划面上项目2项）、北京教育学院院级课题48项。

2. 主要学术成果

数理学院学术研究氛围浓厚，围绕学科建设、培训任务等积极开展研究，通过研究促进教师的专业发展，取得了较为丰硕的科研成果。2008年至2013年5月期间，数理学院教师共发表学术论文260余篇，出版专著9部，主编或参编著作30本。其中，高中通用技术教育学科团队编写的高中《通用技术活动手册——技术与设计1》2012年由地质出版社出版。

数理学院坚持研训一体，积极探索科研成果的转化：一是将研究成果转化为新的培训项目，如在2008年开创了“高中通用技术教师培训项目”，在2009年开创了“高中新课程理科教师实验教学培训项目”；二是通过研究探索实施了新的培训模式，如“基于项目学习”“校本课例研修”“骨干教师研修工作室”等；三是以研究创设培训主题、开发培训课程，如创设了整体把握数学课程、核心概念教学、校本教研能力提升等培训主题，开设了教师的学科教学知识、学生学习研究、学科核心概念等培训课程或培训内容。

2013年，“‘主题驱动的骨干教师工作室’模式的构建与实践”（主要完成人：张丹、何彩霞、胡玉华、张素娟、金钊）获第四届北京市基础教育教学成果一等奖；“基于‘绿色耕耘’培训项目的农村中小学教师培训模式创新研究与实践应用”（主要完成人：李春艳、陈琳、张洲、李方、王建明）获第四届北京市基础教育教学成果二等奖。

3. 重点学科建设

2010年7月，数理学院申报数学教育学、科学教育学和通用技术教育学3个院级重点学科，获得批准。

根据学院学科建设发展需要，数理学院制定了学科建设的工作思路与推进原则，将学科建设作为常态、持续的工作。每月确定两个学科建设日，以3个重点学科为依托，开展学术研究与交流活动，推动学术发展、课程建设和人才培养。

2012年7月11日至13日，由数理学院和通用技术教育学学科团队共同举办了全国高中通用技术“项目学习”研讨会，展现了学院通用技术重点学科集理论研究与知识创新、教学实验研究与资源开发、教师培训与教师成长规律研究“三位一体”的研究成果，扩大了学术影响。

2012年7月8日至15日，数学教育学学科团队一行9人在学科带头人张丹教授的带领下，前往韩国首尔参加了第12届国际数学教育大会（ICME12）。

三、教师队伍建设

数理学院以人为本，将教师发展需求作为制定学院三年发展规划的重要依据，注重院本培训，营造学术氛围，通过科研讲座、课题研究、学术沙龙、专题学习、参观考察等方式，促进教师队伍的专业发展。

（一）组织多种学术活动，为教师搭建学习与交流的平台

开展全市性的学术研讨会。以北京教育学院55周年院庆为契机，在2008年10月举办了王长沛教授绿色数学教育思想及教师培训研讨会、李晶教授科学教育创新与科学教师培训学术研讨会，提炼并宣传了专家及其团队的教育思想。2010年12月，由数学系主办的第四届北京市数学教师论坛在清华大学附属中学召开，论坛以“整体把握中学数学课程”为主题，进一步传播整体把握数学课程的教育理念。这些活动扩大了学院的学术影响，促进了北京市相关研究的交流。

开展主题式系列学术沙龙活动。数理学院坚持每学期组织两次学术沙龙，活动主题紧密结合教师培训、学科建设等中心工作，包括学员需求调研及培训设计、教师如何做研究、基于学科本质深入理解学科知识、学生研究等。活动采取学院统一设计并组织与教学系具体承办相结合的方式，既展现了各教学系的集体风貌，也为教师的学术研究搭建了学习和交流的平台。主题式的系列学术沙龙已成为数理学院学术活动的一大特色。

（二）采取多种方式，为青年教师的成长助力

数理学院重视对青年教师的培养。从2008年开始，以学科教学知识（PCK）为切入点，组织青年教师开展专题学习和研究，积累基础教育课程与教学研究案例。从2011年开始，为新入职的年轻教师聘请导师，确定每月1次青年学习日，将青年教师专题学习研究活动常态化，并邀请学科专家对青年教师就研究的问题、研究的思路与方法、研究成果的形成等问题进行现场指导。通过这些措施，积极引导青年教师尊重并了解一线教师的实践经验，通过学习和研究来实现自身的专业成长。

（三）组织学术讲座和专题研究，为教师的学术研究和发展提供支持

根据教师的学术研究和专业发展需要，数理学院邀请北京师范大学、首都师范大学、学院领导及督导室专家等教授学者作专题讲座，内容涉及“做一名成功的教师”“教师专

业发展标准的思考”“现代学习理论与有效教学”“教学研究与教师培训——案例与思考”“教师培训中的研究问题”“高中生科学方法能力研究”等。

“组织专题研究”是数理学院学术活动的又一特色。组织学科带头人和骨干教师开展理科学科观念建构的研究。在学院教师教育创新平台研究项目的统一领导下，开展理科教师专业发展标准、培训课程体系建设等研究。组织部分教师及理科实验教师，开展实验及实验教学研究，开发和积累实验及实验教学研究案例，发挥理科实验在教师培训中的作用。此外，鼓励并支持教师攻读学位、资助教师外出参加学术交流等，为教师的学习、研究和发展提供支持。

四、获奖情况

2008 年：

——李春艳、孙立仁获北京教育学院师德标兵称号。

——吴珊获北京教育学院优秀共产党员称号。

——顿继安、伍春兰、黄金华、梁天灵、张芳、王凌诗、许琼、胡玉华、贾晓春、张素娟、赵若斌获北京教育学院 2007 年继续教育先进个人——先进教师称号；姜苏、何国秀获先进管理者称号。

——周玉芝、乔灵芝、郭宏伟获北京教育学院中年教师教学观摩活动优质展示课一、二、三等奖。

2009 年：

——何妮妮、姜苏获北京教育学院“三育人”标兵称号。

——张丹、何彩霞、顿继安、伍春兰、王建明、龚燕江、孙章华、胡玉华、张素娟、李情义获北京教育学院 2008 年继续教育先进个人——先进教师称号；王清、姜苏获先进管理者称号。

——何彩霞、周玉芝获北京教育学院科研成果论文类一等奖；伍春兰获论文类三等奖。

——张莉娜、孙章华、杨小丽获北京教育学院青年教师教学基本功比赛理科组一、二、三等奖。

——冯杉获北京市科学技术协会第十届北京青年优秀科技论文二等奖。

2010 年：

——张芳、靳飞获北京教育学院师德标兵称号。

——龚燕江获北京教育学院优秀共产党员称号。

——周玉芝获北京教育学院 2009 年度科研成果——论文类一等奖；张丹获著作类一等奖。王晨光获中国教育论坛评委会评选的 2010 年度教育科研论文一等奖。

——白永潇、冯启磊、杨小丽、龚燕江、张芳、孙立仁、郭宏伟、王钦忠、周玉芝、张素娟、王寿红、马丽莹获北京教育学院 2009 年继续教育先进教师称号；吴珊、姜苏获先进管理者称号。

——何树京获北京教育学院 2009 年学历教育优秀班主任称号。

2011 年：

——何彩霞获北京教育学院“共产党员标兵”提名表彰。

——张丹、王清获北京教育学院“三育人”标兵称号。

——公维余、靳飞、冯启磊获北京教育学院青年教师教学基本功比赛理科组一、二等奖。

——顿继安、伍春兰、李红云、孙立仁、孙章华、王凌诗、胡玉华、周玉芝、张素娟、赵若斌、靳飞获北京教育学院 2010 年继续教育先进教师称号；何彩霞、姜苏获先进管理者称号。

——何彩霞获北京教育学院 2010 年科研成果论文类一等奖；张素娟获论文类三等奖；胡玉华获著作类二等奖。

——马雅芬获北京教育学院 2010 年学历教育优秀班主任称号。

2012 年：

——胡玉华、龚燕江获北京教育学院师德标兵称号。

——生化环境系党支部获北京教育学院 2010 年至 2012 年创先争优先进基层党组织称号；王清获北京教育学院 2010 年至 2012 年创先争优优秀共产党员称号。

——白永潇、冯启磊、杨小丽、张芳、孙立仁、冯爽、郭宏伟、贾晓春、张素娟、张军刚、李情义获北京教育学院 2011 年继续教育优质培训标兵称号；何彩霞、康琪获优质培训管理标兵称号。

——何树京获北京教育学院 2011 年学历教育优秀班主任称号。

——王卫东获北京教育学院 2012 年优秀国有资产管理员称号。

2013 年：

——丁友福、白永潇分别获北京教育学院青年教师教学基本功比赛理科组一、二等奖；丁友福获最佳教案奖。

——王建明、伍春兰、顿继安、梁天灵、龚燕江、丁友福、周玉芝、张素娟、曾早早、杨青青获北京教育学院 2012 年继续教育优质培训标兵称号；王清、张端华获优质培训管理标兵称号。

五、办学特色

（一）和谐氛围，追求共同价值观

在“严谨、奋进、和谐、创新”的核心价值追求引领下，紧紧围绕北京市基础教育课程改革和教师培训的需求，数理学院全体教职工在教学培训工作中、在学科建设过程中、在各项管理工作中充分体现了这八个字的内涵，营造了脚踏实地、求真务实的良好氛围。

（二）开拓各类继续教育项目，创新培训模式

数理学院开展了国培、市培、委培、援培、合作培训等各类教师培训项目；开创性地设计了“高中通用技术教师培训”“高中新课程理科教师实验教学培训”“绿色耕耘校本

教研培训”等项目；培训模式上，大胆尝试“基于项目学习”，探索案例教学、参与体验、课例研究、市级骨干教师工作室合作研修等多种多样的教学方式；开发理科核心概念及教学研究、校本教研、理科教学能力等继续教育培训专题。

（三）学术引领，扎根实践

以学科建设为核心，以集体备课日和学科建设日为抓手，结合教育学院有关继续教育课程体系建设的课题，完成数理学院的各学科继续教育课程框架的研制和特色课程的开发工作，完成数学和理科领域的“在职教师专业发展标准及指导”的编著工作。全面开展科研工作，鼓励教师围绕学科教育、理科实验教学、教师教育等重点问题开展课题研究。

（四）以人为本，促进教师专业化发展

数理学院在各项工作中体现以人为本的理念，尊重和尽可能开发每个人的发展空间，有针对性地进行培养和锻炼，用其所长。

通过课题研究、举办全国、全市性大型会议及一系列制度建设，营造一种开放大气、共享合作、崇尚学术的文化氛围；通过举办学术沙龙、支持教师参加境内外学术会议，支持教师参加学历提升学习，扩大学术视野、读书交流、参观考察等形式，促进教师队伍的专业发展。

数理学院在教师培训、教师队伍建设、科研工作等方面取得了可喜的成绩，坚持“求真务实，走内涵发展之路”的核心理念，在数学教育、科学、通用技术学科建设及教材建设上取得了富有特色的优势成果，促进了学院整体事业的长足发展。

第一节　数学系

一、基本情况

2008 年 1 月，数学系划归数理学院，主要承担北京市中小学数学教师学历教育和继续教育的任务。数学系设 3 个教研室：高等数学 I 教研室、高等数学 II 教研室、数学教育教研室。系主任：王建明；党支部书记：伍春兰。教研室主任分别是：杨小丽、伍春兰、顿继安。截至 2013 年 5 月，全系共有教职工 10 人，其中中国共产党党员 5 人。

二、工作概况

（一）教学工作

1. 学历教育

目前，数学系招收教育学（小学数学方向）的本科学历班。2008 年到 2013 年 5 月间，数学系为首都基础教育培养了 83 名合格的成人本科毕业生。目前在校生 17 人，将于 2014 年毕业。具体情况见表 3－15。

表 3－15　数学系学历教育基本情况统计（2008—2013 年）

年份	专业	录取人数（人）	毕业人数（人）
2008		29	0
2009	教育学（小学数学方向）	62	0
2010	教育学（小学数学方向）	22	0
2011	教育学（小学数学方向）	0	0
2012	教育学（小学数学方向）	0	29
2013	教育学（小学数学方向）	0	54
合计		113	83

在这期间，数学系每年还承担了其他院系的学历教学任务，如高等数学、经济数学、学科案例教学等课程的教学。

2. 继续教育

2008 年至 2013 年 5 月，数学系承担了国家级、北京市级、对口支援、合作委托等培训共 41 项，培训中小学数学教师共计 2501 人次。具体情况见表 3－16。

表 3－16　数学系继续教育培训基本情况统计（2008—2013 年）

年份	序号	项目名称		培训人数（人）	合计（人）
2008	1	北京市级	北京市市级学科带头人及骨干教师培训（小学数学、中学数学）	60	156
	2		“绿色耕耘”——小学数学再提高培训、初中数学再提高培训	80	
	3		北京市门头沟区骨干教师高级研修班（初中数学）	16	
	4	对口支援	康庄之路——北京教育学院支援延庆康庄中学教师发展计划	7	128
	5		湖北省巴东地区中小学数学骨干教师培训	100	
	6		西藏拉萨市文科骨干教师培训和教育管理干部、理科骨干教师培训（小学数学、初中数学）	21	
2009	1	北京市级	北京市市级学科带头人及骨干教师培训——小学数学、中学数学	80	261
	2		“绿色耕耘”——骨干学员再培养提高培训（小学数学组长、初中数学组长）	76	
	3		“春风化雨”——中小学教师培训（初中数学）	75	
	4		“春风化雨”——中学数学教师提高培训（初中数学）	30	

续表

年份	序号	项目名称		培训人数（人）	合计（人）
2010	1	“国培计划”（示范性）	内蒙古农村牧区骨干教师短期集中培训（初中数学）	70	110
	2		新疆骨干教师短期培训项目（初中数学骨干教师）	40	
	3	北京市级	北京市市级学科带头人与骨干教师培训（小学数学、中学数学）	116	258
	4		“绿色耕耘”——常规培训（中学数学）	33	
	5		“绿色耕耘”——远郊农村骨干教师培训（小学数学组长、初中数学组长）	42	
	6		北京市中小学教师带薪脱产培训——教学能力提高（小学数学、中学数学）	67	
	7	对口支援	青海省高中数学骨干培训	50	143
	8		四川省什邡市中学数学	33	
	9		新疆“双语”骨干教师培训（中学数学、小学数学）	60	
2011	1	北京市级	北京市市级学科带头人与骨干教师培训（小学数学、中学数学）	83	431
	2		“绿色耕耘”——数理学科教师校本教研能力提升培训（小学数学）	20	
	3		“绿色耕耘”——数理学科（初中数学、初中数学组长、高中数学）	65	
	4		北京市中小学学科教师市级培训——教学实施能力提升（小学数学、初中数学、高中数学）	122	
	5		北京市中小学学科教师市级培训——校本教研能力提升（小学数学、初中数学）	64	
	6		北京市中小学教师带薪脱产培训——教学新秀班（小学数学、初中数学）	77	
	7	对口支援	新疆“双语”骨干教师培训（初中数学）	119	119
	8	委托培训	河北省承德地区高中数学骨干教师培训	50	80
	9		内蒙古乌兰察布市骨干教师培训（小学数学）	30	

续表

年份	序号	项目名称		培训人数（人）	合计（人）
2012	1	“国培计划”（示范性）	中小学骨干教师研修项目（初中数学班）	87	136
	2		吉林省名师工作室主持人班（初中数学班）	49	
	3	北京市级	北京市市级学科带头人与骨干教师培训（小学数学、中学数学）	88	323
	4		“绿色耕耘”——初中数学、高中数学教师培训	85	
	5		北京市中小学学科教师市级培训项目（小学数学、初中数学、高中数学）	122	
	6		北京市中小学教师带薪脱产培训（初中数学）	28	
	7	对口支援	青海中小学骨干教师培训（小学数学、初中数学）	100	226
	8		新疆和田“双语”骨干教师培训（小学数学班）	26	
	9		对口帮扶内蒙古骨干教师培训（送培）——高中数学（赤峰市、乌兰察布市）	100	
	10	委托培训	河北省秦皇岛市高中语数外骨干教师培训（高中数学教师）	20	70
	11		天津市滨海教坛能手培训项目（小学数学、初中数学）	29	
	12		北京市西城区（南片）整校推进（北京66中学）培训	21	
2013（截至5月底）	1	北京市级	“绿色耕耘”初中数学、高中数学教师培训	60	60
合计	41			2501	2501

（二）科研工作

1. 承担课题情况

2008年至2013年5月，数学系共承担了1项国家级课题、1项北京市课题和7项院级课题。具体情况见表3-17。

表3-17　数学系教师承担课题情况统计（2008—2013年）

类别	课题名称	负责人	立项年份
国家级	全国教育科学规划中小学数学教育研究专项立项课题——基于课程标准的学生数学学业质量评估体系建立及测试结果分析研究（GOA107003）	张丹	2010

续表

类别	课题名称	负责人	立项年份
北京市级	小学生数学素养个性化诊断研究（社科计划面上项目，SM201150061001）	白永潇	2011
院级	初中数学课堂教学有效性的研究	伍春兰	2008
	小学生数学素养个性化诊断研究（重点课题）	白永潇	2010
	信息技术与中学数学课堂教学有效整合的案例研究	伍春兰	2011
	数学课程标准和中考试题的一致性研究（重点课题）	冯启磊	2011
	基于概念学习的学生研究（重点课题）	李红云	2011
	中学数学习题有效教学的案例研究	伍春兰	2013
	高中数学试题分析与课堂教学提高（重点课题）	陈鹏举	2013

另外，白永潇老师参与的课题研究成果《中学数学创新实践活动的设计与实施》获北京市第二届基础教育教学成果奖，该成果并于2010年年底获得国家教育部评选的基础教育课程改革教学研究成果二等奖。

2. 学术成果

5年期间，数学系的教师充分利用自己所掌握的资源、手段和方法，不断摸索并确定各自的研究方向，密切关注北京市乃至全国中小学数学课程改革、教师专业发展的理论和实践、北京市乃至全国的教师培训前沿动态，潜心研究，将教学、培训和科研紧密结合，开展了大量科研教育工作。

2008年至2013年5月，数学系教师参与出版编著13部，发表论文72篇。具体情况见表3－18。

表3－18　数学系教师部分学术成果统计（2008—2013年）

姓名	成果名称	成果形式	发表年份
张丹	从“知识”到“见识”——有感于“数字的用处”一课	论文	2008
	教育部义务教育新课程远程研修丛书——小学数学	著作（主编）	2008
	读懂学生，从现在做起	论文	2009
	数据带来的“火热思考”	论文	2009
	积极应对学科知识带来的新挑战	论文	2009
	让孩子“亲近”数据——新课程理念下“统计与概率”的研讨	论文	2009
	让学生“亲近”数据——“数据分析观念”的内涵及教学	论文	2009
	小学数学课堂教学的智慧与策略	著作（主编）	2009
	首都市级学科带头人及骨干教师研修丛书（小学数学卷）	著作（主编）	2009
	中国数学教育：传统与现实	著作（参编）	2009
	小学数学教学策略	著作（专著）	2010

续表

姓名	成果名称	成果形式	发表年份
张丹	"整体把握小学数学课程"核心要素及其关系研究	论文	2010
	数与代数应用问题的内容主线和教学建议	论文	2010
	小学生真的理解运算法则吗	论文	2010
	以数的运算为例谈整体把握小学数学课程	论文	2010
	例谈直观模型在计算教学中的作用	论文	2010
	新课程对教师教学基本功的新要求	论文	2010
	教师培训项目专业化设计的探索——以北京市中小学教师带薪脱产项目为例	论文	2010
	解析骨干教师培训中教师学习的"研究"特性	论文	2010
	学生数据分析观念发展水平的研究反思	论文	2010
	再谈"整体把握"数的计算教学	论文	2010
	运用"体会数据随机"的想法看"摸球实验"	论文	2011
	思考，让教师更智慧	论文	2011
	名师工作室——构建教师发展的学习共同体	论文	2011
	数据分析观念的理解	论文	2012
	统计与概率内容分析	论文	2012
	新课标的基本理念及其变化——义务教育数学课程标准（2011年版）解读一	论文	2012
	新课标的课程目标及其变化——义务教育数学课程标准（2011年版）解读二	论文	2012
	新课标的核心概念及其变化——义务教育数学课程标准（2011年版）解读三	论文	2012
	建设旨在促进儿童健康成长的数学家园	论文	2012
	数学课程目标：从"双基"到"四基"从"两能"到"四能"	论文	2012
	校本课例研究"六部曲"	论文	2012
	整体实现课程目标 实现学生主体地位	论文	2012
	课程标准案例式导读与学习内容要点 小学数学	著作	2012
	骨干教师"主题驱动合作研修"模式的实践探索	论文	2012
	如何理解和发展代数思维——读《早期代数思维的认识论、符号学及发展问题》有感（上）	论文	2012
	如何理解和发展代数思维——读《早期代数思维的认识论、符号学及发展问题》有感（下）	论文	2012
	中小学教师专业发展标准及指导（数学）	著作	2013

续表

姓名	成果名称	成果形式	发表年份
王建明	首都市级学科带头人及骨干教师研修丛书（中学数学卷）	著作	2009
伍春兰	基于“几何画板”的探究学习的案例分析	论文	2008
	北京市初中生数学学习情况的调查与分析	论文	2008
	高中新课程怎么教——数学	著作	2008
	高中数学算法初步教学的若干建议	论文	2009
	教什么比怎么教更重要	论文	2009
	借“向量”之石，攻“几何”之玉	论文	2009
	以校本教研凝聚教研组	论文	2009
	教育技术学导论	著作	2009
	学习与课程的探讨	著作	2010
	站在变换的高度系统地研究函数图象变换	论文	2011
	数学学科知识与教学能力	著作	2011
	初中函数概念起始课有效教学的案例分析	论文	2012
	信息技术与中学数学课堂教学整合现状的分析与建议	论文	2012
	中学数学校本教研集	著作	2013
顿继安	学科教学中漠视与低估学生的现象亟待关注	论文	2008
	寻找孩子“啊呀”的感觉	论文	2008
	莫把学生当“白纸”	论文	2009
	防止教与学“擦肩而过”——“一元二次方程”单元教学设计案例	论文	2009
	是找不全等量关系吗?	论文	2009
	在研究学生中寻找教学智慧	论文	2010
	案例分析与数学教师的专业发展	论文	2010
	课程改革背景下高中数学统计内容的教考差距	论文	2010
	教学反思是理论与实践的对话	论文	2012
	中小学教师专业发展标准及指导（数学）	著作	2013
	数学教学中教与学擦肩而过的现象研究——兼谈 PCK 的利与弊	论文	2013

续表

姓名	成果名称	成果形式	发表年份
白永潇	大型项目的类型、实施和管理的研究	论文	2010
	基于“学科教学知识”的课例分析——以“用字母表示数”一课为例	论文	2011
	新课标的基本理念及其变化——义务教育数学课程标准（2011 年版）解读一	论文	2012
	新课标的课程目标及其变化——义务教育数学课程标准（2011 年版）解读二	论文	2012
	新课标的核心概念及其变化——义务教育数学课程标准（2011 年版）解读三	论文	2012
	课程标准案例式解读与学习内容要点（小学数学）	著作	2012
	校本课例研究“六部曲”——校本课例研究的基本环节和实践策略	论文	2012
	整体实现课程目标 重视学生主体地位	论文	2012
	高中数学特别教案：高中数学新课程中的特色教学设计和案例分析	著作	2012
	2012 年美国华盛顿州评价样题与特色分析（二）	论文	2013
	2012 年美国华盛顿州评价样题与特色分析（三）	论文	2013
	初中数学“学困生”转化的个案研究	论文	2013
	中小学教师专业发展标准及指导（数学）	著作	2013
杨小丽	对编制数学学业成就测试的几点建议	论文	2008
	我国学者关于数学学科的 PCK 研究综述及对教师培训的启示	论文	2010
	勾股定理的 PCK 内涵解析	论文	2011
	如何借助具体函数的学习促进学生对函数概念的理解	论文	2012
	中学“统计与概率综合内容”的设计与思考	论文	2012
冯启磊	基于 FRCM 和 FLAR 的水文过程遍历特征分析模型及其应用	论文	2008
	对教师选择和编制中学数学习题的案例分析	论文	2010
	中国农业产出水平的影响因素分析	论文	2010
	基于系统聚类的北京气温变化过程遍历特征分析	论文	2010
	Bayesian networks precipitation Model based on hidden Markov Analysis and its application	论文	2010
	上海气温变化过程遍历特征分析	论文	2010
	回归知识基础，关注基本性质	论文	2012
	中小学教师专业发展标准及指导（数学）	著作	2013

续表

姓名	成果名称	成果形式	发表年份
李红云	敏感性试验数据分析	论文	2010
	对 TIMSS 图形测量测试题目的分析	论文	2010
	从已有经验到除法算式	论文	2011

数学系张丹教授是国家义务教育数学课程标准的研制和修订组的核心成员，普通高中数学课程标准的核心成员以及国家义务教育数学课程标准实验教科书小学数学（北师大版）教材主编之一。王建明副教授参与了普通高中数学课程标准的研制工作。

2008 年数学系主办了以“绿色数学教育思想”为主题的研讨会，集中总结了以王长沛教授为核心的数学教育思想。

2010 年数学系与北京数学会中学委员会合作承办北京市中学数学教师论坛，进一步传播了整体把握数学课程的教育理念。

2010 年 7 月，学院批准数学教育学为首批院级重点学科，组建了以张丹为学科带头人，以王建明、伍春兰为骨干教师的数学教育学学科建设团队。2012 年张丹、王建明、伍春兰、顿继安、杨小丽、白永潇、冯启磊、李红云代表数学教育学学科建设团队参加在韩国首尔举办的 ICME12 会议。

三、专业及课程设置

（一）学历教育的专业课程——小学数学教育/专升本（业余）

小学数学教育专业开设的主要课程有：数学教学论、数学学习论、数学课程论、初等数论、微分几何、函数论初步、概率统计应用、对称与群、数学教学设计、数学课程核心思想方法、数学建模与课题学习、数学学习研究、数学教育科研方法、数学评价案例分析、数学听评课与说课、数学简史、几何画板与应用、直观拓扑等。

（二）继续教育培训课程

2008 年以来，数学系在继续教育中先后开设的专题或讲座有：义务教育数学课程标准解读、整体把握中小学数学课程、数学教学内容的教育价值分析、学生的学习研究、数学教学设计的理论与实践、数学课堂微观分析、信息技术与数学学科整合、数学试题的编制方法、教师如何进行反思、校本教研的实施策略与问题、校本课例研究的过程和实施策略、基于 PCK 的课例分析等。

四、队伍建设

截至 2013 年 5 月，数学系有专职教师 10 人，其中教授 1 人，副教授 4 人，讲师 4 人，助教 1 人；硕士 9 人，本科 1 人。另聘请兼职、客座教授 4 人。

五、教育教学特色

多年以来，数学系形成了自己的教育教学特色：注意适应并满足社会的需求，注意了解中小学数学教学和中小学数学教师的实际，根据实际不断调整、改进、充实教学内容和教学方法；注意加强教师队伍建设，教师具有较高的师德水平、教学水平和学术水平，具有较强的适应能力；注意以科研促进教学；能较充分地考虑成人教育的特点，采取适合成人特点的教学方式和管理方式。

数学系在多年的持续发展中不断完善，逐步发展成为北京市学科建制比较齐全、运作比较规范、师资力量较为充实的数学教育、中小学继续教育和教科研的重要基地。

第二节 物理系

一、基本情况

2008 年 1 月，物理系划归数理学院，主要承担北京市中小学物理和通用技术教师学历教育和继续教育的任务。物理系设 3 个教研室：理论物理教研室、物理教学法教研室、技术物理教研室。2008 年 1 月至 2011 年 5 月，系主任：龚燕江；党支部书记：孙章华；副主任：孙章华；教研室主任分别是乔灵芝、张芳和孙章华。2011 年 5 月至 2013 年 5 月，系主任：孙章华；党支部书记：冯爽；副主任：张芳。教研室主任分别为乔灵芝、张芳和公维余。截至 2013 年 5 月，物理系共有教职工 12 人，其中中国共产党党员 7 人。

二、工作概况

（一）教学工作

1. 学历教育

2008 年至 2013 年 5 月间，物理系为北京市基础教育培养了 79 名合格的成人本科毕业生。现在物理系招收物理教育和科学教育（综合技术）专业本科学历班。具体情况见表 3－19。

表 3－19 物理系学历教育基本情况统计（2008—2013 年）

年份	专业	录取人数（人）	毕业人数（人）
2008	物理学	0	21
	科学教育（综合技术）	0	14
2009	物理学	9	14
	科学教育（综合技术）	0	10
2010	物理学	0	11
2011	物理学	0	0
2012	物理学	0	0
2013	物理学	0	9
合计		9	79

在这期间，物理系还承担了其他院系的教学任务，如自然科学基础、现代教育技术等课程的讲授。

2. 继续教育

2008年至2013年5月，物理系共承担了国家级、北京市级、对口支援、委托培训等培训共40项，培训初高中物理教师和高中通用技术学科教师共计1971人次。具体情况见表3－20。

表3－20　物理系继续教育基本情况统计（2008—2013年）

年份	序号	项目名称		培训人数（人）	合计（人）
2008	1	北京市级培训	北京市市级学科带头人及骨干教师培训（中学物理）	24	205
	2		北京市市级学科带头人及骨干教师培训——通用技术	20	
	3		“绿色耕耘”培训——“教非所学”教师培训（初中物理）	26	
	4		北京市中小学教师带薪脱产培训（初中物理）	5	
	5		北京市普通高中新课程通用技术教师上岗培训	130	
	6	对口支援	康庄之路——北京教育学院支援延庆县康庄中学教师发展计划	4	8
	7		西藏拉萨市理科骨干教师培训（初中物理）	4	
2009	1	北京市级培训	北京市市级学科带头人及骨干教师培训（中学物理）	20	392
	2		“绿色耕耘”培训——远郊区县中小学学科教师专业提高培训（初中物理）	46	
	3		普通高中新课程教师培训——高中理科新课程实验教学培训（物理）	86	
	4		普通高中新课程教师培训——高中通用技术教师培训	240	
	5	对口支援	西藏拉萨市中小学理科教师培训（初中物理、通用技术）	30	30

续表

年份	序号	项目名称		培训人数（人）	合计（人）
2010	1	“国培计划”	内蒙古农村牧区骨干教师短期集中培训（初中物理）	72	72
	2	北京市级培训	北京市市级学科带头人与骨干教师培训（中学物理）	48	344
	3		“绿色耕耘”行动——教非所学培训（初中物理）；常规培训（初中物理）	67	
	4		“春风化雨”——常规培训（物理）	45	
	5		北京市普通高中新课程教师专项培训——理科教师实验技能培训（物理）	64	
	6		北京市普通高中新课程教师专项培训（通用技术学科）	120	
	7	对口支援	四川省什邡市理化生教师培训（物理）	20	20
2011	1	北京市级培训	北京市市级学科带头人与骨干教师培训（高中物理）	19	314
	2		北京市市级学科带头人与骨干教师培训（通用技术）	21	
	3		“绿色耕耘”——数理学科（初中物理）	57	
	4		北京市中小学学科教师市级培训——教学实施能力提升（初中物理、高中物理）	86	
	5		北京市中小学学科教师市级培训——教学实施能力提升（高中通用技术）	75	
	6		北京市中小学学科教师市级培训——基于实际需要的专题研修（高中通用技术）	35	
	7		北京市中小学教师带薪脱产培训——市区骨干后备班（初中物理）	21	
	8	对口支援	西藏拉萨市干部教师培训（中学物理）	15	15

续表

年份	序号	项目名称		培训人数（人）	合计（人）
2012	1	北京市级培训	北京市市级学科带头人和骨干教师培训（中学物理）	65	327
	2		“绿色耕耘”——数理学科子项目（通用技术）	26	
	3		“绿色耕耘”——数理学科子项目（初中物理、高中物理）	91	
	4		“学教一体”——数理子项目（初中物理、高中物理）	57	
	5		北京市城区中小学学科教师“学教一体”培训——数理子项目（高中通用技术）	67	
	6		带薪脱产培训（初中物理）	21	
	7	委托培训	天津市滨海区教坛能手培训项目（初中物理）	9	29
	8		河北省秦皇岛市高中理化生骨干教师培训（高中物理）	20	
	9	对口支援	对口帮扶内蒙古骨干教师培训（送培）——高中物理（赤峰）、高中物理（乌兰察布）	100	100
2013	1	市级培训	市级理科实验教师专题培训（物理）	30	115
	2		京郊教师“绿色耕耘”培训（初中物理）	25	
	3		北京市城区中小学教师“专业促进培训”（初中物理）	30	
	4		北京市城区中小学教师“专业促进培训”（高中通用技术）	30	
合计	40			1971	1971

（二）科研工作

1. 承担课题情况

2008年至2013年5月，物理系共承担了8项院级课题。具体情况见表3－21。

表3－21　物理系教师承担课题情况统计（2008—2013年）

类别	课题名称	负责人	立项年份
院级课题	高中通用技术必修模块实践研究 提高通用技术教师培训实效性策略初探	赵若斌 龚燕江	2008
	物理教师教学观的研究	孙章华	2008
	通用技术教学策略研究	张芳	2010
	北京市通用技术学科教学和教师情况现状调研（重点课题）	冯爽	2010
	初中物理学科教学知识研究	乔灵芝	2011
	物理课堂观察与诊断框架实践研究	冯爽	2012
	物理教师实验能力结构的测量与分析（重点课题）	孙章华	2012
	高中通用技术课堂教学模式研究和资源开发	公维余	2012

2. 主要学术成果

5 年来，物理系老师充分利用自身所掌握的科研资源、手段和方法，不断摸索并确定各自的研究方向，密切关注北京市乃至全国中学物理和通用技术课程改革、教师专业发展的理论与实践、北京市乃至全国的教师培训前沿动态，潜心研究，将教学、培训和科研紧密结合，开展了教育科研工作。

2008 年至 2013 年 5 月，物理系教师参与出版编著 7 部，发表论文 14 篇，并完成了物理学科和通用技术学科的继续教育课程体系的整理和编写工作。具体情况见表 3－22。

表 3－22　物理系教师部分学术成果统计（2008—2013 年）

姓名	成果名称	成果形式	发表年份
丁友福	小学科学学科核心概念分析与理解——以简单机械为例	论文	2012
冯爽	通用技术教师培训课程设置与培训模式的实践探索	论文	2008
	通用技术教学如何用足教材	论文	2009
	加强现代教育技术培训，促进中学物理教师成长	论文	2011
	物理学科知识与教学能力	著作	2011
	义务教育物理课程标准（2011 年版）修订释疑	论文	2012
龚燕江	通用技术教师培训课程设置与培训模式的实践探索	论文	2008
	高中新课程怎样教：理化生	著作	2008
	首都市级学科带头人及骨干教师研修丛书（中学物理卷）	教材	2009
	物理新课程教学与教师成长	教材	2011
黄金华	论物理教师专业发展的路径	论文	2008
乔灵芝	科学主题与核心概念	著作	2011
孙立仁	依据程序性知识的心理学规律提高初中物理习题课的教学效果	论文	2008
	以牛顿实验哲学推理原则为基础的中学物理教学设计	编著	2008
孙章华	小学生纪律问题解决技巧	编著	2009
沈雷雷	The molecular systems composed of the charmed mesons in the HS + h. c. doublet	论文	2010
	重味分子态综述	论文	2011
张芳	抓住课程本质，凸显科技素养——关于通用技术主干课程“结构与设计”建设的若干问题	论文	2008
	通用技术课程教学资源的选择与应用	论文	2011
	物理教学与人文精神教育	论文	2011
周莹	A 2－dimensional gradual period photonic hetero structure possessing omnidirectional band gap in visible range made by holography	论文	2012

2010 年 7 月，学院将通用技术教育学确定为首批院级重点学科之一，组建了以李晶为

学科带头人、以龚燕江、张芳、乔灵芝为骨干教师的通用技术教育建设团队。预计经过两个周期（6 年）的建设，在通用技术教育领域形成在全国具有较大影响的、集理论研究与知识创新、教学实验研究与资源开发、教师培训与教师成长规律研究“三位一体”的通用技术教师教育平台。2012 年举办的全国高中通用技术项目学习研讨会，扩大了物理系通用技术学科团队的学术影响，奠定了在通用技术教育领域的领军地位。团队编写的《技术与设计探究活动手册》目前已被北京市西城、东城、丰台、石景山、顺义等区的 15 所学校使用。

三、专业及课程设置

（一）学历教育的专业及课程设置

物理系主要有物理教育本科专业和科学教育（综合技术）专业。

1. 物理教育本科专业课程

以提高物理专业素养和提高学员教育、教学能力为目标。在课程设置、教学内容和教学方法选择等方面，以密切联系中学教学实际和提高学员教学能力为出发点，把握教师专业发展时代性的要求，将物理专业理论、现代教育理念和现代科技发展紧密结合，并转化为一线教师可接受、可操作的专业教育教学技能。通过学习使学员在政治思想、物理专业知识、物理教学能力和教育科研能力等方面达到国家规定的高等师范本科毕业水平。

专业基础课：数学物理方法、矢量分析与场论、线性代数、理论力学、热力学与统计物理、电动力学、量子力学、近代物理实验、物理学史。

专业方向课：中学物理教学论、普通物理专题、中学物理专题、近代物理专题、计算机辅助物理教学、微机原理及应用、中学物理实验研究、中学物理教育文献研究、教育科研方法。

2. 科学教育（综合技术）专业课程

培养了解技术设计基本知识和技术教育理论，掌握技术经验的基本技能，具有综合应用的能力和创新精神，分析问题、解决问题的能力和竞争意识，获取信息和处理的能力，一定的社会活动能力，胜任通用技术课程的教学工作。

主要课程：技术设计基础、技术发明与创造技法、计算机辅助设计、实用工艺学基础、现代技术发展趋势简介、工程制图基础、计算机网络技术、技术教学论、电子技术基础、故障诊断技术概论、质量管理基础知识、技术与文化、技术风险评估、技术文化与伦理、传感器原理与应用、计算机软件技术基础。

（二）继续教育培训课程

物理专业继续教育的主要课程有：物理教育科研方法、物理教师的学科素养、物理教学设计、初中生物理学习常见问题及对策、物理教学反思与案例分析、安全用电和家庭电路、物理实验思想方法、物理新课标解读、物理课堂观察与诊断、中学物理实验专题研究、中学物理实验中的新技术等。

通用技术专业继续教育的主要课程有：通用技术教材分析、结构与设计专题研究、控制与设计专题研究、系统思想与教学、电子控制讲座与实验、通用技术项目教学案例解析、技术设计基础知识、技术专业技能实践、技术与设计的核心概念和思想方法、技术教师的素质、创新创造技法等课程。

四、队伍建设

截至2013年5月，物理系有专职教师12人，其中副教授5人，讲师7人。博士1人，硕士9人，本科2人。另聘请兼职、客座教授3人。

五、教育教学特色

多年以来，物理系形成了自己的教育教学特色：重视理论联系实践，寻找学员需求，切实提高培训质量，力争成为首都基础教育、中小学继续教育和教科研的重要基地。

物理系坚持"求真务实，走内涵发展之路"的核心理念，注重对教师培训和成人学习特点的研究，科学深入地了解中学物理教师和通用技术教师的需求，在此基础上开展相应的理论研究和课程开发，研训一体，生成适合学员的教学内容和教学方法。例如，对于通用技术学科，为保障课程功能的实现，进行以项目学习为主要教学方式的探索性研究和培训，在该学科的相关研究和培训领域处于北京乃至全国领先的地位。

第三节　生化环境系

一、基本情况

生化环境系是一个多学科的综合教学系，2008年1月，划归为教师教育数理学院，主要承担北京市中学生物、化学、地理和小学科学教师学历教育和继续教育的任务。生化环境系设4个教研室：生物教研室、化学教研室、地理教研室和小学科学教研室。

2008年1月至2011年5月，系主任：胡玉华；党支部书记：王钦忠；副系主任：王凌诗、张素娟。教研室主任分别为许琼、周玉芝、李春艳、王凌诗。2011年5月至2013年5月，系主任：胡玉华；党支部书记：王钦忠；副系主任：张素娟、周玉芝。教研室主任分别为许琼、贾晓春、张素娟、王凌诗。截至2013年5月，生化环境系共有教职工16人，其中中国共产党党员8人。

二、工作概况

（一）教学工作

1. 学历教育

现在生化环境系招收科学教育的本科学历班。2008年到2013年5月间，生化环境系为首都基础教育培养了570名合格的成人本科毕业生。目前在校生27人，将于2014年毕业。具体情况见表3－23。

表 3－23　生化环境系学历教育基本情况统计（2008—2013 年）

年份	专业	录取人数（人）	毕业人数（人）
2008	科学教育	39	145
2009	科学教育	22	195
2010	科学教育	31	112
2011	科学教育	0	63
2012	科学教育	0	33
2013	科学教育	0	22
合计		92	570

在这期间，生化环境系每年还承担了其他院系的学历教学任务，比如，自然科学基础、科学素养专题、学前生理卫生学、科学与生活、生态与环境、食品营养卫生、食品安全等课程的教学任务。

2. 继续教育

2008 年至 2013 年 5 月期间，生化环境系承担了国家级、北京市级、对口支援、合作委托等培训共 87 项，培训各级各类教师共计 4905 人次。具体情况见表 3－24。

表 3－24　生化环境系继续教育基本情况统计（2008—2013 年）

<table>
<tr><th>年份</th><th>序号</th><th colspan="2">项目名称</th><th>培训人数（人）</th><th>合计（人）</th></tr>
<tr><td rowspan="15">2008</td><td>1</td><td rowspan="13">北京市级</td><td>北京市市级学科带头人及骨干教师培训（生物）</td><td>20</td><td rowspan="13">1379</td></tr>
<tr><td>2</td><td>北京市市级学科带头人及骨干教师培训（化学）</td><td>42</td></tr>
<tr><td>3</td><td>北京市市级学科带头人及骨干教师培训（地理）</td><td>21</td></tr>
<tr><td>4</td><td>北京市市级学科带头人及骨干教师培训（小学科学）</td><td>21</td></tr>
<tr><td>5</td><td>“绿色耕耘”——初中生物教师培训</td><td>80</td></tr>
<tr><td>6</td><td>“绿色耕耘”——初中化学教师培训</td><td>35</td></tr>
<tr><td>7</td><td>“绿色耕耘”——初中地理教师培训</td><td>30</td></tr>
<tr><td>8</td><td>“绿色耕耘”——小学科学教师培训</td><td>46</td></tr>
<tr><td>9</td><td>“春风化雨”——初中生物教师培训</td><td>80</td></tr>
<tr><td>10</td><td>“春风化雨”——初中化学教师培训</td><td>106</td></tr>
<tr><td>11</td><td>“春风化雨”——初中地理教师培训</td><td>35</td></tr>
<tr><td>12</td><td>“春风化雨”——小学科学教师培训</td><td>60</td></tr>
<tr><td>13</td><td>北京市小学科学实验教师培训</td><td>803</td></tr>
<tr><td>14</td><td rowspan="2">对口支援</td><td>康庄之路——北京教育学院支援延庆县康庄中学教师发展计划</td><td>3</td><td rowspan="2">6</td></tr>
<tr><td>15</td><td>西藏拉萨市文科骨干教师培训和教育管理干部、理科骨干教师培训（初中化学）</td><td>3</td></tr>
</table>

续表

年份	序号	项目名称		人数（人）	合计
2009	1	北京市级	北京市市级学科带头人及骨干教师培训（生物）	23	795
	2		北京市市级学科带头人及骨干教师培训（化学）	35	
	3		北京市市级学科带头人及骨干教师培训（地理）	23	
	4		北京市市级学科带头人及骨干教师培训（小学科学）	21	
	5		“绿色耕耘”——初中生物教师培训	61	
	6		“绿色耕耘”——初中化学教师培训	52	
	7		“绿色耕耘”——初中地理教师培训	63	
	8		“绿色耕耘”——小学科学教师培训	43	
	9		“春风化雨”——初中生物教师培训	107	
	10		“春风化雨”——初中地理教师培训	80	
	11		“春风化雨”——小学科学教师培训	112	
	12		普通高中新课程教师培训——高中理科新课程实验教学（生物）	90	
	13		普通高中新课程教师培训——高中理科新课程实验教学（化学）	85	

续表

年份	序号	项目名称		人数（人）	合计
2010	1	“国培计划”	——内蒙古农村牧区骨干教师短期集中培训（初中化学）	72	214
	2		——内蒙古农村牧区骨干教师短期集中培训（初中生物）	68	
	3		——内蒙古农村牧区骨干教师短期集中培训（小学科学）	74	
	4	北京市级	北京市市级学科带头人与骨干教师培训（生物）	30	446
	5		北京市市级学科带头人与骨干教师培训（化学）	31	
	6		北京市市级学科带头人与骨干教师培训（地理）	33	
	7		北京市市级学科带头人与骨干教师培训（小学科学）	19	
	8		“绿色耕耘”——教非所学培训（初中生物）	19	
	9		“绿色耕耘”——提高培训（初中化学）	20	
	10		“绿色耕耘”——教非所学培训（初中地理）	28	
	11		“绿色耕耘”——教非所学培训（小学科学）	44	
	12		“春风化雨”——常规培训（初中化学）	37	
	13		北京市普通高中新课程教师专项培训——理科教师实验技能培训（生物）	61	
	14		北京市普通高中新课程教师专项培训——理科教师实验技能培训（化学）	61	
	15		北京市中小学教师带新脱产培训——教学能力提高（小学科学）；学科专业知识提升（中学地理、中学生物）	63	
	16	对口支援	西藏拉萨市中小学教师培训（小学科学）	30	51
	17		四川省什邡市理化生教师培训（化学）	9	
	18		四川省什邡市理化生教师培训（生物）	7	
	19		四川省什邡市理化生教师培训（地理）	5	
	20	委托培训	北京市小学科学实验教师新仪器新设备使用技能再提高培训	242	242

续表

年份	序号	项目名称		人数（人）	合计
2011	1	北京市级	北京市学科带头人与骨干教师培训（生物）	18	665
	2		北京市学科带头人与骨干教师培训（化学）	40	
	3		北京市学科带头人与骨干教师培训（地理）	20	
	4		北京市学科带头人与骨干教师培训（小学科学）	19	
	5		“绿色耕耘”——初中生物教师培训	59	
	6		“绿色耕耘”——初中化学、高中化学教师培训	52	
	7		“绿色耕耘”——初中地理教师培训	49	
	8		“绿色耕耘”——小学科学教师培训	43	
	9		北京市中小学学科教师市级培训——教学实施能力提升（高中生物）；——校本教研能力提升（初中生物）	104	
	10		北京市中小学学科教师市级培训——教学实施能力提升（高中化学）；——校本教研能力提升（初中化学）	105	
	11		北京市中小学学科教师市级培训——教学实施能力提升（高中地理）	35	
	12		北京市中小学学科教师市级培训——教学实施能力提升（小学科学）	34	
	13		北京市中小学教师带薪脱产培训——市区骨干后备班（小学科学、初中生物）	87	
	14	“国培计划”	海南省中学地理骨干教师短期集中培训	40	40

续表

年份	序号	项目名称		人数（人）	合计
2012	1	北京市级	北京市市级学科带头人和骨干教师培训（生物）	49	567
	2		北京市市级学科带头人和骨干教师培训（化学）	67	
	3		北京市市级学科带头人和骨干教师培训（地理）	46	
	4		北京市市级学科带头人和骨干教师培训（小学科学）	23	
	5		“绿色耕耘”——初中生物、高中生物教师培训	71	
	6		“绿色耕耘”——初中化学、高中化学教师培训	58	
	7		“绿色耕耘”——初中地理、高中地理教师培训	58	
	8		“绿色耕耘”——小学科学教师培训	29	
	9		“学教一体”——高中生物教师培训	33	
	10		“学教一体”——高中化学教师培训	33	
	11		“学教一体”——高中地理教师培训	35	
	12		“学教一体”——小学科学教师培训	36	
	13		带薪脱产培训（小学科学）	29	
	14	“国培计划”	甘肃省初中地理骨干教师短期集中培训	88	88
	15	委托培养	内蒙古乌兰察布市小学科学及中小学网管员培训（小学科学）	50	118
	16		河北省秦皇岛市高中理化生骨干教师培训（高中生物）	20	
	17		河北省秦皇岛市高中理化生骨干教师培训（高中化学）	20	
	18		河北省秦皇岛市高中理化生骨干教师培训（高中地理）	20	
	19		天津市滨海新区教坛能手培训项目（初中化学）	8	

续表

年份	序号	项目名称		人数（人）	合计
2013（截至5月底）	1	北京市级	“绿色耕耘”——初中生物教师培训	36	294
	2		“绿色耕耘”——小学科学教师培训	71	
	3		“绿色耕耘”——初中化学、高中化学教师培训	59	
	4		“绿色耕耘”——初中地理、高中地理教师培训	60	
	5		北京市城区中小学教师“专业促进培训”（初中化学）	30	
	6		市级理科实验教师专题培训（生物）	38	
合计	87			4905	4905

（二）科研工作

1. 承担课题情况

2008年至2013年期间，生化环境系共承担市级课题2项，院级课题18项。具体见表3-25。

表3-25 生化环境系教师承担课题情况统计（2008—2013年）

类别	课题名称	负责人	立项年份
北京市级	北京市教育科学“十一五”规划2008年度基础教育研究重点课题“高中理科新课程实验及其教学研究”	何彩霞	2008
	北京市教育委员会社科计划面上项目“北京市启蒙教师科学素养调查及提高对策研究”的研究	王凌诗	2009
院级	北京市远郊区县“教非所学”生物专业教师知识结构与需求的调查与研究	郭宏伟	2008
	地理课堂教学设计中的教学心理学依据研究	张素娟	2008
	高中化学新课程实验教学研究	贾晓春	2008
	关于高中化学探究式教学的研究	周玉芝	（重点课题）
	以观念建构为本的生物高中新课程研究	胡玉华	
	基于网络环境的科学教师培训研究	王凌诗	2008
	小学科学教学设备配置标准的使用与改善	孟令红	（重点课题）
	小学科学实验教师继续教育中的分层教学	靳飞	
	建立以课例为载体的教师行动教育的课程体系——探索教师教育中有效学习“支架”的构建	赵景春	2008

续表

类别	课题名称	负责人	立项年度
院级	新课程背景下地理教师备课方式的转变研究	李春艳	2008
	中、高考化学概念试题研究	张莉娜	2008
	果胶酶催化果胶水解实验的拓展探究初探——高中新课改下化学与生物的交叉与融合	冯杉	2008
	基于新课程理念的化学复习课教学设计研究	王钦忠	2009
	新课程背景下的高中化学考试与教学研究	张莉娜	2009
	高中化学新课程实施观念建构为本的教学研究（重点课题）	何彩霞	2009
	继教中的教学课例与课例研究的价值开发	赵景春	2010
	中学化学课堂教学评价研究	周玉芝	2010
	中学生物学核心概念体系的建构	胡玉华	2010
	逆向设计法在中学化学教学的应用研究	周玉芝	2012
	高中化学新课程实验及实验教学研究（重点课题）	贾晓春	2012
	基于核心概念的课堂教学问题设计与应用研究	王钦忠	2013
	围绕落实重要概念的理科实验教学研究	许琼	
	基于核心概念理解的初中生物传感器实验教学模式研究	靳飞	2013

2010 年 7 月，学院将科学教育确定为首批院级重点学科，组建了以胡玉华为学科带头人和以张素娟、周玉芝、王凌诗为骨干教师的科学教育建设团队，并将学科建设的方向定为“科学主题视角下的理科各学科知识体系的建构及教学实践研究”。

2. 主要学术成果

5 年期间，生化环境系的教师充分利用自己所掌握的资源、手段和方法，不断摸索并确定各自的研究方向，密切关注北京市乃至全国中学生物、化学、地理和小学科学课程改革，教师专业发展的理论和实践，北京市乃至全国的教师培训前沿动态，潜心研究，将教学、培训和科研紧密结合，开展了大量科研教育工作。

2008 年至 2013 年 5 月期间，生化环境系的教师在工作实践的基础上，不断总结、思考和研究，发表论文 120 余篇，在核心期刊上发表研究论文 60 余篇，编著、出版了专著与培训教材 24 部。具体情况见表 3－26。

表3－26 生化环境系教师部分学术成果统计（2008—2013年）

姓名	成果名称	成果形式	发表年份
何彩霞	打通物质之间的联系	论文	2008
	碘系列实验的设计与思考	论文	2008
	化学单元教学设计的探索	论文	2008
	人教版高中化学新教材实验内容分析	论文	2008
	科学教育专业基础化学实验开发的思考	论文	2008
	从学生已有的知识经验出发设计教学	论文	2008
	几个与碘有关的实验	论文	2008
	基团保护及其在有机合成中的作用	论文	2008
	高中新课程怎样教：理化生	著作（参编）	2008
	英语班的女生也爱上了化学	论文	2009
	在把握化学概念本质中促进学科观念建构	论文	2009
	在学生调研中明确概念学习和认识发展目标	论文	2009
	为什么学生对“分子在运动”的认识有歧义	论文	2009
	初三化学作业情况的调查与实践改进	论文	2009
	义务教育阶段中学化学实验教师实验技能标准的构建	论文	2009
	化学学科观念建构是单元教学的核心	论文	2009
	对“同系物”概念的探讨	论文	2009
	建构科学方法与化学学习的桥梁	论文	2009
	在做学生调研中实现教学的实效性	论文	2009
	“从海水中提取有用物质”复习课教学设计	论文	2009
	首都市级学科带头人及骨干教师研修丛书（中学化学卷）	著作（主编）	2009
	化学新课程“过程与方法”目标的理解与设计	论文	2010
	高考化学实验试题的形成	论文	2010
	初中学生化学学习的难点及教学策略	论文	2010
	以科学主题为视角建构化学基本观念	论文	2010
	浅谈初中化学单元复习教学	论文	2010
	化学课堂教学新知识认识途径设计	论文	2010
	化学概念教学要关注学生的思维过程和认识发展——“混合物和纯净物”教学案例透视	论文	2010
	人教版高中化学新教材实验实施现状的调查	论文	2010
	化学新课程教学与教师成长	著作	2010
	教师培训研究与评论（第1辑）	著作	2010

续表

姓名	成果名称	成果形式	发表年份
何彩霞	对比实验在高中化学概念教学中的应用	论文	2011
	恰当运用对比实验帮助学生理解化学概念——以“离子反应”教学为例	论文	2011
	围绕化学概念本质的理解设计实验活动——以“金属的电化学腐蚀”教学为例	论文	2011
	新课程理念下化学中考复习课的教学设计	论文	2011
	整体把握和实施观念建构的化学教学研究——以高中化学必修 1“离子反应”单元为例	论文	2011
	在宏观与微观的联系中把握化学概念本质——以“弱电解质的电离”教学为例	论文	2011
	基于实验支持的“有机物分子内基团间作用观”教学研究——以有机物中羟基的性质教学为例	论文	2011
	科学新课程教学与教师成长	著作	2011
	中小学和幼儿园教师资格考试学习参考书系列——化学学科知识与教学能力（适用于初级中学化学教师资格申请者）	著作	2011
	科学主题与核心概念	著作	2011
	学生对离子反应概念的认识研究	论文	2012
	发展学生对有机物“结构决定性质”认识的教学研究——以《苯酚》教学为例	论文	2012
	以化学观念统领具体知识的教学——以“弱电解质的电离”教学为例	论文	2012
	拓通学生“思路”建构的途径——对“二氧化碳与氢氧化钠溶液反应探究”教学案例的反思	论文	2012
	从能量角度认识化学反应——以必修 2“化学能与热能”教学为例	论文	2012
	不同版本高中化学教材“化学反应速率”内容编写特点对比分析	论文	2012
	中小学教师专业发展标准及指导（理科）	著作	2012
	从微粒角度认识物质及其变化——以人教版“分子和原子”教学为例	论文	2013
	运用化学观念促进学生深层思维——以“盐类的水解”教学为例	论文	2013
	以化学观念为统领设计教学活动——对“弱电解质的电离”教学课例的再研究	论文	2013
	围绕“化学元素观”展开深入学习——以“水的组成”教学为例	论文	2013

续表

姓名	成果名称	成果形式	发表年份
何妮妮	首都市级学科带头人及骨干教师研修丛书（中学地理卷）	著作	2009
	从初中地理教学的角度学习认识人文地理	论文	2010
	试析如何在学科教学中渗透国际理解教育	论文	2010
	国际理解教育：思考与行动	论文	2010
	从地理的视角看文化	论文	2010
	中学人文地理教学应体现地理学科本质	论文	2010
	科学教育的文化功能	著作	2010
	高中通用技术课教师培训课程与培训模式研究	论文	2009
李春艳	诊断地理教师学科知识水平 提高教师培训实效性	论文	2009
	课程标准统整下初中地理教学目标的备课策略	论文	2010
	中学地理教师学科知识测试框架及试题研究	论文	2011
	教师培训研究与评论（第1辑）	著作	2010
	地理新课程教学与地理教师成长	著作	2011
	中小学教师专业发展标准及指导（理科）	著作	2012
	中小学教师专业发展标准及指导（社会科）	著作	2012
	基于教师PCK（学科教学知识）的中学地理教学	论文	2013
	基于“绿色耕耘”培训项目的农村中小学教师培训模式创新研究与实践应用	论文	2013
胡玉华	美国FOSS教材中骨骼一节的分析与评价	论文	2008
	基于提高教师专业水平的开放式继续教育模式	论文	2008
	高中新课程怎样教：理化生	著作	2008
	基于可持续发展的生态文化建设研究	论文	2009
	首都市级学科带头人及骨干教师研修丛书（中学生物卷）	著作	2009
	生物新课程教学与教师成长	著作	2009
	美国FOSS体系及其教育价值的分析	论文	2010
	PISA评价方式对生物学教学评价的启示	论文	2010
	科学主题视野下的生物学科观念的建构	论文	2010
	试论教师继续教育中的“临堂学习”培训模式	论文	2010
	小学科学教学中基于概念建构的“活动”设计的程序和方法	论文	2010
	基于“临堂学习”的教师继续教育培训模式	论文	2011

续表

姓名	成果名称	成果形式	发表年份
胡玉华	“整体把握”是高中新课程模块教学的关键	论文	2011
	课堂教学中科学概念认识途径设计	论文	2011
	美国 FOSS 课程《生命的结构》单元分析	论文	2011
	生物学核心概念的界定和对美国 FOSS“人体骨骼”的教学分析	论文	2011
	对生物学核心概念及其内涵的研究	论文	2011
	中小学和幼儿园教师资格考试学习参考书系列——生物学科知识与教学能力（适用于高级中学生物教师资格申请者）	著作	2011
	中小学和幼儿园教师资格考试学习参考书系列——生物学科知识与教学能力（适用于初级中学生物教师资格申请者）	著作	2011
	生物教师学科知识结构评价研究	著作	2011
	生物学核心概念及其教育价值和教学理解	论文	2012
	基于核心概念建构的中学生物学新课程教学	论文	2012
	理科教师学科知识结构的现状调研及培训建议	论文	2012
	生物学核心概念的教学建议	论文	2012
	中学生物教师学科知识结构及评价试题研究	论文	2012
张素娟	地理学科本质与地理课堂教学问题的透视	论文	2008
	地理学科本质问题解析与中学地理教学	专著	2009
	警惕地理教学中的“去学科化”现象	论文	2009
	地理课堂教学设计中的问题剖析	论文	2009
	“这节课为什么不像地理课”——一节初中地理研究课的课例分析	论文	2009
	中学地理课堂教学设计中的问题剖析与培训对策	论文	2009
	唤醒学生的自主学习意识——高三地理复习课的课例分析	论文	2010
	《动物怎样过冬》教学案例及分析	论文	2010
	从事实性知识传授到提升科学观念的质变	论文	2010
	地理新课程教学与教师成长	著作	2011
	科学新课程教学与教师成长	著作	2011
	北京市义务教育课程改革实验教材——地理	著作	2011
	对中学“地理信息技术运用”教学内容的认识与思考	论文	2011
	初中地理教学中如何有效地从图像材料中获取和解读地理信息	论文	2011

续表

姓名	成果名称	成果形式	发表年份
张素娟	结构主义大师的区域地理教学案例——格里高利的扑克牌游戏改进	论文	2011
	初中地理教学中如何有效地从图像材料中获取和解读地理信息	论文	2011
	科学主题与核心概念		2011
	《义务教育地理课程标准（2011 年版）》的变化与分析	论文	2012
	让绪论课引领学生走进地理之门	论文	2012
	什么是最有价值的知识——基于核心概念的地理知识解析与案例分析	论文	2012
	有效的地理教师培训：内涵、要素与实施策略	论文	2012
	义务教育阶段地理课程标准修订前后的对比分析	论文	2012
	教有智慧的地理（北京教育丛书）		2012
周玉芝	Theoretical investigation of the decarboxylation reaction of CH_3CO_2 radical	论文	2008
	以探究度设计为切入点，培养学生的探究能力	论文	2009
	建构科学方法与化学学习的桥梁——“简单分类法及其应用”的教学思考	论文	2009
	化学新课程教学与教师成长	著作	2010
	从化学学科的视角解析美国科学课程 FOSS	论文	2011
	构建科学方法与化学学习的桥梁	论文	2011
	美国新版 K－12 科学教育框架对我国基础教育阶段科学教育的启示	论文	2012
	以核心概念为统领设计化学教学	论文	2012
	从表层学习到深层学习——以初中化学的分子概念教学为例	论文	2012
王凌诗	FOSS 水单元学生反馈与单元评价	论文	2009
	首都市级学科带头人及骨干教师研修丛书——小学科学卷	著作	2009
	“合作—反思式”备课：提高培训者教学质量的有效方法	论文	2010
	小学科学教学中小学生测量能力的培养	论文	2011
	FOSS 项目评价系统特点及其教育价值	论文	2011
	科学主题与核心概念	著作	2011
	科学新课程教学与教师成长	著作	2011
许琼	科学主题与核心概念	著作	2011
	利用鸡翅进行“运动器官观察”的实验方法	论文	2013

续表

姓名	成果名称	成果形式	发表年份
贾晓春	碘系列实验的设计与思考	论文	2008
	人教版高中化学新课程实验教学系列讲座——《化学物质及其变化》实验分析与教学建议	论文	2009
	人教版高中化学新课程实验教学系列讲座——《化学反应与能量》实验分析与教学建议（上）	论文	2009
	实验技术与装备·高中化学	著作	2009
	义务教育阶段中学化学实验教师实验技能标准的构建	论文	2009
	人教版高中化学新课程选修模块实验分析与教学建议——《化学与生活》（上）	论文	2010
	人教版高中化学新课程选修模块实验分析与教学建议——《化学与生活》（中）	论文	2010
	人教版高中化学新课程选修模块实验分析与教学建议——《化学与生活》（下）	论文	2010
	人教版高中化学新课程选修模块实验分析与教学建议——《化学与技术》（上）	论文	2010
	人教版高中化学新课程选修模块实验分析与教学建议——《化学与技术》（下）	论文	2010
	人教版高中化学新课程选修模块实验分析与教学建议——《物质结构与性质》	论文	2010
	人教版高中化学新课程选修模块实验分析与教学建议——《有机化学基础》（上）	论文	2010
	人教版高中化学新课程选修模块实验分析与教学建议——《有机化学基础》（下）	论文	2010
	人教版高中化学新课程选修模块实验分析与教学建议——《实验化学》第一单元	论文	2010
	人教版高中化学新课程选修模块实验分析与教学建议——《实验化学》第二单元	论文	2010
	化学新课程教学与教师成长	著作	2010
	人教版高中化学新课程选修模块实验分析与教学建议——《实验化学》第三单元	论文	2011
	人教版高中化学新课程选修模块实验分析与教学建议——《实验化学》第四单元	论文	2011
	科学主题与核心概念	著作	2011
	基于实验支持发展对有机物结构与性质关系的初步认识	论文	2012
	基于实验促进对有机物结构与性质的认识	论文	2012

续表

姓名	成果名称	成果形式	发表年份
王钦忠	化学物质及其变化实验分析与教学建议	论文	2009
王钦忠	首都市级学科带头人及骨干教师研修丛书（中学化学卷）	著作	2009
王钦忠	人教版高中化学新课程选修模块实验分析与教学建议——《实验化学》第二单元	论文	2010
王钦忠	新课程理念下化学中考复习课的教学设计	论文	2011
王钦忠	化学实验探究中要引导学生“手”“脑”并用	论文	2011
王钦忠	新课程理念下中考化学复习课的教学策略——以“金属活动性顺序”的复习为例	论文	2011
王钦忠	概念为本的化学教学——以“自然界的水”单元为例	论文	2011
王钦忠	初中化学教师话题 PCK 的测评初探	论文	2011
王钦忠	《义务教育化学课程标准（2011 年版）》的变化与分析	论文	2012
王钦忠	从结构角度认识物质的概念	论文	2012
王钦忠	中小学教师专业发展标准及指导（理科）	著作	2012
王钦忠	利用问题引导学生体验知识形成的过程——以初中化学“质量守恒定律”实验探究为例	论文	2012
王钦忠	树立实验条件控制意识提升化学实验教学品质	论文	2013
王钦忠	核心概念在“化学方程式”单元教学设计中的应用	论文	2013
王钦忠	基于学科本质的化学教学——以“燃料的合理利用与开发”教学为例	论文	2013
王钦忠	化学教学情景的创设要为达成教学目标服务	论文	2013
曾早早	中国近 300 年来 3 次大旱灾的灾情及原因比较	论文	2009
曾早早	吉林省近 300 年来聚落格局演变	论文	2011
曾早早	基于聚落地名记录的过去 300 年吉林省土地开垦过程	论文	2011
曾早早	我国环境教育与可持续发展教育文件汇编	著作	2011
曾早早	区域地理论丛：地理教育与地理教师专辑	著作	2012
张莉娜	促进学生化学认识方式发展的“过程与方法”维度教学目标设计	论文	2008
张莉娜	引导学生从不同角度认识“分散系及其分类”	论文	2008
张莉娜	新课程背景下北京市中小学科学教师队伍结构的调查研究	论文	2010
张莉娜	新课程背景下的高考化学试题研究及其启示	论文	2011
张莉娜	新课程视野下教师学科教学知识（PCK）的课例研究及其思考	论文	2011

续表

姓名	成果名称	成果形式	发表年份
张军刚	人教版高中化学新课程实验教学系列讲座（Ⅴ）——《化学反应与能量》实验分析与教学建议（上）	论文	2009
	人教版高中化学新课程实验教学系列讲座（Ⅵ）——《化学反应与能量》实验分析与教学建议（下）	论文	2009
	实验技术与装备·高中化学	著作	2009
	单分散 P（St－BA－AN）/PANI 核壳结构复合微球的制备与电性能	论文	2009
	人教版高中化学新课程选修模块实验分析与教学建议——《物质结构与性质》	论文	2010
	人教版高中化学新课程选修模块实验分析与教学建议——《有机化学基础》（上）	论文	2010
	人教版高中化学新课程选修模块实验分析与教学建议——《有机化学基础》（下）	论文	2010

三、专业及课程设置

生化环境系主要承担中学生物、化学、地理和小学科学的学历教育和继续教育工作。专业及课程设置如下：

（一）学历教育专业课程——科学教育/专升本（业余）

培养了解自然科学发展史、发展动态和方向，具有宽厚的文化修养，形成比较完整的自然科学知识结构、能力和素质；具有良好的科学思维方式与方法，具有一定的科学研究、实验设计和撰写科学研究论文的能力的学生。

学历教育开设的主要课程有：理论化学基础、现代化学基础、现代生物技术、综合自然地理、现代生物学选讲、地理学新发展、科学与人文、科学过程技能、科学主题与核心概念、中外科学教育比较、科学教育研究专题、现代教育技术等。

（二）继续教育培训课程

2008 年以来，全系教师在继续教育培训中开设的主要课程有：地理学图表工具与方法、基于 PCK 的地理课堂教学研究、基于 PCK 理论的地理教学案例解析、区域地理教学中的核心概念教学、促进化学教师 PCK 发展的课例研究、学生化学学习诊断及教学对策、初中化学核心概念与学科方法、初中生物核心概念教学案例分析、初中生物人体生理内容注释，等等。以课题研究为驱动，将研究成果转化为培训资源，相继设计和开发了高中化学、生物等具有科学教学特色的实验专题系列课程。

四、队伍建设

截至 2013 年 5 月，生化环境系有专职教师 16 人，其中教授 1 人，副教授 6 人，讲师 9 人；博士 3 人，硕士 9 人，本科 4 人。

五、教育教学特色

多年以来，生化环境系逐渐形成了自己的教育教学特色，即在学历教育和继续教育工作中，始终坚持“教学质量是教师的生命线”，要求教师积极进行教育科学研究，注重理论联系实际，能够结合学员的实际情况设计出较高质量的培训课程；要求各个教研室坚持集体备课制度，提倡老中青传帮带，相互观摩教学，共同研究解决问题，共享教学资源。

第四节　实验中心

一、基本情况

2008 年 1 月，实验中心划归数理学院，主要承担理科各学科实验室管理，配合各系各学科在学历教育和继续教育中承担授课或实验课程的实验准备与指导工作。实验中心包括物理、化学、生物、地理、科学、通用技术 6 个学科 33 个实验室，同时设有两个仪器库和 1 个药品库。

2008 年 1 月至 2013 年 5 月，中心主任：王寿红；党支部书记：靳飞。截至 2013 年 5 月，实验中心共有教职工 8 人，其中中国共产党党员 5 人。

二、工作概况

（一）教学工作

1. 学历教育

实验室配合各学科积极开展学历教育，在学历教育中承担授课或实验课程的实验准备与指导工作。

2. 继续教育

5 年来，实验中心教师在下列项目中授课、开设或承担实验课程、参与实践教学指导和项目管理等工作：北京市高中理科新课程实验教学培训、北京市小学科学实验教师新仪器新设备实用技能培训、北京市高中新课程通用技术培训、北京市市级学科带头人和骨干教师培训、北京市远郊农村义务教育学校骨干教师培训、北京市城区初中校骨干教师培训，以及各类国培和委培项目，如内蒙古农村牧区中小学骨干教师培训、西藏自治区拉萨市中小学骨干教师（理科）培训、新疆和田地区“双语”培训、四川省什邡市对口援助培训、北京市宣武区继续教育班等。

（二）科研工作

1. 承担课题情况

实验中心教师在完成实验室日常管理和实验教学等工作的同时，注重科研工作，将科研工作与培训和实验室建设紧密结合，定期开展学习交流，并积极参加学院和数理学院的重点学科建设、学术沙龙、集体备课、青年教师专题学习等学术活动。

2008年至2013年5月，实验中心教师共承担院级课题16项。具体情况见表3－27。

表3－27 实验中心教师承担课题情况统计（2008—2013年）

类别	课题名称	负责人	立项年份
院级	北京市义务教育阶段理科实验教师实验技能标准的研究	王寿红	2008
	高中通用技术必修模块实践研究 提高通用技术教师培训实效性策略初探	赵若斌 龚燕江	2008
	基于网络环境的科学教师培训研究 小学科学教学设备配置标准的使用与改善 小学科学实验教师继续教育中的分层教学（重点课题）	王凌诗 孟令红 靳飞	2008
	高中“固定化酶”实验的探究式教学设计	靳飞	2009
	高中化学新课程对比实验设计及教学研究	李情义	2009
	高中化学新课程《实验化学》模块实验教学研究	王寿红	2010
	“植物组织培养”实验的教学策略研究	靳飞	2010
	基于传感技术的高中化学实验安全开发研究（重点课题）	李情义	2011
	关于影响植物组培实验教学有效性的核心要素的研究（重点课题）	杨青青	2011
	美国FOSS科学课程教学特征及其评价的系统性	王晨光	2011
	科学教育视野下的实践生物实验教学模式研究	靳飞	2011
	基于核心概念建构的初中生物实验教学模式研究	靳飞	2012
	促进学生对细胞内容理解的中学实验的研究（重点课题）	杨青青	2012
	围绕落实重要概念的理科实验教学研究 基于核心概念理解的初中生物传感器实验教学模式研究	许琼 靳飞	2013
	美国FOSS与PISA科学体系对我国科学教师学科知识测评研究	王晨光	2013
	借助实验促进中学生对部分生物学重要（核心）知识理解的研究（重点课题）	杨青青	2013

2. 主要学术成果

5年来，实验中心老师充分利用自身所掌握的科研资源、手段和方法，不断摸索并确定各自的研究方向，密切关注北京市乃至全国中小学课程改革、教师专业发展的理论与实践、北京市乃至全国的教师培训前沿动态，潜心研究，将教学、培训和科研紧密结合，开展了教育科研工作。

2008年至2013年5月，实验中心老师参编著作12部，译著1部，发表论文57篇。具体情况见表3－28。

表 3 -28　实验中心教师部分学术成果统计（2008—2013 年）

姓名	成果名称	成果形式	发表年份
靳飞	科学继续教育中开展生物学实验课程的意义	论文	2008
	生物新课程教学与教师成长	著作	2009
	MS 培养基配制中的五点注意	论文	2010
	中学生物教师培训资源库的构架	论文	2010
	高中生物教师培训中现代生物技术课程的设置与开发	论文	2010
	科学教育视野下显微镜教学价值的重审	论文	2010
	高中生物 SDS - PAGE 实验教学建议	论文	2011
	模拟“蛋白质提取”实验设计	论文	2011
	中小学和幼儿园教师资格考试学习参考书系列 生物学科知识与教学能力 （适用于高级中学教师资格申请者）	著作	2011
	初中生物学“遗传与变异”重要概念的教学分析	论文	2012
	探究高锰酸钾定性检测维生素 C 的影响因素	论文	2012
	概念为本的显微镜教学改进	论文	2012
	利用色度计传感器探究蔗糖的还原性	论文	2013
李情义	实验技术与装备·高中化学	著作	2009
	人教版高中化学新课程实验教学系列讲座——化学反应与能量实验分析与教学建议（上）	论文	2009
	人教版高中化学新课程实验教学系列讲座——化学物质及其变化实验分析与教学建议	论文	2009
	人教版高中化学新课程选修模块实验分析与教学建议——《实验化学》第二单元	论文	2010
	高中化学新教材实验分析与教法建议——选修 6 第一章	论文	2010
	高中化学新教材实验分析与教法建议——化学反应原理（下）	论文	2010
	人教版高中化学新课程选修模块实验分析与教学建议——化学反应原理（上）	论文	2010
	人教版高中选修模块《化学与生活》实验分析与教学建议	论文	2010
	人教版高中化学新课程选修模块实验分析与教学建议——《实验化学》第四单元研究型实验	论文	2011
	人教版高中化学新课程选修模块实验分析与教学建议	论文	2011
	对比实验在高中化学概念教学中的应用	论文	2011

续表

姓名	成果名称	成果形式	发表年份
孟令红	中日小学科学课程与学力的比较研究	论文	2008
	日本小学科学课的学习指导与评价	译著	2008
	首都市级学科带头人及骨干教师研修丛书小学科学卷	教材	2009
	日本探究式科学教学的特点及其对我国的启示	论文	2009
	日本小学科学课程的一体化教学特征及改革的系统性	论文	2009
	日本、美国、澳大利亚、荷兰和捷克科学课堂教学的特点——来自 TIMSS1999 科学录像课研究报告	论文	2010
	日本基础教育中科学课程的目标及内容	论文	2010
	影响小学科学学力因素的中日比较研究	论文	2010
	中国の基礎教育の理科カリキュラム——北京で実施されていることを中心に—	论文	2010
	科学新课程教学与教师成长	著作	2011
	从《杠杆》单元的教学设计看日本小学科学课程的特点	论文	2011
马丽莹	教师专业发展标准（通用技术）	著作	2010
	技术与设计——探究活动手册 1	教材	2011
	自然科学基础（下）	教材	2012
王寿红	碘系列实验的设计与思考	论文	2008
	人教版高中化学新教材实验内容分析	论文	2008
	几个与碘有关的实验	论文	2008
	几种植物色素作为酸碱指示剂的研究	论文	2008
	科学教育专业基础化学实验开发的思考	论文	2008
	化学物质及其变化实验分析与教学建议	论文	2009
	义务教育阶段中学化学实验教师实验技能标准的构建	论文	2009
	实验技术与装备·高中化学	著作	2009
	人教版高中化学新教材实验实施现状的调查	论文	2010
	人教版高中化学新课程选修模块实验分析与教学建议——《实验化学》第二单元	论文	2010
	高中化学新教材实验分析与教法建议——选修 6 第一章	论文	2010
	高中化学新教材实验分析与教法建议——化学反应原理（下）	论文	2010
	人教版高中化学新课程选修模块实验分析与教学建议化学反应原理（上）	论文	2010
	人教版高中选修模块《化学与生活》实验分析与教学建议	论文	2010
	人教版高中化学新课程选修模块实验分析与教学建议——《实验化学》第四单元研究型实验	论文	2011
	人教版高中化学新课程选修模块实验分析与教学建议	论文	2011
	从实验角度探讨义务教育化学新课标	论文	2012
	不同版本高中化学教材“化学反应速率”内容编写特点对比分析	论文	2012

续表

姓名	成果名称	成果形式	发表年份
王晨光	中国与美国科学教育的分析比较	论文	2009
	美国初中 FOSS“什么是天气”实验活动解析	论文	2010
	试论美国初中 FOSS 探究活动对我国理科教学的借鉴价值	论文	2010
	科学	教材	2010
	美国初中 FOSS 科学课程的教学特征系统性研究	论文	2011
	初中地理课程学习评价的比较研究	论文	2011
	美国初中 FOSS 科学课程的教学特征	论文	2011
	PISA 与 NAEP 科学测评对我国科学教师学科知识测试编制的启示	论文	2012
	自然科学基础	教材	2012
	中小学教师专业发展标准及指导（理科）	著作	2012
杨青青	Era 蛋白（E. coli ras - like protein）——一个可能参与真、原核细胞信号调控的新分子开关	论文	2010
	浅谈科学教育中不可或缺的科学过程技能	论文	2010
	拟南芥外源 ERG 基因的阳性苗的初步筛选	论文	2010
	拟南芥 ERG437 基因细胞定位的初步观察	论文	2010
	中学生物实验教学中的蛋白技术概述	论文	2011
	中学植物组织培养实验成功的核心要素概述	论文	2011
	中小学和幼儿园教师资格考试学习参考书系列 生物学科知识与教学能力	教材	2011
	浅谈重要概念在初中生物教学中的重要价值	论文	2012
	如何更好地开展中学生物的 PCR 实验	论文	2012
	四个促进学生理解概念的实验研究	论文	2012
赵若斌	通用技术教师“控制与设计”模块培训	论文	2008
	基于项目的教学模式——以“声光控楼道灯模型设计制作”为例	论文	2010

孟令红博士长期致力于小学科学研究，2009 年应邀参加了第 60 届日本全国理科教育大会，在大会“亚洲各国科学教育的发展动向”的论坛上作了题为《中国基础教育中的科学教育课程——以北京市实施的科学课程为中心》的发言；2010 年参加了首届全球华人科学教育会议，并在会议上作《小学科学探究式教学的八个环节的提出》的发言。

（三）实验室建设与管理工作

实验室建设与管理工作是实验中心教师的基本任务，包括仪器、药品与耗材等固定资产的管理、实验室维护、实验室设备保养与更新、实验教学准备、安全保卫等工作，使实验室能够正常运转，为教学与科研服务。

此外，实验中心承担着配合数理学院及各学科进行实验室建设的任务。在学院国资处大力支持下，2008 年、2009 年和 2010 年，通过连续 3 年申报专项的方式，学院投入近 200 万元对理科实验室进行了较大规模的改造，不仅改善了实验条件，而且更新和添置了实验教学急需的仪器设备，建设了可供多学科使用的“电子显微数据分析实验室”、乐高技术创新实验室，改造了化学实验室、生物实验室和化学药品库。

三、专业及课程设置

实验中心各学科实验室负责物理、化学、生物、地理、科学、通用技术等学科实验课的准备工作，承担或参与实验课的教学工作。包括各个层次的学历教育和各类继续教育中的实验课程。

近 5 年承担授课或参与指导的主要学历课程有：科学专业基础物理实验、科学专业基础化学实验、科学专业生物学实验、近代物理实验、通用技术校外科技活动、国内外科学教育比较、科学过程技能、学前卫生学、生命科学等。

承担授课或参与指导的继续教育课程主要有：中学物理实验专题研究、通用技术系列实验、数字化实验系统及其应用、高中化学新课程重难点实验研究、初中化学重难点实验研究、化学与生活系列实验、植物生理学实验、动物生理学实验、蛋白质分析技术、微生物基本实验技术、FOSS 科学体系与实验、小学科学探究系列实验、国内外科学教育比较等。

四、队伍建设

截至 2013 年 5 月，实验中心现有教师 8 人，其中高级实验师 3 人，实验师 3 人，助理实验师 2 人。博士 1 人，硕士 3 人，本科 4 人。

五、教育教学特色

实验中心始终坚持为基础教育课程改革服务、为北京市中小学教师服务、为学院教育教学工作服务的宗旨，围绕基础教育课程改革，紧密联系中小学教学实际，以学科建设和实验室建设为中心，开展教育教学研究，努力做好实验课程的开发。多年来，实验中心教师参与到各级各类培训当中，研究开发了一系列新颖、实用、特色鲜明的实验课程，在实验教学方面积累了较为丰富的经验，能够胜任各类实验教学和实验教师培训任务。实验中心在多年的持续发展中不断完善，并逐步发展成为北京市中小学实验教学和研究基地。

第五节　基础教育课程教材教法研究所

一、基本情况

基础教育课程教材教法研究所隶属教师教育数理学院，学术上与各教学系互相配合，人员上整合各教学系基础教育课程与教学的相关研究人员。研究所以研究中小学课程、教材与教法为主要内容，整理、提升数理学院系列研究成果，组织基础教育领域的研究课题；提高数理学院在基础教育理科课程与教学研究领域的学术研究水平，力求为数理学院的继续教育培训工作提供有力的支撑。

2008 年 1 月至 2011 年 5 月，所长：张丹；2011 年 5 月至 2013 年 5 月，所长：冯爽；秘书：马丽莹。

二、工作概况

基础教育课程教材教法研究所在北京教育学院较领先地对 PCK（学科教学知识）进行了研究，各学科成员对本学科 PCK 进行了较详细的文献综述，并学习如何进行案例分析，尝试了一系列的探索，发表了系列文章，定期组织交流。

2009 年 6 月以编写“中小学理科学科观念的建构与教学”丛书为契机，开展“理科学科观念建构”的研究，集结数理学院骨干教师多年的研究成果，形成富有特色的成果。

2009 年以申报北京市“十一五”教育科学规划课题《数学素养的评价体系与系列活动设计研究》为契机，开展数学素养评价的研究，希望在评价研究中取得初步的成果，逐步推广到其他学科。

为进一步保障青年教师的学习效果，将学习落到实处，自 2011 年 3 月起，数理学院确定每月第一个周一为数理学院青年学习日。每年以“1 + 1”案例（论文）成果为目标，每次活动围绕一个主题，青年教师交流分享学习心得。

第三章　校长研修学院

一、基本情况

校长研修学院成立于 2004 年 9 月，其前身是教育科学与管理部，是以北京市中小学和中等职业学校校长、幼儿园园长培训、班主任与心理健康教师培训为主业的教学研究型学院。现设有“两系两室两所”，即教育管理系、教育心理系，行政办公室、教学办公室，学校发展研究所、德育研究所。

校长研修学院下设 3 个党支部，即教育管理系党支部、教育心理系党支部、管理综合党支部，全部隶属于中轴路校区党总支。

校长研修学院现有教职工 34 人（数据截至 2013 年 3 月），其中专业教师 27 人，行政管理人员 7 人。教职工中有中国共产党党员 23 人，占教职工人数的 66%；民主党派 3 人，占教职工人数的 9%。专业教师中，正教授 3 人，副教授 14 人，正副教授占教职工人数的 50%；博士 12 人（含博士后研究人员 1 人），硕士 18 人，硕士、博士占教职工人数的 88%。

2008 年 1 月至 2011 年 3 月，校长研修学院领导班子成员 5 人，院长：陈丽；副院长：

刘楠、汤丰林、杨秀治、李燕萍。

2011 年 4 月至今，校长研修学院领导班子成员 5 人，院长：陈丽；副院长：陈寒墅、杨秀治、李雯；院长助理（业务）：吕蕾。

校长研修学院下设两个研究所。

学校发展研究所，所长：季苹。研究所以学校发展问题与校长专业发展问题为主要研究内容。其主要职能是：通过深入学校解决学校与校长发展的实际问题，促进学校与校长发展；形成学校发展问题与校长专业发展及校长培训方面的研究成果。

德育研究所，所长：张红。研究所以北京市中小学、中等职业学校、成人高校存在的德育问题作为主要研究内容。其主要职能是：在德育方面提供咨询、科研、沟通、服务。

二、工作概况

（一）教学工作

1. 学历教育

校长研修学院在 2008 年至 2013 年间，承担应用心理（专升本）、学前教育（专升本）、学校教育（专升本）、学前教育（高起本）等 4 个专业的本科学历教育。2008 年录取 287 人，毕业 428 人；2009 年录取 374 人，毕业 546 人；2010 年录取 401 人，毕业 540 人；2011 年录取 297 人，毕业 497 人；2012 年录取 280 人，毕业 249 人；毕业 335 人。现有在校生 790 人，共 25 个教学班。学历教育具体情况见表 3 - 29。

表 3 - 29　校长研修学院学历教育基本情况统计（2008—2013 年）

年份	专业	录取人数（人）	毕业人数（人）	备注
2008	学前教育（专升本）	257	270	
	学校教育（专升本）	30	138	
	青少年教育与管理（高起专）		20	2008 年起不再招生
2009	学前教育（专升本）	352	367	
	学校教育（专升本）	22	147	
	应用心理（专升本）		32	2008 年起不再招生
2010	学前教育（专升本）	387	381	
	学校教育（专升本）	14	128	
	应用心理（专升本）		31	
2011	学前教育（专升本）	245	402	
	学前教育（高起本）	52		
	学校教育（专升本）		83	
	应用心理（专升本）		12	
2012	学前教育（高起本）	73		
	学前教育（专升本）	182	216	
	学校教育（专升本）	25	33	
2013	学前教育（专升本）		313	
	学校教育（专升本）		22	

2. 继续教育

（1）校长（干部）培训

校长研修学院一直积极承担教育系统各类、各层次干部继续教育工作，2008 年 4 月至 2013 年 5 月，举办各类各层次校长（干部）培训班共 200 余个，累计培训校长（干部）5000 多人次。

①国家级培训

2008 年至 2013 年间，校长研修学院承担的国家级培训任务有：教育部—中国移动中西部校长“影子培训”项目、中央专项彩票公益金支持青少年校外活动场所建设项目管理干部培训。

自 2009 年起，校长研修学院连续 4 年圆满完成教育部—中国移动中西部校长“影子培训”项目。该项目旨在切实提高中西部农村中小学校长的整体素质和管理实践能力，使西部地区的中小学校长有机会深入到北京最优秀的中小学“如影相随”地进行现场学习，全方位感受和体验知名学校的办学理念和管理经验。

2009 年、2010 年，受教育部基础教育二司委托，校长研修学院承办了中央专项彩票公益金支持青少年校外活动场所建设项目管理干部培训，对新疆、青海、西藏、四川、宁夏、内蒙古、河南、湖南、江西等省、自治区的青少年校外活动教育机构管理干部进行培训，更新了他们的教育理念，提升了他们的管理水平。

2011 年，校长研修学院陈丽教授被确定为“国培计划”第一批专家库入库专家；2012 年，季苹教授、迟希新副教授被确定为“国培计划”第二批专家库入库专家；李雯副教授被教育部评为“教育部—中国移动影子培训项目”国家级专家（见表 3－30）。

表 3－30　校长研修学院承担国家级干部培训项目情况统计（2008—2012 年）

年份	序号	项目名称	培训人数（人）	合计（人）
2009	1	教育部—中国移动中西部校长“影子培训”	70	239
	2	中央专项彩票公益金支持青少年学生校外活动场所建设项目管理干部培训	169	
2010	3	教育部—中国移动中西部校长“影子培训” 中央专项彩票公益金支持青少年学生校外活动场所建设项目管理干部培训	64 181	245
2011	4	教育部—中国移动中西部校长“影子培训”	76	76
2012	5	教育部—中国移动中西部校长“影子培训”	74	74
合计			634	634

②市级培训

市级培训是校长研修学院的培训主阵地，近 5 年完成或推进的项目主要有：北京市中小学名校长工作室、“祥云行动”培训项目、“国内访学计划”培训项目、中小学校长高研班培训、校长任职资格培训、国际合作校长培训项目、幼儿园园长培训等干部培训项目（见表 3－31）。

市级干训呈现出“分层、分岗、分类”的特点。“分层”是指校长培训的层次分为资格培训、提高培训、高研培训、名校长工作室4个层次；“分岗”是指参加培训的校长主要分为正职校长、教学校长、德育校长、总务校长等分别培训；“分类”是指按照培训班级体制分类，有民办学校校长班、公立学校校长班、教育行政干部培训班、中小学校长培训班、幼儿园园长培训班、中小学校长混合编班等。

在这些项目中，已经形成了属于校长研修学院的品牌型培训项目，如名校长工作室自启动以来至2013年已经举办了两期，此项培训以学术引领，研究指导为特色，作为高端校长培训项目，深受校长们的欢迎；“祥云行动”培训项目通过北京市高中校长全员培训、北京市高中骨干校长高研班培训等形式，以高端引领、密切跟进为指导思想，注重超前引领、虚实结合、学以致用，受到市教委领导与校长们的高度评价，并荣获第四届北京市基础教育教学成果二等奖。自2011年启动的北京市中小学干部教师“国内访学计划”项目，打破了市立学校与国际学校互不介入的壁垒、干训与师训分开培训的壁垒，探索了研究性国内访学模式，大大提升了中小学干部、教师的国际化素养，得到高度认可，ChinaDaily、《人民日报》《光明日报》《中国教育报》、中国教育电视台、《北京日报》《北京现代教育报》等媒体作了报道。

表3－31　校长研修学院承担北京市级培训项目情况统计（2008—2012年）

年份	序号	项目名称	培训人数（人）	合计（人）
2008	1	北京市中小学名校长工作室（第一期）	26	1607
	2	“祥云行动”——提高高中校长课改领导力的跟进培训	1200	
	3	北京市农村初中校长高研班	21	
	4	北京市农村小学校长高研班	39	
	5	北京市城区小学校长高研班（两个班）	71	
	6	中英联合校长培训	108	
	7	北京市中学教学副校长高研班	34	
	8	北京市小学教学副校长高研班	38	
	9	北京市小学德育副校长高研班	36	
	10	北京市公立幼儿园园长高研班	34	
2009	1	北京市中学校长高研班	32	1272
	2	北京市城区中学教学副校长高研班	28	
	3	北京市小学校长高研班	56	
	4	北京市区县教委中教科长研修班	19	
	5	北京市民办中小学管理干部研修班	100	
	6	北京市中小学校长任职资格培训	37	
	7	“祥云行动”——提高高中校长课改领导力的跟进培训	1000	
2010	1	北京—南京合作小学校长高研班	30	156
	2	京、浙、蓉合作小学校长高研班	30	
	3	中英校长领导力高研班	23	
	4	北京市中小学校长任职资格培训	30	
	5	“祥云行动”——北京市高中骨干校长课改专题高研班	43	

续表

年份	序号	项目名称	培训人数（人）	合计（人）
2011	1	北京市中小学名校长工作室（第二期）	20	1156
	2	北京市中学校长省际合作高研班	20	
	3	北京市教育行政干部专业能力提升培训	31	
	4	北京市中小学干部培训机构培训者培训	160	
	5	北京市中小学校长国际合作培训	23	
	6	“祥云行动”——提高高中校长课改领导力的跟进培训	736	
	7	北京市新任校长胜任力培训	150	
	8	北京市中小学干部教师“国内访学计划”第一期	16	
2012	1	北京市中小学名校长工作室（第二期）	22	1173
	2	北京市中小学骨干校长高级研修	31	
	3	北京市农村中小学校长研修	80	
	4	北京市教育科研管理者研修	21	
	5	北京市幼儿园园长高研班	21	
	6	北京市中小学校长国际合作培训	31	
	7	“祥云行动”——北京市高中特色办学实施项目（全员培训）	900	
	8	“祥云行动”——北京市高中特色办学实施项目（骨干校长高研班培训）	28	
	9	北京市中小学干部教师“国内访学计划”第二期	39	
合计			5364	5364

③委托合作培训

兄弟省市、院校委托合作培训是展示校长研修学院品牌影响力的重要体现。近5年来，校长研修学院相继完成了黑龙江、广东广州、深圳、陕西西安、河北鹿泉、浙江余姚、江西南昌、深圳宝安、安徽亳州等省、市委托性培训项目（见表3－32）。委培本着市场竞争优化的价值的追求，受到委托方及培训对象的高度认可。

通过近几年培训创新实践，校长研修学院的培训能力得到较大提升，能够根据项目委托方要求、学员特点、培训时间安排进行高水平的培训设计与实施，尤其是短期培训，受到委托方与学员的一致好评。

表3－32　校长研修学院承担委托合作培训项目情况统计（2008—2013年）

年份	序号	项目名称	培训人数（人）	合计（人）
2008	1	广东省深圳市宝安区中小学校长培训班	26	52
	2	广东省佛山市中小学校长培训班	26	
2009	1	广东省深圳市宝安区校级后备干部	40	40
2010	1	陕西省西安市中学校长高级研修	26	26

续表

年份	序号	项目名称	培训人数（人）	合计（人）
2011	1	内蒙古乌兰察布市、赤峰市中小学校长培训	48	290
	2	江西省南昌市东湖区教育干部高研班	40	
	3	广东省深圳市宝安区教育系统后备干部班	43	
	4	河北省鹿泉市小学校长高级研修班 48	99	
	5	内蒙古乌兰察布市中小学校长培训	60	
2012	1	安徽省亳州市谯城区中小学校长培训班	60	178
	2	陕西省西安市中小学名校长培训班北京段培训	16	
	3	浙江省余姚市中小学校长高级研修班	30	
	4	黑龙江省民族中小学校长培训班	50	
	5	广东省广州市中学校长培训班	22	
2013	1	安徽省利辛县校长培训班	46	87
	2	河北省鹿泉市校长培训班	41	
合计			673	673

④援助性培训

援助性培训是校长研修学院担当社会责任的重要体现。校长研修学院全体教职工克服办学条件的限制，倾注全力，汇聚北京最优质的资源，为来自灾区、贫困落后地区的学员提供高质量、高规格、高水平的培训与服务。2008 年至 2013 年，校长研修学院共完成四川什邡、西藏拉萨、新疆和田、内蒙古乌兰察布等西部各省区的教育干部、班主任教师等援助性培训项目（见表 3－33）。援培本着责任担当的价值追求，受到学员的高度肯定。

表 3－33　校长研修学院承担援助性培训项目情况统计（2008—2012 年）

年份	序号	项目名称	培训人数（人）	合计（人）
2008	1	西藏自治区中小学校长培训班	29	51
	2	内蒙古阿拉善盟中小学校长培训班	22	
2009	1	四川省什邡市中小学教学干部培训	48	124
	2	四川省什邡市中小学德育干部培训	49	
	3	西藏拉萨市教育行政人员培训	27	
2010	1	西藏拉萨市中小学校长培训	30	165
	2	四川省什邡市校级干部培训班（春季）	50	
	3	四川省什邡市校级干部培训班（秋季）	50	
	4	内蒙古阿拉善盟中小学校长培训班	35	

续表

年份	序号	项目名称	培训人数（人）	合计（人）
2011	1	西藏拉萨市干部培训	29	214
	2	湖北省巴东地区教育系统人员培训	35	
	3	新疆和田地区管理干部培训班	90	
	4	内蒙古乌兰察布市中小学校长培训班	60	
2012	1	西藏拉萨市优秀中小学校长培训	28	94
	2	新疆阿勒泰地区中小学校长培训	26	
	3	青海省玉树教育管理干部赴京培训	40	
合计			648	648

（2）教师培训

校长研修学院建立起北京市全覆盖德育人员的培训体系，在班主任培训、学校德育、心理健康教师培训等方面，培训了一大批优秀的中小学骨干教师。自2008年到2012年，累计培训了近3000人次的教师（见表3－34）。

①国家级教师培训

自2009年起，校长研修学院连续4年通过竞标、申报陈述等环节，成功承办了“教育部国培计划——中小学骨干班主任教师培训项目”。校长研修学院“国培计划”培训团队按照国家级培训标准，设计了规范的培训流程，建立了完善的项目管理体系，制定了一套项目培训管理制度，培训了300余名来自全国各地优秀的中小学班主任、班主任培训者。

②北京市级教师培训

2008年以来，校长研修学院承担的北京市中学骨干班主任培训、北京市中小学心理健康教育教师培训、《北京市中小学班主任工作管理规程》培训、积极心理大讲堂等项目按年度有序推进，培训了各层次各类别的中小学教师。另外，北京市中小学教师心理健康教师“震灾心理干预辅导讲座”、支教大学生教育素养培训等特色项目也深受培训学员好评。

2009年，校长研修学院承担了北京市中小学班主任基本功展示与培训项目。经过层层选拔，总计有199名选手参加了市级展示与培训活动。在市教委的指导下，成功举办了中小学班主任基本功总结展示大会，得到了市委常委赵凤桐同志的高度评价和各区县的高度认可。

2008年10月启动的北京市优秀班主任工作室研修项目，集合了来自全市14名国家级、市级优秀班主任共同探讨班主任成长规律和成长机制。研修成员通过与专家、名家对话，夯实了理论基础，进一步理解了学生成长的规律，明确了教育的本质和班主任工作的意义，掌握了优秀班主任成长的规律与路径。研修项目促进了优秀班主任思想的提升和班主任工作特色的提炼，加速了优秀班主任的成长和北京市优秀班主任群体的形成。

在合作办学方面，校长研修学院于2008年至2009年间与新加坡南洋理工大学合作培训教育管理硕士，全程承办了国内培训阶段的组织实施和业务辅导，并参与部分学员境外学习的业务辅导。

表 3－34　校长研修学院国家级、市级教师培训项目统计（2008—2012 年）

年份	序号	项目名称	培训人数（人）	合计（人）
2008	1	北京市中学班主任培训	38	1247
	2	北京市中小学心理健康教育教师培训	268	
	3	北京市中小学班主任《班主任规程》培训	912	
	4	北京市优秀班主任工作室	14	
	5	新加坡南洋理工大学教育管理硕士培训项目	15	
2009	1	北京市优秀班主任工作室	14	244
	2	北京市中小学骨干班主任培训	182	
	3	“国培计划”——班主任培训者培训	48	
2010	1	学校心理咨询工具研发与应用培训	20	208
	2	“国培计划”——中小学骨干班主任培训项目	188	
2011	1	北京市初中骨干班主任培训	80	576
	2	北京市中小学心理健康教师技能提高培训	161	
	3	积极心理教育大讲堂	143	
	4	“国培计划”——中小学骨干班主任培训项目		
2012	1	北京市中小学心理健康教师技能提高培训	77	668
	2	积极心理教育大讲堂	293	
	3	北京市初中骨干班主任培训	66	
	4	“国培计划”——中小学骨干班主任培训项目	232	
合计			2943	2943

③委托性教师培训

校长研修学院也同兄弟省市、院校委托合作培训班主任教师、学科骨干教师，这也是展示校长研修学院在教师培训方面的品牌影响力。近 5 年校长研修学院相继承担了陕西西安、浙江宁波、河南郑州等省、市委托性教师培训项目（见表 3－35）。

表 3－35　校长研修学院委托性教师培训项目统计（2008—2013 年）

年份	序号	项目名称	培训人数（人）	合计（人）
2009	1	浙江省宁波市名师异地培训	43	43
2010	2	浙江省宁波市名师异地培训	50	50
2011	3	陕西省西安市学科带头人培养项目北京集中培训	101	101
2012	4	河南省郑州市优质教育资源倍增工程新增教师高层次培训项目	100	100
2013	5	河南省郑州市优质教育资源倍增工程新增教师高层次培训项目	92	92
合计			386	386

（二）科研工作

1. 承担课题情况

在2008年至2013年间，校长研修学院的教师积极发挥自身专业优势，在教育学、教育管理学、教育心理学、德育管理等学术领域积极承担各类科研课题，共承担11项市级以上（含市级）课题，27项院级课题。

2. 主要学术成果

校长研修学院学术研究氛围浓厚，通过研究促进教师的专业发展，形成了丰硕的科研成果。在2008年至2013年间，校长研修学院教师共发表学术论文250余篇，出版著作11部，出版教材13部，出版继续教育成果6部。

3. 重点学科建设

校长研修学院将重点学科建设作为二级学院发展的硬任务和软实力。2010年，在多次党政联席会研讨和多次征求全体教师意见的基础上，形成了校长研修学院学科建设规划（2010—2015年），系统地规范了校长研修学院的学科建设。

同时，校长研修学院积极推动二级学院教师进行重点学科申报。2010年，首批成功申报的重点学科有3个，分别为：校长培训学、心理健康教育学和学科教育学。2012年，第二批成功申报的重点学科有：学校管理学（含校长学）、终身学习生涯发展与智能创造性研究、德育与班级管理。

校长研修学院以6大重点学科为依托，建立6大学科研究团队，每月确定两个学科建设日，推动学科研究与人才培养。

2008年至2013年间，校长研修学院还举办过全国中小学校长培训专业化研究论坛，海峡两岸教育论坛、全国优秀班主任成长论坛等大型学术论坛活动。

三、教师队伍建设

校长研修学院在教师队伍建设上追求建立一支高素质、高追求、高境界的教师队伍。2008年，全体教师共同确立了校长研修学院队伍建设的方向：通过建设“书香型学院、研究型学院、共享型学院”，把校长研修学院建成以研究为支撑的教育干部培训示范性专业基地。校长研修学院的每一位教师都把成为专业化、示范性的培训专家作为发展目标，既承担授课教师角色，更承担设计者、诊断者、培训教练等角色。

（一）用教师发展手册规划教师职业发展

在征询全体教师建议的基础上，校长研修学院于2008年、2011年分别设计编制了教师三年发展规划手册，教师们结合专业发展方向、课题研究、学科与课程建设、面临的主要问题，制定订了自己的三年专业发展规划。

2012年，校长研修学院重点针对40岁以下的青年教师进行了专业发展设计。通过青年教职工座谈，促使每一位青年教师进行反思；结合教育学院、校长学院的现状与发展需求，提出了发展所需的二级学院层面、个人层面的保障，自我制定三年发展规划。校长研修学院班子成员分别找青年教师进行了谈话反馈，帮助青年教师们最终修订好规划。

（二）用团队支撑教师的发展

经学院批准，校长研修学院在2008年打破传统的教研室设置，成立了校长专业发展、学校管理研究、教师专业发展、学生研究与课程管理、德育研究、心理健康教育6个学术团队。以团队建设的形式促进教师专业发展，发挥团长的引领作用，发挥团队的支撑作用。团长带领团队成员制订了团队研究计划，申报了团队研究课题，组织了高规格的开题论证，制定了团队建设的规定，给予了团队活动时间。

（三）用院本培训提升教师发展

教师的专业发展需要培训，校长研修学院结合教师的发展需求及工作安排，确定每年的培训主题，注重了培训的系列化。

2008年，配合"祥云行动"培训项目，校长研修学院确定的院本培训主题是"高中校长走进校长研修学院"，邀请了北师大二附中、人大附中、广渠门中学、北京十四中、陈经纶中学等十几所学校的资深校长走进校长研修学院，介绍他们学校实施新课程的经验与思考。

2009年，校长研修学院确定的院本培训主题是"学院领导走进校长研修学院"，邀请了院长李方、党委副书记刘枫耘、副院长郭世安、方中雄、钟祖荣走进校长研修学院，就提高培训质量、学院信息化建设思考、美国基础教育情况、科研与教学的关系、提升学院核心竞争力、学科建设的思考等专题作了高水平的报告。

2010年，校长研修学院开始举行"博士沙龙"系列活动。该活动为每位新入院的博士搭建平台，提供学术展示交流的机会。同时，邀请学院领导、兄弟二级学院和其他职能部门的专家学者进行点评和指导。从2010年至2013年已成功举办了7期，得到了教师们的普遍认可和好评，也赢得了有关院领导、科研处的充分肯定和赞誉。"博士沙龙"已成为校长研修学院的一个品牌学术活动。

（四）通过举行"共享知识 共享成长"系列活动，扩大教师视野

2008年至2013年，结合校长研修学院教师外出参加学术会议、培训班外出考察、挂职、博士沙龙等情况，定期开展交流共享活动，举办学术会议交流会、考察交流会、挂职交流会、"聊聊我的假期生活"交流会，促进学习型学院建设，扩大教师的视野。

（五）挂职、支教活动促进教师提升实践能力

校长研修学院积极组织安排教师进行各类挂职、支教活动。2008年至2013年间，选派齐建芳、王淑娟、石英德、孟瑜到中小学校挂职，以增强教师对实践一线的了解；安排吕雷赴西藏拉萨支教，安排石英德赴房山教师进修学校支教。

（六）注重扩大教师队伍

2008年至2013年间，通过招聘方式，引进了7名博士和4名管理人员，壮大了校长研修学院的教职工队伍。同时聘请了特聘教授、客座教授、兼职教授10余人。

（七）异国考察学习，开阔国际视野

校长研修学院注重开放型学院建设，鼓励教师积极参加对外交流活动。2008—2013年间，名校长工作室、"祥云行动"等继教项目班赴美国、英国、加拿大、挪威等地进

行短期教育考察。另外，鼓励符合学院科研假申请条件的教师出境学习深造，如2010年赵玉如赴美做访问学者、2012年杨秀治赴美做访问学者、2013年孟瑜赴美做访问学者。

校长研修学院教师同时积极参加国际性会议，如杨秀治于2013年5月参加了在美国密苏里圣·路易斯召开的第54届北美成人教育研究大会（The 54th Annual Adult Education Research Conference）；曹新美于2013年6月赴美国加利福尼亚州参加了世界积极心理教育年会等。

四、获奖情况

2008年，高明书被评为北京教育学院师德标兵。

2009年，李雯、杨雪梅被中共北京市委教育工作委员会、北京市教育委员会评为“初中建设工程先进个人”；季苹、李春元被评为北京教育学院“三育人”标兵。

2010年，杨雪梅被北京市教育工会评为“2010年北京市师德先进个人”、北京教育学院师德标兵。

2011年，杨雪梅被北京市教育工会评为“教育先锋教书育人先进个人”；陈丽、何育萍、杨雪梅、伍芳辉获得北京市“十一五”干训继续教育先进个人称号；杨秀治被评为北京市“十一五”继续教育优秀教师；陈丽被评为北京教育学院“三育人”标兵。

2012年，杨雪梅被评为北京市“三八红旗手”；陈丽被评为北京教育学院师德标兵。

五、办学特色

（一）继续教育和学历教育并举

在学院从学历教育向继续教育战略转移的过程中，校长研修学院学历教育数量较大，学历教育既为北京市培养了一批学前教育本科班教师，提升了幼儿园教师学历层次，也是锻炼教师队伍系统讲述一门课程的重要平台，锻炼了一批年轻教师，因此，校长研修学院也高度重视学历教育质量的提升。

同时，作为干部教师培训示范性基地，校长研修学院非常重视探索干部教师继续教育规律、模式、课程开发，力求培训专业化，着力打造培训品牌，成为全国干部教师培训的引领者。

（二）注重干部培训、教师培训的协调发展

在既有干部培训，也有教师培训的情况下，校长研修学院注重二者的协调发展，在项目设计、师资配备、课题研究等都二者兼顾，注重统一标准要求，相互学习，共促培训专业化。

（三）注重培训专业化，打造品牌

在“追求卓越，塑造品牌”核心价值追求下，校长研修学院人用智慧与投入塑造了一个个培训品牌，在全国产生了较大的影响力。干训项目如名校长工作室、“祥云行动”、国际合作培训、国内访学（DSP）、高级研修项目、幼儿园园长培训等，师训项目如骨干班

主任国培项目、优秀班主任工作室、班主任基本功大奖赛、心理健康培训、师德与教育心理学的全员培训等，都有较大影响力。

（四）注重开放性、共享性、研究性学院的建设

校长研修学院不仅注重事务性工作的高水平推进，也非常注重校长学校组织建设，着力建设开放型、共享性、研究性学院，通过邀请国内外专家校长走进校长研修学院、开展共享活动、通过课题研究、举办全国性大型会议及一系列制度建设，营造一种开放大气、共享合作、崇尚学术的文化氛围。

第一节　教育管理系

一、基本情况

教育管理系的前身是北京教师进修学院教育教研室。2008 年学院机构改革以后，系主任：赵玉如；副主任：何育萍。2011 年至今，系主任：何育萍；副主任：孟瑜。

二、工作概况

（一）教学工作

1. 学历教育

教育管理系承担学校教育（专升本）专业的、学前教育（高起本）专业的学历教育。现在教育管理系承担的本科学历班在校生情况：2011 级共 52 人；2012 级共 98 人；2013 级共 88 人。其中，2011 年成功申报了学前教育（高起本）专业，并于当年开始正式招生，拓展了学历教育的生源途径。

2008 年到 2013 年间，教育管理系为首都教育培训了 200 余名合格的成人本科毕业生，其中一些人现已成为基础教育系统的骨干教师。

同时，教育管理系承担着教育学的学历教育学科公共课。

2. 继续教育

2008 年以来，教育管理系主要承担各级各类教育干部培训及班主任培训任务。教育管理系教师具备独立承担各类项目的能力，从国家培训项目、市级培训项目到委托培训项目及援助项目都有教管系教师的参与。其中教育行政干部培训、教育科研管理者培训、民族校长培训、师德小分队、优秀班主任工作室等培训项目已经成为教育管理系的特色品牌项目。

（二）科研工作

1. 承担课题情况（见表 3－36）

表3－36 教育管理系教师承担课题情况统计（2008—2013年）

级别	课题名称	负责人	立项年份
国家级	构建适合中国国情的大学问责机制	王淑娟	2007
	青少年反社会行为的归因分析与德育对策研究	迟希新	2007
	多维目标中知识目标与其他目标的关系的研究	季苹	2008
北京市级	北京市2009年优秀人才培养资助项目“英国校长培训课程研究”	涂元玲	2009
	三维目标与单元教学设计的研究	季苹	2010
	学校品牌策划课程开发与教材建设研究	陈丽	2010
	北京市中小学家长择校研究	涂元玲	2011
	中小学优秀班主任成长机制研究	杨秀治	2011
	问题导向，能力本位，小组研讨式培训模式研究	吕蕾	2012
	祥云行动——北京高中校长办学特色实施项目	陈丽	2012
	北京市中小学干部教师“国内访学计划”实践研究项目	陈丽	2012
	中小学校长国际合作培训研究	李雯	2012
中英合作	课程改革在学校层面落实的影响因素研究	李雯	2011
院级课题	国外校长培训模式对我院干训创新的启示	王淑娟	2008
	普通小学学校特色建设的理论与实践研究	何育萍	2008
	区县科级教育行政干部专业发展现状及发展策略研究（重点课题）	石英德	2008
	中小学班主任管理的科学化发展研究	肖北方	2008
	学生发展目标体系的研究（重点课题）	季苹	2009
	以校为本提升教师专业发展水平的现实途径研究	李雯	2009
	英国国家级校长专业资格培训课程研究	涂元玲	2009
	中小学文化建设理论与实践的研究（重点课题）	杨雪梅	2009
	班主任专业素质及发展策略研究（重点课题）	张红	2009
	中小学优秀班主任成长机制研究（重点课题）	杨秀治	2010
	中小学学校无形资产的开发与利用	孟瑜	2010
	学校法人制度研究	王琳	2010
	学校改进工具开发（重点课题）	王淑娟	2011
	校长培训模式研究——问题驱动、小组研讨在中小学校长高研班的运用（重点课题）	吕蕾	2011
	校长的整合思维及其训练	李雯	2011
	学校文化建设的个案研究	杨雪梅	2011
	教育叙事研究在校长培训成果中的应用	王淑娟	2012
	全国中小学校长研究能力调查	胡荣堃	2012
	学校组织变革研究（重点课题）	吕蕾	2013
	国际学校教研方式研究	王晓玲	2013

2. 主要科研成果

教育管理系教师在完成教学工作的同时，结合自身专业特点，编写了《现代教育理论》《教育学》等专业教材，同时积极投入到科研课题研究、学科团队建设等科研活动中。其中，陈爱苾的著作《课程改革与问题解决教学》获得北京市第五届教育科学优秀成果一等奖；陈丽的著作《学校发展策划：理论、方法与实践》获得北京市第五届教育科学优秀成果三等奖。详见表3－37。

表3－37　教育管理系教师部分学术成果统计（2008—2012年）

作者	成果名称	成果形式	发表年份
张红	班主任管理的新趋势：引领班主任专业成长	论文	2008
	审视道德教育语言	论文	2008
	修优美师德做阳光教师	教材	2008
	校本研修——班主任专业发展的有效途径	论文	2009
	关于班主任专业素质的思考	论文	2009
	展示为本，探索新时期班主任培训模式	论文	2009
	中小学教师职业道德规范（2008年修订）学习手册	教材	2009
赵玉如	中小学社区服务和社会实践活动中的准备	论文	2008
	论中小学综合实践的功能	论文	2008
	校长培训创新的实践与研究	著作	2009
	综合实践活动中的教师合作	论文	2010
孟瑜	论学校人力资源的负激励	论文	2008
	校长需刷新人力资源管理观念	论文	2008
	教师教育市场化初探	论文	2009
	教师如何帮助小学生养成良好的学习习惯	论文	2009
	学校人力资源规划	论文	2009
	校长培训创新的实践与研究	著作	2009
	中小学学校制度构建步骤初探	论文	2011
	为师的智慧	论文	2011
	中小学校新订制度的实施	论文	2011
	中小学校制度建设存在的问题与思考	论文	2011
	民办中小学校长培训的难点与对策	论文	2011
	中小学校无形资产开发和利用的问题与对策	论文	2012
	中小学人力资源成本管理	论文	2012

续表

作者	成果名称	成果形式	发表年份
李雯	英国高级技能教师管理及其对我国特技教师管理的启示	论文	2008
	学校合并了，中层干部怎么聘？	论文	2008
	爱生学校“参与与和谐”维度的内容及实施	论文	2009
	爱生学校标准与我国课程改革背景下的学校政策	论文	2009
	薄弱学校改进的意义、障碍和策略	论文	2009
	给暑期校本培训穿上美丽新衣	论文	2009
	教学奖励岂能只看教学结果	论文	2009
	校长现场拍板未必是好事	论文	2009
	校长做好学校安全工作的几个关键点	论文	2009
	校长培训创新的实践与研究	著作	2009
	学校管理的规范与创新（教育大智慧）	著作	2010
	新锐校长的学校管理实践与思考	著作	2011
	如何理解教育国际化	论文	2012
	学校安全工作的长效机制：关键与要点	论文	2012
	建立学校安全工作长效机制：关键与要点	论文	2012
	提升校长思维品质的思维工具	论文	2012
王淑娟	美国公立高等教育的州政府问责制度	论文	2008
	解析美国特许学校的经费制度	论文	2009
	美国高等教育问责系统构成因素分析	论文	2009
	提高校本教研实效性的三个层面	论文	2009
	校长培训创新的实践与研究	著作	2009
	美国公立院校的州问责制	著作	2010
	中美大学问责差异分析	论文	2011
	学校品牌塑造视域中的校本课程改进	论文	2011
	深化校长培训理论研究推进校长培训改革实践	论文	2012
	情境学习理论观照下的校长专业成长	论文	2012

续表

作者	成果名称	成果形式	发表年份
涂元玲	论关于教育实证研究的几个错误认识	论文	2008
	实施多主体校园文化建设，落实科学发展观	论文	2008
	不仅是震撼	论文	2008
	论学校教育对独生子女成长的“独特”作用	论文	2009
	让生命影响生命	论文	2009
	如何成为一名研究型教师	论文	2009
	善于学习总结获取隐性知识	论文	2009
	试析美国课堂教学领域中的人类学研究	论文	2009
	谁的特色？	论文	2009
	台湾地区大学图书馆的发展和启示	论文	2009
	通过导师制促进农村教师的专业发展——罗马尼亚的经验与启示	论文	2009
	一个西北村庄传统儿童玩耍和游戏活动的教育人类学研究	论文	2009
	隐性知识：校长专业发展的基础	论文	2009
	教师教学研究对象辨析	论文	2010
	村落中的本土教育	著作	2010
	如何发挥挂职对校长专业发展的作用？	论文	2010
	一个西北村庄传统儿童养育活动的教育人类学研究	论文	2010
	美国教育人类学	论文	2010
	英国《国家校长标准》：背景、内容与特征	论文	2011
	英国《国家校长标准》的执行分析：基于英国国家级校长专业资格培训项目的研究	论文	2011
	从“文本”到“实践”：英国《国家校长标准》的实施分析	论文	2011
	还原“校长领导力”	论文	2011
	教育人类学的学科特点及启示	论文	2012
石英德	中小学校长教育领导力的构成与提升	论文	2008
	坚持和谐、公平、法治理念实现民族教育的科学发展	论文	2008
	正确处理我国中小学校长培训中的六大关系	论文	2009

续表

作者	成果名称	成果形式	发表年份
迟希新	班主任培训：立足专业发展需求	论文	2008
	中小学教师职业道德规范（2008年修订）学习手册	教材	2009
	春华秋实每一年——班主任的每一学年	教材	2009
	有效主题班会八讲	教材	2012
	优秀班主任九项修炼	教材	2012
杨雪梅	校长研修的新模式：行动研修模式	论文	2008
	谁偷走校长时间？	论文	2008
	解读陶行知的教育思想	论文	2009
	踏着生命的节律管理时间	论文	2009
	校长时间管理ABC法	论文	2009
	校长行动研修模式的实施与评估	论文	2009
	学会管理自己更重要	论文	2009
	校长培训创新的实践与研究	著作	2009
	教育学	教材	2010
	学校品牌培育中问题与对策	论文	2011
	中小学校长培训模式：从分类归纳到系统构建	论文	2012
	学校文化建设的关键：校长价值领导力提升	论文	2012
季苹	“学生研究”是促进教师专业发展的基本方式之一	论文	2008
	教什么知识	著作	2009
	北京市名校长工作室，校长是入室研究员	论文	2009
	美国学校课程的几个特点	论文	2009
	在“生命影响生命”的教育探索中引领学校发展	论文	2009
	在教师写教案行为分析中得出新课程实施中的三个基本问题	论文	2009
	在特别处研究优秀校长的领导力	论文	2009

续表

作者	成果名称	成果形式	发表年份
何育萍	中英课堂教学评价表之比较	论文	2008
	教育科长专业发展：现状及途径——以 A 市小教科长为例	论文	2008
	校长任职资格培训技能训练方式的实践探索	论文	2009
	现代教育理论专题	教材	2009
	学校特色的理论解读	论文	2011
	学校特色的设计与实施	论文	2011
	合作共赢促发展	论文	2011
	我眼中的美国德育	论文	2012
陈丽	小学规范化建设层次	论文	2008
	一路探索一路歌——首都高中校长课改之旅	培训成果	2008
	学校品牌策划	著作	2009
	两种校长培训模式探索	论文	2009
	让培训促进校长课改领导力的提升	论文	2009
	中小学校长培训专业化思考	论文	2009
	基于品牌塑造的学校改进	著作	2010
	中小学校长培训走向专业化	论文	2010
	大型教育培训项目管理的实践探索——以“祥云行动—提高高中校长课改领导力的跟进培训”	论文	2010
	中小学校长培训专业化研究述评	论文	2010
	学校改进方案实施的注意问题研究	论文	2010
	外源式学校改进的注意事项研究	论文	2010
	治校六讲	教材	2010
	学校改进的特征与价值分析	论文	2011
	基于品牌塑造的学校改进的特征与价值分析	论文	2011
	我国中小学校长培训权利保障机制研究	论文	2011
	中小学校长培训质量评价体系的政策研究	论文	2011
	校长领导力八讲	教材	2011
	追梦而行——首都高中校长的课改之旅	培训成果	2011
	建立开放、多元、专业的中小学校长培训机构格局	论文	2012
	我国中小学校长网络培训情况调研结果分析	论文	2012
	学校特色建设：北京高中校长怎么看——来自北京市 450 余名高中校长的调研	论文	2012
	胜任度较高、幸福感不强：北京市高中校长发展现状调研印象	论文	2012
	整体思考，科学管理	论文	2012
	大家不同 大家都好——首都高中校长特色建设之旅	培训成果	2012

续表

作者	成果名称	成果形式	发表年份
刘楠	新时期加强高校党的基层组织建设的几点思考	论文	2009
吕蕾	拉萨基础教育教师专业发展研究	论文	2010
	中小学校长培训专业化研究	著作	2010
	中小学校长培训机构建设与培训制度研究	论文	2010
	学校特色建设基本问题探讨	论文	2011
	中小学校长培训机构政策中外比较	论文	2011
	中小学校长培训权利中外比较	论文	2011
	我国中小学校长培训质量评价调查结果及分析	论文	2011
	学校组织结构变革的思考与建构	论文	2012
杨秀治	超越分科与不分科之争——高中分科教学的国际比较研究及其启示	论文	2010
	打造班主任专业发展带头人	论文	2010
	打造专家型优秀班主任群体	论文	2010
	当前中小学校长培训者角色分析	论文	2011
	首都高中校长谈新课程条件下的德育路径	论文	2011
聂晶	小学生心理健康的性别和年级差异比较研究	论文	2012
肖北方	修优美师德做阳光教师	教材	2008
	春华秋实每一年——班主任的每一学年	教材	2009
	中小学教师职业道德规范（2008 年修订）学习手册	教材	2009
	教育学	教材	2010
	教师职业理想与道德	教材	2012

3. 重点学科建设

在学科建设方面，教育管理系季苹教授为学科教育学重点学科带头人；陈丽教授为学校管理学（含校长学）重点学科带头人，何育萍副教授、吕蕾副教授、涂元玲副教授为该学科骨干教师；迟希新副教授为德育与班级管理重点学科带头人，杨秀治副教授、肖北方副教授为该学科骨干教师；杨雪梅教授、张红副教授为校长培训学学科骨干教师。

三、专业及课程设置

（一）教育学/专升本（业余）

培养目标：培养具有较高专业水准的教育工作者，使他们具有较高的教育教学理论素养，较强的教育教学实践与创新能力、课程开发与实施能力、班级管理能力、运用现代教育技术手段的能力以及教育科研能力，不断提升其专业化的意识和水平。

主要课程：教育哲学、学校德育、学科案例教学、班级管理、中外教育史、发展心理与教育、教师专业发展、学校管理、教育资源开发、教育评价、教育科研方法与统计、教育改革的理论与实践、学校法律问题、比较教育等。

（二）学前教育/高起本（业余5年）

培养目标：本专业旨在培养拥护党的基本路线，具有现代教育思想和观念，具有良好的师德，掌握学前教育的基本理论、基本知识和基本技能，具有大学本科文化程度、能适应学前教育发展需要，能在学前教育机构从事教育、保育和研究工作的教师或管理人员。

主要课程：幼儿发展的生理基础、学前教育心理学、儿童发展心理学、幼儿班级管理、家庭教育指导、教师心理健康、学前教育科研方法、幼儿教师专业发展、学前比较教育、幼儿智力开发、幼儿营养配餐、学前课程与教学、幼儿问题行为与干预、幼儿美术与绘画教学指导、幼儿音乐与钢琴教学指导、手工制作与设计、幼儿英语教学指导、幼儿园环境创设和玩教具制作、儿童绘本故事鉴赏、幼儿语言发展指导。

四、队伍建设

教育管理系目前有教师16人，其中教授3人，副教授8人；有博士学历的7人，硕士9人。教师们不仅学历高，专业素养高，而且注重研究成人教育特点，提升教育教学质量。

2008年，季苹获学院中老年教师教学风采大赛一等奖、杨雪梅获得三等奖；2009年，李雯获学院青年教师教学基本功大赛三等奖。

五、教育教学特色

（1）坚持理论联系实际的治学取向。积极促进每一位老师成为“顶天立地”的教育学院人。

（2）以生为本，服务一线。扎根基础教育教学及管理实践，致力于用所学为学校实践服务，为一线的校长干部教师的成长服务。

第二节　教育心理系

一、基本情况

教育心理系始建于1994年，是目前全国教育学院系统中仅有的一个独立存在的心理系。系主任齐建芳（2008年任职至今）。

二、工作概况

（一）教学工作

1. 学历教育

教育心理系承担应用心理学（专升本）、学前教育（专升本）专业的课程。现在教育心理系承担的本科学历班在校生情况：2011级245人；2012级182人；2013级160人。

2008年到2013年间，教育心理系为首都教育培训了1000余名合格的成人本科毕业生，其中很多人现已成为基础教育系统的骨干教师。

同时，教育心理系承担着教育心理学、心理健康教育等公共课讲授任务。

2. 继续教育

教育心理系积极承担多项中小学心理健康教师培训、教育系统干部培训、中小学教师公共课全员培训等继续教育工作。

（1）心理健康教育教师培训

2008年，承担"北京市中小学心理健康教育教师上岗培训"项目；2009年，承担北京市中小学心理健康教育教师上岗培训项目千名学员上岗情况追踪调研及相关对策研究。

承担2011年、2012年、2013年北京市中小学心理健康教育教师技能提高培训项目，培训人数238人。

（2）面向中小学各学科骨干教师的心理培训

承担2011年、2012年、2013年积极心理教育大讲堂培训项目，以"发现优势美德、积累心理资本、提升教师幸福感"为主题，培训500余名教师。

（3）面向中小学教师的教育心理学培训

2012年，编写出版"十二五"时期北京市中小学教师公共必修课培训配套教材《学科教育心理学》；研发了《学科教育心理学》网络课程；承担了试点区县辅导员面授培训、市级网络辅导等工作，开发了市、区两级辅导员工作职责、教学流程、作业评阅要求、辅导工作总结模板等。

2013年，承担完成东城、海淀、西城（南片）区县辅导员面授培训、市级网络辅导等工作。承担2013年公共必修课学科教育心理学培训项目。

另外，承担多个中小学校长高级研修项目及幼儿园园长高级研修培训项目。

（二）科研工作

1. 承担课题情况（表3－38）

表3－38　教育心理系教师承担课题情况统计（2008—2013年）

级别	课题名称	负责人	立项年份
北京市级	基于胜任力的中小学校长基准模式和卓越模式的研究	刘维良	2008
	中小学教师心理健康状况与对策研究	曹新美	2011
院级	学科概念的心理学分析	伍芳辉	2008
	在心理健康教育中促进学生德育与心育的共同发展	项灵羽	2008
	基于教育心理学的校长培训专题开发	齐建芳	2008
	新课程背景下师生沟通现状及对策分析	李丰	2008
	北京市中小学心理健康教育教师岗位工作状况调查研究	卢强	2009
	中小学生乐观教育的理论与实践探索	曹新美	2009
	北京市农村中小学校长科研领导力现状调查研究	崔艳丽	2011

2. 主要学术成果

教育心理系教师在完成教学工作的同时，结合自身专业特点，编写了《儿童发展心理学》（2009，中国人民大学出版社）、《新时期教师心理素养与心理健康教育》（2009，北京大学出版社）、《教育心理学》（2010，北京出版社）、《学科教育心理学》（2012，北师大出版社）等专业教材（见表3－39）。同时教育心理系教师积极参加科研课题研究、学科建设等科研活动、北京市中小学教师资格考试辅导工作中。

表3－39　教育心理系教师部分学术成果统计表（2008—2013年）

作者	成果名称	成果形式	发表年份
高明书	关注女教师心理健康，构建和谐社会	论文	2008
	对教师心理健康状况调查结果的研究	论文	2009
	新时期教师心理素养与心理健康教育	教材	2009
	教育心理学	教材	2010
汤丰林	基于研修共同体的中小学校长培训	论文	2008
	农村教育需要充满智慧的校长	论文	2008
	分布式认知：认知观的革命性转变	论文	2008
	探索培训规律性，提高中小学校长专业化水平	论文	2009
	校长实践智慧的“理”与“法”	论文	2009
	中小学校长培训者的多重角色及其养成	论文	2009
	中小学校长培训专业化的理性思考与实践探索	论文	2009
	校长培训创新的实践与研究	著作	2009
	中小学校长培训专业化背景下的校长观	论文	2010
	中小学校长培训质量管理体系的建立与实施	论文	2010
	中小学校长主题式培训的设计路径与实施策略	论文	2010
	校长的情怀	论文	2010
	问题体验论	著作	2010
李丰	立足学校实践培训心理教师	论文	2009
	儿童的职业体验与生涯辅导	论文	2010

续表

作者	成果名称	成果形式	发表年份
齐建芳	网络课程的若干问题及其对策	论文	2009
	我国三十年来外国人才研究史研究述评	论文	2009
	儿童发展心理学	教材	2009
	哪些问题影响心育课实效	论文	2010
	混合式培训的应用案例分析	论文	2010
	关于中小学校长专业化培训的几点思考	论文	2010
	当前心理健康教育活动课应注意的几个问题	论文	2010
	学科教育心理学	教材	2012
刘维良	北京市中学校长胜任力模型研究	论文	2008
	教育理论（第7版）	教材	2010
	基于胜任力模型的中小学校长基准模式和卓越模式研究	论文	2012
伍芳辉	“北京市中小学心理健康教育教师上岗培训项目”课程开发与实践	论文	2009
曹新美	对高级研修中提升校长科研素质的思考	论文	2011
	学校心理咨询工具箱	著作	2013
项灵羽	学校心理咨询工具箱	著作	2013
卢强	教育心理学	教材	2010
崔艳丽	情绪管理：教师最新必修课	论文	2012
金颖	知觉负荷对注意缺损多动障碍儿童过滤分心刺激能力的影响	论文	2012

3. 重点学科建设

曹新美副教授为终身学习生涯发展与智能创造性研究学科重点学科带头人，金颖博士、曾盼盼博士为该学科骨干教师；伍芳辉副教授为心理健康教育重点学科带头人，卢强副教授、吕红梅博士为该学科骨干教师；汤丰林教授为校长培训学重点学科带头人；刘维良副教授为学校管理学（含校长学）学科第一骨干教师；

教育心理系附设北京教育学院心理咨询中心，主要为学院学员提供心理咨询服务，同时是心理系学历教育及心理健康教育培训的教科研基地。

三、专业及课程设置

学前教育/专升本（业余）培养目标：培养具有良好的思想品质职业道德，掌握扎实的专业理论知识与技能、具备较强的专业实践能力、从事学前教育的幼儿园教师、行政管理人员和科研单位研究人员。

主要课程：发展心理学、教育心理学、人格心理学、教师专业发展、多元智能理论与教学、幼儿心理评价、幼儿问题行为与干预、学前教育法学、学前比较教育、教育科研方法、学前教育研究动态等。

四、队伍建设

教育心理系目前共有教师10名，其中副教授5名，讲师5名。其中博士学位5名（含博士后研究人员1名），硕士学位5名。10位教师各有所长，在教育心理学、教师心理学、发展心理学、心理与教育评价、心理健康教育、心理咨询等领域有较深入的研究。

2008年，高明书获学院中老年教师教学风采大赛二等奖；2009年，李丰获学院青年教师教学基本功大赛二等奖；2011年，崔艳丽获学院青年教师教学基本功大赛一等奖；2013年，吕红梅获学院青年教师教学基本功大赛二等奖。

五、教育教学特色

（1）注重以课程研发为基础、技能提升为核心目标、满足中小学心理健康教育工作及教师的现实需求为旨归，组织实施培训项目。

（2）注重以科研、学科建设和培训项目为依托加强教师队伍建设，不断提升教师的教学水平和学术水平。

心理健康教师系列培训、积极心理教育大讲堂等项目已经成为教育心理系的特色品牌项目。2009年，北京市中小学心理健康教育教师上岗培训项目荣获第三届北京市基础教育教学成果奖二等奖。

第四章　体育与艺术学院

一、基本情况

体育与艺术学院是北京教育学院下设的二级学院，下设音乐系、体育系、美术系、艺术设计系、幼儿艺术教育系5个教学单位，另设玄宇艺术学院和北京市成人教育培训中心。

2008年1月，更名为体育与艺术学院。院长兼黄化门校区党总支书记：陈雁飞；副院长兼党总支副书记：刘竹云；副院长：巩平、袁立新、李龙元；院长助理：潘建芬。

2011年4月，院长兼黄化门校区党总支书记：陈雁飞；副院长：巩平、潘建芬、周志勇；副处级：刘竹云；院长助理：赵楚。

二、工作概况

（一）教学工作

1. 学历教育

体育与艺术学院现有体育教育（高中起点本专科、专升本）、音乐学（专升本）、美术学（专升本）、美术学（电脑美术）、装潢艺术设计（高起专）、幼儿艺术教育（高起专）等9个专业，现有在校生2688人，共83个教学班，与4个区县合作办学。2008年以来招生人数和毕业人数见表3－40。

表3－40 体育与艺术学院学历教育基本情况统计（2008—2013年）

年份	层次	专业	招生人数	毕业人数
2008	本科	音乐学（脱产）	11	0
		美术学（业余）	16	59
		书法学	0	25
		音乐学（业余）	18	109
		美术学（电脑脱产）	7	0
		美术学（电脑业余）	58	59
		体育教育	24	106
	专科	艺术设计（脱产）	31	29
		音乐表演（脱产）	22	12
		舞蹈表演（脱产）	36	0
		人物形象设计（脱产）	0	18
		人物形象设计（业余）	0	51
		工艺美术	0	20
		音乐教育	0	23
		运动训练与体育管理	0	10
		幼儿艺术教育（脱产）	25	12
		装潢艺术设计	67	54
		幼儿艺术教育（业余）	498	0
		体育教育	40	9

续表

年份	层次	专业	招生人数	毕业人数
2009	本科	美术学	0	56
		音乐学（脱产）	0	0
		书法学	47	90
		音乐学	10	114
		美术学（电脑美术）	62	61
		体育教育	15	58
	专科	艺术设计（脱产）	45	24
		人物形象设计（脱产）	0	15
		书法	0	52
		音乐教育（业余）	0	31
		音乐表演（脱产）	10	16
		舞蹈表演（脱产）	20	0
		幼儿艺术教育（脱产）	20	23
		装潢艺术设计	39	57
		幼儿艺术教育	802	638
		体育教育	30	15
2010	本科	美术学	0	37
		书法学	16	0
		音乐学	10	59
		美术学（电脑美术）	48	84
		体育教育	23	49
	专科	艺术设计（脱产）	138	19
		舞蹈表演（脱产）	30	0
		音乐表演（脱产）	0	26
		幼儿艺术教育（脱产）	27	23
		装潢艺术设计	64	34
		幼儿艺术教育	805	650
		体育教育	61	9

续表

年份	层次	专业	招生人数	毕业人数
2011	本科	书法学	0	0
		音乐学（业余）		40
		美术学	21	22
		美术学（电脑美术）	23	51
		体育教育	20	15
	专科	体育教育（高起本）	38	0
		艺术设计（脱产）	0	21
		舞蹈表演（脱产）	0	25
		音乐表演（脱产）	0	19
		幼儿艺术教育（脱产）	0	21
		装潢艺术设计	156	37
		幼儿艺术教育	862	670
		体育教育	41	12
2012	本科	美术学	21	16
		书法学	13	0
		音乐学	10	17
		美术学（电脑美术）	54	56
		体育教育	0	23
		体育教育（高起本）	0	0
	专科	装潢艺术设计	61	51
		幼儿艺术教育	471	419
		舞蹈表演（脱产）	0	12
		幼儿艺术教育（脱产）	0	17
		艺术设计（脱产）	0	39
		音乐表演（脱产）	0	7
		体育教育	27	26

续表

年份	层次	专业	招生人数	毕业人数
2013	本科	美术学	0	0
		美术学（电脑美术）	0	57
		书法学	0	45
		体育教育	0	15
		体育教育（高起本）	0	0
		音乐学	0	9
	专科	舞蹈表演（脱产）	0	14
		艺术设计（脱产）	0	117
		幼儿艺术设计（脱产）	0	25
		体育教育	0	24
		幼儿艺术教育	0	628
		装潢艺术设计	0	26
合计			4993	5412

2. 继续教育

体育与艺术学院一直谋划与开拓继续教育培训项目，不断经营与提升项目团队，从宏观上学习、拓展和把握音、体、美、幼学科以及教师发展的每一个环节，求特色、创发展、打品牌。截至2013年5月，学院先后承担了音乐、体育、美术、艺术设计、幼儿艺术教育教师的培训任务和北京市级、“国培计划”（示范性和中西部）、校外教育、对口支援、委托培训5大培训项目近300个培训班，培训人数2万余人。具体培训情况见表3－41。

表3－41　体育与艺术学院继续教育培训基本情况统计（2008—2013年）

年份	序号	项目名称		培训人数（人）	合计（人）
2008	1	北京市级	“育体、育心、育人”传承体育文化迎奥运落实阳光体育活动体育教师全员培训	5013	5304
	2		“绿色耕耘”——北京市中小学音乐、美术教师培训	108	
	3		“春风化雨”——美术民间民俗工艺美术设计、MIDI电子音乐、书法、新媒体艺术培训	120	
	4		北京市音体美学科培训者培训	63	
	5	国家级培训	西部中学体育骨干教师国家级培训	360	360
	6	希望工程	全国教师培训暨第二期宝洁希望小学体育教师培训	89	89

续表

年份	序号	项目名称		培训人数（人）	合计（人）
2009	1	北京市级	北京市市级骨干教师及学科带头人培训（中小学体育）	47	4140
	2		京郊中小学体育教师教学科研层次提高培训	102	
	3		北京市中小学校歌创作音乐教师知识与技能全员培训	1706	
	4		北京市中小学美术教师专项培训	188	
	5		北京市中小学校歌校徽创作与评选培训	2097	
	6	国家级培训	西部小学体育骨干教师国家级培训	300	300
	7	希望工程	2009 中央彩票公益金扶持青少年学生校外活动中心管理人员、骨干教师培训	1427	1427
	8	援助培训	西藏拉萨市中小学音乐、体育学科教师培训	70	70
	9	委托培训	内蒙古鄂尔多斯市东胜区体育骨干教师培训	40	129
	10		广东省南海市校长教师培训	31	
	11		北京市顺义区中小学体卫干部培训	58	
2010	1	北京市级	北京市百所中小学音体美教师专业技能提高与优秀教学课例评选	241	478
	2		北京市中小学市级骨干教师及学科带头人培训（体育、美术学科）	101	
	3		北京市中小学校歌创作音乐教师知识与技能全员培训	136	
	4	“国培计划”（示范性）	北京市中小学艺术教师艺术素养提升培训	250	370
	5		中小学艺术骨干教师培训	120	
	6	“国培计划”（中西部）	河北省农村小学体育教师培训	147	147
	7	校外培训	中央彩票公益金扶持青少年学生校外活动中心管理人员、骨干教师培训	3416	3416
	8	援助培训	四川省什邡市中小学音体美教师培训	30	30
	9	委托培训	内蒙古鄂尔多斯市东胜区音乐骨干教师培训	40	247
	10		内蒙古呼和浩特市旗县小学音体美教师培训	87	
	11		中国教师发展基金会“龙子心”校园安全培训（第一期）	120	

续表

年份	序号	项目名称		培训人数（人）	合计（人）
2011	1	北京市级	体育艺术教师培训与校园文化建设工程	681	933
	2		优美校园建设评比	96	
	3		北京市中小学市级骨干教师及学科带头人培训（体育、美术学科）	80	
	4		北京市青少年校外活动场所管理者培训	76	
	5	“国培计划”（示范性）	紧缺薄弱学科骨干教师培训项目——小学体育教师培训班	295	389
	6		紧缺薄弱学科骨干教师培训项目——中小学音乐教师培训班	94	
	7	“国培计划”（中西部）	青海省农牧区初中音体美教师短期集中培训	116	235
	8		新疆生产建设兵团小学美术教师培训	29	
	9		新疆维吾尔自治区初中体育教师短期集中培训	40	
	10		云南省幼儿园（园长）骨干教师培训短期集中培训	50	
	11	委托培训	中国教师发展基金会“龙子心”校园安全培训（第二期）	127	718
	12		内蒙古呼和浩特市小学音乐、美术教师培训	156	
	13		宁夏石嘴山市中学体育教师培训	39	
	14		广东省佛山市南海区校长教师异地研修班	25	
	15		教育部—乐高“技术教育创新人才培训需计划”2011年度高中通用技术骨干教师培训	283	
	16		内蒙古鄂尔多斯市中小学学科教研员异地研修（第一期）	88	

续表

年份	序号	项目名称		培训人数（人）	合计（人）
2012	1	北京市级	北京市中小学音体美教师教研组长专项技能与教学进阶培训	516	635
	2		北京市中小学艺术师资荟萃提升培训	70	
	3		北京市城区幼儿园骨干教师艺术教学创新能力培训	49	
	4		北京市市级骨干教师及学科带头人培训（体育、音乐、美术学科）	144	144
	5	“国培计划”（示范性）	培训团队研修项目美术班	93	757
	6		培训团队研修项目体育班	95	
	7		紧缺薄弱学科小学美术班	186	
	8		紧缺薄弱学科小学体育班	187	
	9		紧缺薄弱学科初中体育班	196	
	10	“国培计划”（中西部）	青海省小学音体美骨干教师短期集中培训	106	259
			新疆生产建设兵团农村初中美术教师培训	57	
			河南省农村小学体育骨干教师培训	96	
	11	委托培训	内蒙古鄂尔多斯市小学音体美教师培训	157	401
	12		青海省小学体育、初中音乐和美术教师培训	110	
	13		山西省晋城学科骨干教师培训	98	
	14		宁夏石嘴山市中学音乐骨干教师培训	36	
2013年4月	1	北京市级	北京市中小学体育、美术名师发展工程	4	4
	2	援助培训	新疆和田地区幼儿园园长及骨干教师培训	30	30
	3	委托培训	新疆和田地区幼儿园园长及骨干教师培训	119	384
	4		内蒙古鄂尔多斯初中体育、高中美术教师培训	113	
	5		内蒙古兴安盟小学体育、初中音美教师培训	152	
合计				21396	21396

（二）科研工作

1. 承担课题情况

体育与艺术学院教师科研意识强，科研工作取得显著成绩，2008 年以来，陈雁飞教授曾先后主持承担国家科技计划支撑项目子课题、国家社科基金重点课题项目子课题、全国教育科学"十一五"规划教育部重点课题、北京市高等学校教育教学改革立项等各类课题，10 余名教师承担北京教育学院院级课题。

2. 主要学术成果

2008 年以来，体育与艺术学院数名教师出版个人专著 12 部，主编教师用书及研修教材近 20 本，出版画册、作品集 10 余本，在核心期刊发表论文 30 余篇，在非核心期刊发表论文 80 余篇，并有多篇论文获得全国论文汇报会一、二等奖。其中《多种材料的艺术创作》获得 2010 年北京市基础教育研究教学成果一等奖，《"国培计划"——体育教师系列培训教材》获得 2012 年北京市基础教育研究教学成果二等奖。

3. 重点学科建设

2010 年，体育健康教育学、美育与艺术教育学被批准为北京教育学院第一批重点学科建设学科。为此，体育与艺术学院从科研建设、课程建设、教学建设、队伍建设、条件建设、管理建设 6 方面开展了研究与建设工作。

体育健康教育学重点学科带头人为陈雁飞，学科骨干教师有韩兵、潘建芬和李健 3 位老师。围绕体育教师职后教育基础理论、基础教育课程改革、学科互相交叉融合、教师专业化发展等方面，体育健康教育学的学科团队开展了民族传统体育传承开发、运动技能教学实践、体育教师培养理论 3 个方向的研究，促进了学科团队教学研究能力的整体提升，完善了学科建设，将学科影响扩大到北京市乃至全国。

美术与艺术教育学重点学科带头人为巩平，学科骨干教师有张宾、吕鹏。该学科建设团队重点研究美术教育培训理论，开展培训课程开发的研究，先后新开发、梳理美术培训课程 50 余门，其中"纸造型艺术与教学""多种材料的艺术创造""装饰绘画与教学""实验绘画"等课程是学科的特色课程，在全国培训工作中有一定的影响力。团队教师还将学科建设与教师培训中心工作紧密结合，编写了美术培训教材、建立了培训工作室、培训成果美术作品展室，出版了美术教师培训画册。同时，美术学科建立了美术学科培训基地校，与 10 所中小学的相关学科建立了培训、科研共同体。

（三）玄宇艺术学院

2008 年，玄宇艺术学院纳入体育与艺术学院管理，成为体育与艺术学院下属部门。玄宇艺术学院延续了原有体制，相应调整了联合管理委员会成员及院级领导班子。围绕"能适应当前社会发展需求，达到大学专、本科水平的具有综合素质的复合型实用人才"的培养目标，以教育教学为中心，以提高教育教学质量为根本，建立健全各项规章制度，规范各项管理，广泛开展对外交流活动，培养德智体美全面发展、适应当前社会发展需求的综合人才。2011 年，由于学院工作任务进行了调整，玄宇艺术学院停止了学历教育招生，2013 年年初全部学历教育的专科生毕业。

三、教师队伍建设

体育与艺术学院拥有一支师德高尚、业务精湛、立足教育、勤于奉献、充满活力的高素质专业化队伍，现有教授2人，副教授12人；博士7人，院聘学科带头人2人，学科骨干教师5人。

2008年至2013年学院积极引进新人，招聘接收高校优秀毕业生，其中博士2人，硕士7人，调入骨干教师2人。

多年来，体育与艺术学院紧紧围绕学科建设和教师队伍建设两项重点任务，以“校园文化墙”和“青年教师研究所”为彰显校园文化的两大亮点，以学科建设为突破口，注重“厚基础、精专业、懂教学、通技能”，注重培养教师的真本事。在专业化、特色化发展中，先后建立了电脑设计专业实验室、音乐MIDI电子音乐室，建立了吕鹏、王劲松、李蕴平个人画室，重点扶持、推出了在全国有一定声誉和影响、有一定专业和水平的教师。

四、获奖情况

许多教师在深化教育改革、推进素质教育、教师培训创新等方面作出了突出成绩和贡献，在平凡的工作岗位上作出了不平凡的成绩，成为全体教师的风范和楷模。

陈雁飞教授为全国中小学体育教学指导委员会委员、课标修订核心组专家，2008年，被中共北京市委教育工作委员会授予“北京高校优秀共产党员”，被中共北京市委教育工作委员会、北京市教委评为“2007年度北京高校奥林匹克宣传教育工作先进个人”，被中共北京市委教育工作委员会、北京市教育委员会评为“2007年度北京高校奥运会、残奥会筹办工作先进个人”，被北京市妇女联合会授予“北京市三八红旗奖章”，被北京奥运会培训工作协调小组评为“北京奥运培训工作先进个人”，被中共北京市委、北京市人民政府、北京奥组委评为“北京奥运会残奥会先进个人”，被第29届奥林匹克运动会组织委员会授予“北京2008年奥运会、残奥会奥林匹克教育工作作出突出贡献”；2009年被中共北京市委教育工作委员会、北京市教育委员会评为“北京市优秀教师”；2010年被中共北京市委教育工作委员会评为“北京高校育人标兵”；2011年在北京市高等学校教学名师奖评选中，荣获北京市教育委员会第七届北京市高等学校教学名师奖。

陈雁飞、巩平、高胜海被遴选“国培计划”专家库专家。

2008年，袁立新被评为“首都统战系统参与奥运、服务奥运先进个人”，宋忠志、韩兵被中共北京市委教育工作委员会、北京市教委、共青团北京市委、北京市学生联合会评为“首都教育系统奥运工作先进个人”，潘建芬、黄春秀被北京市妇女联合会评为“奥运巾帼奉献奖”，黄春秀被第29届奥运会、第13届残奥会国家体育场运行团队评为“国家体育场运行团队第13届北京残奥会优秀国内技术官员”，王德龙作为北京奥运会赛会志愿者受到第29届奥林匹克运动会组织委员会表彰，被北京市奥组委评为“优秀奥运驾驶员志愿者”。

2009年，王淑华被北京市教育委员会评为“2009年度人口和计划生育工作先进个人”。

在学院广大教职工的努力和付出下，2008 年体育与艺术学院被授予“首都教育系统奥运工作先进集体”，荣获“首都教育系统奥运工作突出贡献奖”荣誉称号；2009 年荣获“北京市学习型先进班组”的荣誉称号；2010 年荣获“北京市模范集体”“全国学校艺术教育先进单位”的称号，校园风范的镌铸与咏歌优秀展示奖、校园风范的镌铸与咏歌校歌最佳特色奖、校园风范的镌铸与咏歌校徽最佳特色奖；2011 年获北京市教育工会“教育先锋先进集体”荣誉称号；2012 年荣获“北京市教委系统2009 年至2011 年度计划生育先进集体”荣誉称号。

五、办学特色

（1）注重内涵发展。坚持以科学发展观为统领，把握“科学发展是力量，真抓实干是动力，付出奉献是精神”内涵，把“理论”“眼界”“胸襟”作为一项重要的思想政治工作。在“不断创新、挑战自我、聚沙成塔、凸显特色”的指导思想下，深度思考如何“尊重音体美教师、发展音体美教师、完善音体美教师”，力求在德行上立身，在实效上突破，在工作中创新，在发展中超越前行。

（2）聚沙成塔，展现特色，“小学科”作出“大文章”。作为培养全面实施首都中小学素质教育的耕耘者，培养首都校园体育艺术真善美的主力军，体育与艺术学院坚持传承经典的特色和品牌，追求干事的精神和理念，探寻优质的管理和模式，坚持“真”的推进，坚持“细”的管理，坚持“活”的课堂，坚持“爱”的文化，开创体育与艺术学院新的明天和未来。

（3）以真善美育人、育真善美的人。事业的执着与追求，工作的奉献与努力，创新的研究与讨论，质量的思考与提高，体现了体育与艺术学院团队的士气、工作的力量和体育艺术人的精神，每一个人的进步和成长都照映在学院的发展中、真善美的育人中、阳光职业的奉献中。体育与艺术学院人用智慧深度思考，用理性强化分析，用务实发挥影响，用理念端正态度，用学习积累经验，努力探寻“以真善美育人、育真善美的人”的教育和培训。

第一节　体育系

一、基本情况

北京教育学院体育系前身为北京教师进修学院体育教研室，成立于 1956 年，至今已有 57 年历史。主要承担面向北京市体育教师在职进修、师资培训、继续教育、教材编写、教科研等工作，同时承担“国培计划”委托培训、国家级示范性培训等全国和部分省市中小学体育教师的教师培训工作。

从 2008 年 1 月起，体育系主任：韩兵，系副主任：李健；2011 年起，党支部书记：

张锋周。现设基础理论和运动技术两个教研室，教研室主任分别为张庆新、史红亮。

北京市教育学会体育研究会挂靠在体育系，陈雁飞任理事长。

二、工作概况

（一）教学工作

1. 学历教育

2008 年至 2013 年，体育系面向北京市中小学体育教师和社会体育工作者开展体育教育专业（专、本科）学历教育工作，5 年共培养毕业生 402 人。目前共有各层次学历教育班级 7 个，其中 2011 级 3 个班，2012 级 3 个班，2013 级 1 班，共 210 人。具体情况见表 3 -42。

表 3 -42　体育系学历教育基本情况统计（2008—2013 年）

年份	层次	专业	录取人数（人）	在校班级（个）	毕业人数（人）
2008	本科	体育教育	15	1	15
	专科	体育教育	20	1	12
2009	本科	体育教育	24	1	23
	专科	体育教育	40	1	26
2010	本科	体育教育	15	1	15
	专科	体育教育	30	1	24
2011	本科	体育教育	23	1	/
	专科	体育教育	61	2	/
2012	本科	体育教育	20	1	/
		体育教育（高起本）	38	1	/
	专科	体育教育	41	1	/
2013	专科	体育教育	27	1	/

2. 继续教育

5 年来，体育系继续教育培训呈现出多元化、高端化、个性化的特点。2008 年以来，体育系先后承担了省级委托培训、北京市市级培训、省级“国培计划”以及示范性“国培计划”培训等各类教师培训项目。5 年共培训中小学体育教师逾 8000 人次，具体培训情况见表 3 -43。

表 3－43 体育系继续教育培训情况统计（2008—2013 年）

年份	序号	项目名称		培训人数（人）	合计（人）
2008	1	北京市级	“育体、育心、育人”传承体育文化迎奥运落实阳光体育活动体育教师全员培训	5013	5036
	2		北京市体育学科培训者培训	23	
	3	国家级培训	西部中学体育骨干教师培训	360	360
	4	希望工程	全国教师培训暨第二期宝洁希望小学体育教师培训	89	89
2009	1	北京市级	北京市市级学科带头人及骨干教师（中小学体育）	47	149
	2		京郊中小学体育教师教学科研层次提高培训	102	
	3	国家级培训	西部小学体育骨干教师培训	300	300
	4	对口支援	西藏拉萨市中小学体育学科教师培训	40	40
	5	委托培训	内蒙古鄂尔多斯市东胜区体育骨干教师培训	40	98
	6		北京市顺义区中小学体卫干部培训	58	
2010	1	北京市级	北京市百所中小学体育教师专业技能提高与优秀教学课例评选	92	134
	2		北京市市级学科带头人及骨干教师培训（体育学科）	42	
	3	“国培计划”（示范性）	中学体育骨干教师培训	250	250
	4	“国培计划”（中西部）	河北省农村小学体育教师培训	147	147
	5	对口支援	四川省什邡市中小学体育教师培训	10	10
	6	委托培训	内蒙古呼和浩特市小学体育教师培训	29	29
2011	1	北京市级	北京市小学体育教师“德技修炼阳光开拓”培训	202	244
	2		北京市市级学科带头人及骨干教师培训（体育学科）	42	
	3	“国培计划”（示范性）	紧缺薄弱学科骨干教师培训项目小学体育教师培训班	295	295
	4	“国培计划”（中西部）	青海省农牧区初中体育教师短期集中培训	39	118
	5		新疆维吾尔自治区初中体育教师短期集中培训	40	
	6		宁夏石嘴山市中学体育教师培训	39	

续表

年份	序号	项目名称		培训人数（人）	合计（人）
2012	1	北京市级	北京市中小学体育教师教研组长专项技能与教学进阶培训	93	347
	2		北京市农村中小学韵律体操与舞蹈教学专项培训	102	
	3		城区中小学生体质健康促进与标准测试工作室	97	
	4		北京市市级学科带头人及骨干教师培训（体育学科）	55	
	5	“国培计划”（示范性）	培训团队研修项目北京教育学院体育班	96	480
	6		紧缺薄弱学科小学体育班	188	
	7		紧缺薄弱学科初中体育班	196	
	8	“国培计划”（中西部）	青海省小学体育骨干教师短期集中培训	39	135
			河南省农村小学体育骨干教师培训	96	
	9	委托培训	内蒙古鄂尔多斯市小学体育教师培训	53	93
	10		青海省小学体育教师培训	40	
2013	1	北京市级	北京市中小学体育名师攀登工程	2	2
	2	委托培训	内蒙古鄂尔多斯市初中体育教师培训	65	115
	3		内蒙古兴安盟初中体育教师培训	50	
合计				8471	

（二）科研工作

5年来，体育系全体教师充分利用自身所掌握的科研资源、手段和方法，不断摸索并确定各自的研究方向，密切关注北京市乃至全国中小学体育课程改革、体育教师专业发展的理论与实践，关注北京市乃至全国的体育教师培训前沿动态，潜心研究，将教学、培训和科研紧密结合，开展了大量教育科研工作。

1. 承担课题情况

2008年至2013年，体育系教师共承担国家级、教育部、北京市市级和北京教育学院院级课题共计20项，具体情况见表3－44。

表 3－44 体育系教师承担课题情况统计（2008—2013 年）

类别	课题名称	负责人	立项年份
国家级	国家科技计划课题子课题——北京市增强青少年体质健康教育模式的建立与运动健身科学指导及其效果评价关键技术的研究与应用	陈雁飞	2011
	百年教科书整理与研究之子课题百年体育教科书整理与研究	陈雁飞 潘建芬 张庆新	2012
	国家社科基金重点课题项目——30 年来中国学校体育重要理论问题的研究：子课题“SPARK 体育理论”研究	潘建芬	2013
	国家社科基金重点课题项目——30 年来中国学校体育重要理论问题的研究：子课题“领会教学法”研究	张庆新	2013
教育部重点	“阳光体育运动”初始阶段实践探索与未来深度推进策略的研究	陈雁飞	2009
北京市级	体育师资培训模式与新课程教学改革的研究	陈雁飞 袁立新等	2008
	北京市落实《国家学生体质健康标准》的现状分析及增强学生体质的对策研究	陈雁飞 潘建芬等	2009
	中小学体育课堂教学行为观察及诊断的研究	李健	2010
	小学体育市级骨干教师科研能力现状与培训对策研究	陈雁飞 韩兵	2008
院级	北京市中小学体育市级骨干教师科研意识、科研能力的现状与培训对策研究（重点课题）	韩兵	2008
	加强北京市中学体育教师队伍建设的研究 北京市中小学体育教师课堂教学技能开发与创新的研究	马敬衣 陈雁飞	2008
	北京市农村中小学引进大学毕业生需求状况与人才选用的研究	陈雁飞	2009
	体育教师体操教学技能的研究	李健	2009
	建国六十年我国中小学体育教师队伍建设研究	潘建芬	2009
	基于历史和社会发展视角审视中国特色体育教材	张庆新	2010
	体育教研员核心能力与专业引领的研究（重点课题）	陈雁飞 周志勇	2011
	北京市体育中考“篮球考核”对中学篮球教学影响研究	史红亮	2011
	基于实践的体育教师主题研修式培训的构建与实施	韩兵	2012

2. 主要学术成果

在开展课题研究的同时，体育系教师发挥个人专业优势，撰写研究专著，发表研究论文；结合学历教育和继续教育工作的开展，编写系列培训教材等，形成以一批高质量的学术成果。具体情况见表 3－45。

表 3－45　体育系教师部分学术成果统计（2008—2013 年）

姓名	成果名称	成果形式	发表年份
陈雁飞	从培训透视北京市中小学体育教师的专业化发展	论文	2008
	青少年学生身体自我满意度的现状及分析	论文	2008
	迎奥运北京市中小学体育教师全员培训的特色创新	论文	2008
	论改革开放 30 年我国体育师资队伍建设与发展历程	论文	2009
	美国纽约州学校艺术教育与北京市学校艺术教育的比较研究	论文	2009
	聚焦改革开放 30 年我国中小学体育教师队伍建设与发展	论文	2009
	1999—2008 年我国传统体育科研的现状与分析	论文	2009
	西部国家级骨干教师培训管理模式的实践探索	论文	2009
	新中国体育教师队伍建设与发展之路	专著	2009
	从特色培训透视音体美教师的专业成长	论文	2010
	阳光体育运动开展的现状与发展策略研究	论文	2011
	我国“阳光体育运动”初始阶段的现状与推进策略	论文	2011
	论影响体育教师培训有效性的六个基本环节	论文	2011
	“国培计划”（2011）小学体育骨干教师培训的构建与实施	论文	2011
	贺：《中国学校体育》创刊三十年 给力体育教师	论文	2011
	新课标视域中的心理健康与社会适应学习内容	论文	2012
	新课标视域中的“培养坚强的意志品质”目标解读与教学方略思考	论文	2012
	新课标视域中的“学会调控情绪的方法”目标解读与教学方略思考	论文	2012
	新课标视域中的“形成合作意识与能力”目标解读与教学方略思考	论文	2012
	新课标视域中的“具有良好的体育道德”目标解读与教学方略思考	论文	2012
	运动干预对小学生身心健康影响的实验研究	论文	2012
	体育教学中合理运用晋级评价的实践与思考	论文	2013
	“国培计划”的绩效影响与核心诉求	论文	2013
	卷首语“国培本色”	论文	2013

续表

姓名	成果名称	成果形式	发表年份
潘建芬	“阳光体育运动”实施与体育新课程创新教学模式构建	论文	2008
	北京市中小学校“阳光体育运动”实施情况的调查研究	论文	2009
	研究中见精彩——有感于中运会科报会	论文	2009
	让学生爱上体育课	论文	2010
	体育教师培训品牌研究	论文	2010
	体育教师培训文化透视	论文	2010
	网络视域下的体育教师培训	论文	2010
	西部地区体育骨干教师有效性培训的实践探索	论文	2010
	引导学生对从“恐惧”到“享受”	论文	2010
	在学生研究中把握中长跑教学的难点	论文	2010
	中长跑教学的关注点“节奏”	论文	2010
	对中小学体育教师工作量的思考	论文	2012
	公正合理地计算体育教学工作量（卷首）	论文	2012
	体育教研活动课的五种有效参与方式	论文	2012
	国培计划的培训特色与生成创新	论文	2013
	基于体育教师专业发展实践问题的追问与思考	论文	2013
袁立新	农村地区学校体育器材资源开发与利用研究	论文	2009
	中小学体育教学中有效利用比赛的策略探讨	论文	2009
	关于我国青少年学生校外教育师资培训的思考	论文	2009
韩兵	中国瑞典体育课程比较研究	论文	2009
	从奥运会观赛行为透视青少年体育观众的培养	论文	2009
	北京市高中学校反兴奋剂教育开展现状的调查研究	论文	2009
	北京市8所中学高中生兴奋剂相关知识及学校反兴奋剂教育现状调查	论文	2009
	小学体育骨干教师科研能力现状与培训对策研究	论文	2011
	北京市城区中小学生睡眠状况调查	论文	2012
	小学生健康教育读本	教材	2012
	中学生健康教育读本	教材	2012
	基于实践的体育教师主题研修式培训的构建与实施	论文	2013
	新课标下小学体育与健康基础知识教学内容与教学方法探析	论文	2013
	走出认识误区 借力课标实施——谈新课标下体育教师开展体育与健康基础知识教学能力的提升	论文	2013

续表

姓名	成果名称	成果形式	发表年份
李健	中学体育教师教学自主性结构特征的研究	论文	2008
	对中学体育课男女生分班上课的探讨	论文	2008
	中学体育学科带头人及骨干教师科研能力的培养	论文	2008
	新课程背景下创新性体育教师的研究	论文	2009
	体育课程教学资源的运用与开发	论文	2009
	情感是体育教师的教学资源	论文	2009
	不同发展阶段体育教师教育科学研究能力的探讨	论文	2010
	韵律体操促进幼儿多元智能发展的研究	论文	2010
	新中国中小学教材建设史 1949－2000 研究丛书	著作	2010
	幼儿韵律体操创编实践与拓展	著作	2010
	婴幼儿运动技能的培养	论文	2011
	体育教学指导·小学	著作	2011
	体育教学指导·中学	著作	2011
	2011 年北京市初中球类教学评优课的探讨与反思	论文	2012
	体育教师对教学创新知觉及创新型教师特征的研究	论文	2012
	体育课堂教学观察结构及观察指标的研究	论文	2012
	体育课堂教学观察量表的使用	论文	2012
张锋周	学科教育心理学	著作	2012
马敬衣	影响农村小学体操教学的因素分析	论文	2010
	开发农村体育课程资源 提高体育课堂教学质量	论文	2011
张庆新	第八次体育课程教学改革（前期）成果与位置评估	论文	2008
	刍议教法、教学法、教学方法的非等同性	论文	2008
	北京市体育旅游资源开发 SWOT 分析及营销策略	论文	2008
	优秀体育教师成长的共性与促进因素的研究	论文	2008
	浅谈体育课程运动实践内容的选编	论文	2008
	新教材疑难问题研究与解决——初中体育与健康	著作	2008
	新教材疑难问题研究与解决——小学体育	著作	2008
	中国近现代体育教材发展的回顾与瞻望	论文	2009
	近现代我国学校体育思想教材观考察	论文	2009
	体育与健康知识内容选编存在的问题与技巧	论文	2009
	近现代我国体育教材内容的嬗变与展望	论文	2009
	体育教学方法选用技巧与案例	著作	2009
	体育教学计划编制技巧与案例	著作	2009
	体育教学理论问题与案例	著作	2009
	体育教学内容的选编技巧与案例	著作	2009
	体育教育专业学生教与学能力的研究	论文	2010
	学校体育管理的实效性	论文	2010
	中国体育教材史论	专著	2011
	体育教师优化学校场地的专业化修炼	论文	2012

续表

姓名	成果名称	成果形式	发表年份
袁立新 陈雁飞	北京市中小学体育教师教学技能创新状况调查与分析	论文	2008
马敬衣 韩兵	抓住北京奥运机遇　开展体育欣赏课程	论文	2008
陈雁飞 马敬衣等	学校体育教案的创新与设计	著作	2009
陈雁飞 袁立新 韩兵 潘建芬等	体育新课程教学与教师成长	著作	2009
陈雁飞 韩兵 张庆新 胡峰光	西部初中骨干体育教师培训创新模式与有效策略的研究	论文	2009
陈雁飞 潘建芬	专业视野中体育教师培训策略的实践研究	论文	2009
李健 陈雁飞 韩金妍 韩兵 卫星	中瑞基础教育“体育与健康”课程改革比较研究	论文	2009
韩兵 马敬衣	传承奥运教育遗产开展阳光体育活动	论文	2009
韩兵 张庆新	首都青少年奥运观赛行为的调查分析	论文	2009
张庆新 杨帆	体育与健康	著作	2009
	体育与健康：教学参考	著作	2009
陈雁飞 潘建芬 周志勇	小学体育教学教师用书（水平二 3 年级）	教材	2010
陈雁飞 韩兵 潘建芬	阳光体育运动与学校体育的深度辨析	论文	2010
陈雁飞 张庆新 潘建芬	北京市农村中小学引进大学毕业生需求状况与人才选用的研究	论文	2010

续表

姓名	成果名称	成果形式	发表年份
陈雁飞 潘建芬 周志勇等	小学体育教学教师用书（水平二4年级）	教材	2010
陈雁飞 周志勇等	阳光体育运动学生锻炼指导	著作	2010
陈雁飞 潘建芬等	阳光体育运动校本教材拓展	著作	2010
陈雁飞 张庆新等	阳光体育运动理论实践解读	著作	2010
陈雁飞 李健 黄春秀等	中学体育教师专题强化与技能拓展	著作	2011
陈雁飞 潘建芬 马敬衣等	中小学体育教师专业引领与提升	著作	2011
陈雁飞 张庆新 史红亮等	中学体育教学设计100例	著作	2011
陈雁飞 周志勇 张锋周等	中小学体育教师200问	著作	2011
陈雁飞 韩兵 胡峰光等	小学体育教师专题强化与技能拓展	著作	2012
陈雁飞 周志勇 张庆新等	小学体育教学设计100例	著作	2012
陈雁飞 胡峰光 张锋周 韩兵	中小学在职教师专业发展标准及指导（体育）	著作	2012
陈雁飞 袁立新 周志勇 潘建芬等	改革开放30年我国中小学体育教师队伍建设的研究	论文	2009
	学校体育课堂教学问题研究	教师用书	2013
潘建芬 周志勇	改革开放30年我国中小学体育教师培训的实践探索	论文	2009
	基于评价的体育教学设计	论文	2010
	阳光体育背景下的校内运动竞赛	论文	2010

续表

姓名	成果名称	成果形式	发表年份
周志勇 潘建芬	“国培计划”的培训特色与生成创新	论文	2013
潘建芬 张庆新	实用体育课程教学论	著作	2009
	实用学校体育学	著作	2009
	小学体育教师专业能力必修	著作	2012
	中学体育教师专业能力必修	著作	2012
张庆新 张锋周	论“国培计划”体育学科培训中的创新型班会组织建设	论文	2013
韩兵 韩金妍 史红亮	小学体育骨干教师健康基础知识教学现状与培训对策	论文	2013

三、专业及课程设置

体育系学历教育目前下设 3 个层次的体育教育专业，分别为体育教育专业（高中起点专科）、体育教育专业（高中起点本科）和体育教育专业（专升本）。

主干课程包括民族传统体育与教材教法、体操与教材教法、田径与教材教法、球类与教材教法、健康教育专题、学校体育理论、体育心理学等。

继续教育则根据培训对象的不同，设置针对性的培训课程，特色课程包括今日体育与体育教师、体育教师专业成长与教学反思、学生体质健康与对策、教师基本功强化课程、体育科研强化课程、阳光体育运动强化课程等。

四、队伍建设

体育系通过引进人才，加强培养，着力加强教师队伍建设。目前体育系已建立起包括客座教授、兼职教授在内的一支专业扎实、教学和科研能力突出的高水平教师队伍。

2008 年以来，体育系先后引进和培养博士 2 人，硕士 3 人。现有专业教师 12 名，其中教授 1 名，副教授 4 名，讲师 5 名，助教 2 名；硕士及以上学历教师 10 人。年龄结构合理，专业搭配均衡。同时聘请了包括人民教育出版社编审和高校专家学者等在内的客座及兼职教授 4 人。

目前，学科带头人陈雁飞教授被聘为全国中小学体育教学指导委员会委员、国家《体育与健康》课程标准修订组成员、中国学校体育研究会理事、北京体育科学学会学校体育分会副主任委员、北京师范大学体育与运动学院兼职硕士研究生导师，担任北京市教育学会体育研究会理事长、北京“十五”至“十二五”中小学教师继续教育体育学科组组长等职务。

2008 年至今，为应对继续教育工作的发展需要，体育系全体教师投身于教师培训工作，陈雁飞教授为教育部“国培计划”专家库成员，其他教师均承担“国培计划”和北京市教师培训的主讲教师工作。在培训组织方面，担任项目负责人、学科负责人、项目秘书、项目班主任各司其职，紧密协作，形成金牌组织管理小团队。

五、教育教学特色

建系以来，体育系遵循“一业为主，多元发展”的宗旨，实行学历教育与继续教育、师资培训相结合，短期培训与合作办学相结合的办学形式。2008 年以来，在学院核心定位向教师继续教育转移的大背景下，体育系确立了“以教师发展为中心，以学科建设为基础，以培训质量树品牌”的办学理念，积极探索科学发展观指导下的体育教师职后培养之路。

与此同时，体育系始终坚持“精专业、懂教学、通技能”的体育教师培养目标，以体育教师培训精品课程研发和教师培训模式建设为抓手，夯实学科建设基础，打造培训质量品牌，先后培训了全国和北京市的体育教师近万人次，在北京市乃至全国确立了体育教师培训领域的领先地位。

第二节　音乐系

一、基本情况

2008 年 1 月至 2013 年 4 月，音乐系主要承担北京市音乐教师在职进修、师资培训、继续教育、教材编写、教科研等工作，承担“国培计划”音乐学科委托培训、国家级示范性培训和部分省市中小学音乐教师的培训工作。同时，音乐系继续承担音乐学学科的成人本科学历教育工作。

2008 年至 2010 年 12 月，音乐系主任：赵楚；副主任：李慧玲。下设声乐教研室、钢琴教研室、理论教研室。2011 年至 2013 年 4 月，系主任：赵楚；副主任：高胜海。下设声乐与理论教研室、钢琴教研室。

二、工作概况

（一）教学工作

1. 学历教育

2008 年至 2013 年，音乐系面向北京市中小学、幼儿园等从事教学工作的教师及北京市广大音乐爱好者开展（本科）学历教育工作。开设本科专业音乐学，专科专业音乐表演。目前在校班级两个，在校学生 20 人。具体情况见表 3－46。

表 3－46　音乐系学历教育基本情况统计（2008—2012 年）

年份	层次	专业	录取人数（人）	毕业人数（人）
2008	本科	音乐学	42	40
	专科	音乐表演（脱产）	42	26

续表

年份	层次	专业	录取人数（人）	毕业人数（人）
2009	本科	音乐学（脱产）	11	9
		音乐学	18	17
	专科	音乐表演（脱产）	22	19
2010	本科	音乐学	10	9
	专科	音乐表演（脱产）	10	7
2011	本科	音乐学	10	/
2012	本科	音乐学	10	/
合计			175	127

2. 继续教育

2008 年至 2013 年，音乐系先后承担了北京市中小学音乐教师继续教育工作，国培计划委托培训、国家级示范性培训等全国和部分省市中小学体育教师的教师培训工作。具体情况见表 3－47。

表 3－47 音乐系继续教育培训基本情况统计（2008—2013 年）

年份	序号	项目名称		培训人数（人）	合计（人）
2008	1	北京市级	“绿色耕耘”——中小学音乐骨干教师培训	40	120
	2		“春风化雨”——城区义务教育重点建设校音乐教师培训	60	
	3		音乐培训者培训	20	
2009	1	北京市级	北京市中小学校歌创作音乐教师知识与技能全员培训	1706	1736
	2				
	3	援助培训	西藏自治区中小学音乐骨干教师培训	30	
2010	1	“国培计划”（示范性）	2010 年中小学音乐骨干教师合唱指挥培训	120	120
	2	北京市级	北京市中小学教师艺术素养提升	200	281
	3		北京市百所中小学体育教师专业技能提高与优秀教学课例评选	81	
	4	援助培训	四川省什邡市中小学音乐教师培训	10	10
	5	委托培训	内蒙古呼和浩特市旗县中小学音乐骨干教师培训	30	30

续表

年份	序号	项目名称		培训人数（人）	合计（人）
2011	1	“国培计划”（示范性）	中小学音乐骨干教师合唱指挥培训	94	94
	2	“国培计划”（中西部）	青海省农牧区初中音乐教师培训	39	39
	3	北京市级	首都中小学音乐教师“德艺双修阳光创意”培训	100	150
	4		北京市中学音乐教研组长阳光工作室专项培训	50	
	5	委托培训	内蒙古呼和浩特市小学音乐骨干教师培训	75	75
2012	1	北京市级	北京市农村中小学骨干教师合唱指挥培训	100	196
	2		北京市市级学科带头人及骨干教师培训（音乐学科）	46	
	3		北京市小学音乐教研组长培训项目	50	
	4	“国培计划”（中西部）	青海省农牧区小学音乐教师短期集中培训	36	36
	5	委托培训	宁夏石嘴山市中学音乐教师培训	36	173
	6		内蒙古鄂尔多斯市小学音乐教师培训	50	
	7		内蒙古鄂尔多斯市初中音乐教师培训	50	
	8		青海省初中音乐教师培训	37	
2013	1	委托培训	内蒙古鄂尔多斯市高中音乐教师培训	54	106
	2		内蒙古兴安盟小学音乐教师培训	52	
合计					3166

（二）科研工作

2008年至2013年，音乐系各教研室致力于本专业的科研工作，以科研促进教学，集体完成的主要科研课题有《北京市农村中小学音乐教师及音乐课现状调查》《关于音乐继教课程设置的研究》等。与一线的中小学音乐教学相结合，开展教研工作，编写小学音乐教师进修教材、高等师范专科教学大纲；编写北京市继续教育音乐学科教学大纲；编写了数本声乐辅导教材。

1. 承担课题情况

2009年，赵楚承担了院级课题《音乐教师继续教育培训模式的研究》。

2011年，赵楚承担了院级重点课题《西北部五省市中小学音乐教师合唱指挥技能的现状与改善重点地调查报告》。

2. 主要学术成果（表3－48）

表 3－48　音乐系教师部分学术成果统计（2008—2013 年）

姓名	成果名称	成果形式	发表年份
集体	北京市中小学校徽校歌通览（校歌部分）	专著	2009
	春风化雨丛书——音乐课堂教学问题研究	专著	2013
赵楚	如何落实音乐继续教育培训的实效性	论文	2009
	校歌创作的研究	论文	2009
	德彪西《阿拉伯风格 NO. 1》艺术分析	论文	2010
	继续教育中钢琴课教学的探究	论文	2010
尚洪刚	百年沧桑精神永驻——马思聪百年诞辰 100 周年纪念活动综述	论文	2012
	“和毅庄诚”——王西麟第七交响曲评析	论文	2011
	马思聪 D 大调小提琴协奏曲与双小提琴协奏曲分析	论文	
	名曲百首赏析（职业学校职业素养教材系列）	专著	2012
黄文胜	昨天的记忆	专辑	2009
	口琴吹奏技法	论文	2012
	中小学口琴乐团的组织与建设	论文	2010
	口琴的基本吹奏技巧	专著	2010
魏大松	红蜻蜓	歌曲	2009
高胜海	论关闭唱法	论文	2009
苏宁	钢琴曲《卖杂货》艺术分析	论文	2008
张红阳	论歌唱艺术的艺术创作	论文	2008

三、专业及课程设置

音乐系目前有音乐学专业（高起专、专升本），主要专业课程有视唱练耳、声乐、钢琴、曲式与作品分析、合唱与合唱指挥、歌曲作法、中国民族民间音乐、外国音乐作品欣赏、电脑音乐制作及软件应用、配器、器乐讲座、复调、钢琴即兴伴奏、音乐应用技术指导、音乐教学方法与实践等。

四、队伍建设

音乐系现有专业教师 12 名，其中副教授 3 名，讲师 8 名，助教 1 名。近年来，音乐系秉承“各司其职、各负其责、各抒己见、各展所长”的方针，推广老教师的教学经验，挖掘青年教师的潜能，培养一专多能的骨干教师。注重各专业之间的均衡发展。

五、教育教学特色

音乐系以“教育以学员为本，教育要面向市场”；“树立精品意识，以质量求生存”；“重视教师队伍建设，开好特色课程”为指导思想，以继续教育教学为主，努力适应中小学音乐教师的实际需要，注意根据大纲的要求和学生的实际需求适时调整教学内容、教学方式和教学手段。

第三节　美术系

一、基本情况

美术系成立于1956年，至今已有57年历史。美术系主要进行学历教育和北京市美术教师继续教育、“国培计划”委托培训、国家级示范性培训，编写中小学美术教材，为北京市和全国中小学培养了大批美术骨干教师和美术专业人才。

历任系主任是赵一唐、巩平、赵志雄。2008年1月，系主任：张宾；2010年10月林泰然任系副主任。美术系现设两个教研室：国画和油画教研室、美术综合教研室。

二、工作概况

（一）教学工作

1. 学历教育

2008年至2013年，北京市中小学美术教师学历层次基本达标，目前在校本科学历班共4个，在校学生共71人。具体情况见表3-49。

表3-49　美术系学历教育基本情况统计（2008—2013年）

年份	层次	专业	录取人数（人）	毕业人数（人）
2008	本科	美术学	22	22
2009	本科	美术学	16	16
2010	本科	书法学	47	45
2011	本科	书法学	16	/
2012	本科	美术学	21	/
2013	本科	美术学	21	/
		书法学	13	/

2. 继续教育

在开展学历教育的同时，美术系的核心工作是开展北京市、国家级的美术教师培训，具体情况见表3-50。

表3－50　美术系继续教育培训基本情况统计（2008—2013年）

<table>
<tr><th>年份</th><th>序号</th><th colspan="2">项目名称</th><th>培训人数（人）</th><th>合计（人）</th></tr>
<tr><td rowspan="3">2008</td><td>1</td><td rowspan="3">北京市级</td><td>陶艺与纸造型技能创作教学实践研修班培训</td><td>38</td><td rowspan="3">127</td></tr>
<tr><td>2</td><td>“春风化雨”——北京市城区初中建设校书法教师培训</td><td>21</td></tr>
<tr><td>3</td><td>“绿色耕耘”——美术骨干教师培训</td><td>68</td></tr>
<tr><td rowspan="5">2009</td><td>1</td><td rowspan="5">北京市级</td><td>北京市中小学教师才艺作品展示活动培训</td><td>72</td><td rowspan="5">2282</td></tr>
<tr><td>2</td><td>北京市中小学实验绘画教师专业提高培训</td><td>23</td></tr>
<tr><td>3</td><td>校徽、校歌创作评选——暨中小学美术教师全员培训</td><td>2094</td></tr>
<tr><td>4</td><td>北京市中小学书法骨干教师培训</td><td>54</td></tr>
<tr><td>5</td><td>北京市农村中小学美术教师工艺美术专项提高培训</td><td>39</td></tr>
<tr><td rowspan="4">2010</td><td>1</td><td rowspan="3">北京市级</td><td>北京市教师艺术素养提升美术培训</td><td>47</td><td rowspan="3">183</td></tr>
<tr><td>2</td><td>北京市百所中小学体育教师专业技能提高与优秀教学课例评选</td><td>77</td></tr>
<tr><td>3</td><td>北京市学科带头人和骨干教师培训（美术学科）</td><td>59</td></tr>
<tr><td>4</td><td>援助培训</td><td>四川省什邡市美术骨干教师培训</td><td>10</td><td>10</td></tr>
<tr><td rowspan="8">2011</td><td>1</td><td rowspan="4">北京市级</td><td>优美校园建设工程——北京市中小学美术教师专项培训和北京市中小学校园文化建设评比活动</td><td>196</td><td rowspan="4">384</td></tr>
<tr><td>2</td><td>北京市中学美术教研组长阳光工作室专项培训</td><td>50</td></tr>
<tr><td>3</td><td>北京市学科带头人和骨干教师培训（美术学科）</td><td>38</td></tr>
<tr><td>4</td><td>北京市小学艺术教师德艺双修阳光培训</td><td>100</td></tr>
<tr><td>5</td><td rowspan="2">“国培计划”（中西部）</td><td>新疆生产建设兵团小学美术教师短期集中培训</td><td>29</td><td rowspan="2">67</td></tr>
<tr><td>6</td><td>青海省农牧区初中美术教师短期集中培训</td><td>38</td></tr>
<tr><td>7</td><td rowspan="2">委托培训</td><td>内蒙古鄂尔多斯市各学科教研员异地研修培训</td><td>15</td><td rowspan="2">90</td></tr>
<tr><td>8</td><td>内蒙古呼和浩特市小学美术骨干教师培训</td><td>75</td></tr>
</table>

续表

年份	序号	项目名称		培训人数（人）	合计（人）
2012	1	北京市级	北京市市级骨干教师及学科带头人培训（音乐学科）	43	182
	2		北京市小学美术教研组长研修工作室培训	44	
	3		北京市农村中小学美术教师创新思维专项培训	95	
	4	“国培计划”（示范性）	紧缺薄弱学科小学美术学科培训	186	279
	5		培训团队研修项目美术班培训（两期）	93	
	6	“国培计划”（中西部）	青海省农牧区小学美术教师培训	38	95
	7		新疆生产建设兵团初中美术教师培训	57	
	8	委托培训	青海省初中美术教师短期集中培训	40	92
	9		内蒙古鄂尔多斯市小学美术骨干教师专项培训	52	
2013	1	委托培训	内蒙古鄂尔多斯市初中美术骨干教师培训	64	162
	2		内蒙古鄂尔多斯市高中美术骨干教师培训	48	
	3		内蒙古兴安盟小学美术骨干教师培训	50	
合计				3953	

（二）科研工作

1. 承担课题情况

近年来美术系开展了多种学术交流和教研活动，如“美术学术论文交流会”“美术教学专业技能交流会”“北京市教师美术书法展览会”，以及“北京市美术教学基本功大赛”等教研活动，也承担研究了不同层次的科研课题。所承担院级课题基本情况见表 3－51。

表 3－51 美术系教师承担课题情况统计（2008—2013 年）

类别	课题名称	负责人	立项年份
院级	艺术教师培训方式的研究	巩平	2009
	挖掘美术教材工艺美术教育教学内容引导学生参与文化传承（重点课题）	张宾	2009
	校园壁画在中小学美术实践活动中的研究	林泰然	2011
	中小学美术装饰画课程教学研究（重点课题）	张宾	2011
	基于行动导向教学法的美术教学研究	巩平	2011
	地方资源在美术资源中的应用	巩平	2013
	新课标背景下的中小学美术创新课程模式的研究	林泰然	2013

2. 主要学术成果

2008 年以来，美术系始终坚持教师的专业发展与自身发展相协调，坚持教师之间的听评课，组织开展教学研究活动，广泛地加强同基层学校的联系，建立实习基地校，鼓励教师深入基层开展教学研究工作。本系教师在完成教学工作的同时，主编、参与编写国家级教程及各类教材共 18 册，并正式出版。具体情况见表 3－52。

表 3－52 美术系教师部分学术成果统计（2008—2013 年）

姓名	成果名称	成果形式	发表年份
巩平	国家课程标准全国高中美术教材《工艺》	教材	2008
	幼儿园环境布置	教材	2009
	多种材料的艺术创造	专著	2009
	在写生中透视创作	专著	2009
	多种材料的艺术创造——基础美术教育设计制作课程研究	论文	2009
	“手绘图像”课程教学的研究与思考	论文	2009
	艺术与艺术教育	论文	2009
张宾	瑰丽璀璨的装饰画	论文	2009
	美术课程教学中多媒体的应用	论文	2011
	工艺美术的传承与发展	论文	2012
林泰然	唐代文官服饰文化	论文	2008
	中小学的校园壁画与壁画教学	论文	2011
	校园壁画在中小学美术实践活动中的应用	论文	2012
	瞬间的永恒——维米尔的油画《在窗前读信的少女》	论文	2012
吕鹏	湖社研究	专著	2010
	《湖社月刊》的出版及其历史意义	论文	2012
	中国画学研究会和湖社画会	论文	2012
刘彬	交河故城	油画作品	2008
马玉兰	书法教程	教材	2008
	碑帖学基础	专著	2011
陶钧	北魏崔宾媛墓志考释	论文	2012
王新宇	阮元与金石学	论文	2010

三、专业及课程设置

美术学专业（专升本）主要课程：美术理论、油画、国画、工艺美术设计、版画、陶艺、电脑美术设计等。

书法学专业（专升本）主要课程：书法史、诗词写作、唐楷研究与实践、魏碑研究与实践、篆书篆刻研究与实践等。

继续教育主要课程：美术教学的新思维、装饰绘画与教学、校园文化建设、粉笔画的应用与教学、实验绘画与教学等。

四、队伍建设

美术系不断加强教师队伍建设，充实力量，完善学科建设。目前已建立起包括客座教授、外请教师在内的一支专业知识扎实、教育教学能力和科研能力突出、结构完善的学科教师队伍。一批中青年教师已经成为教学和科研的主力军。

2008 年以来，美术系有专职教师 16 人，其中教授 1 人、副教授 5 人、讲师 8 人、助教 2 人。其中博士 2 人，研究生 4 人，是以老中青结合的专业化的教师队伍。另聘有著名高校博士生导师及学校美术专家等客座及兼职教授 6 人。

五、教育教学特色

特色一：注重研究中小学美术教育教学特色，为中小学美术教师专业发展搭建平台。美术学科课程紧密结合中小学美术教学实际，深入研究国家美术教师标准、国家美术课程标准、美术教材，研究中小学急需且适用的美术专业技法，研究如何培养学生的创造才能的有效教学方法，以满足中小学美术教师的切实需要。

特色二：培训课程系列化。从幼儿园教师艺术课程培训、小学美术教师培训、中学美术教师培训、教研组长骨干教师培训到省市教研员培训、高校教师研修团队培训，建立了一整套培训方案与课程，形成了一套从专业理论到专业技法较为成熟的培训体系。

特色三：突出培训课程特色。在全国突出自己的拳头课程，如“纸造型艺术与教学”“多种材料的艺术创造”“装饰绘画与教学”“实验绘画”等课程，积累了丰富的培训经验，汇集了大量的教学课例，出版了有特色的培训教材。这些课程和教材除应用于本院的培训项目外，还在全国网络培训、外省市培训、各高校教师培训中有着广泛的应用。

第四节　艺术设计系

一、基本情况

2008 年 1 月，艺术设计系主任：杨岩；系副主任：刘宇。

二、工作概况

（一）教学工作

1. 学历教育

艺术设计系结合市场需求，不断调整课程设置，建立和完善了教学体系。建系以来，培养学生 2000 余人。毕业生主要去向包括广告公司、网站、出版社、装饰公司、影视公司等。2008 年设计系专科 10 个班，本科 7 个班；2009 年专科 9 个班，本科 7 个班；2010 年专科 6 个班，本科 8 个班；2011 年专科 7 个班，本科 7 个班；2012 年专科 11 个班，本科 6 个班；2013 年新招专科 61 人，本科 54 人。目前在校班级 21 个，在校学生 544 人。历年具体情况见表 3－53。

表 3－53　艺术设计系学历教育基本情况统计（2008—2013 年）

年份	层次	专业	录取人数（人）	毕业人数（人）
2008	本科	美术学（电脑美术）	65	51
	专科	装潢艺术设计	43	37
2009	本科	美术学（电脑美术）	58	56
		体育教育	24	23
	专科	艺术设计（脱产）	31	21
		装潢艺术设计	67	51
2010	本科	美术学（电脑美术）	62	57
	专科	艺术设计（脱产）	45	39
		装潢艺术设计	39	26
2011	本科	美术学（电脑美术）	48	/
	专科	艺术设计（脱产）	138	117
		装潢艺术设计	64	/
2012	本科	美术学（电脑美术）	23	/
	专科	装潢艺术设计	156	/
2013	本科	美术学（电脑美术）	54	/
	专科	装潢艺术设计	61	/

2. 继续教育

在开展学历教育的同时，艺术设计系积极参与北京教育学院的各项继续教育。相继承接北京市小学骨干美术教师新媒体辅助教学专题研修班培训、“春风化雨”“校徽、校歌”创作评选、优美校园建设工程专题美术教师培训等项目，具体情况见表 3－54。

表 3－54　艺术设计系继续教育培训基本情况统计（2008—2012 年）

年份	序号	项目名称		培训人数（人）	合计（人）
2008	1	北京市级	北京市小学骨干美术教师新媒体辅助教学专题研修班	30	66
	2		“春风化雨”——小学综合实践教师培训	36	

续表

年份	序号	项目名称		培训人数（人）	合计（人）
2009	1	北京市级	北京市小学骨干美术教师新媒体辅助教学专题研修班培训项目	50	50
2010	1	北京市级	综合实践学科骨干教师工作室培训项目	16	16
2011	1	北京市级	优美校园建设工程——北京市中小学美术教师专项培训	100	200
	2		北京市中小学校园文化建设评比活动培训	100	
合计				332	

（二）科研工作

近年来，艺术设计系共主编、参与编写国家级教程、各类教材21册（正式出版），包括申报北京市教委“高等教育精品教材建设”的立项项目，承担“人物形象设计专业”（专科）、《人物修饰造型艺术》等10门主干课12册教材的编写工作。其中《现代美容实用技术》等4册教材已由高等教育出版社出版，承担院级课题情况与学术成果统计情况见表3－55、表3－56。

表3－55　艺术设计系教师承担课题情况统计（2008—2013年）

类别	课题名称	负责人	立项年份
院级	美术与创新精神、创造性人才素质培养研究	杨岩	2008
	艺术类教师培训研究	刘宇	2009
	数字化背景下的校园壁画建设	林泰然	2009
	传统视觉元素在现代书籍设计中的应用与研究	安雪梅	2010
	美术教师培训中设计教学的研究与思考	刘宇	2012
	中小学美术教师培训中设计教学的开发——废旧材料再创造课程	刘宇	2013

表3－56　艺术设计系教师部分学术成果统计（2008—2012年）

姓名	成果名称	成果形式	发表年份
安雪梅	中文版IllustratorCS3课堂实录	专著	2008
	新媒体艺术在教学中的运用与研究	论文	2009
	中国传统视觉元素在现代书籍设计中的应用	论文	2010
	版式设计	专著	2012
	创意设计基础	专著	2012

续表

姓名	成果名称	成果形式	发表年份
刘宇	艺术的创新思维	专著	2009
	学校餐厅设计	专著	2010
	家居设计的审美与创意	论文	2010
	浅析艺术设计中的人格化设计	论文	2011
	用则如是，非即艺术	论文	2011
	人物形象色彩设计与创意思维	专著	2012
	艺术设计中的逆向思维	论文	2012
林泰然	中小学的校园壁画与壁画教学	论文	2011
	校园壁画在中小学美术实践活动中的应用	论文	2012
	瞬间的永恒——维米尔的油画《在窗前读信的少女》	论文	2012
朱海燕	视觉思维的起点	专著	2008
	语言符号与文化载体	论文	2009
	水墨元素的动态化转变与应用	论文	2010
	速写人生	专著	2010
	对比色配色图典	专著	2011
	Tradigital 艺术在当今媒体中的新面孔	论文	2012

三、专业及课程设置

装潢艺术设计专业（专科）主要课程：素描、色彩、电脑图像制作、三大构成基础、广告创意等。

人物形象设计专业（专科）主要课程：人体基础医学、素描色彩学、基础服装服饰设计学、美容美发、化妆、芳香疗法、人物形象设计等。

美术学专业（电脑美术）（专升本）主要课程：美术学、素描、色彩、构成、摄影、CAD、3DMAX、家具设计等。

四、队伍建设

艺术设计系现有教职工 4 人，其中副教授 1 人，讲师 3 人。

艺术设计系不断加强教师队伍建设，鼓励中青年教师发展，刘宇老师 2008 年获北京教育学院“中年教师教学观摩活动”二等奖；林泰然老师 2009 年 7 月获北京教育学院“青年教师基本功比赛”教学优质奖、2011 年 5 月获北京教育学院“青年教师基本功比赛”三等奖；系主任杨岩带领全系 4 位老师和美术系教师编写艺术设计系教材，2013 年出版。

五、教育教学特色

结合市场需求，不断调整人才培养目标、培养方式和课程设置，提高学员的市场竞争能力。

六、为学院及项目的设计服务

艺术设计系还承担了北京教育学院及继续教育项目的设计工作：

2008 年 6 月，“北京教育学院附中”标志设计；

2008 年 6 月，“教师大厦”标志设计；

2008 年 9 月，“北京教育学院建院 55 周年纪念书系”设计；

2008 年 9 月，北京教育学院国际语言交流中心标志设计；

2009 年 4 月，中央彩票公益金支持青少年学生校外活动场所建设项目培训标志设计；

2009 年 8 月，庆祝新中国成立 60 周年及第 20 个教师节“绿叶颂”文艺演出教学系列设计；

2009 年 9 月，庆祝新中国成立 60 周年“我爱我的祖国”主题活动背景设计；

2010 年 1 月，《校园风范的镌铸与咏歌》的版式设计；

2010 年 3 月，《校园风范的镌铸与咏歌》的封面设计；

2010 年 6 月，《北京教育学院学报》新封面；

2010 年 6 月，北京中小学教师艺术素养提升项目标志设计；

2010 年 10 月，北京市 100 所中小学音体美教师专项培训项目的标志设计；

2010 年 11 月，老院长方道霖先生作品集《秋实集》的封面设计；

2011 年 12 月，美术重点学科建设《需求牵引课程推动》封面设计。

以上设计均受到学院领导、老师及学员们的好评。

第五节　幼儿艺术教育系

一、基本情况

幼儿艺术教育系前身是幼儿艺术教育教研室。2009 年 3 月成立幼儿艺术教育系，系主任：陈晓芳；副系主任：郝香才。下设理论教研室和技能教研室，教研室主任分别为顾晓华、曹颖。幼儿艺术教育系目前在编教师 13 人，其中讲师 9 人，助教 4 人；研究生学历 11 人，博士学历 2 人。

二、工作概况

（一）教学工作

1. 学历教育

2008 年至 2013 年，幼儿艺术教育系学历教育呈现一派欣欣向荣的景象。2008 年至今，共培养幼师三千余人，均取得幼儿艺术教育成人大专毕业证书。具体学生人数统计见表 3－57。

表 3－57 幼儿艺术教育系学历教育基本情况统计（2008—2013 年）

年份	层次	专业	录取人数（人）	毕业人数（人）
2008	专科	幼儿艺术教育（业余）	498	674
2009	专科	幼儿艺术教育（业余）	802	638
2010	专科	幼儿艺术教育（业余）	805	650
2011	专科	幼儿艺术教育（业余）	862	670
2012	专科	幼儿艺术教育（业余）	471	419
2013	专科	幼儿艺术教育（业余）	/	628

2. 继续教育

2012 年 3 月，举办“国培计划”——云南省幼儿园园长短期集中培训；

2012 年 6 月至 12 月，举办北京市城区幼儿园骨干教师艺术教学创新能力提升培训。

（二）科研工作

1. 承担课题情况

2009 年，承担院级立项课题《环境速写对成人美术写生课教学的有效性研究》，课题负责人曹颖；2010 年，承担院级重点立项课题《幼儿科学教育课程研究》，课题负责人陈晓芳；2012 年，承担中国学前教育研究会课题《基于专业发展的幼儿教师职后培训有效模式的研究》，课题负责人陈雁飞、陈晓芳。

2. 主要学术成果和才艺

2008 年至 2013 年 4 月，幼儿艺术教育系教师在全国核心期刊发表论文 16 篇，1 名教师获国际音乐赛事二等奖，2 名教师获全国音乐赛事金奖，2 名教师举办 6 次画展。1 名教师任北京市青年委员。具体学术成果见表 3－58。

表 3－58 幼儿艺术教育系教师部分学术成果统计（2008—2013 年）

姓名	成果名称	成果形式	发表年份
陈晓芳	幼儿园科学活动生成性课程资源的开发	论文	2008
	幼儿园快乐与发展课程（教师教学用书——小班上册）（编委）	著作	2009
	幼儿园快乐与发展课程（教师教学用书——托班上册）（编委）	教材	2009
	寻求家长工作新思路——让家长成为比比的大朋友	论文	2009
	实践研究反思—幼儿园优秀教育活动案例与评析（编委）	著作	2010
	幼儿园快乐与发展课程（教师教学用书——托班下册）（编委）	教材	2010
	幼儿园快乐与发展课程（教师教学用书——小班下册）（编委）	教材	2010
	和谐中国，盛世乐章——全国人民最喜欢的歌（编委）	著作	2010
	幼儿园教育活动设计策略及案例评析	著作	2010
	建构主义视野下的随机通达教学方式	论文	2010
	幼儿科学学习情境的创设	论文	2011
郝香才	辩证实践思维在声乐教学中的重要作用	论文	2011
	因材施教是声乐教育艺术的命脉	论文	2011
	低声部向高声部转变的实践探讨	论文	2011

续表

姓名	成果名称	成果形式	发表年份
曹颖	民间民俗美术	论文	2008
	信天游	系列油画作品	2008
	中国山水画的人文精神	论文	2009
	双喜	系列油画作品	2009
	环境速写对成人写生课教学的有效性研究	论文	2010
	民俗油画	雕塑作品	2011
	宅女日记	系列油画作品	2012
	《林曲》《跑旱船》	油画作品	2013
楚晓娟	琥珀家的教育冲突	论文	2012
王元艳	歌剧《艺术家的生涯》中主人公咪咪的二度创作	论文	2011
邱虹	抽象与具象	论文	2010
傅聪	发展音乐治疗的本土化道路——记中国音乐治疗学会第九届年会	论文	2010
	让幼儿学会“听画”——浅谈幼儿音乐教育中的“画音乐”	论文	2010
	如何“乐读”幼儿情绪	论文	2010
	用音乐培养幼儿安全意识	论文	2010
胡峰光	体育新课程教学与教师成长（编委）	著作	2009
	理念·方法——学校体育教案的创新与设计（编委）	著作	2009
	中学体育教师专题强化与技能拓展（编委）	著作	2010
	把握住学生的几个关键——观摩美国女教授小学四年级舞蹈课有感	论文	2010
	小学体育教学设计（编委）	著作	2011
	中学体育教学设计（编委）	著作	2011
	中小学在职教师专业发展标准及指导（体育与健康）（副主编）	著作	2012
	体育教学中合理运用晋级评价的实践与思考	论文	2013
黄春秀	学校体育教案的创新与设计（编委）	教材	2010
	阳光体育运动学生锻炼指导（编委）	教材	2011
	中学体育教学设计100问（副主编）	教材	2011

三、专业及课程设置

幼儿艺术教育专业为大专（业余）成人高等教育学历，学制三年，专业基础课主要有儿童文学、音乐基础知识、学前比较教育学、幼儿教育心理学、幼儿游戏、幼儿体育等9

门课程；专业方向课主要有幼儿园环境布置、幼儿卫生与保健、手工、幼儿教学设计、幼儿智力开发等7门课程。2010年，该系修订了《幼儿艺术教育专业课程大纲》。

四、队伍建设

队伍建设目标：建设一支年龄、学院结构合理，学历层次较高，数量充足、质量高、能够满足学前专业教学与科研需要的教师队伍。

通过引进高层次人才和在职人员进修、聘请一线的学前教育专家等方式，进一步提高教师队伍的学历层次与专业素养，不断优化教师队伍的专业结构，形成一支学前教育科学基础理论、教育改革与基础研究、课程与教学研究及设计、学科教育实践四位一体的教师队伍。

（一）结合自身专业特色，调整专业定位，确定每位教师学前教育研究方向

原舞蹈专业教师研究方向定位于幼儿舞蹈教育教学与创编研究；原美术专业的两位教师根据她们自身研究的方向特点，定位于幼儿艺术教育教学研究；原体育专业的教师定位于幼儿体育与幼儿游戏的研究，原音乐专业（声乐研究方向）的老师定位于幼儿音乐教育、钢琴即兴伴奏、幼儿音乐欣赏的研究。全力打造理论研究型教师、技能专长型教师、跨学科全能型教师。

（二）以学术和科研凝聚人心和专业情感，积极创建和谐快乐的教师团队

专业情感是专业发展的基石，人心是团队中成员坚持前行的动力。由于幼儿艺术教育系教师成员专业构成的复杂性和艺术教师的特殊性，所以“学术性共事”成为当前幼艺系教师队伍建设的重点。

（三）根据教师队伍特点，建设一批供教师学习和研究的教学教研基地

目前，已经与北京市六一幼儿园、北京市第六幼儿园、北京市东城区大方家回民幼儿园、北京市恩济里幼儿园等一批北京市示范幼儿园建立了基地联系。教师可以随时随地深入这些幼儿园观摩、学习和开展教研活动。

五、教育教学特色

（一）学生特色——培养“学前教育理论过硬、综合艺术教学见长”的优秀幼儿园教师

幼儿艺术教育专业学生的培养目标是：以理论提升、实践操作为主体；注重教育教学基本理论过关、体育与形体气质及审美品位优良的优秀人才的培养。以此造就一批具有高文化的思想素质，以艺术教学能力见长，同时胜任5大领域教学的优秀幼儿园教师。

（二）课程特色——注重“理论与实践对接、教学指导与艺术技能训练相结合”

1. 教育基本理论课程基础的夯实

理论部分的主要课程：教育学、幼儿教育心理学、学前儿童比较教育学、儿童文学、幼儿教学设计、幼儿教育管理学、幼儿智力开发、幼儿科学教育、幼儿卫生与保健等，突出基于一线教学问题出发的基本理论提升。

2. 艺术类实践课程的前沿开发

实践部分主要课程：绘画基本造型训练、音乐基础知识、钢琴基础弹奏及即兴伴奏、幼儿体育、幼儿舞蹈、幼儿游戏、书法、手工、电脑美术、幼儿园环境设计与布置等。以增长教学实践性智慧的案例教学为基本思路。

第六节　青年教师艺术创意研究所

青年教师艺术创意研究所成立于2008年9月18日，音乐系教师尚洪刚任所长。

研究所以专题研究为突破口，寻找专业发展的有效途径，重点解决专业团队的建设、形成专业的特色和打造学科的影响，试图通过学科论坛、沙龙互动、作品赏析、成果交流等形式，为教龄在15年以下的青年教师提供一个交流、创作、展示的平台。

2008年，研究所举办“体育与艺术学院学科建设与专业发展学术沙龙”，以系室论坛、专题报告、分组抢答、提问辩论的形式，围绕继续教育的发展、学历教育的展望、教师专业的提升、教师队伍的建设等问题，进行生动活泼的大讨论，促进体育与艺术学院教师的发展。

2009年，研究所举办“创新应对挑战、特色引领发展”主题论坛，通过论坛、沙龙、作品赏析、成果交流等形式让青年教师一起深思专业发展，深思创意与创作，一起分析发展的难点和困惑点，起到了相互学习、互相促进、共同成长的目的。

2010年，研究所策划了“深度思考、科学发展——体育与艺术学院及《北京教育丛书》特色发展”论坛活动，围绕“后奥运时代体育学科可持续发展”“建设特色学科，突显专业艺术创新”“《北京教育丛书》的发展”“服务教学、科学发展”进行主题研讨。

2011年，研究所建设博士园，将隔周四定为博士园专题讲座与学术研究日，专门为7名博士构建专题讲座、前沿学术和文化艺术交流场所，并以此为突破口，营造专业创新交流的学术氛围，以扩充教师的视野，更新教师的知识，丰富教师的文化生活。

2012年，研究所在校园文化墙建设的基础上，继续充分利用校园、楼道的有限空间，布置“以真善美育人、育真善美的人”的教育和教师培训心声墙，策划构建艺术教师才艺作品展，让更多的青年教师走上继续教育的讲台，使更多的研究成果和作品在国内外参加学术交流与展示，展现体育与艺术学院青年教师团队的士气、工作的力量和精神风貌。

2013年，研究所为庆祝北京教育学院成立60周年，策划邀请国内外知名专家、学者举办系列专题讲座，内容涉及文学、历史、音乐、绘画、体育等多个学科。

第五章　职业教育学院

一、基本情况

职业教育学院成立于2004年9月，下设财经管理系、旅游管理系、计算机系、综合办公室、教学管理办公室和学院培训中心。2008年1月，学院编制机构调整，职业教育学院下设财经管理系、旅游管理系、职业教育研究所、行政办公室、教学办公室。

2008年，职业教育学院领导班子成员4人。院长：吴安民；黄寺校区第二党总支副书记兼副院长：徐素霞（2009年8月调离）；副院长：毛正才、王红（2009年3月调离）。

2011年起，职业教育学院院长：吴安民；副院长：毛正才。同年7月，学院任命赵玉如、吕亚非为院长助理。

目前，职业教育学院共有中共正式党员11名，预备党员1名，隶属黄寺校区第二党总支，设3个党支部，分别是行政党支部，支部书记秦山清；财经管理系党支部，支部书记张武超；旅游管理系党支部，支部书记周涛。

职业教育学院现有教职工28人，其中专业教师21人，行政管理人员7人。

二、工作概况

（一）教学工作

1. 学历教育

职业教育学院的学历教育主要是面向北京市中等职业技术学校、中专毕业生和社会企业人员，包括脱产和业余两种学习方式。现有会计、人力资源、工商企业管理、旅游管理、酒店管理、烹饪、会展等9个专业。学历教育的具体情况见表3-59。

表3-59　职业教育学院学历教育基本情况统计（2008—2012年）

年份	专业	录取人数	毕业人数（人）	备注
2008	艺术设计（烹饪方向）	30	61	业余
	艺术设计（酒店方向）	54	56	业余
	装饰艺术设计	29	25	业余
	会计	37	43	业余
	旅游管理	40	0	业余
	旅游管理	14	0	本科
	会计	31	0	脱产
	工商管理	42	23	业余
	工商管理	39	0	脱产
	物业管理	14	20	脱产
	金融证券	26	26	脱产

续表

年份	专业	录取人数	毕业人数（人）	备注
2009	艺术设计（烹饪方向）	69	22	业余
	艺术设计（酒店方向）	57	21	业余
	装饰艺术设计	21	27	业余
	艺术设计（会展方向）	22	0	业余
	会计	38	21	业余
	旅游管理	19	14	业余
	旅游管理	16	0	本科
	会计	45	0	脱产
	工商管理	28	0	脱产
	工商管理	55	30	业余
2010	艺术设计（烹饪方向）	63	41	业余
	艺术设计（酒店方向）	29	38	业余
	装饰艺术设计	17	28	业余
	艺术设计（会展方向）	14	0	业余
	会计	26	28	业余
	旅游管理	0	14	本科
	旅游管理	39	33	专科
	会计学	11	0	本科
	会计	29	36	脱产
	工商管理	33	19	脱产
	工商管理	34	32	业余
	人力资源	26	0	脱产
	金融证券	47	0	脱产
2011	艺术设计（烹饪方向）	57	43	业余
	艺术设计（酒店方向）	40	32	业余
	工商管理	22	24	业余
	会计	19	25	脱产
	会计	23	22	业余
	人力资源	19	23	脱产

续表

年份	专业	录取人数	毕业人数（人）	备注
2012	艺术设计（烹饪方向）	50	0	业余
	艺术设计（酒店方向）	43	0	业余
	艺术设计（会展方向）	18	0	业余
	会计	18	0	业余
	会计学	22	0	本科
	人力资源	15	0	脱产
合计		1440	827	

2. 继续教育

自2004年起，职业教育学院一直承担着北京市中等职业学校文化课教师的继续教育培训。同时职业教育学院依托北京教育学院的优势师资以及社会影响力，积极开展多层次的社会委托培训，截止2012年年底，共培训教师4213人次。具体情况见表3－60。

表3－60 职业教育学院继续教育培训基本情况统计（2008—2012年）

年份	序号	项目名称		培训人数（人）	合计（人）
2008	1	北京市级	中等职业学校文化课教师培训	886	1116
	2	委托培训	北京市丰台区职业学校青年教师培训	30	
	3		专兼职督学、学校内部督导培训	200	
2009	1	北京市级	北京市中等职业学校文化课教师与教研组长培训	555	1355
	2	委托培训	北京市朝阳区中等职业学校教师通识培训	800	
2010	1	北京市级	北京市中等职业学校文化课教师培训	511	578
	2		北京中等职业学校市级骨干教师及学科带头人	67	
2011	1	北京市级	北京市中等职业学校文化课教师培训	276	405
	2	委托培训	北京师中等职业学校市级骨干教师及学科带头人	42	
	3		《走向社会——生活·就业·发展》培训者培训	87	
2012	1	北京市级	中等职业学校文化课教师培训	233	759
	2		北京市中等职业学校市级骨干教师及学科带头人	45	
	3	委托培训	《走向社会——生活·就业·发展》培训者培训	80	
	4		北京市丰台区中等职业学校骨干教师培训	230	
	5		北京市东城区中等职业学校骨干教师培训	69	
	6		贵州省黔西县农村教师培训	102	
合计				4213	

（二）科研工作

职业教育学院非常重视科研工作，近年来，学院鼓励教师积极参加学院的课题申报，通过课题的立项、研究以及教材、专著的编写，不断提高教师的专业素质与学术水平。

1. 承担课题情况

2008 年至 2013 年，职业教育学院教师共承担院级课题 15 个，课题的研究紧紧围绕教师培训的主业，通过研究，不断提高教师开展培训的能力和科研能力。

2. 主要学术成果

近年来，职业教育学院教师在实践教学和理论研究的基础上，积极参与教材编著和论文撰写，2008 年至 2013 年共计编写教材、专著 22 部，发表论文 17 篇。

三、教师队伍建设

学院重视教师队伍建设，支持教师通过不同渠道进行进修和提高，鼓励教师积极承担科研课题，参加学术会议，并通过开展职业教育论坛等方式交流研究成果。截止到 2013 年 5 月，全院共有教职工 28 名，其中专业教师 21 名，教辅行政人员 7 名。

四、获奖情况

在北京教育学院 2008 年中年教师基本功大赛中，韩彦龙获三等奖。

“北京市中等职业学校文化课教师培训”项目团队获得北京教育学院 2008 年教育干部与教师培训工作先进集体优秀奖。

“北京市中等职业学校文化课教师与教研组长培训”项目团队获得北京教育学院 2009 年教育干部与教师培训工作先进集体优秀奖。

“北京市中等职业学校文化课教师培训”项目团队获得北京教育学院 2010 年教育干部与教师培训工作先进集体优秀奖。

在北京教育学院 2010 年青年教师基本功大赛中，叶一粟获三等奖。

“北京市中等职业学校文化课教师培训”项目团队获得北京教育学院 2011 年教育干部与教师培训工作先进集体优秀奖。

2011 年在中国商业联合会、中国会展经济研究会和教育部高等学校高职高专旅游管理类专业教学指导委员会联合举办的，第五届全国商科院校技能大赛会展专业竞赛中，职业教育学院旅游管理系 2010 级艺术设计专业学生蒙兰春、黄煌、李金伟、薛伟的作品分别获得高职高专组三等奖。北京教育学院获最佳院校组织奖。吕亚非、刘宇老师被评为优秀指导教师。

2012 年 5 月获北京教育学院 2012 年工会“健康行”活动组织奖。

五、办学特色

职业教育学院紧紧围绕北京教育学院“十二五”发展目标和总体要求，遵循职业教育培训工作发展规律和社会经济发展规律，努力推进教育教学和教师培训的内涵发展。坚持服务中职学校基层教师，彰显中职文化课教师培训品质；坚持稳定学历教育规模，提升教育教学质量；坚持拓宽培训视野，扩大办学影响；坚持科研创新，引领教师专业成长。

第一节　财经管理系

一、基本情况

财经管理系前身是职业教育部财金管理系。2004 年 9 月，职业教育学院成立后更名为财经管理系。

系主任：蒋维静（2008 年 1 月至 2010 年 1 月）、黑岚（2010 年 1 月至今）；系副主任：杨颂（2008 年 1 月至 2009 年 4 月）、卓思廉（2010 年 1 月至 2011 年 4 月）、梁红霞（2011 年 5 月至今）。财经管理系下设管理、金融、财会、基础 4 个教研室。

二、工作概况

（一）教学工作

1. 学历教育

财经管理系现有专科会计（脱产、业余）、工商企业管理（脱产、业余）、金融与证券（脱产）、人力资源管理（脱产）、专升本会计（业余）5 个专业。2013 年申报了人力资源（高起本）专业。财经管理系重在培养学生的实践应用能力、可持续发展能力、适应职业转换能力。对于脱产专业的学生，学习期间，将根据实际情况安排学生到企事业单位上岗实习，建立了北京用友软件有限公司、联想集团、物美集团、西藏证券、朝阳区档案馆、华林证券、北京瑞赢物业管理有限公司等多家学生毕业实习基地。

财经管理系一直将教学质量作为办学的生命线，各个专业均制订了完善而科学的教学计划及各学科的教学大纲，除由该院教师承担大部分教学任务外，一些专业理论课和专业技能课还聘请院外专家、教授、工程师承担。学历教育的具体情况见表 3 - 61。

表 3 - 61　财经管理系学历教育基本情况统计（2008—2012 年）

年份	专业	招生人数（人）	毕业人数（人）	备注
2008	会计	37	43	业余
	会计	31	0	脱产
	工商管理	42	23	业余
	工商管理	39	0	脱产
	物业管理	14	20	脱产
	金融证券	26	26	脱产

续表

年份	专业	招生人数（人）	毕业人数（人）	备注
2009	会计	38	21	业余
	会计	45	0	脱产
	工商管理	28	0	脱产
	工商管理	55	30	业余
2010	会计	26	28	业余
	会计学	11	0	本科
	会计	29	36	脱产
	工商管理	33	19	脱产
	工商管理	34	32	业余
	人力资源	26	0	脱产
	金融证券	47	0	脱产
2011	工商管理	22	24	业余
	会计	19	25	脱产
	会计	23	22	业余
	人力资源	19	23	脱产
2012	会计	18	0	业余
	会计学	22	0	本科
	人力资源	15	0	脱产
合计		699	372	

2. 继续教育

2008 年以来，财经管理系承担了北京市“十一五”“十二五”面向北京市中等职业学校的数学、英语、政治、计算机、新教师、教研组长等学科的文化课教师的继续教育培训任务；2011 年和 2012 年承担了北京市中等职业学校学科带头人及骨干教师的培训。除承担市级教师培训任务，还于 2008 年 2 月举办了第一期“丰台中职校青年教师研修班”、2009 年举办了“朝阳中职校教师通识培训”、2012 年承办了“丰台区中等职业学校骨干教师培训”“东城区中等职业学校骨干教师培训”等委托培训的任务。

（二）科研工作

1. 承担课题情况

为了促进职业教师培训的有效性，促进学历教育的专业建设，财经管理系多名教师自2008年以来，参与了多项院级课题，在培训有效性研究、产学结合发展研究、中高职衔接、校企合作等方面进行了有益的探索。具体承担科研课题情况见表3－62。

表3－62　财经管理系教师承担课题情况统计（2008—2013年）

类别	课题名称	负责人	立项年份
院级	北京市中等职业学校政治课教师继续教育培训模式与实际效能提高研究	王丽	2008
	财会专业中、高职课程衔接现状分析与对策	黑岚	2008
	关于首都职业教育产学研综合发展模式研究——基于职业教育学院发展模式分析（重点课题）	卓思廉	2008
	以中职文化课教师培训为平台，推进中职校职业道德教育模式创新研究	王丽	2009
	高等职业教育校企合作发展模式下学科群建设与发展问题研究	卓思廉	2009
	以朝阳区职高教师培训为基础的中职校教师课堂教学有效性的研究	梁红霞	2010
	中国智慧文化教育的内涵	杨颂	2011
	北京市中职校旅游服务与管理专业实践课成功教学经验研究	张武超	2011
	中职教育与成人高等学历教育专业课教学衔接问题的研究	李杰	2012
	对北京市中等职业学校文化课教师继教培训实效性的研究	蒋维静	2013
	基于校企合作的中职创业教育运行机制研究	王丽	2013

2. 主要学术成果

财经管理系注重学科建设，定期举办继续教育专题讲座、课程研讨、新教学模式观摩等教研活动。以教研室为单位分别对工商企业管理、人力资源管理、金融与证券、会计等专业19个教学班开展经常性的教学工作研究和管理，使教学质量得到稳步提高，教师个人的教学水平得到显著发展，同时取得了多项学术研究成果。具体情况见表3－63。

表3－63　财经管理系教师部分学术成果统计（2008—2013年）

姓名	成果名称	成果形式	发表年份
黑岚	会计模拟实训	教材	2008
	公司财务报表分析	教材	2009
	物流企业成本核算与分析	教材	2009
	财经岗位英语	教材	2010
	会计英语	教材	2010
	证券投资原理与实务	教材	2013
	银行业财务管理	教材	2013
尹捷	慢食运动	专著	2010
杨颂	以文化兴社 文化互动 开创合作社事业新局面	论文	2009
	洛书中的智慧 中华智慧人生九宫秘商探微	专著	2012
梁红霞	提升物流仓储业净利润现金含量的途径	论文	2012
	对企业投资收藏品的会计学研究	论文	2011
	会计人员继续教育培训的问题及对策	论文	2009
	成人高等教育中会计专业的实践性教学研究	论文	2008
	同等学历人员申请硕士学位工商管理学科综合水平应试宝典	教材	2008
	税收筹划	教材	2009
	税收筹划学习指南	教材	2009
	审计实务	教材	2010
	税法	教材	2010
	新编纳税模拟	教材	2011
卓思廉	学校危机管理机制初探	论文	2008
	社区管理	教材	2011
崔娜	社区管理	教材	2011
张武超	旅游法规与道德	教材	2010
	社区管理	教材	2011
李杰	物业管理企业经典案例	教材	2008
	综合素质拓展训练	教材	2010
王丽	社区管理	教材	2011

三、专业及课程设置

（一）工商企业管理专科（脱产、业余）

该专业培养具有管理学、经济学理论，具备策划、组织领导、协调控制能力，能胜任企事业单位诊断、策划、经营管理等工作的专门人才。

主要课程设置：管理学、企业战略管理、组织行为学、人力资源管理、管理心理学、会计学、统计学、西方经济学、经济法、财政与金融、货币银行学、市场营销、国际贸易与实务、投资学、危机管理、物流管理、财务管理、项目开发与管理等。

（二）会计专科（脱产、业余）

本专业培养具有实际操作能力，可独立承担企事业单位财会工作的专业人才。在教学计划中，有针对初级会计师和中级会计师考试的教学课程。学生学习期间，除了可以直接取得会计人员上岗证，还可以考取初级会计师证；取得初级会计师证后，毕业获取大专文凭即可参加中级会计师的考试。

主要课程设置：会计原理、初级会计实务、中级会计实务、财务管理、成本会计、税务会计、管理会计、会计电算化、统计学、财务报表分析、证券投资等。

（三）金融与证券专科（脱产）

本专业培养具有金融、证券方面的专业知识，能胜任金融、证券、银行、保险业等从业要求的人才，并组织学员参加证券从业人员资格证书的考试。

主要课程设置：基础会计、经济法、银行会计、财政金融、证券投资学、银行信贷、货币银行学、期货交易、保险概论、股票交易、债券交易、国际金融、国际结算等。

（四）人力资源管理专科（脱产）

本专业培养德智体全面发展，掌握人力资源管理专业方面的基本理论和业务知识，具有较强实务能力和管理能力的高等应用型人才。

主要课程设置：人力资源管理概论、人力资源统计、人力资源管理软件的应用、薪酬与绩效管理、人员素质测评理论与方法、职业技能开发和培训、劳动保护与安全、管理心理学、经济法、劳动法、劳动经济学、管理学原理、统计学原理、财政与金融等。

（五）会计（本科、业余）

本专业培养掌握较高会计理论，兼顾实践能力的会计复合型应用人才，学员毕业除获取会计本科毕业证书外，还可参加中级会计师考试或注册会计师考试。

主要课程设置：微观经济学、宏观经济学、高级财务会计、财务报表分析、会计制度设置、高级财务管理、国民经济核算、资产评估、会计案例研究、财务案例研究、审计案例研究、英语、项目管理、财税法规、投资分析、货币银行学、市场营销、管理学、人力资源管理等。

四、教师队伍建设

财经管理系现有专职教师 12 人，其中：副教授 4 人、讲师 8 人。教师中在读博士 1

人，硕士3人。另有一支优秀的兼职教师队伍，全部为副教授以上职称，其中有博士生导师3人，客座资深教授数人。

五、教育教学特色

（一）依托实训设施建设，培养学生的实践能力

为提高财经管理系学生的实践应用能力，使学生能够模拟操作现代企业中的信息管理系统，学院完成了ERP沙盘模拟实训实验室，从而满足了本专业实践操作、实训教学的需求。目前正在申报筹办人力资源专业实训室，配套相关的人力资源管理软件。

（二）注重大型实习基地的建设，为学生的实习、就业提供保障

财经管理系近年来与多个大型企业、规模型企业建立合作关系，如用友软件公司、联想集团、红日会计师事务所、九州商务酒店、盛世龙源国粹苑、北京亦庄经济技术开发区、北京可口可乐有限公司、中国人寿保险股份公司、首创期货经纪公司、北京大北物业管理公司、北京瑞赢物业有限公司等建立了长期的实习就业合作关系，每年可安排毕业生进行毕业实习及解决学生就业问题。

（三）将学历教育和职业资格证书培训相结合，提高学生的职业技能

为了适应社会发展需求，财经管理系突破传统教学模式，将认证培训有机地嵌入到学历教育中，把职业资格证书所要求的教学技能和内容纳入到教学计划中，进行常规的训练和考核，使学生在学习专业课程的同时，通过考试获得相关的职业资格证书，以提高毕业生就业竞争力。

第二节　旅游管理系

一、基本情况

旅游管理系的前身是原北京教育学院职教系与原实验大学烹饪系整合而成的职业教育部餐饮旅游系。2004年，职业教育学院成立，餐饮旅游系更名为旅游管理系。2008年以来，旅游管理系设酒店、烹饪、旅游管理3个教研室。系主任：吕亚非（2008年至今）。

二、工作概况

（一）教学工作

1. 学历教育

旅游管理系目前开设旅游管理专业（专科、本科），艺术设计（会展方向、酒店服务、烹饪），装饰艺术设计等专业。

2008年，职业教育学院从中轴路校区搬至学院本部，学院投入近80万元的设备设施建立了烹饪实操间，开展了烹饪、酒店专业教学等实践活动，突出了学历教育的职业特

点。旅游管理系学历教育具体情况见表 3－64。

表 3－64　旅游管理系学历教育基本情况统计（2008—2012 年）

年份	专业	招生人数	毕业人数（人）	备注
2008	艺术设计（烹饪方向）	30	61	业余
	艺术设计（酒店方向）	54	56	业余
	装饰艺术设计	29	25	业余
	旅游管理	40	0	业余
	旅游管理	14	0	本科
2009	艺术设计（烹饪方向）	69	22	业余
	艺术设计（酒店方向）	57	21	业余
	装饰艺术设计	21	27	业余
	艺术设计（会展方向）	22	0	业余
	旅游管理	19	14	业余
	旅游管理	16	0	本科
2010	艺术设计（烹饪方向）	63	41	业余
	艺术设计（酒店方向）	29	38	业余
	装饰艺术设计	17	28	业余
	艺术设计（会展方向）	14	0	业余
	旅游管理	0	14	本科
	旅游管理	39	33	专科
2011	艺术设计（烹饪方向）	57	43	业余
	艺术设计（酒店方向）	40	32	业余
2012	艺术设计（烹饪方向）	50	0	业余
	艺术设计（酒店方向）	43	0	业余
	艺术设计（会展方向）	18	0	业余
合计		741	455	

2. 继续教育

在“十一五”和“十二五”期间，旅游管理系承担着北京市中等职业学校文化课教师继续教育项目中语文、体育学科的培训任务。全系及有关人员分别承担着不同的职责，并圆满完成每期 120 余学时的培训任务。孟妍红、韩彦龙、吕亚非先后被评为继续教育先进工作者。

（二）科研工作

1. 承担课题情况

2008 年以来，为了促进职业教师培训的有效性，促进学历教育的专业建设，旅游管理系多名教师参与了多项院级课题，具体承担科研课题情况见表 3－65。

表 3－65　旅游管理系教师承担课题情况统计（2008—2013 年）

类别	课题名称	负责人	立项年份
院级	职业学校教师心理健康问题成因与对策研究	孟妍红	2009
	旅游学概论课程教学模式研究	叶一粟	2009
	支架式教学模式在旅游教学中的应用	曲小毅	2011
	任务驱动式培训模式在中职班主任培训中的实践研究	吴安民	2012

2. 主要学术成果

旅游管理系注重学科建设，定期举办继续教育专题讲座、课程研讨、新教学模式观摩等教研活动，使教学质量逐年得到稳步的提高，教师个人的教学和科研水平得到了显著的发展。与此相适应，产生了多种学术成果。具体情况见表 3－66。

表 3－66　旅游管理系教师部分学术成果统计（2008—2013 年）

姓名	成果名称	成果形式	发表年份
吴安民	修优美师德　做阳光教师	编著	2008
	中小学教师职业道德规范学习辅导	教材	2009
	春华秋实每一年	教材	2009
	班主任工作的 30 个典型案例	编著	2010
	论教师在教学活动中的导演角色定位	论文	2012
尹捷	慢食运动	编著	2010
王红	中国历史大讲堂　明朝大事本末	编著	2008
韩彦龙	老北京风味小吃	编著	2010
	学校食堂管理教程	编著	2010
吕亚非	学校食堂管理教程	编著	2010
李正芳	学校食堂管理教程	编著	2010
赵玉如	对我国中小学综合实践活动课程基本问题的思考	论文	2010
	教育学	编著	2010
	The parent－school councils in Beijing，China	论文	2011
	论综合实践活动与学科教学的结合	论文	2010
	影响综合实践活动走向深入的三大障碍	论文	2012
	中小学家长委员会现状及改善策略	论文	2012
孟妍红	学校食堂管理教程	编著	2010
曲小毅	经济型酒店微观选址研究	论文	2010
	组织气氛视角下的饭店员工满意度研究	论文	2011
	旅游团购市场兴起的动因研究	论文	2012
	关于规范旅游团购市场秩序的对策性研究	论文	2012
	浅谈旅游点评网存在的问题及发展趋势	论文	2012

（三）校企合作

2008年应怀柔第一职业学校邀请，与之共同打造旅游专业。多次对北京市怀柔区旅游资源进行调查，初步了解怀柔区“农家院”的餐饮、住宿、娱乐和经营状况；发挥自身的专业优势，为进一步提出发展的途径和方法奠定了基础。

继与钓鱼台国宾馆合作办学的校企联合之后，2009年5月和2010年5月受聚德华天集团和聚德华天控股有限公司、华天职业技能培训学校委托，旅游管理系承担聚德华天集团员工岗位考核培训任务。全系教师负责制定培训计划，编写培训讲义，课程面授、制定考核标准。共培训厨师、厨师长、点菜员、门童140余人。

2010年旅游管理系加入中国旅游协会教育分会，以此加强行业之间的密切联系，保持与行业同步的发展。中国旅游协会教育分会是中国旅游协会的分支机构，由全国旅游教育院校、培训机构及相关单位组成。协会的宗旨之一是：促进旅游人力资源的开发和旅游教育质量的提高。

2011年与北京大安展示设计有限公司、北京昆仑亿发科技发展有限公司、北京米奥兰特国际会展有限公司签订校企合作意向书，建立校企合作伙伴关系。企业为该院学生提供到该企业实习的机会，同时聘其公司高层管理者作为实践指导师。

三、专业及课程设置

（一）旅游管理本科（业余）

培养目标：为旅游行业培养具有现代旅游管理的理论知识，掌握旅游经营管理方法、程序和操作技能，熟悉国家旅游政策和方针的中、高层经营管理人才。

主要课程：旅游项目策划、旅游景区规划与管理、旅游线路设计、乡村旅游、导游业务、旅游酒店管理、会展管理与服务、旅游与环境保护、旅游与中外民俗、中国历史名胜概论。

（二）旅游管理专科（业余）

培养目标：面向首都旅游业，培养掌握旅游管理的理论知识和管理技能，具有现代旅游观念和较强专业发展能力，能够从事大中型旅游企业、服务与管理工作的高技能型人才。

主要课程：旅游学概论、旅游英语、旅游政策与法规、旅游心理学、旅游饭店管理、旅行社管理、旅游地理、旅游摄影、中外饮食文化、中外旅游文化、中外礼仪等。

（三）艺术设计烹饪方向专科（业余）

培养目标：面向餐饮行业，培养掌握烹饪专业理论和餐饮经营管理知识、能够进行营养配餐、具有烹饪操作本领和创新能力的餐饮业高级实用型人才。

主要课程：烹饪概论、烹饪原料学、烹饪工艺学、烹饪美学、烹饪化学、餐饮管理、食品营养与卫生学、营养配餐、饮食消费心理学、财务基础、食品雕刻、冷荤拼摆、面点、传统名菜制作与创新、宴会设计、药膳养生等。

（四）艺术设计酒店服务艺术方向专科（业余2.5年）

培养目标：面向酒店业，培养具有酒店服务知识，掌握酒店服务技能，能够从事大中型饭店、宾馆、酒店服务与管理工作的实用型人才。

主要课程：饭店管理概论、饭店营销学、餐饮管理、人力资源管理、服务心理学、现代礼仪、宴会设计、插花艺术、摄影基础、中外饮食文化、北京旅游、美学选讲等。

（五）装饰艺术设计专科（业余）

培养目标：培养掌握建筑、规划、装饰设计等基本理论，具有建筑装饰设计能力和项目管理能力，能将理论应用于实际工作，具有独立发现和解决问题能力的应用型人才。

主要课程：素描色彩、画法几何与阴影透视、建筑概论、建筑规划、建筑装饰材料、建筑装饰施工与管理、工程预算、建筑结构、建筑设备、制图软件的应用、建筑装饰构造、房屋建筑学、装饰设计等。

（六）艺术设计会展方向专科（业余）

培养目标：面向会展行业，培养能够从事会展行业的策划、宣传、招商、营销、布展、洽谈、管理等业务的专业技术人员与管理人员。

主要课程：素描、色彩、构成，书法与篆刻，计算机图形设计，会展基础概论，会展策划营销、大型会展案例等。

四、教师队伍建设

旅游管理系现有专职教师 8 人，兼职实操员 1 人。其中副教授 1 人，讲师 5 人；具有硕士学位的教师 4 人；具有高、中级职业证书者 3 人。已逐步形成以专职教师为骨干、外聘教师为补充的教学队伍。

五、教育教学特色

在办学方向上，积极申报与首都经济发展密切相关的第三产业领域的专业，为首都发展培养应用型人才；在合作伙伴中，与北京市中等职业学校密切联系，实现中专与大专的顺利衔接；在对外拓展中，加强与企业和行业合作，实现校企联合。在教学过程中，突出职业教育特点，加强实操间的建设。在给学生打好专业理论基础的同时，提高学生的动手能力；积极开展职业培训，协助学生在获取大专毕业证书时，同时获得相关职业资格证书。在日常教学管理中，既有严格的管理制度又了体现以学生为本的原则。

第三节　职业教育研究所

职业教育学院职业教育研究所成立于 2009 年 5 月，孟妍红（2009 年 5 月至 2011 年 9 月）、崔娜（2011 年 10 月至今）先后任所长。职业教育研究所是在二级学院领导下的专业研究机构，是职业教育学院教师从事科学研究和交流研讨活动的平台，是学院和二级学院进行重大科研课题研究和科研攻关的骨干团队。职业教育研究所成立后，围绕学院整体工作规划，积极开展教学研究和教师继续教育培训研究的工作，并通过职业教育改革的学习、职教论坛、学术讲座、科研课题立项等活动，提升了职业教育学院的教科研水平。

第六章　信息与远程教育学院

一、基本情况

2008 年 1 月，由原信息网络中心的电教部门和原属职业教育学院的计算机系组成信息与远程教育学院。主要职责是维护校园网的安全运行和各终端设备的完好率，为学院提供良好的信息化办公环境；开发学历和中小学教师继续教育远程课程；所有教室的多媒体设备维护，学院重大活动灯光、音响服务及摄录像与编辑；计算机学历教育、信息技术教育和远程教育学科建设、中小学教师信息技术、教育技术能力继续教育培训课程建设与实施。

2008 年 1 月，信息与远程教育学院院长：孟宪凯；党总支书记兼常务副院长：孟令惠；副院长：毕超、陈捷；总工程师：黄永嘉。

2011 年新一轮聘任后，组成新一届领导班子。院长：孟宪凯；黄寺校区第二党总支书记：刘楠；副院长：毕超、陈捷、郭君红；院长业务助理：高瑞林；高级工程师：苏小岑。

黄寺校区第二党总支由信息与远程教育学院、职业教育学院及图书馆组成的党支部组成，现任总支书记刘楠，下设 7 个党支部，信息与远程教育学院有 3 个支部，即计算机系党支部（支部书记支斌）、网络与远程党支部（支部书记董震）和管理与服务党支部（支部书记汪越）。

截止到 2013 年 3 月底，信息与远程教育学院有教职工 43 人。其中专业教师 15 人，专业技术人员 24 人，行政管理人员 4 人。教职工中有中共党员 24 人，民主党派 3 人。专业教师中，正教授 1 人，副教授 8 人；博士后 2 人，博士 2 人。内设机构有：计算机系、网络建设维护部、多媒体技术服务部、远程教育中心、教学办公室、行政办公室和远程教育研究所。

二、工作概况

（一）教学工作

1. 学历教育

信息与远程教育学院有 1 个教学系：计算机系。现有信息传播与策划、计算机科学与技术、多媒体设计与制作 3 个专业（详见计算机系）。

2. 继续教育

信息与远程教育学院承担继续教育任务的有计算机系和远程教育中心。2008 年以来，学院先后承担了包括北京市级、“国培计划”、对口支援等在内的各层次中小学教师教育技术能力的相关培训。具体情况见表 3－67。

表 3－67　信息与远程教育学院继续教育培训情况统计（2008—2013 年）

年	序号	项目名称		培训人数（人）	合计（人）
2008	1	北京市级	中小学教师教育技术能力培训	195	11859
	2		“英特尔®未来教育”中小学教师教育技术能力主讲教师培训	150	
	3		信息技术学科教师教育技术能力培训	643	
	4		北京教育学院远程教学和管理平台建设及运行项目培训	2071	
	5		“英特尔®未来教育”学科教师培训	5800	
	6	对口支援	北京—什邡教师远程培训	3000	
2009	1	北京市级	中小学教师教育技术能力培训	891	7662
	2		“英特尔®未来教育”中小学教师教育技术能力培训	100	
	3		信息技术学科教师教育技术能力培训	821	
	4		“英特尔®未来教育”学科教师培训	5850	
2010	1	北京市级	中小学教师教育技术能力（中级）培训	117	5425
	2		“英特尔®未来教育”中小学教师教育技术能力培训	49	
	3		信息技术学科教师教育技术能力培训	718	
	4		信息技术在学科教学中的有效应用研究	60	
	5		“英特尔®未来教育”学科教师培训	3000	
	6		北京市市级学科带头人与骨干教师培训——信息技术工作室	21	
	7		北京市中小学教师培训机构专兼职教师培训子项目——远程数字化学习与培训平台操作工具研发与应用培训	35	
	8	“国培计划”（中西部）	内蒙古自治区 2010 农村牧区小学信息技术教师短期培训	67	
	9	委托培训	北京市丰台区“十一五”教师继续教育远程培训	1358	

续表

年	序号	项目名称		培训人数（人）	合计（人）
2011	1	北京市级	带薪脱产教育技术能力提升培训	452	3629
	2		京郊教师教育技术应用能力提升培训	905	
	3		城区教师教育技术应用能力提升培训	1141	
	4		北京市市级学科带头人骨干教师培训——信息技术工作室	17	
	5		“英特尔®未来教育”学科教师培训	730	
	6		“绿色耕耘”教非所学小学信息技术学科教师培训	90	
	7	“国培计划”（中西部）	新疆生产建设兵团初中信息技术骨干教师培训	40	
	8	委托培训	内蒙古鄂温克旗教师进修学校教师培训	12	
	9		北京市丰台“十一五”继续教育教师远程培训	242	
2012	1	北京市级	北京市中小学教师教育技术培训	354	2758
	2		“英特尔®未来教育”学科教师培训	2110	
	3		北京市市级学科带头人骨干教师培训——信息技术工作室	34	
	4		“绿色耕耘”教非所学小学信息技术学科教师培训	58	
	5		北京市“十二五”继续教育公共课远程培训	111	
	6	“国培计划”（中西部）	新疆生产建设兵团初中信息技术教师短期集中培训	39	
			内蒙古乌兰察布市中小学网管员骨干教师培训	52	
2013	1	北京市级	北京市中小学教师教育技术专题培训	630	3450
	2		“绿色耕耘”——小学信息技术熟练期学科教师培训	30	
	3		“绿色耕耘”——小学信息技术发展前期学科教师培训	30	
	4		“绿色耕耘”——初中信息技术发展前期学科教师培训	30	
	5		城区中小学教师“专业促进培训”高中信息技术学科教师培训	37	
	6		城区中小学教师“专业促进培训”小学信息技术学科教师培训	30	
	7		“英特尔®未来教育”学科教师培训	2330	
	8		北京市“十二五”继续教育公共课远程培训	333	
合计				34783	

（二）科研工作

1. 承担课题情况

从2008年至2013年5月，信息与远程教育学院申请立项北京市级课题6项、院级课题15项。具体情况见表3－68。

表3－68 信息与远程教育学院教师承担课题情况统计（2008—2013年）

类别	课题名称	负责人	立项年份
北京市级	北京市中小学教师远程培训运行现状与发展策略研究	毕超	2008
	教师课堂基本教学技能标准、训练及其评价的研究	孟宪凯	2009
	北京市中小学教师远程培训模式研究	毕超	2010
	基于可动态重构的超长伪随机序列加密算法	高大明	2010
	网络环境下小学生英语听说学习支持设计的研究	梁文鑫	2011
	教师培训背景下校园数字化平台研究与应用	郭君红	2011
院级	“数码讲述”在研究性学习中作用的研究	李涛	2008
	思维工具在中小学教学中的应用与研究	孟宪凯	2008
	信息技术学科教学策略的研究	陈捷	2008
	网络授课方式在继续教育中的实践研究	纪方	2009
	信息技术应用与管理行为变化研究	孟令惠	2009
	“提高北京市中小学教师网”等网络安全性与应用性的应用研究	毕超	2009
	关于校园网络结构优化的研究	高瑞林	2009
	多媒体教学设备现状及改进对策研究	苏小岑	2009
	基于工作站模式的农村中学教师专业发展研究	郭君红	2010
	VPN在校园网的应用研究（重点课题）	高大明	2010
	中小学教师远程培训运行机制研究	孟令惠	2011
	北京市中小学干部教师数字化学习与培训平台技术支撑系统升级改造的应用研究与实践	吴建伟	2011
	新课程背景下信息技术课堂教学策略的研究	杨宣 杨建伟	2011
	面向信息化的教师专业发展阶段与促进策略研究	梁文鑫	2011
	信息技术学科核心概念的学科知识层级结构研究	于晓雅	2012
	远程培训下不同教师学习动机与支持策略的研究	杨宣	2013

2. 主要学术成果

2008年以来，信息与远程教育学院教师结合自身和学院的教学与培训任务，经过艰辛的努力和科学的研究，发表了具有一定影响力的相关论文和著作。具体情况见表3－69。

表3－69　信息与远程教育学院教师部分学术成果统计（2008—2013年）

姓名	成果名称	成果形式	发表年份
毕超	应用博客技术创新教师继续教育培训模式	论文	2008
	发展远程培训创新教师继续教育模式	论文	2010
	北京市教师混合式培训应用研究	论文	2011
	国外教师远程培训的实践及启示	论文	2012
	教师继续教育混合式培训应用案例研究	论文	2012
梁文鑫	多媒体资源的语音辨析支持对于小学生英语听说学习的影响研究	论文	2011
	The study of the tablet computer's application in K-12 schools in China	论文	2011
	国外教师远程培训的发展及对北京市教师培训事业的启示	论文	2012
吴健伟	虚拟化技术在教师远程培训中的应用初探	论文	2011
王海峰	教师远程培训可持续发展的外部影响因素研究	论文	2008
	应用博客技术创新教师继续教育培训模式	论文	2011
田原	基于SNS学习型社区建构研究	论文	2012
温岩	教师远程培训可持续发展的外部影响因素研究	论文	2011
李涛	中国微格教学二十年	论文	2008
	解读中小学教师教育技术能力培训项目	论文	2008
	承前启后　开拓进取	论文	2008
	北京市“十一五”中小学教师教育技术能力中级培训现场追踪	论文	2008
	北京市“十一五”教师教育技术能力培训（中级）掠影	论文	2009
	“数码讲述”——一种有效的教与学工具	论文	2009
	于数码讲述中挥洒探究学习的精彩	论文	2009
	信息技术环境下微格教学的新发展	论文	2010
	数码讲述中添加视频的方法	论文	2011
	课堂教学的心电图——师生相互作用分析	论文	2011
	浅谈整合学科课程的信息技术培训课程开发	论文	2013

续表

姓名	成果名称	成果形式	发表年份
谢平	对 Flash 加载外部变量的研究	论文	2008
	基于 FLASH 与 ASP 交互的研究	论文	2008
	对用 Flash 制作课件难点分析及解决策略的研究	论文	2010
	从课堂观察的角度来研究小学信息技术学科任务驱动教学法	论文	2013
杨宣	中小学干部教师远程学习平台适用性研究	论文	2011
于晓雅	视觉运动知觉脑机制研究现状	论文	2008
	信息技术融入小学语文课堂教学实效性探索	论文	2009
	师生网络互动平台的实践探索	论文	2009
	北京市义务教育阶段新课程教学资源库的三层实现框架	论文	2009
	构建校园动态网站的实践和启示	论文	2009
	The Feasility Studies on Distance Learning Platforms for Principals and Teachers of Primary and Secondary School	论文	2011
	Effects of Reaction Time on Kinetic Visual Field	论文	2011
	信息技术与小学语文整合促进课堂教学的实效性	论文	2011
	老龄化对动态视野影响的研究	论文	2012
	Aging-Related Changes of the Kinetic Visual Field	论文	2012
	信息技术学科存在的理论依据和现实基础	论文	2013
	反应时和动态视野研究	论文	2013
	A Survey of Brain Mechanisms of Visual Motion Perception	论文	2013
纪方	信息技术与课程整合的开拓者	论文	2008
	信息技术带来的课堂变化	论文	2009
	基于 Web2. 0 的合作学习工具——维基	论文	2010
	把握趋势将新技术引入继续教育课程中	论文	2013
秦昆	网站建设中的权限管理	论文	2009
	北京市农村小学信息技术教师培训课程探讨	论文	2013
陈捷	基于 ASP. net 环境学生自我评价系统的动态生成	论文	2011
	数字图像增强技术在教学中的应用	论文	2011
杨建伟	多媒体教室教学环境中的实践技巧	论文	2011
	信息技术学科教学中的“任务”设定	论文	2011
	“农村教师研修工作站”培训模式的实践与思考	论文	2011

续表

姓名	成果名称	成果形式	发表年份
郭君红	网络服务可靠性与运行剖面变化率有关吗	论文	2008
	飞行控制软件测试中的插桩技术	论文	2009
	飞行控制软件测试中插桩技术的优化方法	论文	2010
	关于农村教师队伍建设与培训的几点思考	论文	2011
	新建构主义对教师培训的启示	论文	2013
高大明	一种流片后用遗传算法优化的进化型 AGC 放大器	论文	2009
	基于 AHB 总线的 SD/SDHC/MMC 控制器设计	论文	2010
	借助虚拟存储管理技术优化小学数学教学	论文	2013

3. 重点学科建设

（1）信息技术教育学

2010 年，信息技术教育学被评为北京教育学院的重点学科。学科带头人：陈捷；学科骨干教师：纪方、郭君红。

信息技术教育学的学科目标定位：结合学科相关研究，初步确定信息技术课的价值定位、信息技术学科教师所需知识结构，在此基础上形成信息技术学科教师、非信息技术学科教师的培训课程框架及标准，为中小学信息技术学科教师的专业发展提供支持，为信息技术学科的发展提供支撑。

信息技术教育学学科的研究方向：信息技术教育发展前沿追踪及应用研究、信息技术学科教师专业发展标准研究、信息技术教师培训课程研究、培训课程标准研究、信息技术学科教师继续教育培训课程及教材开发、信息技术学科“学生为本”教学法案例分析、信息技术学科中小学教材教法研究、学科教师信息技术教育课程体系研究、网络实验室建设。

（2）远程教育学

学科带头人：孟宪凯；学科骨干教师：孟令惠、毕超。远程教育学的学科主要研究领域：信息技术在学校教育与管理中的应用、远程教育学科建设框架、页面设计、成人在线学习规律、微格教学研究。

远程教育学的学科目标定位：结合学科实际项目工作，深入开展教师远程培训模式研究，形成教师远程培训模式的案例。在远程教育环境下，研究教师的学习规律；探索远程继续教育教学机制，在此基础上形成具有教师培训特色的远程教育模式及相关培训课程，并建立有效的教师远程继续教育培训评价体系。

远程教育学的学科研究方向：教师远程培训模式、远程培训教学的规律、远程教育资源环境下的教师（成人）学习规律、课程、资源、媒体和技术在远程教育中的应用策略、教师远程培训效果的评价、远程教育课程建设、远程培训环境建设、服务器虚拟化应用。

三、教师队伍建设

在党委领导下，信息与远程教育学院注重队伍建设，注重发挥党员技术骨干的作用，打造了一支政治素质强、业务能力精湛的教职工队伍。教师队伍，专业技术队伍和管理队伍并重，形成了团结和谐、能吃苦、讲奉献、求实效的教职工队伍，在学院信息化管理，统筹、规划及教师培训、网络建设与服务、多媒体技术保障等方面发挥着无可替代的作用。现有教授 1 人，副教授及副高职称的人员 8 人，博士后研究人员 2 人，博士 2 人，院聘学科带头人 2 人。

信息与远程教育学院确立了以多方面促进教师和专业技术人员专业发展的思路，通过教师讲坛、课题研究、学术会议、境外访学、读书交流、在职进修、参观考察等形式，促进教师和专业技术人员队伍的发展。

2008 年至 2013 年学院积极引进新人，招聘接收高校优秀毕业生，其中博士后研究人员 2 人，博士 1 人，硕士 2 人；教职工攻读硕士学位 5 人（已取得学位 4 人，在读 1 人）。以接收毕业生、聘用专业技术人员、接收军转干部方式补充管理及专业技术人员 6 人。

四、获奖情况

1. 信息与远程教育学院 2008 年至 2012 年获得市级奖励

2008 年，高瑞林、赵颖受到 2008 年北京市奥组委表彰；

2009 年，北京市中小学干部、教师继续教育远程培训平台与门户网站建设项目荣获市级优秀项目；

2010 年，毕超、高瑞林荣获北京市教育信息化工作先进个人称号；

2010 年，陈捷荣获北京市“十一五”时期中小学教师继续教育工作优秀教师称号；

2012 年，计算机系荣获北京高校 2010 年至 2012 年创先争优先进基层党组织。

2. 信息与远程教育学院 2008 年至 2013 年获得院级奖励

（1）北京教育学院“三育人”标兵

2009 年：孟宪凯、苏小岑；2011 年：纪方；2013 年：刘楠、支斌。

（2）北京教育学院师德标兵

2010 年：谢平；2012 年：杨宣。

（3）北京教育学院优秀共产党员

2010 年：李凤红。

（4）2010 年至 2012 年创先争优优秀共产党员：丁国英。

（5）北京教育学院继续教育先进个人

2008 年：李凤红、毕超、支斌、俞瑶、谢平、黄永嘉、丁国英、董文红、李新通、潘一新、吴健伟。

2009 年：李凤红、孟宪凯、李秋红、秦昆、于晓雅、李新通、潘一新、温岩、李朴、董文红、高瑞林、贺建中。

2010 年：汪越、杨宣、杨建伟、支斌、俞瑶、丁国英、赵颖、吴建伟、田原、李朴、关睿、王晨。

2011 年：董震、郭笑天、李新通、苏晓岑、王欣、毕超、陈捷、杨宣、秦昆、谢平。

2012 年：支斌、郭君红、杨建伟、李秋红、李凤红、董文红、王海峰、王建军、王薪、石琳洁。

五、办学特色

信息与远程教育学院虽然只有 1 个教学系，但在办学特色上坚持传承经典的特色和品牌，探寻优质的管理和模式，用智慧深度思考，用理性强化分析，用务实发挥影响，用理念端正态度，用学习积累经验，注意培养在计算机科学与技术领域里具有良好的综合素质、较强的实践能力和创新能力的高层次科学技术和管理人才。在对学生进行培养的全过程中注重计算机硬件与软件以及计算机应用的全面训练，强调科学理论与实际应用的相互结合，努力造就适应研究、设计和应用开发的复合型人才。力求在德行上立身，在实效上突破，在工作中创新，在发展中超越的基础教育通识人才。由于培养的学生具有较强的实践能力和创新意识，毕业生受到用人单位的一致好评。

第一节　计算机系

一、基本情况

2008 年 1 月，信息与远程教育学院成立，计算机系成为学院的一个部门，计算机系主任：纪方；副主任：秦昆。下设两个教研室：计算机教研室和教育技术教研室。2011 年 9 月，计算机系增设微格教学教研室。3 个教研室主任分别是：计算机教研室主任：杨建伟；教育技术教研室主任：于晓雅；微格教研室主任：李涛。

二、工作概况

（一）教学工作

1. 学历教育

2011 年新申请“电子商务”大学专科。计算机系在对学生进行培养的全过程中注重计算机硬件与软件以及计算机应用的全面训练，强调科学理论与实际应用的相互结合，努力造就适应研究、设计和应用开发的复合型人才。在开办专业班的同时，在学院的其他专业中开设计算机应用基础、计算机课件制作、现代教育技术、网页设计与制作、动画设计与制作等课程。

2008 年至 2013 年计算机系学历教育情况统计见表 3－70。

表 3－70　计算机系学历教育基本情况统计（2008—2013 年）

年份	专业	招生人数（人）	毕业人数（人）	备注
2008	信息传播与策划	0	15	
	计算机科学与技术	11	13	
	多媒体设计与制作	0	0	
2009	信息传播与策划	0	29	
	计算机科学与技术	0	0	
	多媒体设计与制作	0	0	
2010	信息传播与策划	0	28	
	计算机科学与技术	0	0	
	多媒体设计与制作	15	0	
2011	计算机科学与技术	0	10	
	信息传播与策划	0	13	
	多媒体设计与制作	0	7	
2012	多媒体设计与制作	0	0	
2013	多媒体设计与制作	0	0	
合计		26	115	

2. 继续教育

（1）信息技术教师培训

信息技术教师培训是京郊教师“绿色耕耘”培训和城区学科教师“学教一体”项目中的一个学科培训项目，以提高信息技术学科教师的学科专业知识和学科教学知识，提升信息技术学科教师的专业素养，增强教师的学习研究能力为目标。培训对象的划分更为细致，分为“教非所学”教师、“熟练期”教师和“发展前期”教师 3 个阶段。2012 年培训信息技术教师 58 人，每人 160 学时。2013 年“绿色耕耘”培训计划培训信息技术教师 90 人，每人 130 学时；城区学科教师“学教一体”培训计划培训信息技术教师 60 人，每人 120 学时。

（2）“英特尔®未来教育”项目

“英特尔®未来教育”核心课程作为教育部承认的中小学教师教育技术能力中级培训课程，2008 年至 2010 年北京市各区县培训机构将此课程作为北京市中小学教育继续教育必修课程之一进行了培训，“十一五”期间参加项目培训的学科教师近 2 万人。2011 年项目推出了核心课程 V10 版，该课程在北京市部分区县作为新教师培训的必修课。另外项目陆续推出专题课程：基于项目的学习、21 世纪课堂评价、运用数据进行高级思维、信息化课堂中的合作学习、思维技能和 21 世纪信息化领导力等课程。根据需求在北京市“十二五”中小学教育继续教育培训中开展专题课程培训，参加培训的学员覆盖北京市的 16 个区县。孟宪凯、纪方为该项目教育部教师工作司聘任的项目专家。

（3）中小学教师教育技术培训项目

2011年北京市中小学教师教育技术能力培训项目为“十二五”期间中小学教育继续教育培训项目。参加培训的学员来自京郊教师“绿色耕耘”培训和城区学科教师“学教一体”项目，根据学科的不同，学员在项目提供的11个模块中选择模块进行40学时学习。培训人数近3000人。

2012年北京市中小学教师教育技术能力培训项目以“基于项目学习的课堂教学实践”为主题，以“基于项目学习的设计、实施与评价课程”为主线展开培训，分小学、初中和高中3个学段，项目单独招生，共培训420人，每人80学时。

2013年项目更名为北京市中小学教师教育技术专题培训项目，以“提升学科教师的教育技术应用能力”为主题展开培训。项目分6个子专题：基于项目学习的课堂教学实践、基于21世纪课堂评价的教学实践、信息技术在教学中的综合应用、应用可视化工具分析和观察学习者的思维、教师课堂教学技能提升、信息技术优化理科教学，每位学员根据需求选择1或2个专题，每个专题40~80学时，共培训630人。

（二）科研工作

2008年以来，全系教师编写的教材有：《中小学教师课堂教学技能训练丛书——提问技能训练及其配套光盘》《中小学教师课堂教学技能训练丛书——导入技能训练及其配套光盘》《信息技术学习——研究论文集》《学习与课程的探讨》《微格教学研究案例》《教师怎样上好课——教学技能切片200例（光盘）》《微格教学在中国——微格教学的实践》《英特尔®未来教育项目教学应用优秀成果集锦》《学习与课程的探讨》《信息技术学习研究论文集》《强化技能训练》《中等职业学校教学方法卷》等。

三、专业及课程设置

计算机系共有“计算机科学与技术”本科专业1个；多媒体设计与制作、计算机教育、计算机应用技术、计算机与通信、计算机网络技术、信息技术、信息管理、电子商务等大学专科专业8个。

开设的主要课程有：计算机系统结构、计算机应用数学、面向对象的程序设计、数字逻辑、编译原理、操作系统、数据库原理与应用、接口技术、软件工程、计算机网络、人工智能、计算机图形处理、多媒体技术、实用工具软件、传播学概论、高级语言及程序设计、大众传播心理学、传媒专业英语、信息检索、电子商务、计算机组成原理、平面图像处理技术、Visual Basic语言、网页编程（ASP，JSP）、网络多媒体设计等。

四、队伍建设

计算机系现有教授1人，副教授7人，讲师6人。主要承担学历教育和继续教育教学工作。

五、教育教学特色

在学历教育方面，以满足北京市一线中小学教师学历提升需求为重点。长期以来，一直致力于完善学历教育专业建设。自2008年以来，成功申报了两个新专业，分别是：多媒体设计与制作（脱产）、电子商务（业余）。在学历培养过程中，为学生积极创造职业资格认证的平台，如开展SCO认证、MCSE认证、adobe平面设计师认证等。

在继续教育方面，以提升北京市一线中小学教师信息素养为重点，与区县培训机构通力合作，面向一线中小学教师开展了了大量培训工作。

在整体培训过程中，培训团队通过精心策划、精心准备、精心实施，使培训取得良好效果。

信息技术学科教师继续教育培训，以改善教师教学质量为重点，从教育教学理念、教师专业发展、教学设计与实施、新知识更新等方面对各层次信息技术教师展开培训。通过培训提升了教师对信息技术发展前沿的敏感性，将技术应用于教学的能力与积极性；在培训过程中，教师充分利用信息技术的优势进行广泛的交流、资源共享、协作，教学反思、教学研究的能力有了较大的提升。

面向各学科教师的继续培训，以利用信息技术提升教学效率为培训的重点，通过教育技术能力（中级）、“英特尔®未来教育”等项目，对教师的信息技术有效应用能力的提升有显著作用。

第二节　教育信息技术服务与远程教育

一、网络建设

（一）基本情况

信息与远程教育学院于2008年1月组建后，即成立了网络建设维护部，其前身为信息网络中心网络部，负责学院校园网络的规划、建设、维护、运转以及学院教学机房的管理工作，同时承担着学院电子院务、校园网站、数字化图书馆系统运行维护以及学院网络终端工作站的运行维护工作。

（二）工作概况

自2008年起，依据学院信息化发展规划，密切配合学院中心工作，坚持“在服务中搞建设，在创新中求发展”的工作思路，锐意进取，积极工作，在校园网建设、内部管理及服务、电子院务、数字化图书馆等方面做了大量的工作。

1. 制定、修订了一系列加强校园网管理的规章制度

包括《校园网络使用运行办法》《校园网络工作站运行办法》《校园网安全管理办法》《计算机网络教室使用和管理办法》《计算机教室及单机系统应急恢复措施》《数据备份和恢复办法》《北京教育学院网络与信息安全事件应急预案》。

2. 做好校园网络的运营保障、计算机教室维护和网络工作站维护等常规工作

及时更新学院网站内容，定期维护和备份系统，做好值班记录，发现问题及时解决，保障学院正常教学、管理的需求。

（1）在网络改造和结构优化的基础上，通过智能化管理模式，建立校园网络运维保障机制。

（2）实现了黄寺校区计算机教室的智能化管理。2008 年以来，共承担课程 33800 余节，其中学历教育 14200 余节，继续教育 18500 余节，其他培训课程 1100 余节。

（3）做好网络终端工作站运维保障工作，及时发现网络终端工作站运行故障并及时维护，截止到 2013 年 3 月，共计维护终端设备 1100 多人次。

（4）维护学院网站系统的正常运转，及时进行系统更新和数据备份，学院网站改版前，配合学院宣传部及时更新网页内容，改版后定时进行网站监护，及时发现和排除系统故障。

（5）做好数字化图书馆系统运维保障工作，定期维护服务器的系统、数据。每天定时备份图书数据；安装需套录的数据，查收书商发送的数据；参加了更换图书馆软件的调研、考察及报告的撰写工作；图书馆现有数据库服务器已达 8 台，保障所有服务器的系统安全、数据完整、访问畅通，对本地数据库的数据每年进行升级。

3. 网络整改

北京教育学院计算机网络 1995 年开始建设，1997 年正式投入应用，10 余年间，经过几次较大规模的整改和扩容以及每年临时性的调整，目前校园网内有 1000 余个信息点，已经建成了功能和应用较为完善的校园网络。但是，由于网络规模的不断扩充，网络应用日趋广泛。经网络工程技术人员调研以及专家论证，学院校园网络也存在着制约进一步发展的一些问题，急需进行升级改造，以满足高校日益增长的网络应用需求。自 2008 年始，在学院领导指导和市财政专项资金的支持下，学院校园网络进行大规模的网络升级改造。主要有：

（1）网络环境建设

根据应用需求，充分利用现有网络基础设施结构，改造和替换旧的网络设备，逐步更新关键网络设施，保证教学和办公涉及的部门网络连通。

目前学院的校园网以有线网络为主，同时辅之以无线网络。有线网络布设到各校区、各楼宇的所有房间，无线网络覆盖了学院所有校区。

（2）综合布线整改

根据学院校园网络应用规模，实现网络合理布局，替换网络中陈旧线路，废除网络中不合理线路，采用多模光纤和 6 类双绞线，局部重新综合布线，结合网络设备更新，实现网络千兆到桌面的构想。

（3）中心机房建设

通过“物理集中”“服务器合并”“应用整合”等手段，对校园网内部各种系统的服务器、数据存储设备等进行集中托管服务，保证服务器的正常运转；重新设计中心机房网络物理链路连接，合理布局中心机房交换机设备；改造中心机房供电设施，合理配备 UPS 电源，保障中心机房不间断供电；添置校园网络统一控制台，实现对中心机房物理环境、校园网络设备的管理和监控，实现校园网服务器的远程管理和操控。

（4）数据中心设备保障

根据网络服务功能，合理分配服务器使用，购置数据存储设备，实现信息数据安全存储、绿色存储、高速存储，充分利用虚拟化技术，实现虚拟服务器和虚拟化存储，提供有效的数据备份、快照和恢复功能，提高信息系统容灾能力，利用多校区优势，实现关键数据异地备份。

（5）网络安全保障体系建设

对外采用防火墙隔离，通过服务器自身的防范安全策略加强保护，各工作站依靠操作系统的不断更新，以及升级杀毒软件实现保护，在此基础上，结合硬件设备主要针对内网安全，建立起网络统一准入身份认证体系。对网络行为进行实时监控管理，及时发现和定位网络故障，减少故障和损失。

加强对使用者的培训工作，增强防范意识，提高防范能力。把来自病毒侵害和黑客攻击的网络威胁减到最低，通过对重要数据的多重保护，最大限度保证重要数据的安全。

4. 安全措施

学院在网络建设和运维保障的同时，特别注重网络安全工作。特别是在2008年奥运期间、2009年保障国庆60周年期间和2012年中共“十八大”期间，确定了学院信息系统安全等级，做到确保校园网络服务器、网络工作站、网络链接设备以及计算机网络教室校园网络系统安全稳定运行。

5. 电子院务

配合学院及二级学院电子院务的开发建设和应用推广，积极进行系统准备及运行环境准备，保障电子院务系统的开发顺利进行。在电子院务系统建设和运行期间，保证系统的正常运转，及时解决应用系统中出现的各种问题，做好系统培训和应用咨询工作。

6. 其他工作

连续多年为教务处和师训办完成教师资格认证考试网上阅卷、自学考试网上阅卷、成人高考网上阅卷以及新生报到等工作提供技术支持、运行环境测试、安装，系统安全保密值班等工作；协助组织部完成了党员信息录入工作；协助国资处进行计算机采购工作；协助国资处、基建办对教师大厦的电教设备进行规划设计；通过技术支持，保障中轴路校区200余次托福考试得以顺利进行。

二、多媒体技术服务

（一）基本情况

2004年9月，电教中心更名为多媒体技术服务部，隶属于信息网络中心。2008年1月至今，成为信息与远程教育学院的一个下设部门。多媒体技术服务部共有在编人员11人、外聘技术人员1人；其中，设主任1人，副主任1人，高级工程师1人，多媒体教室技术管理3人，电视编导摄像6人。

（二）工作概况

多媒体技术服务部是为学院各种教育教学活动、各类会议提供多媒体技术支持与拍摄、制作等工作的专业技术服务部门。

1. 完善各项管理规章、办法，发挥各项制度在服务工作中的作用逐步实现多媒体服务预定程序管理网络化，制定有关摄录像、刻录光盘、编辑制作、会议室预订等内容的工作流程，以及《关于多媒体部门相关技术服务的方案》《关于摄录像、宣传片制作及音像资料保管等工作的建议》等内容。

2. 明确责任，落实岗位责任制，提供技术服务

目前，服务部负责全院大型活动、各类教育教学活动、专题节目等的策划、编导、摄录像、新闻素材录制、音视频转播、宣传片制作等工作；制定设备更新改造计划和方案；协助国资处对学院影视媒体设备招标进行技术指导；负责黄寺校区南楼六层报告厅、503会议室和配四报告厅以及44间多媒体教室设备的管理与维护，解决多媒体教室技术问题。

3. 设备出入库和音像资料管理规范化

完成了对多媒体技术服务部的所有设备清查，对摄录像等设备进行严格出入库的登记；做好资源库的建设工作，专人专管，对音像资料进行分类、归档和维护，逐步实现各类讲座和课程的资源整合，提供以多媒体光盘为载体的电子资料和声像资料视听服务，为教育教学提供资料，为检阅成果、总结经验提供依据。

4. 强化多媒体教室服务，完善值班制度

在黄寺校区设备改造前，针对设备老化、型号杂乱、配套不全等问题，组织专人对44间多媒体教室进行了全面的保养与整修，对每间教室的设备进行详细的登记与注册，从年限寿命到使用状态作了详细的文字记录，整理出完整的设备档案。建立了《多媒体教室节假日值班制度》，实行多媒体服务部全体人员执行轮流值班制度。

2011年到2012年期间协助国资处完成多媒体设备的升级改造。

5. 为学院各类重大活动录制视频资料

为全院及各二级学院拍摄录像DV带累计约3000多小时；编辑制作教学片、专题片、纪实片等共200多部（集）；采集刻录DVD/VCD上千套集，复制光盘上万张，整理编目音像资料库摄像资料上千余盘。

2008年完成了学院55周年院庆各项庆典活动和各二级学院的学术论坛和院庆相关活动的多媒体服务工作。

2009年完成了学院“纪念新中国成立60周年”红歌会大型演出、什邡市教师干部培训、中央彩票公益金支持青少年校外活动场所建设项目管理干部培训、西藏新疆等教师培训项目的拍摄、录像，照相、刻录光盘及专题片制作等服务。

2010年为教育部中小学校长“影子培训”“绿色耕耘”“教非所学”项目启动、“春风化雨”行动、什邡教育干部及骨干教师培训、京沪联合举办“中小学校党的建设研究论坛”、校长培训尝试“异地组班，合作研修”、北京四川浙江小学校长高研班、法国诺曼底圣玛丽中学汉语培训、什邡中小学英语骨干教师培训、第二届民盟北京市委基础教育论坛、北京市中小学校徽校歌培训项目展示汇报、2010年多元智能国际研讨会、校外管理干部及骨干教师培训、“国培计划”——知行中国小学班主任教师远程培训、法国教师汉语培训、中英联合校长领导力高研班、新疆“双语”骨干教师培训、“国培计划”小学骨干班主任教师培训、什邡市骨干教师、校级干部培训等多项学院大型活动提供了全程拍摄服务和宣传片的编辑制作工作。

2011 年为学院第二次党代会、迎接建党 90 周年系列会议、新疆“双语”骨干教师培训全程活动、“十一五”干部培训工作总结表彰大会、“市级模范职工之家”复查验收全程活动、落实《北京市“十二五”中小学干部教师培训工作意见》暨学院“十二五”规划启动会、全国教师培训学术研讨会等活动提供服务。

6. 对报告厅提供技术服务，保障各大型活动的正常开展

部门教职工各司其职，共同完成了学院各项大型会议和教学活动的多媒体技术支持和服务任务。2008 年到 2012 年期间，多媒体技术服务部门管理的黄寺校区南楼大报告厅共使用 368 次（天）；现场实况转播 12 次；配楼小报告厅使用 523 次（天）；同步转播 8 次；南楼 503 会议厅使用 644 次（天）。

7. 更新摄录编设备，提升工作质量

2012 年申报移动摄像系统及后期编辑设备改造项目，以满足北京教育学院的教育教学节目录制播出、教学课程、讲座、专题汇报、课堂实录、电视节目等相关内容的录制，并且为校园远程教育课程的录制、压缩、发行等工作的开展提供支持。

8. 加强技术人员业务学习

2012 年选派部分人员参加了相关的技术技能培训，学习了摄像技术、高清数字电视节目制作的方法和工艺要求，了解和掌握当今数字信息的发展趋势及最新技术，提升了摄像人员的职业技能。

三、远程教育

（一）基本情况

远程教育中心隶属于信息与远程教育学院，成立于 2008 年，是承担全院远程教育资源开发与技术服务的专职机构。现有教职工 5 人，其中博士 1 人，硕士 3 人，学士 1 人。

（二）工作概况

远程教育中心自成立以来以为学院教师培训工作长足发展为目标，在发展历程上经历了 2008 年至 2009 年的探索期、2010 年至 2013 年的发展期，在教师远程培训方面开展了以下几个方面的工作。

（1）远程培训平台系统建设：建成北京市中小学干部、教师学习与培训平台，以及北京市中小学教师教育网。

（2）教师继续教育培训课程资源建设：以系列网络课程建设项目为引导，开发远程培训课程资源，开展教师远程培训课程资源研究。

（3）远程培训技术支持：以系列远程培训项目和历年的院内学历教育网络课程为载体，扎实开展远程培训技术支持的实践与研究。

（4）远程培训平台系统运行维护：以远程培训项目实施为契机，以“北京市中小学干部、教师学习与培训平台 & 北京市中小学教师教育网”为主，并在一定时期内兼顾“北京市中小学教师网”“首都校长网”“北京市教师资格认定网”“北京继续教育管理系统和干训管理系统”“4A 教学平台”“英语听说系统”等信息系统的 7×24 小时正常运

行、稳定运行，为大规模教师远程培训提供运行维护支持。

（5）远程应用培训：以教师远程应用方面的培训项目为基础，循序渐进开展教师远程培训模式以及运行机制的探索。

（6）远程科研：承担多项市、院两级科研项目，促进远程培训实践发展。

（7）教师远程培训相关政策机制、管理办法、操作办法等的设计与研究：通过上述项目循序渐进的探索与研究，逐步研讨、归纳形成能够开展教师远程培训的机制与方法，从而使教师远程培训工作的实施能够常态化。

2008 年至 2009 年的探索期，以网络视频课程开发项目以及北京市教委委托课题“北京市中小学教师远程培训运行现状与发展策略研究”为依托，对网络课程开发进行实践探索。

2010 年至 2012 年的发展期，开始了对教师远程培训支持系统的整体研究与实践。2010 年，以远程培训平台系统建设以及市级面上课题“北京市中小学教师远程培训模式研究”为契机实践教师远程培训的模式，以远程的方式支持了北京市以及外省市近 7000 人参与培训。2011 年，远程教育中心走出去到中小学教师远程培训企业交流学习，此外在深入开展远程平台建设与网络课程建设的基础上，加大对远程培训运行机制与管理机制的研究。市教委委托学院“北京市中小学干部、教师学习与培训平台 & 北京市中小学教师教育网”的建成，标志着学院在全市教师远程培训中主导地位的确立。随着教师远程培训支持系统各项工作的不断完善，2012 年 9 月至 2013 年 4 月，在学院组织下，实施“十二五公共必修课程培训”项目，在全市范围内利用“北京市中小学干部、教师学习与培训平台 & 北京市中小学教师教育网”开展北京市中小学教师远程培训。

（三）取得成果

共完成 21 个远程培训建设与培训项目（含 14 个市级专项、两个市教委委托培训项目、1 个院内课程开发项目、4 个学院与区县合作的培训项目）、两个市级科研课题（1 个市教委委托科研课题、1 个市级面上科研课题）和两个院级课题。

1. 远程培训平台及系统建设

通过承担两个市级项目（2010 年北京市中小学干部、教师数字化学习与培训平台软件系统建设，2010 年北京市中小学干部、教师数字化学习与培训平台硬件及其技术支撑系统建设）和 1 个北京市教委委托项目（2011 年北京市中小学干部、教师数字化学习与培训平台建设项目），采用虚拟化技术，建成“北京市中小学干部、教师数字化学习与培训平台及其门户网站——北京市中小学教师教育网”，并投入使用。

该远程培训平台系统在整体上初步实现了具有“将基础设施作为服务 IaaS”的“云计算”的服务模式。

2. 学院“‘十二五’公共必修课程培训”项目

为 2012 年和 2013 年的“‘十二五’公共必修课程培训”项目全程参与实施方案研制与技术支持服务。在远程培训实施前将 42125 名学员，按照不同学科分别录入到 383 个网络教学班，在“北京市中小学干部、教师数字化学习与培训平台”中为这些网络班级指定辅导教师、配置网络培训课程、评价策略，针对辅导员和学员编写不同角色的远程平台使用手册，为444名辅导教师进行远程培训平台应用培训。在远程培训实施过程中，为参加培训的学员、培训者提供电话和网络在线方式的技术服务。在远程培训结束后，汇总、分析数据，向项目负责人提供相关统计报表和培训过程的相关材料。

3. 远程培训资源建设

通过承担市级和院内的课程资源建设项目，共建设网络课程资源1608课时（含942课时视频）。具体情况见表3－71。

表3－71 信息与远程教育学院继续教育培训网络课程资源建设成果统计（2008—2012年）

年份	序号	项目名称		课程资源（课时）
2008	1	北京市级	北京市中小学教师继续教育精品网络课程建设项目	135
	2		北京市中小学教师继续教育网络视频课程开发与培训项目	1132
	3	院级	儿童心理发展学和现代教育理论网络课程建设项目	64
2010	1	北京市级	创新平台子项目——北京市中小学教学优秀视频课例库建设项目	60
2011	1	北京市级	北京市中小学教师“十二五”继续教育网络视频课程开发项目	62
	2		创新平台子项目——北京市中小学教学优秀视频课例库建设项目	15
2012	1	北京市级	北京市中小学教师“十二五”继续教育网络视频课程开发项目	120
	2		创新平台子项目——北京市中小学教学优秀视频课例库建设项目	20
合计				1608

4. 远程应用培训

远程教育中心通过独立申报远程应用培训项目，与其他采用远程方式的培训项目合作和与区县合作开展远程培训等多种方式，开展远程应用培训，共培训学员7603人次。具体情况见表3－72。

表3－72 信息与远程教育学院远程教育中心继续教育远程应用培训统计（2008—2013年）

年份	序号	项目名称		培训人数（人）
2008	1	北京市级	北京教育学院远程教学和管理平台建设及运行项目	2071
2009	1	对口支援	北京—什邡教师远程培训项目	3000
2010	1	北京市级	北京市中小学教师培训机构专兼任教师培训子项目——远程数字化学习与培训平台操作工具研发与应用培训项目	35
	2	委托培训	北京市丰台“十一五”教师继续教育远程培训项目	1358
	3	委托培训	北京市海淀区教师进修学校继续教育远程培训项目	453

续表

年份	序号	项目名称		培训人数（人）
2011	1	委托培训	北京市“丰台十一五”继续教育教师远程培训项目	242
2012	1	北京市级	北京市“十二五”继续教育公共课远程培训	111
2013	1	北京市级	北京市“十二五”继续教育公共课远程培训	333
合计				7603

5. 为学院提供远程培训技术支持

截止到2013年4月，为学院5门学历教育课程（公共政治、公共外语、专业外语、儿童心理发展学、现代教育理论）共计12421人次，为11个继续教育培训项目（“绿色耕耘”“市骨”“委培”“国培”“积极心理教育大讲堂”“带薪脱产公共课”和“十二五公共必修课程培训”项目等）共计49275人次提供远程培训过程中的技术服务与支持。合计面向62696人次的学历和继续教育培训的学员提供远程培训技术支持，确保远程培训平台安全运行。具体情况见表3－73。

表3－73　信息与远程教育学院远程教育中心继续教育远程培训技术支持成果统计（2008—2013年）

年份	序号	项目名称		学员数量（人次）	合计（人次）
2008	1	院级	儿童心理发展学	335	2150
	2		现代教育理论	335	
	3		大学体验英语	280	
	4		公共政治理论课	1200	
2009	1	北京市级	北京市中小学教师培训机构专兼任教师培训项目	30	2190
	2	院级	儿童心理发展学	340	
	3		现代教育理论	340	
	4		大学体验英语	280	
	5		公共政治理论课	1200	

续表

年份	序号	项目名称		学员数量（人次）	合计（人次）
2010	1	北京市级	小学语文市级骨干班培训项目	30	7153
	2		北京市中小学教师培训机构专兼任教师培训子项目——远程数字化学习与培训平台操作工具研发与应用培训项目	35	
	3	“国培计划”（示范性）	培训管理者研修项目	60	
	4	对口支援	北京—什邡对口支援远程培训	3000	
	5	委托培训	武汉市中小学教师培训者研修项目	30	
	6		丰台“十一五”继续教育教师远程培训	1385	
	7		海淀区图书管理员远程培训项目	98	
	8		海淀区非一线教师（总务、实验员、教务）远程培训	355	
	9	院级学历教育	儿童心理发展学	340	
	10		现代教育理论	340	
	11		大学体验英语	280	
	12		公共政治理论课	1200	
2011	1	北京市级	北京市市级骨干教师与学科带头人培训	600	4066
	2		北京市中小学教师培训机构专兼任教师培训项目	35	
	3		绿色耕耘（小语、小品）	111	
	4		培训者培训	163	
	5	“国培计划”（示范性）	“国培计划”——培训管理者研修项目	200	
	6	委托培训	湖南省长沙市中学教师培训者研修项目	135	
	7		北京市丰台“十一五”继续教育教师远程培训	242	
	8	院级	儿童心理发展学	320	
	9		现代教育理论	320	
	10		公共政治理论课	1940	

续表

<table>
<tr><th>年份</th><th>序号</th><th colspan="2">项目名称</th><th>学员数量（人次）</th><th>合计（人次）</th></tr>
<tr><td rowspan="7">2012</td><td>1</td><td rowspan="4">北京市级</td><td>北京市“十二五”继续教育公共课远程培训</td><td>8984</td><td rowspan="7">10594</td></tr>
<tr><td>2</td><td>北京市中小学积极心理教育大讲堂</td><td>200</td></tr>
<tr><td>3</td><td>北京市市级骨干教师与学科带头人培训</td><td>83</td></tr>
<tr><td>4</td><td>培训者培训</td><td>151</td></tr>
<tr><td>5</td><td rowspan="3">院级
学历教育</td><td>儿童心理发展学</td><td>204</td></tr>
<tr><td>6</td><td>现代教育理论</td><td>204</td></tr>
<tr><td>7</td><td>公共政治理论课</td><td>768</td></tr>
<tr><td rowspan="6">2013</td><td>1</td><td rowspan="3">北京市级</td><td>带薪脱产公共课网络培训</td><td>103</td><td rowspan="6">35534</td></tr>
<tr><td>2</td><td>北京市中小学积极心理教育大讲堂</td><td>104</td></tr>
<tr><td>3</td><td>北京市“十二五”继续教育公共课远程培训</td><td>33141</td></tr>
<tr><td>4</td><td rowspan="3">院级
学历教育</td><td>儿童心理发展学</td><td>160</td></tr>
<tr><td>5</td><td>现代教育理论</td><td>160</td></tr>
<tr><td>6</td><td>公共政治理论课</td><td>1866</td></tr>
<tr><td colspan="4">合计</td><td colspan="2">61687</td></tr>
</table>

第三节　远程教育研究所

远程教育研究所成立于2009年9月，陈捷兼任所长。研究所隶属于信息与远程教育学院，是教师与工程技术人员从事科学研究和学术交流与研讨活动的平台，主要致力于信息技术教育、远程教育等方面的研究，所承担课题有：北京市课题：《北京市中小学信息技术专兼任教师和网管教师现状调研》，院级课题：《远程教育模式研究》。

第七章 国际语言与文化学院

一、基本情况

国际语言与文化学院成立于2008年1月，是集教学、科研、培训、管理、国际教育交流于一体的综合性二级学院。下设外语系、对外汉语系两个教学系和行政办公室（兼属地管理办公室）、教学办公室、留学生管理办公室3个科室。

国际语言与文化学院的院领导班子组成如下：2008年1月至2011年3月，院长：王松美；副院长：吴润、张洲、张金秀、王小菊。2011年4月至今，院长：王卫则；副院长：吴润、张洲、张金秀；院长业务助理：曹丽。

截止到2013年5月，国际语言与文化学院教职工人数为43人，其中专任教师29人，行政管理人员14人。专任教师队伍中，博士2人，硕士17人，本科10人；教授1人，副教授7人，讲师18人，初级职称1人，未评聘2人。

2008年，学院成立文兴街校区党总支。文兴街校区党总支由教师教育数理学院和国际语言与文化学院共同组成，下设7个党支部；党总支书记：王松美；党总支副书记：吴珊、吴润。2011年，文兴街区党总支完成了换届选举工作并增设对外汉语系党支部。新一届党总支书记：王卫则；党总支副书记：吴润、李春艳。国际语言与文化学院的外语系党支部、国际语言与文化学院办公室党支部均隶属于文兴街校区党总支。

二、工作概况

（一）教学工作

1. 学历教育

国际语言文化学院的外语系和对外汉语系两个教学系中原来仅外语系有学历教育。为保障学历教育工作有序运转，使教学质量稳中有升，学院一方面在修订教学计划、优化课程设置、完善教育教学管理制度上加大力度；另一方面强化教学质量监控体系，对教学质量进行检查和督导。在做好常规工作的基础上，积极探索学历教育新的发展点，积极申报和建设新专业，拓宽办学渠道。2008年至2013年，外语系和对外汉语系共新增设了3个专业。2009年，外语系开始招收商务英语本科专业；2013年6月，英语教育高中起点本科（五年学制）专业和汉语国际教育高中起点本科专业获批，学历教育各个专业共有毕业学生1200余名。

2. 继续教育

近年来，国际语言与文化学院的教学工作重点由学历教育转向以提高中小学教师教学能力为主的继续教育培训，参加培训的人数在逐年增加。历经数年的培训实践，学院的培训质量和效果也在不断提升，许多诸如“绿色耕耘”“春风化雨”“市级学科带头人及骨干教师培训”“带薪脱产培训”“国培计划”“学教一体”等项目已创出品牌效应。自2008年以来，先后共完成3000余人次的培训。“学教一体”项目团队还荣获了北京教育学院2012年继续教育优质团队二等奖。

（二）科研工作

国际语言与文化学院始终坚持“以研促教、研教结合”的思想，充分发挥科研工作在学历教育和继续教育培训中的重要作用。近5年来，学院参与了北京市“十一五”教育科学规划重点课题“骨干教师教学艺术及其风格的研究”课题以及多元智能理论课题研究；申报了北京教育学会和全国教育规划课题，并组织了多次课题培训会和在实验校的课题研讨活动；负责北京市教师教育创新平台中中小学教师学科教学能力要点及测试方法任务、教师教育创新平台比较教育子任务，并完成文献综述、TKT翻译与综述、中小学教师教学能力要点及测试方法研究报告；深度参与了北京高等教育出版社的一系列对外汉语专业书籍的编写和出版工作，特别是美国访问学者的加入，使研究的氛围越来越浓厚。

国际语言与文化学院还注重继续教育课程开发。2010年开发的多门继续教育课程如“英语新课程理念与课堂教学有效性研究”“英语教师的PCK水平现状分析及有效提升途径”等，被评为北京教育学院继续教育A类课程。

1. 承担课题情况

学院积极组织教师申报和参与学院核心课题及各级各类课题的研究，组织教师参与学院教师专业发展标准的研制和撰写工作，教师们积极的通过课题研究提升自身的学术水平和教育教学能力。

5年来，国际语言与文化学院组织申报并实施的科研课题共37项，其中中国教育学会“十二五”重点课题1项，国家级课题5项，北京市级课题4项，院级课题27项。

2. 主要学术成果

2008年以来，国际语言与文化学院教师发表学术论文130余篇，其中人大复印报刊资料转载及核心期刊论文38篇，出版专著8部，参编教材15部。

3. 重点学科建设

外语系的英语教育学于2010年6月被批准为北京教育学院12个重点建设学科之一。英语教育学学科建设带头人：王松美；学科骨干教师：张洲、邸磊和李宝荣，外语系多位教师为团队核心成员。学科建设团队对各层次一线教师进行了培训课程需求分析，广泛征求了院内外教师和专家的建议，经反复研讨与论证，确定了英语学科建设总方向——在职英语教师培训课程体系研究与课程开发。具体研究内容为：在职英语教师需求分析研究、在职英语教师知识结构和能力现状的分析及评价研究、在职教师培训课程体系构建研究、英语教与学理论在教学实践中的应用状况调查及分析、英语教与学理论在教学实践中的应用研究。

英语教育学的学科定位可以概括为体系、分层、针对6个字，即建立一个完整的课程体系，分层次开展研究，确保研究以及所建构课程体系的针对性。

在学科带头人王松美教授的带领下，团队成员积极参加学科建设活动，不断创新工作，提高专业素养，不断创新培训模式，更新培训课程，并在教学中加强理论研究，把先进的教学理念转化为优质课。学科团队围绕科研建设、课程建设、教学建设、队伍建设、条件建设和管理建设做了大量工作，取得了丰硕成果。

三、教师队伍建设

为使中青年教师尽快成长为学术骨干，国际语言与文化学院制定了相关政策，鼓励教师申报职称，提高学历；鼓励到境外学习进修；有计划地安排青年教师脱产实践，带课题、带任务；推荐优秀青年教师到关键岗位挂职锻炼。

在提高现有人员整体综合能力的同时，积极引进专业人才，为教师队伍增添新的活力。学院高度重视人才引进工作，对即将引入的人才进行全方位的多次考核，严格把好入职关。2008 年至 2013 年，共引进博士 2 人，硕士 2 人，中学一线教师 1 人。

为保证教学质量，做好教师队伍的遴选、发展和协调，学院围绕《教师专业标准》，加强教师自身能力的建设，组织教师在“专业发展日”举办各种活动，给教师搭建平台，共同探讨培训经验，交流学习体会，在促进教师自身专业发展的同时，不断增进教师之间的合作。

四、获奖情况

2008 年

——于淑卿获北京教育学院优秀共产党员称号。

——王松美获北京市教育工会 2008 年度“北京市师德先进个人”称号，获中共北京市委教育工作委员会、北京市教委“2007 年度北京高校奥林匹克宣传教育工作先进个人”称号，获北京市妇女联合会“北京市‘三八’红旗奖章”。

——王秀荣、王松美获北京教育学院师德标兵称号。

——张洲、张金秀、李宝荣、邸磊、王媛、马英华、于淑卿、付学军获北京教育学院 2007 年继续教育先进个人——先进教师称号；王小菊、王秀艳、滕小萍、张永泉获先进管理者称号。

——张洲获北京教育学院中年教师教学观摩活动优质展示课二等奖；任卫廷、吴薇获北京教育学院中年教师教学观摩活动优质展示课三等奖。

——邸磊、刘志伟获北京教育学院 2007 年学历班优秀班主任称号。

——张乃明获中共北京市委教育工作委员会、北京市教委、共青团北京市委、北京市学生联合会“首都教育系统奥运工作先进个人”，获北京市奥组委、北京市人民政府评为“北京奥运会、北京残奥会先进个人”。

——国际语言与文化学院被评为首都教育系统奥运工作先进集体。

——国际语言与文化学院被评为北京市西城区爱国卫生先进单位。

2009 年

——王小菊获北京教育学院“三育人”标兵称号。

——张金秀获学院科研成果二等奖。

——邸磊、李宝荣、马英华、王武兴、王媛、于淑卿、付学军获北京教育学院2008年继续教育先进个人——先进教师称号，王松美、张洲、张金秀、王小菊、藤小萍、王秀艳、赵建建获先进管理者称号。

——邸磊、仇妍、柯丹获北京教育学院青年教师教学基本功比赛文科组一、二、三等奖，邸磊作为学院的参赛人选上报市教育工会。

——王秀艳获北京教育学院2008年学历教育优秀班主任称号。

——张永泉被评为2009年度展览路地区社会治安综合治理暨创安工作先进个人。

——李亚丽被评为北京市教育委员会“2008年度人口和计划生育工作先进个人”。

——国际语言与文化学院被评为北京市西城区爱国卫生先进单位。

2010年

——王媛、刘耘获北京教育学院师德标兵称号。

——滕小萍获北京教育学院优秀共产党员称号。

——王松美、张洲、张金秀、李慧芳、李宝荣、王媛、徐国辉、刘耘获北京教育学院2009年继续教育先进个人——先进教师称号；王小菊、滕小萍、王秀艳、赵建建获先进管理者称号。

——滕小萍获北京教育学院2009年学历班优秀班主任称号。

——张永泉被评为2010年度展览路地区社会治安综合治理暨创安工作先进个人。

——国际语言与文化学院被评为北京市西城区爱国卫生先进单位。

2011年

——王松美获北京教育学院“共产党员标兵”提名表彰。

——吴润获北京教育学院“三育人”标兵称号。

——李慧芳、段颖玲获北京教育学院青年教师教学基本功比赛二、三等奖。

——张金秀获学院科研成果三等奖。

——张洲、张金秀、李宝荣、徐国辉、柯丹、吴薇、李玲玲获北京教育学院2010年继续教育先进个人——先进教师称号，吴润、王秀艳、王冬妮、张乃明获先进管理者称号。

——赵建建获北京教育学院2010年学历教育优秀班主任称号。

——国际语言与文化学院被评为2011年度展览路地区综合治理先进单位。

2012年

——王武兴获北京教育学院师德标兵称号。

——由张金秀负责的“借鉴多元智能理论促进学生有效学习和全面发展的实践研究”课题获2012年北京市基础教育教学成果二等奖。

——徐国辉获北京教育学院2011年优秀科研成果二等奖。

——李宝荣、李慧芳、徐国辉、韩冰、刘耘、王琳琳、李玲玲获北京教育学院2011年继续教育先进个人——优质培训标兵称号；吴润、王冬妮、王秀艳、张金秀获优质培训管理标兵称号。

——王秀艳获北京教育学院2011年学历教育优秀班主任称号。

——王晓梅获北京教育学院2011年度优秀资产管理员称号。

——文兴街校区党总支获“读党史，写心声”征文活动最佳组织奖。

——张洲获北京教育学院2010年至2012年创先争优优秀共产党员称号。

——国际语言与文化学院行政党支部获北京教育学院2010年至2012年创先争优先进基层党组织称号。

2013年

——郑婉、韩冰获北京教育学院青年教师教学基本功比赛三等奖。

——李慧芳、曹丽、吴薇、郄利芹、王秀荣、李健莉、王武兴获北京教育学院2012年继续教育先进个人——优质培训标兵称号，王卫则、吴润、张洲、王秀艳获优质培训管理标兵称号。

——张金秀作为“借鉴多元智能理论促进学生有效学习与全面发展的实践研究”项目的主要参与人，获北京市第四届基础教育教学成果二等奖。

——张洲作为“基于‘绿色耕耘’培训项目的农村中小学教师培训模式创新研究与实践应用”项目的主要参与人，获北京市第四届基础教育教学成果二等奖。

——徐国辉、李慧芳分别获北京教育学院2011年至2012年度学院优秀科研成果年科研成果二、三等奖。

——北京市城区学科教师“学教一体”培训项目团队获2012年北京教育学院继续教育优质团队二等奖。

——国际语言与文化学院保安班获北京市保安服务总公司文安分公司荣记集体嘉奖。

五、办学特色

国际语言与文化学院树立教育现代化、教师专业化思想，坚持“树精品，创和谐、谋发展、求创新”的办学理念。学院作为“视野开阔，思想引领，智慧融合，服务精致，价值卓越”的教学、科研、服务、国际交流与合作的实体，在北京市乃至全国的中小学外语教师培训工作中发挥引领和辐射作用。

自2004年以来，国际语言与文化学院承担了北京市及部分外省市的中小学多个重大英语教师继续教育的培训任务。其中“绿色耕耘”“春风化雨”“市级骨干教师工作室”等培训项目已取得了一定成效，创出了品牌。这些项目对带动北京市远郊区县、市内各中小学校及相关外省市的外语教师队伍素质的提高起到了良好作用。

在取得已有成绩的基础上，汲取语言教育中的精华，尝试构建教育开放与合作的新格局，探索合作办学新机制和新模式。在培训者培训和各民族的文化交流中博采众长，培养符合国际化要求，具有国际视野、通晓国际规则、能够参与国际事务的专业化人才。

近年来不断提高教学与管理服务水平，扩大培训规模，创设精品课程，尝试在海外建立对外汉语培训机构，扩大办学知名度。提倡在教师培训与汉语培训过程中，不断提升教师自身的综合能力，将培训事业发展与个人的职业发展规划有机结合，提高教职工的职业幸福感。

六、校区及文化基础建设

1. 加强校区基础设施建设，改善办学条件

为与现代化办学条件相匹配，文兴街校区于2009年进行了大规模校区设施设备改造。对学生公寓、办公楼、教学楼、实验楼等进行了装修改造，教学办公设备进行了更新，解决了多年教学办公的需求，极大地改善了教学办公条件。在校园和报告厅共添置了两块LED显示屏，对加强各种培训的宣传力度提供了硬件保障。

2. 建设校园特色文化长廊

2010年，校区组织制作国际合作交流文化长廊。长廊对近年来外语及对外汉语培训中的资料加以整理，从不同侧面展现国际语言与文化学院的国际交流合作成果及精良团队的风采。体现国际语言与文化学院管理理念，为国际间和校际间的进一步合作和交流提供了宣传阵地，长廊也成为校区一种特有的文化特色。

七、国际交流合作

学院以“走出去，引进来”的思路，多年来一直与多个国外学校保持着良好的合作关系。学院支持教师们走出国门，去国外任汉语教师或进行学术交流和进修，在发展提高自身业务能力的同时，加强国际的校间合作。学院在保持现有留学生汉语培训项目的质量和数量的前提下，打开思路，积极开拓新的办学渠道。近一年来，一直在积极筹办在学院开设孔子学院的工作。至2013年5月，学院已经和塞浦路斯大学草签了合作开办孔子学院的协议，学院将于2013年秋季进行孔子学院在该院设立正式揭牌仪式，届时学院将陆续派教师到国外任教。这一举措将开创我国成人高校举办孔子学院的先例。

第一节　外语系

一、基本情况

外语系主要承担英语专业本科学历教育和中小学英语教师的继续教育工作。2008年至2011年3月，系主任：邸磊；副主任：李宝荣。2011年4月至今，系主任：李宝荣；副主任：李慧芳。外语系下设5个教研室：公共外语教研室、英语语言文学教研室、英语教育教研室、英语教师专业发展教研室、第二外语教研室，教研室主任分别是李玲玲、吴薇、于淑卿、王媛、仇妍。

外语系现有专任教师22人，其中教授1人，副教授6人，讲师14人，助教1人；13人为硕士研究生。此外，外语系聘请各高校和研究单位的专家教授、北京市各区教研员、优秀教师组成了一支实力强大的兼职教师队伍。

二、工作概况

（一）教学工作

1. 学历教育

2008 年以来，外语系的学历教育主要包括两个专业方向：英语教育和商务英语。在原有专业的基础上，外语系积极申报新专业，于 2008 年年底开始招收商务英语本科专业学生（2009 级），于 2013 年获批招收英语教育高中起点本科专业，学制 5 年。从 2008 年至 2013 年，外语系完成的学历教育工作情况见表 3－74。

表 3－74　外语系学历教育基本情况统计（2008—2013 年）

年份	专业	招生人数	毕业人数（人）
2008	英语	64	473
	商务英语	24	0
2009	英语	49	274
	商务英语	27	0
2010	英语	22	204
	商务英语	0	0
2011	英语	0	138
	商务英语	0	0
2012	英语	0	61
	商务英语	0	16
2013	英语	0	40
	商务英语	0	17
合计		186	1223

2. 继续教育

自 2004 年以来，外语系承担了北京市及全国多个中小学英语教师继续教育的重大培训任务。这些项目对带动全市远郊区县和市内各中小学校教师队伍素质的提高起到了良好的作用。

2008 年至 2013 年，外语系承担了教育部多个“国培计划——中小学英语骨干教师培训项目”和多个委托培训项目以及北京市小学、初中、高中英语学科骨干教师培训、市级英语学科教师培训、“绿色耕耘”“春风化雨”、带薪脱产等继续教育培训项目。外语系团队在多年开展小学、初中、高中英语教师培训过程中，不断按照培训主题开发符合教师专业发展的继续教育课程，开设的继续教育专题或讲座有：新课程理念解读、交际教学活动设计、教学目标的确定与表述、学生研究在英语教学中的实践策略、英语学科听评课、英语教师如何进行有效反思、英语教师课堂话语问题解析、英语教学研究论文写作、英语学习策略培养案例分析等。

近 5 年来，外语系所承担的继续教育培训情况见表 3－75。

表 3－75　外语系继续教育培训基本情况统计（2008—2013 年）

年份	序号	项目名称		培训人数（人）	合计（人）
2008	1	北京市级	“春风化雨”——中英合作中学英语教师培训	97	477
	2		“绿色耕耘”——北京市中小学 4 学科教师培训——中学英语	181	
	3		北京市市级学科带头人及骨干教师培训——中学英语	70	
	4		北京市市级学科带头人及骨干教师培训——小学英语	20	
	5		北京市中小学教师带薪脱产培训——中学英语	32	
	6		北京市中小学教师带薪脱产培训——小学英语	77	
2009	1	北京市级	“春风化雨”——中学英语教师培训	107	597
	2		“绿色耕耘”——高中英语教师培训	74	
	3		“绿色耕耘”——初中英语教师培训	193	
	4		“绿色耕耘”——小学英语教师培训	104	
	5		北京市市级学科带头人及骨干教师培训——中学英语	62	
	6		北京市市级学科带头人及骨干教师培训——小学英语	29	
	7		北京市中小学教师带薪脱产培训——小学英语	28	
2010	1	北京市级	“春风化雨”——小学英语教师培训	120	605
	2		“绿色耕耘”——高中英语教师培训	117	
	3		北京市市级学科带头人及骨干教师培训——中学英语	11	
	4		北京市市级学科带头人及骨干教师培训——小学英语	22	
	5	国家级培训	教育部小学英语培训者团队研修项目	49	
	6		新疆骨干教师短期培训——初中英语	40	
	7		河北中小学骨干教师培训——小学英语	79	
	8		内蒙古农牧区骨干教师培训——初中英语	70	
	9	对口支援	四川省什邡市骨干教师培训——英语	30	
	10		青海省干部教师培训——高中英语	50	
	11	委托培训	北京市宣武区外国语实验学校整校推进项目英语教师全员培训	17	

续表

年份	序号	项目名称		培训人数（人）	合计（人）
2011	1	北京市级	北京市中小学学科教师市级培训——教学实施能力提升——高中英语	55	615
	2		北京市中小学学科教师市级培训——教学实施能力提升——初中英语	25	
	3		北京市中小学学科教师市级培训——教学实施能力提升——小学英语	85	
	4		北京市中小学学科教师市级培训——校本教研能力提升——初中英语	32	
	5		北京市中小学学科教师市级培训——校本教研能力提升——小学英语	38	
	6		“绿色耕耘”——英语子项目——高中英语熟练期教师培训	54	
	7		“绿色耕耘”——英语子项目——初中英语熟练期教师培训	30	
	8		“绿色耕耘”——英语子项目——小学英语熟练期教师培训	93	
	9		北京市中小学教师带薪脱产培训——小学英语教师培训	23	
	10		北京市市级学科带头人及骨干教师培训——高中英语教师培训	22	
	11		北京市市级学科带头人及骨干教师培训——中学英语教师培训	20	
	12		北京市市级学科带头人及骨干教师培训——小学英语教师培训	21	
	13		北京市市级学科带头人及骨干教师境外培训	29	
	14	国家级培训	新疆骨干教师短期培训——初中英语	40	
	15		云南省骨干教师短期培训——初中英语	48	

续表

年份	序号	项目名称		培训人数（人）	合计（人）
2012	1	北京市级	“学教一体”——成熟期高中英语教师培训	26	962
	2		“学教一体”——成熟期初中英语教师培训	30	
	3		“学教一体”——成熟期小学英语教师培训	36	
	4		“学教一体”——发展期初中英语教师培训	28	
	5		“学教一体”——发展期小学英语教师培训	36	
	6		“绿色耕耘”——英语子项目——高中英语成熟期教师培训	55	
	7		“绿色耕耘”——英语子项目——初中英语成熟期培训	53	
	8		“绿色耕耘”——英语子项目——小学英语成熟期教师培训	59	
	9		北京市中小学教师带薪脱产培训——小学英语	8	
	10		北京市市级学科带头人及骨干教师培训——高中英语	57	
	11		北京市市级学科带头人及骨干教师培训——中学英语	40	
	12		北京市市级学科带头人及骨干教师培训——小学英语	29	
	13		北京市市级学科带头人及骨干教师境外培训——美国班	23	
	14		北京市市级学科带头人及骨干教师境外培训——英国班	15	
	15	国家级培训	新疆骨干教师短期培训——初中英语	37	
	16	委托培训	北京十四中学初中英语教师整校推进培训	19	
	17		北京市大兴区中小学英语教师培训——初中英语	140	
	18		北京市大兴区中小学英语教师培训——小学英语	226	
	19		天津市滨海新区教坛能手培训——初中英语	13	
	20		天津市滨海新区教坛能手培训——小学英语	12	
	21		河北省秦皇岛市高中骨干教师高级研修班——高中英语	20	

续表

年度	序号	项目名称		培训人数（人）	合计（人）
2013	1	北京市级	“专业促进”——初中英语学科教师培训	60	253
	2		“绿色耕耘”—中学英语学科教师培训	62	
	3		“绿色耕耘”——小学学英语学科教师培训	60	
	4	委托培训	天津市滨海新区教坛能手培训——初中英语学科教师培训	13	
	5		天津市滨海新区教坛能手培训——小学英语学科教师培训	10	
	6		宁夏石嘴山市高中英语教师培训	48	
合计				3509	

（二）科研工作

一直以来，外语系非常重视科研工作，围绕“英语教育学”重点学科建设，申请了多个国家级和院级课题，如中国教育学会基础教育英语教学研究资助金项目：初高中衔接阶段英语阅读学习策略培养与训练研究，北京市社科计划面上项目“中小学英语课堂用语案例研究”、北京教育学院重点课题“教师培训因素对中小学英语教师专业成长影响的实证研究”等。外语系秉承以研究促成长的理念，经过多年的持续发展，逐步成长为北京市师资力量雄厚的高等英语教育、中小学英语教师继续教育和教科研的重要基地。

1. 承担课题情况

自2008年以来，外语系申报并实施的科研课题共35项，其中中国教育学会“十二五”重点课题1项，国家级课题5项，北京市级课题4项，院级课题25项。详细情况见表3－76。

表3－76　外语系教师承担课题情况统计（2008—2013年）

类别	课题名称	负责人	立项年份
中国教育学会“十二五”重点课题	借鉴多元智能，对学生的学习、评价和发展的实践研究	张金秀	2010
国家级	初高中衔接阶段英语阅读学习策略培养与训练研究	李宝荣	2011
	促进中小学英语教师有效反思途径的研究	李慧芳	2012
	中学英语新课程教材资源深度开发与使用研究	郄利芹	2012
	小学英语“学困生”成因分析及转化策略研究	任卫廷 张敏	2012
	英语教育的人文性研究（小学段）（NAFLE0112002）	张敏	2012

续表

类别	课题名称	负责人	立项年份
北京市级	中小学英语教师群体科研意识、科研能力的培养和普及的研究	邸磊	2009
	农村地区高中英语新课程实施中的问题与对策研究	王媛	2010
	中小学英语课堂用语案例研究	李慧芳	2011
	中小学英语课堂用语案例研究	徐国辉	2011
院级	利用“校本培训”模式提高中学英语教师教学设计能力的研究	王媛	2008
	提升高中英语教师创造性使用新教材能力的研究	李宝荣	2008
	新课标背景下高中英语选修课有效教学的探索研究	王武兴	2008
	中小学英语教师群体科研意识、科研能力的培养和普及的研究	邸磊	2008
	北京古都传统地标的文化解析	王红	2009
	英语教师创造性运用教材研究	李宝荣	2009
	中小学英语教师课堂用语案例研究	徐国辉	2010
	初中英语写作课教学策略研究	李玲	2010
	高中英语教学中教师对学生词汇学习策略培养的案例研究	李慧芳	2010
	初中英语教学课外教学资源的开发和利用	郄利芹	2010
	外语教学中汉外语言对比研究（重点课题）	王武兴 周莹	2011
	英语教学中的跨文化意识培养	张敏	2011
	教师培训因素对中小学英语教师专业成长影响的实证研究（重点课题）	李宝荣	2011
	通过有效英语阅读教学培养初中生学习策略研究	吴薇	2011
	中学英语阅读教学中任务链的设计	曹志华	2011
	聚焦学生发展的同伴互助式听评课模式研究	柯丹 王琳琳	2011
	学校国际化教育发展研究	曹丽	2011
	初中英语教学中，教材分析和使用的问题研究	郄利芹	2011
	成人大学英语有效教学及评价方式研究	李健莉	2011
	中小学英语教师培训需求分析工具箱的开发与实践	徐国辉	2012
	初中英语语篇教学中问题设计的研究	韩冰	2012
	批判性思维与中小学外语教学	周莹	2013
	北京市中小学外语教师跨文化意识调查	夏素彦	2013
	基于初中英语教材文本分析的教学设计课例研究	李慧芳	2013
	中学英语教育的人文性研究	张敏	2013

2. 主要学术成果

外语系始终坚持“以研促教、研教结合”思想，充分发挥科研工作在学历教育、继续教育培训中的重要作用。自 2008 年以来，外语系教师共发表论文 104 篇，著作 5 篇，教材 15 篇。具体情况见表 3－77。

表 3－77 外语系教师部分学术成果统计（2008—2013 年）

姓名	成果名称	成果形式	发表年份
曹志华	外语与外语教学研究	论文	2011
仇妍	外语与外语教学研究	论文	2010
	英语教育与教师教育研究	论文	2012
邸磊	北京市中学英语市级骨干教师科研状况调查报告	论文	2008
	外语与外语教学研究	论文	2010
韩冰	外语与外语教学研究	论文	2010
	英语教育与教师教育研究	论文	2012
柯丹	外语与外语教学研究	论文	2010
李宝荣	教学目标要着眼于培养学生综合语用能力	论文	2008
	科学的教学观有利于满足学生的发展需求	论文	2008
	高中英语教师新课程培训需求调研模式述析	论文	2008
	英语学科培训：有效培训的要素到底有哪些	论文	2009
	中学英语教学活动有效性分析与改进建议	论文	2009
	英语教师如何开展有效的反思	论文	2010
	研究学习策略，提高教学实效	论文	2010
	小学英语教师论文写作问题例析	论文	2010
	英语教师如何开展有效的反思	论文	2010
	学习策略研究促进教学实效	论文	2010
	在中学英语教学中合理运用教材的建议	论文	2011
	通过反思理解“以学生为主体”的内涵	论文	2011
	小学与初中英语教学的衔接策略	论文	2011
	诊断学生英语学习中的真问题	论文	2011
	英语新课程教学与教师成长	著作	2011
	课程标准案例式导读与学习内容要点（初中英语）	教材	2012
	例析英语教师开展学生研究的策略	论文	2012
	中小学教师专业发展标准及指导（英语）	教材	2012
	从培养学生的持续学习力入手	论文	2012

续表

姓名	成果名称	成果形式	发表年份
李慧芳	新编大学生实用英语综合教程	教材	2011
	职业英语系列——幼师英语	教材	2011
	外语与外语教学研究	论文	2011
	校本教研促进英语教师专业发展的个案研究	论文	2011
	小学英语课堂言语互动实践中存在的问题及对策	论文	2011
	会讲故事的板书	论文	2012
	影响中小学英语教师学科教学知识建构因素案例分析	论文	2012
	课程标准案例式导读与学习内容要点	教材	2012
	英语教育与教师教育研究	论文	2012
	中小学教师专业发展标准及指导（英语）	教材	2012
李健莉	试析王尔德《不可儿戏》中的幽默	论文	2009
	外语与外语教学研究	论文	2010
	英语教育与教师教育研究	论文	2012
	培训后追踪任务的实施方法	论文	2012
李玲	外语与外语教学研究	论文	2010
	中考作文与英语写作的渗透教学	论文	2012
	英语教育与教师教育研究	论文	2012
郄利芹	大学英语精读教学中的词汇处理	论文	2010
	英语课堂教学中词汇学习策略的渗透	论文	2010
	上海写字楼市场火爆	论文	2010
	利用隐喻认知理论，加强中学英语词汇教学	论文	2010
	高中英语阅读教学中信息和词汇的内化处理	论文	2010
	巧用插图，促进学生理解故事的实践	论文	2011
	外语与外语教学研究	论文	2011
	小学英语课堂中非真实交际的问题及对策	论文	2012
	谈出来的有效课堂	论文	2012
	小学英语课堂教学评价语言的有效使用	论文	2012
	英语教育与教师教育研究	论文	2012
任卫廷	外语与外语教学研究	论文	2010
王琳琳	外语与外语教学研究	论文	2010

续表

姓名	成果名称	成果形式	发表年份
王松美	新时期高中英语教材的创新	著作	2008
	新时期高中英语教材的创新	论文	2008
王武兴	汉译英中“蕴含意义”的把握与再现	论文	2008
	美国女画师的清宫回忆	著作	2009
	外语教学中汉外语言文化对比研究	论文	2013
王媛	国际理解教育模式初探	论文	2008
	高中新课程怎样教	著作	2008
	提高导入环节实效性的几点思考	论文	2009
	提高教学目标设计能力的探讨	论文	2009
	透视新课程理念下的英语教学设计	著作	2009
	有效阅读教学设计实例解析	论文	2009
	英语学习策略	著作	2009
	有效高中英语阅读教学实例解析	论文	2010
吴薇	小学英语口语错误类型及课堂纠错原则和策略	论文	2011
	影响中小学英语教师学科教学知识建构的因素分析	论文	2012
	英语教育与教师教育研究	论文	2012
	初中英语教学中 Project 板块的实施体验	论文	2012
徐国辉	21 世纪的学校咨询	教材	2008
	中等职业学校国家规划教材《英语（基本版）（第 2 版）》	教材	2008
	中等职业学校国家规划教材《英语（基本版）（第 2 版）》教师手册	教材	2008
	生态学对成人英语教学的启示	论文	2009
	Evaluation in Abstracts: A Contrastive Study in Student and Published Writing	论文	2009
	《英语（引进版）（第 2 版）》 学生用书 第 2 册	教材	2009
	英语网络资源课程的实践与反思	论文	2009
	外语与外语教学研究	论文	2010
	基于功能语言学评价理论的新闻报道对比分析	论文	2010
	新课标背景下高中英语任意选修课有效实施的探索	论文	2010
	基于平行语料库的小学英语课堂用语核心问题解析	论文	2011
	小学英语教师课堂话语分析框架的初步构建与应用	论文	2012
	初中英语教师课堂话语分析框架的初步构建与应用	论文	2012
	“问题连续体”模式在教育领域的新发展	论文	2012
	英语教育与教师教育研究	论文	2012

续表

姓名	成果名称	成果形式	发表年份
张金秀	教学改进——教师专业发展的核心	论文	2008
	对教学设计内涵的理解及实践诊断	论文	2008
	校本教研中基于问题解决的专业引领实践策略	论文	2008
	与加德纳教授面对面——多元智能理论在中国发展的回顾与前瞻	论文	2008
	他和她可以学得更好——通过个体研究带动全体发展的案例研究	论文	2009
	从课标到课堂——中学英语课堂教学目标的实践诊断	论文	2010
	小学英语课堂教学目标的确定和表述	论文	2010
	2010 年多元智能国际研讨会会议综述	论文	2011
	高中英语诗歌教学的有效规律——对一节高中英语诗歌教学课的反思	论文	2011
	小学英语教师教学技能的结构与内涵	论文	2011
	中小学教师专业发展标准及指导（英语分册）	编著	2012
	Recent Developments of EFL Teacher Training in Beijing	论文	2013
	英语教师分层培训设计	论文	2013
	把握高中英语课程性质的阅读教学	论文	2013
张敏	外语与外语教学研究	论文	2010
	北京市高中青年英语教师的专业发展特征及培训思路探讨	论文	2012
	小学英语课堂的同课异构看小学教学的故事框架	论文	2012
	英语教育与教师教育研究	论文	2012
	北京市小学英语发展期教师专业发展现状调查研究	论文	2012
	小学英语教师专业发展现状及分析	论文	2012
	优化教学设计　提高课堂实效——记一次复习课的磨课经历	论文	2013
	高中英语教学设计的优化策略	教材	2013
郑婉	法国教师教育的改革现状及其借鉴	论文	2011
	英语教育与教师教育研究	论文（合作）	2012
	读懂孩子的心——卢梭的儿童教育思想探析	论文	2012

续表

姓名	成果名称	成果形式	发表年份
周莹	英语书写规范	论文	2009
	外语与外语教学研究	论文	2010
	英语教育与教师教育研究	论文	2012
	中考作文与英语写作的渗透教学	论文	2012
	情景创设在初中英语词汇教学中的运用	论文	2012
	外语教学中的汉外语言文化对比研究	论文	2013

三、专业及课程设置

外语系学历教育所开设的基础课程主要有：综合英语、英语泛读、英语视听说、英语口语、英语应用文写作、英语论文写作、翻译、英语交际语法、英语教学理论与教学法、英语教育科研方法、西方文化、英美文学、第二外语（日语、法语）、英语语言学概论等。

四、教师队伍建设

外语系围绕《教师专业标准》，组织教师在“专业发展日”开展各种活动，进行专业能力提升。还为教师搭建各种平台，交流学习体会，以确保教学质量。近5年来组织开展的活动有：《英语课程标准》解读交流会，专兼职教师联谊会，对日常教学工作中常出现的“听评课”“追踪指导”等培训学员的方式进行集体研讨；组织教师把自己的研究点或者新开发的课程在全系展示，并进行研讨交流；组织出国培训回来的教师作报告，并进行研讨交流；聘请英国教师教学知识测试（TKT）专家对外语系教师进行培训；以百节名师风采课为载体，全体教师观摩课后进行听评课的研讨；多次举行集体备课会等等。

经过多年的合作，外语系还建立了一支包括外籍教师在内的外聘教师队伍。每年不断更新外聘教师。

外语系的教师还不断与外聘教师进行沟通，让他们了解学院的培训需求，与他们一起集体备课，使外聘教师的培训能够达到学院的要求。

对于外籍教师，尽管资源短缺，并且适合搞教师培训的外籍教师更加缺乏，但外语系在他们上岗前仍严格把关，一般要经过面试并辅导其备课，帮助他们了解中国英语教师的现状和水平，使培训更加有效。

外语系在有效加强现有人员的专业化建设的同时，积极引进人才，于2008年引进富有中学一线教学经验的教师1名，2009年首次引进法语教师1名，2013年引进英国留学归来的英语硕士1名。

五、教育教学特色

外语系提倡创新思维和现代教育的国际化办学理念，致力于培养适应社会需要的外语人才，注重英语语言综合素质与能力的培养。师范类英语专业的课程设置在培养学生掌握英语语言的同时，以学生精通英语语言教学为目标，将系统的英语教育理论与英语教学能力相结合，注重教学实践培养。

外语系与许多中小学建立了长期的合作关系，可以为学员提供优质、便利的教育实践机会。非师范类的商务英语专业课程设置以培养学生掌握扎实的商务英语知识，提高商务英语应用能力为目标，根据教育教学规律和教学实际需要，安排学员参加各种英语论坛、国际研讨会等高水平社会活动，为学员提供用英语进行交流、学习和实践的机会，提高英语语言的表达能力与知识运用能力，熟悉社会工作环境、提高就业竞争实力。

第二节　对外汉语系

一、基本情况

对外汉语系于 2008 年正式设立，主要从事外国留学生的汉语培训与教学工作。从 2008 年至今，系主任：刘耘。现有教师 7 名，其中副教授 1 名，讲师 4 名，助教 2 名；博士 2 名，硕士 4 名。对外汉语系原设有对外汉语教研室，教研室主任：王秀荣。2013 年 1 月，新增设了中国文化教研室，教研室主任：王红。2013 年 6 月，申报的汉语国际教育本科专业获批，打破了对外汉语系自成立以来无学历教育专业的局面。

2012 年 10 月，张琨博士通过国家汉办的考核，公派赴俄罗斯莫斯科国立大学任汉语教师 1 年。

二、工作情况

（一）教学工作

对外汉语系的汉语教学工作主要分为长期、短期两类。

1. 长期留学生汉语教育

2008 年春季，长期留学生 7 名。2009 年，与法国贝彦学校合作，开办以法国大学生及成人为主的汉语教育项目，历时 1 年。此外有少量留学生在学院选择一对一、一对二的超过 1 个月的汉语学习。

2. 短期留学生汉语教育

2010 年以后，长期留学生数量减少，对外汉语系的工作重点转向短期项目教学，以汉语听说及语言实践类课程为主。通常教学时间为 1 到 4 周，1 周 20 课时。教学对象主要分两类：初、中级汉语水平的各国大、中学生和海外汉语教师。对外汉语系根据教学对象的不同需求开设不同的课程，形成了一些教学特色。

目前，每年有 700 名左右的短期留学生来学院进行汉语集中培训。

2008 年至 2013 年，对外汉语系继续举办国家汉办“法国汉语教师海外研修项目”，至今已 6 届。由于该项目的课程设计新颖，教学针对性强，文化含量丰富，专业水准高，受到了参加研修的法国教师的一致好评。2009 年，法国教育部与北京教育学院就此项目签署协议，每两年派遣8位法国汉语教师来学院参加此项目。迄今共有119名法国汉语教师参加了这个项目。

2008年，对外汉语系举办了国家汉办“马来西亚汉语教师海外研修项目”；2010年，举办了国家汉办“新加坡小学汉语教师海外研修项目”“新加坡中学汉语教师海外研修项目”。

（二）科研工作

1. 承担课题情况

对外汉语系教师结合自身工作的需要和实践，积极申报和完成相关工作和课题的研究。

2009年王红承担了院级课题《北京古都传统地标的文化解析》；2011年，张静承担了院级课题《汉语短期游学项目管理及教学模式探讨成长影响的实证研究》。

2. 主要学术成果

2008年以来，对外汉语系教师结合工作，进行着积极认真的、富有开拓性的学术研究，发表了相关论文10篇，完成教材和著作4部。具体情况见表3－78。

表3－78 对外汉语系教师部分学术成果统计（2008—2013年）

姓名	成果名称	成果形式	发表年份
段颖玲	论“看看”语义的古今演变	论文	2010
	《十二楼》中联合式复合动词探析	论文	2011
	《十二楼》述宾式复合词的构词特点	论文	2011
	成语比喻义——《现代汉语词典》成语比喻义的计量统计和对比描写分析之一	论文	2012
	《现代汉语词典》（第5版）成语比喻义的释义方式和特点	论文	2012
	《现代汉语词典》（第5版与2002年增补本）成语比喻义的释义比较	论文	2012
	国际汉语教师胜任素质模型构建及探讨分析	论文	2013
王红	民国时期的北京	著作（合作）	2011
王秀荣	汉字与汉字教学	著作	2011
	国际汉语教师汉字手册	著作	2013
张静	对外汉语教学中的插入语教学考察	论文	2009
	结构音系学与生成音系学之比较	论文	2010
	《体验汉语》　小学　第二册　教师用书	教材	2010
	短期汉语游学项目教学探索	论文	2012

三、教育教学特色

对外汉语系在海外汉语教师培训上卓有特色。历年来承担过国家汉办“海外教师研修计划”中法国、马来西亚、新加坡等国的汉语教师研修项目，积累了宝贵的经验。其中“法国汉语教师海外研修项目”至今已6届，项目团队以学生为中心，准确根据学生需求，量身定制课程和教学内容。其课程设计新颖、教学针对性强、文化含量丰富、专业水准高，获得了法国教育部和参加研修的法国教师的一致好评。

在短期游学项目中，注重听说训练，设计了一系列语言实践活动，将汉语学习延展到课堂以外。在海外汉语教师培训中，强调课程的文化含量和品位，将汉语学习与中国文化陶冶紧密结合。

第三节　留学生工作

1998年2月，经北京市教育委员会批准，北京教育学院获得招收外国留学生的资质。国际语言与文化学院作为北京教育学院下属二级学院，专门负责外国留学生的汉语培训与交流工作。截至目前，学院已招收来自美国、法国、加拿大、澳大利亚、荷兰、比利时、俄罗斯、日本、韩国、泰国、蒙古和尼泊尔等10多个国家来华学习汉语的留学生，并与美国、日本、澳大利亚、法国、马来西亚、新加坡等国家的教育机构建立了长期对外汉语培训关系。

近几年，学院每年招收的留学生数量维持在600~700名。目前学院的留学生培训工作涵盖以下几个方面。

一、与国外高校和办学机构合作

1. 与澳大利亚西澳大学的合作

西澳大学是国家汉办在澳洲成立的第一批孔子学院之一。自2005年以来，每年有40名左右的西澳大学学生来学院学习汉语。迄今为止，学院共培训西澳大学留学生240余人，培训效果良好，得到西澳大学校方和该校孔子学院的高度认可。

2. 与日本长崎大学的合作办学

从2006年开始，每年有40~50名日本长崎大学学生来北京教育学院接受汉语培训。迄今，学院共培训大约200名长崎大学学生。

3. 与美国CET学术项目保持紧密合作

从1999年开始，学院开始与美国CET学术项目进行长期性的合作。在长达13年的合作中，学院与CET项目合作，每年有约250名美国大学生在学院接受汉语强化培训。经由双方合作，共培训了约2500名来自美国名校的大学生和部分美国驻华使馆工作人员。

二、与国家汉办合作，举办国家奖学金项目

1. 法国汉语教师培训项目

从2007年开始，在得到国家汉办资助，并在法国汉语教师协会的大力支持下，学院开设了法国汉语教师培训项目。每年约有15～20名法国汉语教师在学院参加为期1个月的培训。到目前为止，已有100多名法国汉语教师在学院接受了培训。

2. 马来西亚汉语督学培训和小学汉语教师培训项目

2008年，来自马来西亚的汉语督学和小学汉语教师共约40人在学院接受了为期1个月的培训。

3. 新加坡小学汉语教师海外研修项目和中学汉语教师研修项目

2010年，在国家汉办的资助下，学院先后承办了新加坡小学汉语教师海外研修项目和中学汉语教师研修项目。两个项目共培训新加坡小学和中学汉语教师40多名。

4. 法国汉语国际班中学生汉语研修项目

从2010年开始，在国家汉办奖学金项目的资助下，学院连续承办了两期法国汉语国际班中学生汉语研修项目。与此同时，学院每年接收法国大学生和中学生进行短期汉语培训。

5. 其他奖学金项目

2011年12月至2012年1月，学院承办了为期4个星期的，由来自8个国家的15名大学生参加的奖学金项目。

2012年7月，学院组织承办瑞典大学生奖学金项目，有15名瑞典大学生参加了此次培训。

三、与法国各中学的合作

从2007年开始，学院与法国凡尔赛中学、诺曼底中学、让莫内中学和布卢瓦中学等十几所中学开展了广泛的合作。每年举办不少于10个法国中学生参加的汉语游学项目。迄今为止，共有来自法国的1200名法国大学生和中学生在北京教育学院接受了汉语培训。

第四节　国际基础教育比较研究所

学院于2009年5月成立了国际基础教育比较研究所，隶属国际语言与文化学院。所长：张金秀；秘书：徐国辉。

研究所主要承担两项工作，一是多元智能课题研究；二是创新平台子任务4教师教育比较研究的任务。

一、多元智能课题研究

（1）2010年6月与美国多元智能学会合作召开多元智能北京国际研讨会。

（2）2010年12月开发了多元智能理论早期教育网络课程，迄今已有近200名幼儿教

师参加了该网络课程的学习。

（3）2010 年 9 月开发了多元智能课题网站。

（4）2011 年申报了中国教育学会“十二五”重点课题“借鉴多元智能理论，对学生的有效学习、多元评价和全面发展的实践研究”，并正式立项。报名参加多元智能课题研究的实验校已近 40 所。

（5）2012 年 5 月组织召开第二届多元智能国际研讨会。

（6）2013 年 1 月课题获得北京市基础教育教学成果奖（二等奖）。

二、创新平台教师比较教育研究文献编译

（1）2010 年 5 月起帮助图书馆订阅了“Teaching and Teacher Education”等 4 种国际教师教育期刊。

（2）2010 年组织外语系教师编译以“中小学教师专业发展标准”为主题的英文文献近 10 万字，并印制成册。

（3）2011 年和 2012 年分别组织外语系教师编译以“中小学教师课堂教学研究与实践”为主题的英文文献近 10 万字，并印制成册。

第八章　图书馆与社会培训机构

第一节　图书馆

一、基本情况

2008 年学院机构调整后，图书馆独立建制。馆长：朱宝利；副馆长：邢素丽。下设 4 个部门：资源建设部、流通阅览部、信息咨询部、办公室。共有工作人员 15 名。

2011 年学院全员聘任后，各部门负责人为：资源建设部主任程张、流通阅览部主任安纪勇、信息咨询部主任廖虹、办公室主任甘延清。目前图书馆在编教职工 15 人。全馆具有高级职称 4 人，占全馆 26%；中共党员 5 人，民盟盟员 4 人。

图书馆党支部现有党员 5 人，隶属黄寺校区第二党总支，朱宝利担任党支部书记。

二、馆藏概况

图书馆作为独立的教学、科研机构，承担学院图书馆信息资源的建设、开发、管理与服务等职能，为学院教学、科研提供全方位的服务，同时发挥北京市中小学教育文献信息研究会的职能，协助市教委开展面向全市中小学图书馆的服务，在北京市中小学数字图书

馆建设中发挥引领作用。

图书馆现有藏书60余万册，现刊700余种，报纸60余份，声像资料1万余件，院部非独立馆舍3000平方米。教育类图书是学院图书馆馆藏特色之一。

馆内除藏有1948年以来的国内外部分地区中小学课本、教学参考书及20世纪20年代的《大公报》《申报》《民国日报》影印合订本，还藏有线装古籍近2万册，其中善本书38种620册。

数字资源越来越成为馆藏资源的重要组成部分，现有中国知网、万方数据、北京市中小学数字图书馆、网上报告厅、多媒体资源应用中心、国外教育专题数据库等，供院内教职工在学院局域网内使用。

同时，教职工著作特藏构成图书馆重要的特色资源，特藏室自20世纪90年代始建，收藏本院教职工著作，从不同学科角度反映了学院教师在各个领域的专业水平和学术成就。

三、工作概况

图书馆在学院承担信息资源建设、开发、管理及服务的职责，通过采集各类图书报刊及其他信息资源，经过分类、整理、收藏、借阅、管理等环节，服务学院继续教育、教学和科研。多年来，图书馆以其独特的馆藏资源，坚持“读者第一、服务育人”的办馆宗旨，遵循“资源优化、管理规范、服务便捷”的理念，为读者提供优质高效的文献信息资源服务。

在北京市教育学会和学院领导的支持下，图书馆积极组织北京市中小学教育文献研究会工作，参与北京市中小学数字图书馆的应用推广工作；努力开展全国教育学院图书馆之间的工作研究与合作，参与北京市高校图书馆协会活动，为把学院建成教师校长研修高地作出了积极的贡献。

（一）业务调整和发展

2008年院系调整后，图书馆将原职教学院两万多册图书全部运回院部，同年暑假，阅览室开始进行内部装修，更新、添置了阅览桌、报刊架、局部的照明设备、饮水机、沙发等。2011年9月，购置多媒体教学平台和资源，更换了教职工著作特藏室的展柜，铺设了软木地板并在部分阅览室配置多媒体触摸一体机，阅览环境焕然一新。

2010年，图书馆进行了馆藏布局调整，将原北京教育学院的部分藏书约3万册移到了地下书库，二层的理科图书与五层的教育类图书对调，布局更加趋于合理。

2009年1月，图书馆安装了“汇文文献信息服务”系统，搭建了图书馆自动化管理更新换代的平台，解决了图书采编和借阅中的诸多问题，实现在互联网上查询图书馆馆藏书目的要求。

2008年4月，配合BALIS馆际互借的要求，重新整理外文期刊，编制目录。

2008年，加入北京地区高校图书馆文献资源保障体系（简称BALIS），保持日常工作联系并开展活动。2012年3月，BALIS新增联合参考咨询和虚拟参考咨询，图书馆网页框架重新设计，并增加虚拟咨询飘窗。

2010年，新增包库使用CNKI博硕论文库资源。

2012年年初，古籍的整理、编目及书目上传工作全面展开，年底，古籍整理及版本鉴定专家再次来图书馆现场指导古籍保护整理工作。

2012年3月12日，“首都图书馆联盟”在国家图书馆举行成立仪式，图书馆馆长、北京市中小学教育文献信息研究会理事长朱宝利担任了首届“首都图书馆联盟”副主席。

（二）读者服务工作

2008年3月至7月，为建院55周年展览搜集早期出版的各类教材200余册，同年11月，以北京市中小学教育文献信息研究会2008年年会为平台，配合院庆开展系列学术活动。

2008年春，中文图书借阅室周末借还书时间以学员作息时间为依据作了相应调整。

2008年6月至9月，图书馆举办以“传承奥运精神，熔铸书韵师魂”为主题的奥运书展及奥运知识图片展。

2010年至2013年，分年度召开北京教育学院图书工作委员会会议。

2011年4月，编写图书馆读者手册和常见问题解答。

2012年4月23日，在迎接第十七个世界读书日到来之际，图书馆向全院教职工发出多读书、读好书的倡议并向教职工推荐100本图书。

2012年11月，《教苑图情》试刊，2013年4月16日《教苑图情》发刊启动。

（三）参与继续教育工作

2008年，协助市教委基教处完成“中小学图书馆长骨干班培训”论文的评审工作。之后，协助制订海淀教师进修学校培训计划，并完成部分课程的讲授。

2008年11月6日至12月4日，图书馆与学院人事处、信息与远程教育学院联合举办“远程教育应用与图书馆数字资源使用培训”的授课工作。

2009年4月，为职业教育学院及信息与远程教育学院进行原文传递与馆际互借的专题培训，6月为其进行信息资源检索基础知识的专题讲座；2011年11月，聘请国道数据库公司、北京泰克贝斯公司技术人员为其进行专题资源讲座。

2009年10月，为“什邡班”学员讲授和辅导数据库的检索与使用，同时部分阅览室执行晚上开馆，为项目组服务。

2010年4月，图书馆参与了“信息资源检索与利用”网络课程的编写与录制，同年11月在丰台教师继续教育中实施。

2013年4月23日在第十八个世界读书日，开展“读书明鉴，瞻望复兴”为主题的图书推荐活动。

（四）北京市中小学教育文献信息研究会及全国教育学院图书馆工作研究会工作

1. 北京市中小学教育文献信息研究会工作

2008年3月25日，接受北京市教委转来的人大代表的提案，组织中小学图书馆老师进行座谈，针对提案作了答复，并将结果反馈给市教委基教处。

2008年至2009年，受北京教育委员会委托，继续承担北京市中小学数字图书馆应用推广任务，以“数图”网站为平台开展和推进各项活动，包括建立读书圈，进行主题图书推荐，读书活动成果交流与展示等；面向全市开展“读书月活动”成果评比，以评促用，收到师生参赛作品上千件。

2008 年 5 月和 11 月，分别在育英学校图书馆及学院报告厅举办数字图书馆应用推广讲座和数图专题学术报告会，各区县近两百名图书馆老师参加。

2009 年 6 月，在大兴一中报告厅召开“北京市中小学数字图书馆 2008 年度读书活动表彰大会”。2010 年 1 月，研究会与北京市第九中学联合举办北京九中校本资源中心建设与应用交流会。2011 年 5 月，配合中小学数字图书馆应用推广工作，赴延庆县信息中心和延庆县西屯中心小学追踪调研。

2009 年至 2012 年连续 4 年召开北京市中小学教育文献信息研究会年会，同时对本年度优秀学术论文及区县优秀组织单位进行表彰。

2012 年 6 月，组织中小学图书馆老师近百人参观由共青团中央中国少年儿童新闻出版总社投资兴建的青少年阅读体验大世界。2012 年 11 月，研究会组织研究会理事、会员及部分中小学图书馆馆员前往四川成都参观考察。

2008 年至 2012 年间，开展每年一度的研究会学术论文的征文活动，由各区研究会组织本区图书馆教师进行科研论文的撰写，提高馆员的科研能力。

2. 全国教育学院图书馆工作研究会工作

2008 年、2010 年、2012 年隔年一次的全国教育学院图书馆工作研究会分别在陕西教育学院、江苏教育学院、新疆教育学院召开。

（五）党支部及工会工作

2010 年 11 月到国家教育行政学院图书馆进行业务交流与研讨，次年到天津泰达图书馆进行参观、学习。在 2012 年及 2013 年学雷锋纪念日，参加志愿活动，为教职工提供图书咨询等服务。2012 年 11 月，党支部组织教职工到国家博物馆，观看《复兴之路》展览。

四、科研工作

2008 参与《教育家成长规律研究》课题及《北京市中小学教师培训模式研究》课题的研究工作。

2009 年 3 月，廖虹、陈淑菁分别在《北京教育学院学报》发表论文《高校图书馆知识服务探析》《Web2.0 环境下的图书馆信息服务》。

2009 年 9 月，陈淑菁、高冉在《黑河学刊》发表论文《浅谈新生入学教育经验——书山有径从图书馆开始》。

2009 年 11 月，刘蕴秀在《中小学图书情报世界》发表论文《网络环境下的北京市中小学信息资源建设研究之我见》。

2010 年 1 月陈淑菁、高冉在《情报资料工作》发表论文《全文数据库增值模式探讨》。

2011 年 3 月安继勇在《北京教育学院学报》发表《高校图书馆藏书空间紧张问题与对策分析》。

2012年3月廖虹、邢素丽在《北京教育学院学报》发表论文《中小型高校图书馆BALIS馆际互借服务探析》。

2011年，申请了“图书馆个性化服务”的科研课题。

五、获奖情况

2008年4月，在学院“迎奥运、健步行”活动中获得团体第三名。同年11月北京广播电视大学、北京教育考试院与学院联合举办第二届友好运动会，获得“同舟共济”项目第二名。

2008年7月，中共北京教育学院委员会授予安纪勇“优秀共产党员”称号，2010年7月，北京教育学院委员会授予甘延清“优秀共产党员”称号。

2009年7月，朱宝利被评为学院“三育人”标兵。

2010年，北京市中小学教育文献信息研究会被评为2005年至2010年北京教育学会先进集体。

2010年12月，BALIS馆际互借中心授予廖虹先进个人二等奖，BALIS原文传递中心授予邢素丽先进个人二等奖，北京教育学院图书馆获得先进集体三等奖。

2012年，图书馆在学院固定资产清查工作中，表现突出，获得“优秀集体奖”。

2012年，图书馆党支部在创先争优活动中被评为学院先进基层党支部。

2012年12月，荣获北京高校网络图书馆虚拟参考咨询工作三等奖。

2013年5月，朱宝利、刘蕴秀、陈淑菁3人被评为北京教育学院2012年继续教育优质培训管理标兵。

2013年5月，图书馆被评为北京教育学院2012年度“档案工作先进部门”。

第二节　社会培训机构

一、北京教育学院培训中心

北京教育学院培训中心原为北京实验大学培训部。2004年2月，更名为北京教育学院培训中心。该中心按学院内部管理隶属于北京教育学院职业教育学院管理。

2008年1月，学院机构进行调整，该中心隶属于北京教育学院校长研修学院管理。

2012年学院机构再次进行调整，培训中心隶属于北京教育学院直接管理。

（一）工作概况

1. 承担的社会培训工作

1985年连续开办成人高考辅导班、外语职称考试培训、会计职称考试培训、专业技术人员计算机应用水平培训、英语口语考试培训等辅导和培训工作。

2. 承担社会考试工作

1999年起连续承担专业技术人员计算机应用水平考试、外语职称考试、会计职称考试、日本中国语检定考试、北京市英语口语考试、导游资格证考试、北京英语等级考试、普通话水平测试、高等教育自学考试计算机应用基础考试、美国大学理事会的 TOEFL 考试、AP 考试项目和 GRE 考试等项目报名、考试的组织工作。

（二）获奖情况

2009 年，被北京市教育考试院评为计算机等级考试先进单位。

2009 年、2011 年，被东城区社会力量办学协会评为办学优质校。

二、北京教育学院交流培训中心

北京教育学院交流培训中心是经西城区教育委员会批准，由北京教育学院出资举办、由北京市机构编制委员会办公室登记的民办事业单位，是实施非学历教育培训活动的公益性社会服务组织。

中心办学类型为自学考试助学和文化教育，招生对象是学生、成人。办学形式采用全日制、业余培训形式。学习期限分为短期、中期和长期。办学内容：教师资格认证辅导班（教育学、心理学）；高考预科班（语文、数学、英语）；高考辅导班（成人高考考试科目）；外语培训班。

2007 年至今，北京教育学院交流培训中心承担外国来华留学生短期汉语游学项目的培训任务，按期完成学院制定的经济指标。

三、北京市成人教育培训中心

2008 年，北京教育学院机构调整后，北京市成人教育培训中心隶属于北京教育学院体育与艺术学院。举办者为北京教育学院，批准单位为东城区教育委员会，法人代表为陈雁飞，聘用工作人员 5 人。

成人教育培训中心是自收自支的社会办学机构，其主要职责是：面向社会各行业开展各类不同层次的培训，配合体育与艺术学院完成教育教学等工作为重点。

成人教育培训中心近年来的主要工作内容是：第一，配合体育与艺术学院完成了北京市继续教育音体美艺幼教师培训。第二，配合体育与艺术学院完成了“国培计划”音体美幼骨干教师培训。第三，配合体育与艺术学院完成了如内蒙古呼和浩特市多个音体美骨干教师培训；新任教师岗前培训；新疆兵团、新疆和田地区、山西省晋城、宁夏石嘴山等省、市、地区音体美幼委托培训等。第四，配合体育与艺术学院完成了“中央专项彩票公益金支持青少年学生校外活动场所建设”培训项目及中国教师发展基金会“龙子心”校园安全培训等。其特色是用北京市成人教育培训中心的财务资质协助，精细安排和管理学员的吃、住等，为有效的培训做好后勤保障工作。

四、北京教育学院职业技能培训学校

北京教育学院职业技能培训学校原名为北京实验大学职业技能培训部。1991 年，北京实验大学培训部下设职业技能培训部，在东城区劳动局注册。2002 年，培训部独立设置，举办者为北京教育学院实验培训中心，法人代表：李燕萍。2003 年年底，更名为北京教育学院职业技能培训中心；2005 年 5 月，更名为北京教育学院职业技能培训学校；2007 年 3 月，举办者变更为北京教育学院。

主要培训项目：

1991 年至 2000 年，烹饪初中级技能培训。

2000 年至 2004 年，计算机文字录入人员、心理咨询人员技能培训。

2002 年，心理咨询师项目培训。

2004 年至今，保育员、计算机录入人员职业技能培训。

2005 年至今，面向企业的技能项目培训。

第四编　管理与组织建设

第一章　行政管理与制度建设

第一节　依法办学，落实科学管理与民主管理

建院60年来，北京教育学院贯彻党的基本路线和教育方针，坚持社会主义办学方向，坚持以马列主义、毛泽东思想、邓小平理论和“三个代表”重要思想和科学发展观为指导，认真贯彻落实中共十八大和北京市十一次党代会精神，在管理体制改革与制度建设方面，做了大量卓有成效的工作，为学院又好又快的发展奠定了扎实的基础。特别是近几年来，学院在教育教学、科研、管理、后勤等方面有了很大突破，逐步形成了较为先进的管理理念、科学的管理方法和完善的管理制度，进一步推动了学院的和谐、健康、可持续发展。

一、坚持党委领导核心，落实党委领导下的院长负责制

根据中华人民共和国《高等教育法》和市委、市委教育工委的相关要求，牢固树立党委在学院工作中总揽全局、协调各方的领导核心地位，为促进学院科学发展提供坚强的政治保证。同时认真贯彻党委领导下的院长负责制。学院继续坚持《党委会议事规则》《院长办公会议事规则》《书记办公会议事规则》和《中共北京教育学院委员会关于执行“三重一大”制度规定》等重要制度，保证领导决策的科学化、民主化和制度化。自2008年以来，年均召集党委会、院长办公会、书记办公会、党政联席会等会议约30次，讨论决定了涉及学院党政各方面的重大事项。学院的重大问题决策、重要干部任免、重要事项和大额资金的使用都经过领导班子集体讨论。按照“集体领导、民主集中、个别酝酿、会议决定”的议事程序，确保党委统一领导、党政分工合作、相互协调配合的工作局面更加顺

畅。同时充分保证院长作为学院法定代表人依法行政。

二、贯彻民主集中制，发挥各方参与实现民主管理

学院认真贯彻民主集中制原则，努力加强民主建设，积极推进民主治院理教进程。办学治校中的重大问题均须集体研究，认真讨论，集思广益，慎重作出决策。对集体作出的决定，认真贯彻落实。

继续坚持《中共北京教育学院委员会关于加强和改进党委理论中心组学习的意见》《中共北京教育学院委员会关于院级领导干部民主生活会制度》《中共北京教育学院委员会关于院级领导干部联系基层工作的意见》、院级领导“双重组织生活”制度、院级领导接待日制度、公开校领导电子信箱及设立群众意见箱制度、院领导联系二级学院并进行调查研究制度、学院领导班子成员联系党总支或党支部制度、院领导联系离休老同志并与党外人士交朋友等一系列重要制度。

同时结合事业发展，不断健全、完善民主集中制的各项制度。

（一）着力加强党内民主制度建设

——继续健全党内民主决策机制，坚持和完善学院“三重一大”制度。2012 年 9 月制定出台《中共北京教育学院委员会关于实行党务公开工作的意见（试行）》，明确党务公开的内容、程序和组织领导，细化党务公开目录，进一步推进党务公开工作。

——实行党代表列席党委会制度。2013 年 1 月制定出台《中共北京教育学院委员会关于党代表列席党委会议的意见（试行）》，明确了议事范围、列席党委会党代表人员的权利与义务等。

——实行党委定期向党代表报告工作的制度，进一步完善党代表大会制度。自第二次党代会以来，党委于 2012 年 4 月召开了 2012 年党代表会议、于 2013 年 5 月召开了 2013 年党代表会议，定期向党代表报告党委工作。同时，党委于 2011 年 1 月制定出台了《北京教育学院党代表大会代表任期制实施办法（试行）》《北京教育学院党代表大会代表提案制实施办法（试行）》，开始实行党代表任期制和提案制，重视党代表提案的提出和落实工作，为党代表履行职责提供制度条件。

——完善党内选举制度。党委于 2011 年 5 月制定出台《中共北京教育学院委员会关于做好党总支和党支部组建和换届选举工作的通知》。以党总支、党支部换届工作为契机，试点党支部、党总支书记公推直选等党内选举制度。

——建立并落实党员“三先”制度，采取有力措施切实保障党员的主体地位。党员“三先”制度，即上级部门和学院党委的重要决议、工作部署党员先知道；重要制度征求意见、重要岗位推荐干部人选党员先参与；坚决执行上级部门和学院党委的决定党员先带头。建立并完善党员接待日和党员意见、建议的受理回复机制，坚持领导联系党支部制度，积极开拓建言渠道，鼓励党员对党内工作提出意见建议。形成党内激励、关怀、帮扶机制。坚持定期评议党支部工作和评议党员的制度。

（二）充分发挥工会、教代会的民主管理、民主参与、民主监督作用

学院注重发挥全体教职工的主人翁意识，逐步形成以人为本的管理理念。2011 年 11

月制定出台了《中共北京教育学院委员会关于加强和改进工会工作的意见》（以下简称《意见》），以此全面推进学院民主管理工作。《意见》明确提出要“坚持和发展以教职工代表大会为基本形式的民主管理制度”，对涉及教职工切身利益的重大事宜，坚持经教代会表决通过后方可实施；明确提出“要建立并完善二级教代会制度”，使教职工对本部门的重要工作充分了解并在一定程度上参与决策；明确提出“要进一步深化院务公开工作”，以教代会作为推行院务公开的重要渠道，制定并严格实施学院《教代会代表列席院长办公会议办法（试行）》，加大民主管理监督力度，积极探索扩大教职工民主参与、实施民主决策监督的新途径。

学院党委坚持定期向教代会、党员大会、党员代表会议和离退休同志报告工作。积极推进两级院务公开，制定详细的院务公开职责、内容和实施程序。加大对基建（修缮）、物资、图书、医药采购、招生、后备干部选拔等关键工作的监督管理。注重调动和发挥民主党派及无党派人士参与学院管理和监督的积极性：邀请民主党派和党外其他同志献计献策、共谋发展；邀请他们参加各级领导干部的考核述职和党代会、教代会、中层干部会等重要会议；定期向他们通报学院改革与发展动态。

第二节　深化内部管理体制改革，实现规模、结构、质量、效益的和谐发展

一、深化内部管理体制改革

2011年2月，为贯彻落实学院第二次党代会精神，完成《北京教育学院“十二五”改革和发展规划》提出的发展目标，更好地适应首都教育发展对学院提出的任务要求，以北京市机构编制办公室对学院机构设置的批复意见为指导，学院认真总结以往4轮机构调整的经验，正式启动了新一轮机构调整工作。学院发布了《2011年机构调整和基层党组织设置方案》，在2008年机构调整的基础上，在保持主要党政职能部门和二级学院设置基本不变、注重功能、编制与资源配置均衡合理的前提下，对个别机构作适度调整。成立北京市基础教育党建研究中心，统筹全市基础教育党建研究、管理和党务干部培训工作。调整后的院内机构共25个，其中党政管理机构15个，教学科研机构8个，直属单位2个，将临时设置的机构——院庆筹备办公室在完成阶段性任务后予以撤并，总务处与基建办也合并为总务处。为进一步加强北京市教育督导的制度化建设、为督学队伍的专业化发展提供更为有力的支持和保障，2012年7月，北京市督学研修中心在学院成立，学院机构增至26个。同年，经市编办正式批复，北京市教师资格认定事务中心挂牌。

伴随着机构调整，学院还进一步完善了干部人事制度改革、校内分配制度改革、教学管理体制改革、资产管理体制改革、后勤服务体制改革等配套改革方案。

通过改革，学院建立起能上能下的干部选拔任用机制和科学的考核机制。坚持“公平、公开、公正；按需设岗、适度稳定、严格考核、合同管理”的原则，继续实施全员聘

任制和全员聘用合同制。按照“以岗定薪、岗变薪变、按劳取酬、优劳优酬”的原则，建立起有利于调动全员积极性的校内分配制度，配合分配制度改革，不断调整教学工作量的计算与管理办法。按照“学院党委、行政统一领导，分级管理、条块结合、以块为主、责权利统一、依法、民主、科学”的原则，尝试在黄化门校区、中轴路校区实行属地管理制度，逐步探索完善学院独立校区管理运行机制、理顺其与学院各部门的工作关系，合理有效解决学院多校区分散办学在管理中出现的问题，进一步提高管理质量和管理效率，更好的实现学院发展目标，营造良好的工作环境。按照“管理规范化、服务标准化、考核制度化”的思路，建立后勤改革服务保障制度，实施物业社会化服务托管试点工作，提高服务的专业化水平。按照“积极发展、规范管理、改革创新”的指导方针，规范学院内部法人实体管理体制；为进一步规范学院固定资产管理工作，保障各类资产的合理和有效使用，提高资产的使用效率，增强广大教职工的责任意识，促进节约型学院建设，确保国有资产的保值，提高学院固定资产管理工作的整体水平，制定固定资产管理工作考核制度，定期进行全院资产检查。

学院在《北京教育学院2009年—2015年科研发展规划》的实施过程中，从科研工作的体制机制入手，在原有4个研究所基础上，新成立4个研究所，完善学院、二级学院、科研处三级科研管理制度；建立了学院、二级学院和教学系、专业研究所三级科研管理体系和分级管理、分工负责的科研运行机制。

学院还加大了对二级学院管理的研究和调研力度，结合二级学院三年规划的检查落实，将从院务、教务、总务、财务、人力资源管理、后勤服务保障到二级学院制度建设等方面加快研制《北京教育学院关于二级学院管理意见》，使学院与二级学院两级工作制度、运行机制更加清晰，责、权、利也更加明确。召开二级学院（图书馆）落实三年规划总结汇报会，科学测评各二级学院（图书馆）三年的工作实效和业绩。

二、实现规模、结构、质量、效益的和谐发展

学院始终坚持“面向全体、突出骨干、倾斜农村、服务急需”的培训原则，为促进中小学教师的专业发展，推进首都中小学教师整体队伍建设，提高教育教学质量发挥了有效作用，为首都教育实施“内涵发展，人才强教”的发展战略、促进义务教育均衡发展作出了积极的贡献。5年来，学院的学历教育和继续教育均在“规模、结构、质量、效益”4个方面取得了引人注目的业绩，实现了和谐发展。

第三节　强化制度建设与创新、促进学院又好又快地发展

学院高度重视建章立制。在之前的55年发展历程中，学院围绕各时期的不同特点，逐步建立了较为科学、完备的制度管理体系。近5年来，随着学院继续教育培训事业的不断发展，培训规模的不断扩大，为保证中心工作健康、有序发展，顺利实现学院在新的历

史时期的发展目标，学院紧紧围绕“十一五”“十二五”改革和发展规划的任务，围绕科学发展，围绕战略转型，进一步加强制度建设，对相关管理制度进行了更新和完善。为学院的办学质量、效益提升、制度规范等方面提供了及时、有力的制度保障。

2008 年至 2013 年这 5 年间，学院在党务管理领域制定相关制度 71 项，内容包含领导班子建设、党风廉政和基层党组织建设等方面；在行政管理领域制定相关制度 57 项，内容包含二级行政管理制度、行政工作流程规范等方面；在干部队伍建设与人事管理方面制定相关制度 45 项；在教学和科研管理方面制定相关制度 31 项；在国有资产管理与财务等方面制定相关制度 15 项。

——在服务于党务管理方面，制定出台了《北京教育学院教职工代表大会条例》（2008 年）、《北京教育学院党总支和党支部工作条例（试行）》（2009 年）、《北京教育学院党代表大会代表任期制实施办法（试行）》（2011 年）、《北京教育学院党代表大会代表提案制实施办法（试行）》（2011 年）、《中共北京教育学院委员会关于加强和改进工会工作的意见》（2011 年）、《中共北京教育学院关于进一步做好离退休工作的意见》（2011 年）、《北京教育学院二级教职工代表大会（教职工大会）工作实施办法（试行）》（2012 年）、《北京教育学院改进工作作风、密切联系群众实施意见》（2013 年）等。

——在服务于科研建设方面，召开科研工作会议，制定出台了《2009 年—2015 年科研发展规划》及 7 个配套科研管理文件；在科研管理方面，建立起学院、二级学院和教学系、专业研究所三级科研管理体制。

——在服务于学科建设方面，2009 年正式出台了具有里程碑意义的《北京教育学院 2009—2015 年学科建设规划》及相关配套文件，确立了学科教育学、校长培训学、教师培训学等 20 个重点学科，聘任了新一批学科带头人和学科骨干教师，建立了学科建设团队，为促进学科建设、提高学科水平和人才培养质量奠定了坚实基础。

——在服务于教学管理方面，学历教育方面颁布了《北京教育学院关于稳定学历教育规模、提高教育教学质量的若干意见》（2008 年）、《北京教育学院学历教育班主任管理办法（试行）》（2009 年）；继续教育项目管理方面先后出台了《北京教育学院继续教育项目绩效考评管理办法》（2008 年）、《北京教育学院继续教育课程建设办法（试行）》（2010 年）、《北京教育学院委托培训项目管理办法》（2010 年）、《北京教育学院继续教育学员成果出版管理办法》（2010 年）、《北京教育学院继续教育项目管理办法》（2011 年）、《北京教育学院教学工作量计算与管理办法（修订）》（2011 年）、《北京教育学院外聘教师管理办法（试行）》（2011 年）、《北京教育学院继续教育项目团队成员工作职责及管理规定》（2011 年）、《北京教育学院二级学院院长例会制度（试行）》（2011 年）、《北京教育学院培训与研发项目落实国库集中支付管理制度实施细则（试行）》（2013 年）等。

——在质量提高工程建设领域，学院出台了《北京教育学院“十二五”改革和发展规划》，并于 2012 年 7 月制定了《北京教育学院培训质量提高工程实施方案》。通过推动方案不断细化与落实，将在“十二五”结束时，初步形成北京教育学院培训专业化的全面质量管理与保障体系，部分项目形成新的培训品牌。

——服务于人才队伍建设方面，打造教师和专业技术人员、管理人员和工勤人员队伍。召开人才工作会议，颁布系列文件；通过到附中挂职锻炼、进中小学研修工作站、教学人员到职能部门挂职、赴上级机关和外省市兄弟院校挂职等方式，加强干部和教师队伍建设。近年来，学院教师、干部深入中小学和到上级机关挂职半年以上的有 36 人。秉承开放的人才观念，学院聘请了 108 位院外荣誉教授、客座教授和兼职教授，对学院发展战略、学科建设、教育科研等方面予以指导和帮助。结合校长教师培训主业，采取措施积极引导教师开展科研，并鼓励将科研成果转化为培训项目。学院开放办学，通过参与组织筹建全国教育学院联盟，设立北京教育学院附中、丰台实验学校，签署 7 所基地校等方式建立社会实践平台，锻炼人才队伍。

——在服务于人事管理方面，学院建立改革薪酬分配制度，建立分配激励机制；建立专业技术岗位分级聘任制度；发布了教职工请假与考勤制度、加班管理办法。并对薪酬分配实施办法出台了更为细致、便于执行的分配实施办法。

——在服务于民主建设方面，积极完善和坚持“三重一大”制度和党务、院务公开等工作。2009 年 2 月，出台了《北京教育学院教代会代表列席院长办公会议办法（试行）》；2012 年 1 月，出台了《中共北京教育学院委员会关于党代表列席党委会议的意见（试行）》；2012 年 9 月，出台了《中共北京教育学院委员会关于实行党务公开工作的意见（试行）》等。

——在服务于后勤管理方面，开展后勤社会化服务试点工作，试行属地管理，尝试社会化托管，通过了《物业管理考核办法》等。5 年来，学院克服校区分散、狭小等不利因素，投入基本建设和校园修缮经费达 1 亿多元。努力建设平安校园，健全安全管理制度，为教育教学、科研培训等提供安全、高效、便捷、优质的服务。

——在服务于民生方面，和谐校园建设初见成效。建立“阳光救助”基金，并通过以学院共产党员率先向“阳光救助”基金捐款的方式加大向离退休和在职困难教职工补助的力度；适当提高教职工住房公积金标准；完善体检制度，提高体检质量；做好青年教师购买两限房的组织工作等。随着学院事业的发展，5 年间，教职工人均收入逐年稳步提高，总计增幅超过 40%。

2008 年至 2013 年，学院获得了首都民族团结进步先进集体、人口和计划生育工作先进集体和先进个人、党内统计报表优秀单位、什邡市恢复重建对口支援先进集体、《北京教育年鉴》先进工作者、信息化工作先进个人、北京市公安局文保系统集体嘉奖、德胜地区社会治安综合治理先进单位、教育系统“五五”普法先进集体、北京高校先进基层党组织等荣誉奖项。

全方位的、科学规范的、以质量和专业标准为导向的管理为学院办学效益的提高和又好又快的发展奠定了基础。

第二章　基础建设、校企管理与后勤改革

第一节　基础建设

为改善北京教育学院办公、教学、培训及对外办学条件，服务学院中心工作，学院增加投入，分别为4个校区进行了装修改造。

一、文兴街校区

2009年留学生公寓装修改造工程5856.8平方米，2010年文兴街校区教学楼、报告厅装修改造工程6500平方米，2012年西郊食堂装修改造工程890平方米。另外更换了节能窗、更新了电动伸缩门。

二、黄寺校区

（一）装修工程

实施教学楼、办公楼外墙粉刷3.5万平方米，校长公寓装修改造4000平方米，综合楼铝合金更换与节能门窗改造工程，图书馆装修、南楼六楼报告厅装修，院史馆、教师专业培训教室装修改造工程1.2万平方米，教职工活动室装修改造工程870平方米，教职工食堂装修改造1212平方米，清真餐厅装修改造工程等。

（二）设备改造和更新

实施无负压水泵安装与各楼层卫生间装修改造，综合楼配电增容改造工程，更新电动伸缩门与楼顶发光字安装，综合楼、南楼电梯更新与消防设备设施改造，庭园绿化美化工程等。

三、中轴路校区

实施2008年旧楼外墙贴砖5100平方米，2009年庭园道路与变配电增容工程，2010年教师大厦VRV空调设备安装与楼顶发光字安装，职教学院会议室、食堂布局改造工程、车道雨篷工程等。

四、黄化门校区

实施2008年庭园道路翻修及上下水、供暖管道更新工程。2011年食堂及学员公寓装修改造工程2507平方米。2012年南楼抗震加固工程与基础设施改造4232平方米。

第二节　校企管理

一、组织沿革

2008 年 1 月至 2011 年 3 月，北京兴教科贸公司经理：白亚伟。2011 年 4 月至 2013 年 4 月，北京兴教科贸公司经理：李起臣。2008 年 1 月至 2013 年 4 月，北京桃李书店经理：张宝光。

二、企业规范化管理

2008 年 6 月，为了加强对学院所属法人实体的管理和监督，按照“积极发展、规范管理、改革创新”的指导方针，本着搭建符合现代管理制度要求，又能够拓展培训资源，服务首都基础教育、职业教育和成人教育的校办产业发展的目标，制定了《北京教育学院所属法人实体单位管理办法》，建立了法人实体的管理体系，这个《办法》理顺了学院与企业之间的关系，规范了学院内部法人实体管理体制。

《办法》规定：学院成立资产投资管理委员会，代表学院股东向各法人实体进行投资，行使股东的权力和职能，管委会向院长办公会负责。管委会主任由学院院长担任，成员：由负责人事、后勤工作的院级领导及国有资产管理处负责人 5 人组成。管委会委托国有资产管理处以契约的形式行使管理监督职能。建立监事会制度。监事会主席由纪委书记担任，成员：由纪监审处、工会、人事处、财务处负责人和职工代表 7 人组成，监事会向管委会负责。实行董事会制度，按行业和类别成立两个董事会。北京教育学院培训中心（含北京教育学院职业技能培训学校）、北京成人教育培训中心（含北京市出国劳务人员培训中心，2009 年撤销）和北京教育学院交流培训中心为第一董事会，董事会成员由实体法人、实体财务主管、实体职工代表、教务处代表、学院教职工代表 7 人组成。北京兴教科贸公司、北京桃李书店实体成立第二董事会，董事会成员由实体法人、实体财务主管、学院教职工代表和总务处代表 5 人组成。董事会主席由院长办公会任命，董事会向管委会负责，经营实体在完成经济责任指标后，每年按不低于 50% 税后利润分红给学院。董事会和监事会每半年要对法人实体进行考核，考核结果向学院管委会报告。

三、企业经营指标概况

所属经营实体和各培训中心，在完成返还工资的基础上，上缴经济责任指标和完成任务指标合计：2009 年 646.58 万元，2010 年 691 万元，2011 年 635 万元，2012 年在完成“阳光救助”基金捐献 40 万元的基础上，完成 650 万元。

几年来，随着学院对所属法人实体科学化、规范化管理，各法人实体严格遵守国家的各项法规和政策，确保了学院的国有资产保值、增值、安全的责任。

第三节　后勤改革

一、服务机制改革

2008 年 1 月学院根据形势发展变化，解除原物业服务中心、交通服务中心、饮食服务中心自负盈亏的承包模式。物业服务中心和交通服务中心为学院教育提供服务保障；饮食服务中心为服务创收型部门（正式工的工资由学院负担，其他一切均自筹解决，包括编外用工工资、单位上缴保险、正式工加班费；水、电、燃气费用自付 50%，小修 500 元以上的费用学院承担 50%），黄化门校区食堂、文兴街校区食堂、黄寺校区食堂统一标准，中轴路校区由黄寺校区食堂送饭，到 2010 年 6 月 1 日止，由华扬新星酒店承担中轴路校区职工的就餐问题。

2008 年 8 月《北京教育学院后勤改革保障方案（试行）》下发，成为指导学院后勤工作的主要依据。学院后勤部门的工作定位是做好全院服务保障工作，负责全院及家属区的物业管理；负责全院教职工和各类学员餐饮服务；负责教育教学、科研项目等工作的交通运输保障；负责教职工医疗保健服务；加强后勤服务人员队伍建设，继续探索后勤社会化服务。

二、后勤社会化改革

2009 年 7 月 1 日，学院总务处与北京联科物业管理有限责任公司签订了《北京教育学院物业管理委托合同书》，委托联科物业管理有限责任公司，负责黄寺校区、黄化门校区及育慧里小区物业服务，总面积 9.6 万平方米，原服务人员由总务处负责调整工作，正式工内部分流，两名无固定期限编外用工留用，其他编外人员按国家规定解除劳动合同。2012 年 1 月，又与该公司续签两年合同。

第三章　人才队伍建设

一、基本情况

截至 2013 年 5 月，北京教育学院共有教职工 546 人。其中，管理岗位 181 人，教师岗位（含管理教学双肩挑人员 7 人）244 人，专业技术岗位（旁系列）86 人，工勤岗位 42 人。管理岗位中含院领导 9 人，处级干部 72 人（含二级学院正、副院长），科级干部 73 人；教师岗位（含双肩挑人员）中，教授 13 人，副教授 96 人，讲师 119 人，助教 16 人；专业技术岗位（旁系列）中，副高级职务 8 人，中级职务 43 人，初级职务 35 人；工勤岗位中含高级工 19 人，中级工 21 人。

通过培养和接收途径，学院教职工学历层次不断提高。5 年来，学院共接收、调入教职工 123 人，其中博士和博士后研究人员 27 人，硕士 43 人。目前专任教师中具有硕士以上学位的 163 人，占教师总数的 67%，具有博士学位的 43 人，占 17.7%。

二、队伍建设

（一）体制机制建设

2011 年学院召开第二届党代会，制定学院发展规划，确定人才工作指导思想、工作目标、工作任务，制定改革措施，建立并逐步完善人才培养工作机制。

学院积极稳妥地实施事业单位人事制度改革，有效实行了教职工全员聘用制和岗位聘任制。经过 2008 年、2011 年两次教职工岗位聘任，各类人员的结构比例逐渐接近上级要求，以岗位聘任为基础的适合学院办学任务要求的绩效工资分配办法逐步完善；教职工的综合素质与业务能力逐步提高，为出色完成大幅度增长的教学、科研和管理任务奠定了基础。

（二）师资队伍整体水平不断提高

通过重点学科团队建设打造领军人才和骨干队伍。学院经过严格的竞争性选拔，分批建立了 17 个学科团队，形成了 17 位重点学科带头人、44 位学科骨干教师和百余名团队成员共同组成的人才梯队，通过学科建设日制度、学科建设经费支持和学科带头人的奖励制度，调动教师参与团队建设的积极性和开展工作的主动性。

学院继续鼓励教师深入基础教育实践，累计有 63 人次的教师深入中小学幼儿园一线参加教育教学实践。

学院搭建国际交流平台，拓展干部教师的视野，5 年间有 281 人次的干部和教师参加了赴港澳台和境外的培训和学术交流活动。

学院秉承院训精神，制定《北京教育学院师德规范》，坚持开展“三育人”标兵、“师德标兵”等评选表彰活动。2008 年以来，陈雁飞被评为北京市高校名师、北京市优秀党员，马铁被评为北京市高校优秀共产党员，杨雪梅、陈莉被评为北京市高校师德先进个人。

学院坚持开放使用院外人力资源，聘请客座教授、兼职教授 120 余名，这些专家、学者承担了学院各类培训的方案论证、培训讲课、论文指导等大量工作，对提高学院学术水平和科研能力起到积极的促进作用。

（三）管理干部素质能力进一步提升

坚持建设专业化管理干部队伍目标，建立民主推荐、竞争上岗等择优选拔机制，不断优化干部队伍结构；创新管理人才选拔机制，有利于优秀的年轻干部脱颖而出。院党委坚决贯彻上级对干部选拔任用工作的要求，在 2008 年和 2011 年的处级干部聘任中，坚持实行职位说明书制度、公开竞争上岗制度、党委会票决制度、部分岗位的差额考察制度、年度考核和聘期考核相结合制度、轮岗交流制度以及干部挂职等制度。

加大培训力度。一是按照上级开展大规模干部培训工作的要求，学院制定了《2006 年—2010 年干部教育培训规划》《2011 年—2015 年干部教育培训规划》《处级干部在线学习管理办法》和党员教育管理的相关制度，坚持每年学院组织工作要点中对干部和党员培训作出详细计划，将培训效果与考核结合起来，培训成绩每年进行通报。二是发挥学院培训资源优势。充分利用学院作为培训基地的自身优势，将大量优质培训资源与本院干部和骨干培养结合起来，利用专题报告、案例分析、体验式培训、必学与选学相结合的菜单式培训等多种培训模式，不断完善培训体系，丰富培训内容，改革培训模式，提高资源的利用效率。三是坚持分层次培训。在每次新一轮的机构调整与干部聘任工作后对全体干部和新提任干部分别开展培训，采用辅导讲座、经验介绍、团队体验、分组交流、案例分析等多种形式，主题明确、针对性强、内容丰富，增强了干部的合作意识。

选派干部到院外挂职，不断提高管理干部的工作能力。2007 年以来院内轮岗交流处级干部 45 名，选派 11 名处级和后备干部到中共北京市委教育工委、区县教委和西藏挂职，派出多名干部参加援疆、人才京郊行、团委年轻干部新疆挂职和西部兄弟院校挂职锻炼等，提高了履职能力，增加了领导才干。

不断加强后备干部队伍建设。每一轮处级干部聘任后都实行后备干部的推荐和调整，并实行动态管理，通过培训、挂职锻炼和多岗位培养等方式加强对后备干部的培养和管理。

目前，学院在原有的基础上已经形成了一支德才兼备、日趋成熟、充满活力的管理干部队伍。

（四）专业技术和后勤服务队伍专业技能和服务水平不断提升

重视专业技术人才队伍建设，初步建设包括财务、工程、基建、图书、新闻出版、研究等岗位的专业技术队伍，通过拓宽用人渠道、开展岗位培训等方式，在实践中提升专业技术队伍的专业能力和服务水平。

后勤队伍的管理人才逐步增加，服务水平不断提升。后勤社会化管理的模式逐步建立和完善。院内后勤队伍的规模虽不再扩大，但后勤服务和管理的专业化水平不断提高，有力地保障了日益增长的培训任务的需求。

（五）完善人才培养模式

5 年来，以学历提升、下校锻炼、挂职培养、换岗交流、院内外拜师、境内外访学六策并举为主要内容的人才培养模式逐渐形成并日趋完善；通过学科建设、项目管理、国际合作、多岗位实践等全方位、多层次、多途径的锻炼，一大批优秀人才脱颖而出。

由学院资助攻读博士、硕士并取得学位的教职工为 15 人，正在攻读硕士及以上学位的教职工 20 余人，学院累计资助经费 30 余万元；支持近百位青年教职工参加高层次学术会议及学术交流活动；选派 10 余位优秀青年教师到国内外知名高等学府、研究机构进修、访学。

学院组织包括新职工培训、新任处级干部培训、系主任培训、科级干部培训、培训者培训等各类专项培训，教职工年人均继续教育课时达到 72 学时。

三、人才工作规划

2013 年，学院召开第二次人才工作会，颁布了《北京教育学院人才队伍建设规划（2013 年—2020 年）》，提出人才工作的目标是：建设阳光成长、幸福工作、人人成才、永续发展的人文环境，培养和造就一支规模适度、结构合理、素质优良、适应性强的管理、教学、专技、服务和兼职教授人才队伍，服务于首都基础教育干部教师专业成长，为落实

“将北京教育学院建设成为特色鲜明、品质卓越、国内示范引领、国际开放合作的校长教师研修高地和首都基础教育党建研究中心”的目标任务提供人力资源保障。

会议确定了学院人才队伍建设的指导思想是：高举中国特色社会主义伟大旗帜，以邓小平理论、“三个代表”重要思想和科学发展观为指导，坚持科学人才观，坚持党管人才原则，遵循人才发展规律，发挥人才在学院科学发展中的基础性、战略性、先导性作用，健全人才管理体系、运行机制，逐渐形成广纳群贤、人尽其才、能上能下、公平公正、充满活力、风清气正的学院人才队伍建设文化，为实现学院办学目标提供充足有力的人才资源保证。

学院人才队伍建设的目标是：

1. 优化结构，提升素质

动态稳定教职工队伍规模，合理改善教职工队伍结构。逐步扩大高端人才规模，有效补充紧缺人才，稳定骨干中坚队伍，储备青年后备人才。制定管理、教学、专业技术（旁系列）、外聘教授、后勤5支队伍的人才专业标准，并以标准为指导，提升人才素质，促进人才队伍专业化发展。

2. 完善机制，激发活力

探索建立院内政策机制，全方位、多途径、多层次鼓励和促进人才发展。争取上级政策支持，将教师和教师以外的专业技术岗位高级职务占定编总数各提高5个百分点；适度推迟确有贡献、工作需要的女教授退休时间。

3. 创造条件，挖掘潜能

根据事业发展的需要，探索建立适度灵活的体制机制，激发教职工面对新情况、新问题发挥创造性思考、研究并解决实际问题的动态潜能，拓宽人才的适应能力，提高人才的贡献率。

4. 提高效能，改善待遇

切实改进工作作风，提高工作效能。进一步完善“限高、扩中、托低”的薪酬分配政策，力争到2020年实现教职工人均收入比2010年翻一番。

学院提出了落实人才队伍建设的3项主要行动：

1. 立德树人行动

认真执行《北京教育学院师德规范》，以建立富有高尚的道德情操、规范的行为准则、严谨的治学态度的培训者队伍，坚持把“育人为本，德育为先”“尚德树能，敬业垂范”精神放在教职工队伍建设的首位。深入学习社会主义核心价值体系，广泛开展理想信念教育。深入加强师德建设，制定学院师德规范，以师德建设促进培训质量提升。健全“优秀共产党员”“三育人”标兵等表彰机制，提高全体教职工奋发有为的文化自觉和自信。加强学院学术道德建设，提升教职工思想品质，丰富教职工的精神内涵。

2. 人才攀登行动

为了进一步提升学院核心竞争力，成立首都教育人才科学研究院，引进、培养、聚集和储备可持续发展的各类高层次领军人才，构建高端引领的人才队伍。建设学缘结构丰富、学科交叉、专业融合的科研院、所、中心。适度分布科研力量与教学力量的比例，吸引骨干力量在一定时间内入驻研究院、所、中心开展研究，重点研究基础教育教师专业发展、成人教育规律、干部教师培训过程中的重要问题及前沿问题。加大奖励力度，鼓励领军人才进入高层次教育人才创新团队建设计划。建设学风正、水平高、跨学科的学术梯队。进一步完善经费支持、学术休假、科研培训、成果奖励等制度，加强学院重点学科建设，建立10个左右的学院名师工作室，为优秀教师、管理和专业技术人才发展创造更加广阔的空间。实施人才国际化发展战略，鼓励领军人才主动开拓国际合作项目，参与有国际影响和较高应用价值的研究项目。

3. 阳光成长行动

加强学院文化建设，发挥文化在推动学院事业发展中的引领、教育、服务作用。倡导幸福工作、愉快合作、自尊自信、理性平和、积极向上，每个岗位都有尊严、都有贡献、都能成才的人文理念和制度措施。丰富教职工精神文化生活，提升教职工的文化修养和精神品位。关心教职工身体健康、心理健康、子女教育，切实解决教职工生活困难。帮助青年教职工制定职业发展规划，优化青年教职工的事业发展目标，并为实现目标提供有效帮助。营造以实用为导向、实践中成长的良好氛围。坚持并完善青年教师深入中小学实践锻炼、挂职锻炼制度。加强青年教职工专业发展培训，完善青年教师拜师、在职攻读研究生、进入博士后工作站制度。充分发挥中老年教职工在学院事业发展中的中坚作用，关心他们的工作、生活。建立以中青年为主的教职工学术著作出版资助制度，鼓励教职工追求专业发展、实现学术价值。通过政策支持、物质和精神激励、环境保障等办法，改善教职工的工作与生活条件，稳步提高薪酬待遇，为教职工安心工作奠定物质和精神基础。

第四章　党的建设

第一节　第二次党员代表大会

2011年1月20日至21日，召开了中国共产党北京教育学院第二次代表大会。应到会代表120名，因病、因事请假6名，实到会114名。学院离退休领导和干部、民主党派和无党派代表人士、教授代表及部分党员干部列席会议。出席会议的上级领导有：中共北京市委教育工委常务副书记刘建、市委教育工委联络员范国英、中共北京市委教育工委组织处处长陈江华等。

预备会由副院长郭世安主持。预备会上，党委副书记刘枫耘作了《中共北京教育学院第二次代表大会筹备情况报告》。会议审议通过了《中共北京教育学院第二次代表大会代表资格审查情况的报告》《中国共产党北京教育学院第二次代表大会主席团成员名单》《中国共产党北京教育学院第二次代表大会秘书长名单》《中国共产党北京教育学院第二次代表大会会议议程》《北京教育学院提案工作委员会名单》等。

大会由执行主席刘枫耘主持，李方致开幕词。中共北京市委教育工委常务副书记刘建作了重要讲话。党委书记马宪平代表中共北京教育学院第一届委员会作了题为《科学发展，强师兴教，建设体现首都品质的校长教师研修高地》的工作报告。大会审议通过了《中国共产党北京教育学院第二次代表大会关于党委工作报告的决议》《中国共产党北京教育学院第二次代表大会关于纪委工作报告的决议》，听取了《关于北京教育学院党费收缴、使用和管理情况的报告》《中国共产党北京教育学院第二次代表大会代表提案征集情况的报告》，讨论了《北京教育学院“十二五”改革和发展规划（草案）》等。会议确定了建设“特色鲜明、品质卓越、国内示范引领、国际开放合作的校长教师研修高地和首都基础教育党建研究中心”的目标。

会议选举产生了中国共产党北京教育学院第二届委员会委员9名（按姓氏笔画为序）：马宪平、方中雄、卢晖、冯华、刘枫耘、许志矛、李方、郭世安、谢志东。党委书记：马宪平；党委副书记：李方、刘枫耘。选举产生了中国共产党北京教育学院纪律检查委员会委员5名（按姓氏笔画为序）：王红樱、王建华、石瑒、卢晖、宋忠志。纪委书记：卢晖；纪委副书记：宋忠志。

第二节　党的基层组织建设与干部管理

一、党的基层组织建设

（一）2008年党总支、党支部设置基本情况（见表4－1）

表4－1　2008年基层组织建设情况

党总支名称	党总支书记、副书记	所属党支部名称	党支部书记
机关党总支	书记：王红樱 副书记：李广朝	1. 学院办公室党支部	宋忠志
		2. 组织部党支部	谢志东
		3. 纪监审处党支部	王群仙
		4. 安全保卫处党支部	佟德仲
		5. 工会党支部	李岩
		6. 人事处党支部	冯华
		7. 财务处党支部	杨禾
		8. 教务处党支部	余新
		9. 科研处党支部	石瑒
		10. 教师培训办公室党支部	渠素彬
		11. 国资处党支部	郑满芝
		12. 总务处党支部	李广朝

续表

党总支名称	党总支 书记、副书记	所属党支部名称	党支部书记
黄寺校区 第一党总支	书记： 王卫则 副书记： 李萍萍	1. 中文系党支部	刘汉霞
		2. 社科系党支部	赵克玲
		3. 初教系党支部	刘月艳
		4. 综合办党支部	马素林
黄寺校区 第二党总支	书记： 孟令惠 副书记： 徐素霞	1. 信息与远程教育学院行政党支部	董震
		2. 计算机系党支部	支斌
		3. 图书馆党支部	朱宝利
		4. 财经系党支部	张武超
		5. 职业教育学院行政党支部	李春荣
文兴街校区 党总支	书记： 王松美 副书记： 吴润 吴珊	1. 数理学院办公室党支部	姜苏
		2. 数学系党支部	伍春兰
		3. 物理系党支部	孙章华
		4. 生化环境系党支部	王钦忠
		5. 实验室党支部	靳飞
		6. 国际语言与文化学院办公室党支部	滕小萍
		7. 外语系党支部	邸磊
中轴路校区 党总支	书记： 胡淑云 副书记： 刘楠	1. 教育管理系党支部	何育萍
		2. 教育心理系党支部	李丰
		3. 校长研修学院管理综合党支部	柳立涛
		4. 党校干训办党支部	方怀胜
		5.《中小学管理》杂志社党支部	许丽艳
黄化门校区 党总支	书记： 陈雁飞 副书记： 刘竹云	1. 音美艺党支部	尚红刚
		2. 体育系党支部	周志勇
		3. 黄化门校区办公室党支部	田蕊
		4. 基建办党支部	陈小元
		5. 教育丛书办党支部	吴元建
离退休 党总支	书记： 李凌 副书记： 李奇颖	1. 文兴街离休党支部	丛佩华
		2. 黄寺离休党支部	马贵昌
		3. 文兴街退休党支部	李玉荣
		4. 黄寺退休一支部	杨捷
		5. 黄寺退休二支部	段义山
		6. 黄寺退休三支部	高凤兰
		7. 黄寺退休四支部	王明德
		8. 离退休工作处党支部	谷蕴平

说明：其中，2009 年，总务处党支部与基建办党支部合并，成立总务处（基建办）党支部，并于 2009 年 3 月经支部大会改选，王卫则担任党支部书记；纪监审处党支部于 2009 年 9 月经党支部大会选举，李萍萍担任党支部书记。

（二）2011 年以来党总支、党支部设置基本情况

2011 年，学院党委根据学院事业发展的需要调整了基层党组织设置，探索以校区为单位成立党总支，在每个教学系和部门成立党支部。学院共设立 7 个党总支、56 个党支部并顺利完成了基层组织换届选举工作（见表 4－2）。

表 4－2 2011 年以来组织建设情况

党总支名称	党总支书记、副书记	所属党支部名称	党支部书记
机关党总支	书记：石瑒 副书记：刘丽霞	1. 学院办公室党支部	韩玉稳
		2. 组织宣传部党支部	张文梅
		3. 纪监审处党支部	宋忠志
		4. 安全保卫处党支部	佟德仲
		5. 工会党支部	王红樱
		6. 人事处党支部	王建华
		7. 财务处党支部	杨禾
		8. 科研处党支部	齐宪代
		9. 教务处党支部	余新
		10. 教师培训办公室党支部	夏静
		11. 北京市基础教育党建研究中心党支部	方怀胜
		12. 国资处党支部	吴珊
		13. 总务处（基建办）党支部	李晓东（2011 年 6 月至 2012 年 6 月）
黄寺校区第一党总支	书记：王远美 副书记：李永莲	1. 中文系党支部	姜峰
		2. 社科系党支部	张学岩
		3. 初等教育系党支部	刘月艳
		4. 教师教育人文学院办公室党支部	李春荣
黄寺校区第二党总支	书记：刘楠	1. 计算机系党支部	支斌
		2. 信息与远程教育学院管理服务党支部	汪越
		3. 信息与远程学院远程与网络党支部	董震
		4. 图书馆党支部	朱宝利
		5. 财经管理系党支部	张武超
		6. 旅游管理系党支部	周涛
		7. 职业教育学院办公室党支部	秦山清

续表

党总支名称	党总支书记、副书记	所属党支部名称	党支部书记
文兴街校区党总支	书记：王卫则 副书记：吴润 李春艳	1. 数学系党支部	伍春兰
		2. 物理系党支部	冯爽
		3. 生化环境系党支部	王钦忠
		4. 实验室党支部	靳飞
		5. 教师教育数理学院办公室党支部	王清
		6. 外语系党支部	李慧芳
		7. 对外汉语系党支部	张静
		8. 国际语言与文化学院办公室党支部	王秀艳
中轴路校区党总支	书记：胡淑云 副书记：孟令惠	1. 干部培训办公室党支部	柳立涛
		2. 教育管理系党支部	石英德
		3. 心理系党支部	李丰
		4. 校长研修学院教学办公室党支部	曲静（2011 年 6 月至 2013 年 3 月）
		5.《中小学管理》杂志社党支部	许丽艳
		6.《北京教育丛书》办公室党支部	张瑾
黄化门校区党总支	书记：陈雁飞	1. 音美艺系党支部	尚红刚
		2. 体育系党支部	张锋周
		3. 体育与艺术学院办公室党支部	田蕊
离退休党总支	书记：李凌 副书记：李奇颖	1. 文兴街离休党支部	丛佩华
		2. 黄寺校区离休党支部	彭建英
		3. 文兴街校区退休第一党支部	李玉荣
		4. 文兴街校区退休第二党支部	段从娟
		5. 文兴街校区退休第三党支部	洪力
		6. 黄寺校区退休第一党支部	刘丙辛
		7. 黄寺校区退休第二党支部	项树朗
		8. 黄寺校区退休第三党支部	钱燕萍
		9. 黄寺校区退休第四党支部	张福月
		10. 黄寺校区退休第五党支部	栗建云
		11. 黄寺校区退休第六党支部	夏勤政
		12. 黄寺校区退休第七党支部	高凤兰
		13. 黄寺校区退休第八党支部	孟克
		14. 黄寺校区退休第九党支部	王明德
		15. 离退休工作处党支部	李凌

说明：其中，2012 年 6 月以后，总务处党支部调整，由王小菊负责支部工作。

（三）发展党员和党员教育活动

学院党委按照科学发展观的要求，高度重视基层党组织建设和党员队伍建设。各级党组织和共产党员在迎接党建和思想政治工作集中检查、机构调整和全员聘任、领导班子巡视工作、55 周年院庆、深入学习实践科学发展观活动、创先争优活动、科学发展观回头看、学习宣传贯彻党的十八大精神及师干训中心工作中，都发挥了重要的作用。

2008 年 3 月至 2013 年 6 月，学院共发展中国共产党党员 30 人。

2008 年 5 月，体育与艺术学院陈雁飞被中共北京市委教育工委授予“北京市高校优秀共产党员”称号。

2010 年，评选表彰 9 个党支部为“北京教育学院先进党支部”和 30 名共产党员为“北京教育学院优秀共产党员”。

2010 年，体育与艺术学院陈雁飞被中共北京市委教育工委授予“北京市高校育人标兵”称号。

2011 年，在纪念中国共产党成立 90 周年之际，评选表彰 10 名同志为“北京教育学院共产党员标兵”，8 名同志为提名表彰。

2011 年，离退休人员党总支被中共北京市委教育工委授予“北京市高校先进基层党组织”称号，马铁被中共北京市委教育工委授予“北京市高校优秀共产党员”称号。

2012 年，评选表彰 14 个党支部为“北京教育学院 2010—2012 年创先争优先进基层党组织”，18 名共产党员为“北京教育学院 2010—2012 年创先争优优秀共产党员”。

2012 年，信息与远程教育学院计算机系党支部被中共北京市委教育工委授予“北京高校 2010—2012 年创先争优先进基层党组织”称号，教师教育人文学院王远美被中共北京市委教育工委授予“北京高校 2010—2012 年创先争优优秀共产党员”称号。

二、干部管理

（一）干部选拔、聘任工作

2011 年，根据《党政领导干部选拔任用工作条例》和北京市委《关于深化党政干部制度改革的意见》等有关文件精神以及市委教育工委的有关文件精神，制定了干部聘任相关文件，经过 2 月 25 日起至 3 月 25 日近 1 个月的工作，顺利完成了机构设置调整、处级干部聘任和党总支书记、副书记的选任工作。学院共设置 72 个处级岗位，其中正处岗位 28 个，副处岗位 44 个，增设处级调研员岗位。截止到 2011 年 4 月，通过任命、竞争上岗、选举等方式产生处级干部 67 名，其中正处级干部 26 名，副处级干部 39 名，处级调研员 2 名；1 名处级干部转为专业技术岗位。

（二）干部培训工作

依据《干部教育培训工作条例》和大规模培训干部有关文件的要求，学院制定了一系列制度和举措，每年把干部培训计划纳入中心工作。建立学院干部教育培训工作两级领导体制。学院主要针对提高政治理论和执政能力等方面进行培训。其中，党委组宣部主要负责处级干部培训、后备干部培训、党员培训以及党外干部和统战人士的培训，专业技术人员和处级以下人员培训由人事处负责，各二级单位主要针对业务水平进行培训。

学院还制定了《北京教育学院2006—2010年干部培训规划》和《北京教育学院2011—2015年干部培训规划》，制定年度党校教育培训计划。为加强全员培训，还修订了《北京教育学院教职工培训进修管理办法》。为进一步加强制度建设与管理，院党委又陆续制定《北京教育学院委员会关于加强和改进党委中心组理论学习的意见》《北京教育学院党校建设意见》《北京教育学院处级干部在线学习管理办法》等，增强干部教育培训的制度性、规范性。

5年来，通过网络学习、自主学习、集中学习和自主选学等培训形式，利用专题报告、案例分析、体验式培训、必学与选学相结合的菜单式培训等多种培训模式，不断完善培训体系，丰富培训内容，改革培训模式。13位同志受到了市委组织部在线学习中心的嘉奖，学院连续5年获得优秀组织奖，处级及以上干部每年培训均学时全部达到110学时。截至2013年5月，学院先后选派4名同志参加市委组织部组织的人才京郊行，3名青年干部参加援疆，5名干部分别到国家机关、市委教育工委、市教委、区县教委、区县党政机关挂职学习（详见表4－3）。

表4－3　2008—2013年5月挂职干部名单

序号	姓名	挂职单位	挂职职务	挂职类别
1	石英德	北京市房山区教师进修学校	校长助理	人才京郊行（第一批）
2	韩玉稳	北京市委教育工委	老干部处副处长	2009年北京市委教育工委选派干部挂职锻炼
3	邸磊	北京市门头沟区教师进修学校	副校长	人才京郊行（第二批）
4	李晓东	新疆教育学院	培训处副处长	支持新疆教育发展
5	谢革利	新疆和田地区教育局		援疆
6	万迪钦	东城区教委	副主任	2011年“三个一百”工程
7	尚九宾	北京市大兴区教师进修学校	校长助理	人才京郊行（第四批）
8	王一	新疆乌鲁木齐市高新区	团委书记助理	高校团委干部赴新疆挂职
9	宋忠志	北京市昌平区检察院		2012年纪检监察系统与市检察院系统干部交流培训
10	陈寒墅	北京市教委	基教一处副处长	2012年“三个一百”工程
11	周志勇	国家体育总局	人事处副处长	2012年“三个一百”工程
12	徐国辉	北京市平谷区教育研修中心	主任助理	人才京郊行（第五批）

2012年12月19日，市委组织部干部教育培训考核组来学院检查2008年至2013年干部教育培训工作，并进行交流座谈，查阅相关资料。检查组对学院干训工作给予了充分的肯定。

第三节　党风廉政建设

一、学院纪律检查委员会

2008 年，中共北京教育学院第一届纪律检查委员会第一次会议选举纪委书记、副书记及委员：

书记：卢晖；副书记：王群仙；委员：卢晖、王群仙、齐宪代、李岩、宋忠志。

2009 年 10 月 19 日，经中共北京教育学院第一届委员会第 73 次会议研究决定：王红樱任纪委副书记；免去王群仙纪委副书记职务。

2011 年 1 月 21 日，中国共产党北京教育学院第二次代表大会选举产生了新一届纪委委员（按姓氏笔画排序）：王红樱、王建华、石瑒、卢晖、宋忠志。

2011 年 1 月 21 日，中共北京教育学院第二届纪律检查委员会第一次会议研究选举纪委书记、副书记。书记：卢晖；副书记：宋忠志。

二、各总支兼职纪检员任职情况

黄寺校区第一党支部纪检委员：刘月艳；黄寺校区第二党总支部纪检委员：孟宪凯；文兴街校区党总支部纪检委员：吴润；中轴路校区党总支部纪检委员：孟令惠；黄化门校区党总支部纪检委员：刘竹云；离退休党总支部纪检委员：谷蕴平；机关党总支部纪检委员：宋忠志。

三、党风廉政建设工作概况

5 年来，在学院党委的领导下，学院纪委坚持履行党章赋予的教育宣传职责，按照党风廉政建设责任制的要求，把党风廉政宣传教育贯穿于反腐倡廉和党风廉政建设工作始终。坚持“围绕中心抓纪检”，每年结合学院实际和上级要求，确立学院党风廉政建设宣传教育主题，组织开展党风廉政建设宣传教育活动。

学院纪委认真贯彻中共十六大、十七大和中纪委全会精神，践行科学发展观，不断推进中共中央关于《建立健全教育、制度、监督并重的惩治与预防腐败体系实施纲要》《建立健全惩治和预防腐败体系 2008—2012 年工作规划》和《北京市建立健全惩治和预防腐败体系 2008—2012 年实施办法》的贯彻实施，进一步建立与完善学院党风廉政建设惩治和预防腐败体系，加强学院党风廉政建设和反腐倡廉建设，落实党风廉政建设责任制，为学院全面、协调、可持续发展，构建和谐学院提供了坚强的政治保障。

（一）加强反腐倡廉宣传教育，增强党员领导干部廉洁自律、廉洁从政自觉性

1. 围绕学院中心工作，精心组织开展反腐倡廉宣传教育活动

2008 年，在全院党员干部中组织开展了以“讲党性、重品行、作表率”为主题的党风廉政建设宣传教育月活动；2009 年，以学习实践科学发展观活动为契机，把党风廉政宣

传教育贯穿于全年的宣传教育工作中，强化领导干部的廉政勤政的意识，不断提高党员领导干部的自律意识；2010 年，以全面推进学院廉政风险防范管理工作为重点，开展了以“科学管理、完善制度、廉洁从政、防范风险”为主题的党风廉政宣传教育月活动；2011 年，开展了以“加强作风建设、促进廉洁从政”为主题的党风廉政宣传教育月活动，在全院形成求真务实的作风，坚决抵制各种不良风气；2012 年，开展了以“强党性、纯党风、促勤廉”为主题的党风廉政宣传教育月活动。“宣传月”活动期间，以专题报告会、领导班子讲党课、知识答卷、外出参观等形式，对全院党员干部进行党风教育和风险防控意识教育。

通过开展党风廉政建设宣传教育活动，促使全院党员干部牢固树立了马克思主义世界观、人生观、价值观和正确的权力观、利益观、地位观，也增强了领导干部和重点部门、重点岗位人员的廉洁自律意识。

2. 丰富宣传教育形式，强化党员干部廉政意识教育，提高廉洁自律意识

（1）编辑宣传教育材料，发放学习读本

近年来先后向学院党员和干部下发《中国共产党共产党员权利保障条例》《中国共产党党员纪律处分条例》《党章学习读本》《中国共产党党员领导干部廉洁从政若干准则》《从政提醒——领导干部廉洁从政必修的 25 课》等。还编辑印刷了《廉政卡片》《北京教育学院党风廉政建设制度集》《北京教育学院党员干部廉洁从政手册》。每年围绕“宣传教育月”的主题，出一期宣传橱窗，在各校区开展预防职务犯罪等宣传图片巡展；编辑制作了学院“党风廉政建设之窗”网页，展示宣传有关党建、反腐倡廉、财经纪律方面的教育材料，强化宣传教育的内容，促使党员干部自觉遵守财经纪律，达到规范管理、从严治教的目的。

（2）举办专题报告会

近年来，先后邀请市纪委研究室主任刘经宇，《红旗》杂志副总编黄苇町，中纪委研究室邵景均，市教育纪工委书记周燕，全国政协委员、军事科学学会副秘书长、博士生导师罗援将军，中央财经大学商学院博士生导师张云起教授作加强廉政建设、反腐倡廉学术报告。系列报告会增强了党员领导干部对反腐倡廉紧迫性、重要性的认识，提高了他们廉政勤政的自觉性。

（3）领导干部讲党课

每年开展的“宣传教育月”中，学院党委书记、纪委书记都要亲自部署，提出活动要求，开展领导干部讲党课活动。党委书记马宪平，党委副书记、院长李方等以纯党性、强党风、促勤廉为主线，结合学院干部教师培训事业的发展，为领导干部讲党课，要求领导干部认识反腐倡廉建设的重要意义，共同努力，不断创新，构筑起反腐倡廉的钢铁长城，认真贯彻“标本兼治，综合治理，惩防并举，注重预防”的方针；建立健全惩治与预防腐败体系；做到教育、制度、监督、惩处四者并举。

（4）参观警示基地，观看警示教育片

先后组织学院党员干部和重点岗位人员参观历年北京市检察院反贪局举办的案例警示展览，参观由北京市人民检察院、北京市教育纪工委、海淀区人民检察院、北京体育大学

联合举办的“反腐倡廉预防职务犯罪法制教育展”，目的是进一步加强职务犯罪预防工作，筑牢拒腐防变的思想道德防线，促使党员干部自重、自省、自警、自励，推动学院反腐倡廉工作的深入开展。

（5）组织知识问卷测试与交流讨论

先后组织学院中层及以上干部进行了党章、党纪条规、财经制度、领导干部廉洁从政行为规范、高等学校教职工廉洁教育知识问卷等方面的知识测试，促使党员干部自觉遵守党纪条规，在岗位实践中规范管理、从严治教。

3. 多角度开展党员干部教育，不断提高领导干部的廉政勤政意识

结合新一轮干部聘任，落实责任制，院领导与部门负责人签订党风廉政建设责任书；贯彻廉政建设责任制，分管院领导深入分管部门参加班子民主生活会，与处级干部谈心，及时解决党员干部在思想作风、工作作风和领导作风等方面存在的问题；利用干部谈话、民主生活会的形式，强化领导干部思想、作风、廉政意识的教育。对新提任的领导干部进行廉政谈话，筑牢领导干部思想道德防线，围绕中纪委提出的领导干部廉洁自律规定，坚持定期召开学院院处领导班子民主生活会，不断增强领导干部抵御和防范的意识。

（二）强化监督职能，不断加强制度建设，规范管理行为

1. 进一步完善责任监督机制

5 年来，学院纪委落实学院党委反腐倡廉和党风廉政建设的统一部署，强化贯彻落实党风廉政建设责任制，修改制定了《中共北京教育学院委员会关于实行党风廉政建设责任制的实施细则（修订）》《中共北京教育学院委员会关于实施党风廉政建设责任制的责任追究办法（修订）》《中共北京教育学院纪律检查委员会会议议事规则》《中共北京教育学院委员会贯彻落实〈实施纲要〉工作意见的任务分解表》《北京教育学院 2006—2010 年廉政文化建设规划》《北京教育学院党风廉政建设宣传教育领导体制和工作机制》等。结合全员聘任，制定学院《关于严肃在岗位聘任工作中纪律要求的通知》《关于在岗位聘任工作中换岗人员做好工作交接的规定》等制度。这些制度的建设为实施党风廉政建设提供了重要的保证。其间，还结合党建达标验收和基层党组织改选，建立二级部门党风廉政建设责任制配套制度。

2. 协调、组织、督促职能部门建立健全的相关管理制度

在监督实践工作中，注重加强权力制约机制建设，与相关职能部门配合，从制度建设入手，制定了《中共北京教育学院委员会关于“三重一大”决策制度的规定（试行）》《中共北京教育学院委员会关于处、二级学院领导干部选拔任用工作办法（试行）》《2011 年处级领导干部聘任工作实施办法》《中共北京教育学院委员会关于处级后备干部队伍建设的实施办法（试行）》《中共北京教育学院委员会关于民主推荐处级后备干部工作的意见》《北京教育学院党政管理机构处长助理、二级学院院长助理、系主任聘任与管理办法（修订）》等，保证领导决策的科学化、民主化和制度化。针对学院专项经费多，设备采购、基建项目多，实行招标工作的特点，学院纪委及时提出整改建议，制定了《北京教育学院固定资产管理办法》，完善了《北京教育学院招投标管理办法（试行）》，将招投标工作纳入程序化管理轨道。

3. 加强投资管理运行机制的监管

依照学院投资管理委员会章程，启动学院监事会审议制度，实行管委会、董事会、监事会工作制度，促进经济实体依法经营，为从源头预防和治理腐败奠定了基础。

4. 分解党风廉政建设中的任务，检查监督责任制落实

学院纪委每年根据领导干部调整和学院实际情况的变化，完善确定当年的党风廉政建设任务分解，增强领导干部廉政责任意识，落实领导干部“一岗双责”。在新一轮干部聘任后，采取各部门党政领导汇报、调查问卷、座谈会、民主生活会等形式，对二级部门落实党风廉政建设责任制的情况进行检查考核，并与处级干部年度考核同期进行。把各部门党政“一把手”落实党风廉政建设责任制的情况，纳入干部考核综合评价指标中。

利用每年院、处两级民主生活会时机，要求各部门领导班子结合工作总结，先后召开以加强领导干部作风建设、贯彻民主集中制，严格执行“三重一大”制度，严肃财经纪律为主要内容的专题民主生活会。生活会重在查找自身存在的不足和问题，自觉接受监督，提出整改意见。各分管院领导、党委组织部和学院纪委等相关人员参加各部门的领导班子专题民主生活会。

5. 以制度检查为契机，加强学院党风廉政制度建设

2009年下半年根据市委教育工委、市教委统一部署，开展了学院和职能部门、二级学院两级“惩防体系”基本制度建设检查工作。检查立足于促进学院管理工作规范化、制度化和科学化建设，增强学院廉政建设的监督管理能力。紧密结合学习实践科学发展观整改措施的落实，成立学院制度检查领导小组和工作组，召开专题会议进行动员部署，围绕“惩防基本制度体系”检查内容，开展“四查”工作。一查是否有制度依据；二查制度贯彻执行；三查制度运行机制；四查结合实际拟建制度。全面对学院“惩防体系”制度建设开展自查自建。学院各部门都各自认真梳理了部门规章制度，形成书面自查报告。在部门自查的基础上，学院纪委从责任落实、宣传教育、规范化管理、监督制约和惩处5个方面制度梳理了学院党风廉政建设和反腐倡廉制度，以及配套执行制度约150项，并将梳理的制度汇编成册。同时，结合学院实际，归纳出拟修改制度、拟建立制度30余项。学院的制度建设得到市检查组的好评：认为学院近年来在党风廉政基本制度建设方面领导有力、组织有力、制度制定完善有力、制度落实有力、工作促进有力。

（三）把握源头治理，关口前移，强化过程监督

1. 做好日常的监督工作

围绕学院事业发展，加大对基础建设工程、修缮、物资采购等日常重大项目的招投标监督，累计参与学院各项招投标项目及考察等约400次项。参与学院的财务预决算、项目预审、后勤校产改制、物资报废等重大经济活动事项实施过程监督。严格规范招生工作，实施招生录取、阅卷工作的监督。针对学院继续教育项目的实施，选择有特色的市级骨干教师培训项目开展跟踪调研。积极配合继续教育项目绩效评估，有针对性地对学院各级项目负责人、关键部门、关键岗位、关键环节的人员开展教育和培训。加强后备干部的选拔监督，每年对处级后备干部民主推荐、后备院级干部推荐过程进行监督。协助学院继续深入推进院务公开工作，不断提高院务公开制度化和规范化水平。在学校经济管理工作中较

好地发挥了监督与服务的作用。

2. 开展专项治理与检查工作

（1）开展治理商业贿赂专项工作

根据2006年北京市委教育工委、市教委《关于印发〈首都教育系统治理商业贿赂专项工作实施方案〉的通知》要求，5年来，学院始终开展治理商业贿赂专项工作。重点检查纠正教材、教辅、图书的销售、选用、采购、编审、印刷和发行等环节中，以各种名义给予或收受“回扣”“手续费”及其他利益的商业贿赂行为。对教学仪器设备采购、各类大宗物资采购、医疗药品、工程建设、校办企业经营以及其他活动中以各种名义给予或收受财物或其他利益等问题。在各部门自查的基础上，设计制作了专项调查表，对学院重点部门、重点环节进行了重点抽查。在各部门自查和专项工作领导小组的重点抽查中，把治理商业贿赂作为工作与预警建设的着眼点，规范业务处理工作流程，进一步建立健全了财务收支制度。

（2）开展教育收费的检查工作

根据北京市规范教育收费、进一步治理教育乱收费工作意见的通知精神，每年度春秋两季组织开展治理教育乱收费工作的自查自纠检查工作，重点是对各二级学院（中心）、培训中心、经济实体进行教育收费的自查和检查，发现纰漏或不规范问题及时提出意见，坚决杜绝教育乱收费现象。

（3）开展治理“小金库”和假发票等专项治理工作

2006年至2010年，按照北京市教委要求，组织并参与了学院预算执行、资产清查、治理假发票和“小金库”等专项整治工作，工作采取以部门为单位，自查和学院对重点部门、二级学院及独立法人单位抽查的方式，实施检查。对发现的问题及时整改，进一步完善学院资产管理，严格执行预算和“收支两条线”规定，强化部门领导的防范意识，进一步提高学院规范财经管理的意识。

3. 规范群众来信来访处理程序，做好信访、案件查办工作

按照“惩治腐败、优化环境、维护稳定、促进发展”的办案指导思想，认真落实市纪委《关于对涉嫌违犯党纪政纪有关重要案件线索统一管理的办法》。充分发挥信访主渠道作用，认真受理群众来信来访工作，及时做好信访和案件查办工作。5年来受理各类来信来访举报信件29件次，其中涉及处级干部的19件次。对群众举报线索，学院纪委都按领导的批示，进行调查核实，及时报送审理结果。受理举报信访做到件件有审批、有研究、有调查结果。

（四）加强纪检监察审计队伍建设，提高队伍专业化能力

1. 充分发挥纪委委员的作用，坚持定期召开纪委全会。

在学院纪检工作的重大事项，如基本制度检查和风险防范管理工作中，纪委委员参与其中，发挥了良好的作用。同时积极派送专职纪检干部参加上级组织的业务理论培训和校际间交流座谈活动，拓宽工作视野，提高纪检干部队伍素质。

2. 结合新形势研究学院党风廉政建设工作，加强审计队伍建设，不断提高审计人员素质。

认真落实《北京市教育系统内部审计工作实施办法》的有关规定，认真落实内审人员岗位资格制度，做到持证上岗。重视审计人员的后续教育。结合开展审计工作的实际需要，组织开展业务培训，提高审计人员的专业能力和政策水平，提升审计人员的综合素质。支持审计人员参加各项审计培训和相关专业资格考试，注重审计人员业务和技能提高，不断提升学院内部审计能力。

第五章　工会、教代会、共青团与民主党派工作

第一节　工会、教代会

一、组织沿革

北京教育学院工会始建于1953年。1979年选举产生第一届工会委员会。1991年学院第一届教职工代表大会和工会第五届会员代表大会同时召开，选举产生了第一届教代会主席团暨第五届工会委员会。至今已经召开了六届教职工代表大会暨九届会员代表大会。

2008年，第八届工会委员会继续工作。2011年12月进行工会换届，选举产生了第九届工会委员会：工会主席：卢晖；副主席：王红樱（常务）、邸磊（兼）。现有工会专职干部4名。

二、工会职能

在学院党委的领导下，北京教育学院工会履行维护、建设、参与、教育的基本职能和教代会各项职责，积极推进学院的民主决策、民主管理和民主监督，努力发挥桥梁纽带作用，组织开展各种文体活动，充分调动教职工的积极性，为推进学院各项事业发展发挥了重要作用。

（1）维护职能。维护教职工的合法权益是工会的基本职责。工会要及时反映广大教职工的意见和呼声，维护教职工经济、劳动和健康权益，保证教职工的民主权利。

（2）建设职能。工会要引导广大教职工参加学院的建设和改革，努力完成各项工作任务，促进学院的发展。

（3）参与职能。工会要发挥教职工参政议政的民主渠道作用，代表和组织教职工参与学院的管理，实施民主监督，从源头依法维护教职工的权益。

（4）教育职能。工会教育职能包含思想政治教育和文化教育。工会要采取多种形式开展爱国主义、集体主义的教育活动，引导教职工树立正确的世界观、人生观、价值观，不

断提高教职工的思想道德素质。

三、工作概况

（一）民主管理工作

（1）每年按照法定程序组织召开“双代会”。

（2）协助提案委员会开展提案工作。

（3）落实教代会代表列席院长办公会制度。

（4）建立二级教代会制度并在二级学院组建二级教代会。

（二）开展评选表彰活动

1. 开展“三育人”评选

1994 年 5 月，学院党委会通过《关于开展“三育人（教书育人、管理育人、服务育人）”表彰活动的意见》，并在全院首次开展了“教书育人、管理育人、服务育人”评选活动。当年，经基层民主推荐，学院评选出 54 名“三育人”先进个人，并于教师节表彰先进个人、颁发荣誉证书并给予物质奖励。

1996 年 12 月，经学院党委会研究通过《关于建立北京教育学院“兴教奖励基金”的决定》，以奖励学院在教书育人、管理育人、服务育人及勤工俭学工作中作出突出成绩的同志。奖励基金筹措由原文兴书店、兴教公司、奥申达公司、桃李书店、文兴出租汽车公司、学院印刷厂、中小学管理杂志社、培训中心 8 个经济实体集资 20 万元作为奖励本金，通过提取利息发放奖励金。该奖励基金会由理事会、秘书处、评选委员会组成。倪传荣任理事会名誉理事长，李方任理事长。文件规定奖励范围为每年一次性奖励先进个人 20 名，于当年教师节表彰奖励。其中，教书育人优秀奖 8 名，管理育人优秀奖、服务育人标兵、校产创收标兵各 4 名。奖励金设立一、二、三等级别，由评选委员会确定人选，报请理事会审议。

学院党委继在 1997 年、1998 年、1999 年连续 3 年评选表彰“三育人”先进个人后，因涉及学院合并与机构调整，评选工作一度暂停。2004 年重新启动“三育人”标兵评选活动，党委研究决定不再成立该理事会，其职能由院工会牵头组成评审小组代行，奖项中不再设立“校产创收标兵”。因本金当年未产生利息，该年度奖金由学院财政支付。2007 年，学院决定“三育人”标兵评选表彰活动改为双年制，即每两年在全院范围内开展一次评选表彰活动。2009 年评选比例确定为全院在职教职工总人数的 3%。考虑到“三育人”基金利息的变化，2009 年学院决定由学院兴教总公司代管的奥申达商贸公司、学院印刷厂、文兴水电维修公司和北实餐厅 4 家校企再次注入资金 42 万元。1997 年至 2013 年，学院已先后开展了 8 次“三育人”先进个人（标兵）评选活动，共计 151 人次（2013 年 21 人）教职工被评为“三育人”先进个人（标兵）。除 2004 年奖励金从学院支付外（本金未产生利息），其他年份均由“兴教奖励基金”滚动利息中支付。1997 年至 2013 年，累计支付“三育人”个人奖励金 119250 元（其中含 2004 年学院支付奖励金 15200 元；2013 年“三育人”个人奖励金为 22050 元已计入）。

2. 开展“师德标兵”评选。

3. 组织学院青年教师基本功比赛，参加北京市高校青年教师基本功比赛。

（三）组织各项活动

（1）在三八国际劳动妇女节、六一国际儿童节、教师节等重要节日举办形式多样的庆祝活动，发放纪念品。

（2）外出休养。每年组织教职工去黄山、武夷山、平谷教工疗养院休养。

（3）体育活动。组织教职工开展运动会、健康行等全员性体育健身活动。2008 年参加迎奥运系列活动；参加 2012 年首都教职工运动会。

（4）文化活动。举办红歌会，教职工书画、摄影、收藏展，迎新年联欢会等大型文化活动。

（5）成立各种协会。组建收藏协会、乒乓球协会、摄影爱好者协会等文体活动组织，因地制宜地开展各种群众性文化体育活动。

（四）关心群众送温暖

（1）坚持办理教职工子女医疗统筹、女教职工特殊疾病互助保险，参加首都教职工爱心基金捐助。

（2）坚持温暖活动。每年新年联欢会上为本命年的教职工送上礼物和祝福；每年春节期间利用不同的形式走访探望老工会主席；给予生活困难和遇到突发事件的教职工救济和帮助；及时探望生病住院的教职工；探望劳模、开展劳模慰问座谈会、组织劳模参加市教育工会组织的体检活动；看望新生婴儿的教职工家庭；2013 年开始开展为教职工过生日活动。

（3）组织捐款献爱心活动。组织教职工开展爱心捐款活动，如 2008 年为汶川地震灾区捐款；2012 年为青海省玉树藏族自治州灾区捐款。

（五）维护教职工权益

（1）参加学院劳动争议调解仲裁委员会。

（2）参与教职工体检、学院投招标活动。

（3）建立学院非在编人员入会制度。

四、组织建设情况

截至 2013 年 1 月，学院工会有会员 556 人。

（一）学院工会下设 10 个分会（2010 年至今）

（1）机关分会。分会主席：石瑒；副主席：刘丽霞、李奇颖。

（2）中轴路校区一分会。分会主席：孟令惠。

（3）中轴路校区二分会。分会主席：陈寒墅；副主席：聂晶（2013 年 4 月离职）。

（4）体育与艺术学院分会。分会主席：刘竹云。

（5）国际语言与文化学院分会。分会主席：吴润；副主席：张敏。

（6）教师教育数理学院分会。分会主席：王清；副主席：李情义。

（7）教师教育人文学院分会。分会主席：李永莲；副主席：杨智。

（8）信息与远程教育学院分会。分会主席：刘楠；副主席：汪越。

（9）职业教育学院分会。分会主席：毛正才；副主席：李蕴洁。

（10）图书馆分会。分会主席：朱宝利。

（二）二级分会职工之家建设情况

落实2011年党委工会工作会议精神，以校区为单位建教职工活动室，推动二级分会职工之家建设工作。目前，黄寺校区、文兴街校区、黄化门校区建立了职工之家活动中心。

（三）学院工会职工之家建设升级情况

2011年12月，学院工会通过北京市教育工委、北京市教委、北京市教育工会组织的“模范职工之家复验”，被评为“模范职工之家优秀建设单位”。

五、获奖情况

学院工会2008年被评为北京奥运会、残奥会文明观众啦啦队工作优秀组织奖。

学院工会获2009年北京高校第六届青年教师教学基本功比赛优秀组织奖。

学院工会获2010年度教育工会经审工作规范化考核特等奖。

学院工会2011年被授予首都女职工素质教育基地；顺利通过市级模范职工之家复验，被评为“模范职工之家优秀建设单位”；获2011年北京市高校第七届青年教师教学基本功比赛优秀组织奖；获北京市总工会2011年度重点工作考评优秀奖。

学院工会2012年度工作考核被市教育工会评为“综合考评奖”；获得2012年首都教育系统教职工运动会优秀组织奖、体育道德风尚奖。

六、教代会情况

（一）第五届教代会（2006年1月日至2011年12月）

2006年1月11日至13日，学院召开第五届教职工代表大会暨第八届会员代表大会。会议选举了第五届教代会主席团，通过了工会委员会、经审委员会名单。工会第八届委员会主席：刘枫耘；常务副主席：李岩；副主席：王松美（兼）。工会经费审查委员会主任：刘丽霞。

2008年6月24日至26日，召开第五届教职工代表大会第三次会议暨工会第八届会员代表大会第三次会议，通报了《2007年财务决算暨2008年财务预算批复情况》；对《北京教育学院薪酬分配实施办法（征求意见稿）》和《北京教育学院教职工代表大会条例（征求意见稿）》修订方案进行了说明。

2008年12月4日，召开第五届教职工代表大会第四次会议，会议听取了人事处处长冯华解读《北京教育学院岗位实施设置办法》《北京教育学院首次专业技术职务分级聘任操作办法》《北京教育学院薪酬分配实施办法》。

2009年6月11日，召开第五届教职工代表大会第五次会议暨工会第八届会员代表大会第四次会议，会议听取了党委副书记、院长李方作的《2008 年财务决算和 2009 年财务预算报告》；党委副书记、工会主席刘枫耘向各位代表报告了 2008 年工会、教代会工作；会上对《学院班车和上下班作息时间调整办法（讨论稿）》和 2009 年提案征集情况进行了说明。

2010 年 5 月 27 日，召开第五届教职工代表大会第六次会议暨第八届工会会员代表大会第五次会议。会议听取了院长李方所作的《学院 2009 年财务决算和 2010 年财务预算》的报告，副院长钟祖荣所作的《关于学科建设规划的制定及教师教育创新平台建设的情况》的报告。

2011 年 7 月 13 日，召开第五届教职工代表大会第七次会议暨第八届工会会员代表大会第六次会议。会上，李方院长作了题为《北京教育学院 2010 年财务决算和 2011 年财务预算报告》，党委副书记郭世安、人事处处长冯华对《北京教育学院薪酬分配实施办法（修订）》作了说明和解读，副院长钟祖荣对《北京教育学院“十二五”改革和发展规划》作说明，教务处处长余新对《北京教育学院教学工作量计算与管理办法（试行）》作了说明。大会向代表提交了《北京教育学院“十一五”发展规划实施概况》与《北京教育学院关于继续教育管理办法（试行）》的书面文件。

（二）第六届教代会

2011 年 12 月 22 日至 23 日，学院召开第六届教职工代表大会暨第九届会员代表大会。正式代表 115 人，列席代表 31 人，特邀代表 28 人。大会主席团成员：王卫则、王红樱、王远美、卢晖、石瑒、刘楠、朱宝利、许志矛、余新、李春艳、陈丽、陈雁飞、孟令惠。党委副书记刘枫耘致开幕词。第九届工会常务副主席王红樱作《代表大会筹备工作报告》；教务处副处长邸磊作《关于代表资格审查工作报告》；院长李方以《继往开来再创佳绩》为题作学院行政工作报告，工作报告回顾了学院 5 年来的主要工作，展望了未来 5 年的主要任务与发展前景；纪委书记、工会主席卢晖作了题为《围绕中心、凝聚力量、为全面落实我院“十二五”发展目标而努力奋斗》的工作报告，对 2006 年第五届教职工代表大会暨第八届工会会员代表大会的主要工作从 4 个方面进行了总结。张青山代表市教育工会讲话，向学院“双代会”的召开表示热烈的祝贺，北京师范大学工会常务副主席成国志代表兄弟院校致贺词。

全体与会代表分团对两个工作报告和《北京教育学院第五届经费审查委员会工作报告》《北京教育学院第五届教代会提案工作报告》《北京教育学院第八届工会委员会财务工作报告》进行了审议，并就“学院各级工会组织在建设‘校长教师研修高地’中，应发挥怎样的作用”“在学院发展中如何实现个人的价值”“落实学院‘十二五’规划目标应该怎么做”等问题进行了热烈的讨论。

大会选举产生了第六届教代会主席团暨第六届教代会、第九届工会委员会专门工作委员会。党委书记马宪平致闭幕词。

2012 年 1 月 5 日，由学院纪委书记、工会主席卢晖主持召开第九届工会委员会第一次全体会议，选举产生了第九届工会委员会，主席：卢晖；常务副主席：王红樱；副主席：邸磊；各专门工作委员会相继召开第一次会议，选举工会经费审查委员会主任刘丽霞；生活保障工作委员会主任韩永江，副主任毛正才；女工委员会主任杨秀治，副主任吴润；教学科研工作委员会主任胡淑云，副主任刘加霞；提案工作委员会主任王建华，副主任孙佳嶷；青年工作委员会主任周志勇，副主任张学兵。

2012 年 7 月 10 日，学院召开第六届教职工代表大会暨第九届工会会员代表大会第一次会议。会上，代表们听取了李方院长《关于学院 2011 年财务决算执行和 2012 年财务预算编制情况的汇报》、国资处《关于 2012 年学院资产清查情况的总结汇报》、第六届提案委员会主任王建华《关于 2011 年教职工代表提案处理工作情况》的汇报。

2013 年 4 月 17 日，召开第六届教职工代表大会暨第九届工会会员代表大会第二次会议。会上，代表们听取了李方院长《关于学院 2012 年财务决算暨 2013 年财务预算情况的汇报》，人事处《北京教育学院 2013 年调整在职教职工绩效工资分值标准方案》《北京教育学院师德规范（草案）》的解读说明，教务处作的《北京教育学院关于培训与研发项目落实国库集中支付管理制度实施细则》说明。审议通过了《北京教育学院 2013 年调整在职教职工绩效工资分值标准方案》《北京教育学院师德规范（草案）》。

第二节　共青团

共青团北京教育学院委员会是学院党委领导下的教工团委。多年来，院团委秉承“博学笃行、敬业垂范、求实创新”的院训精神，紧密围绕学院中心工作，努力加强团的自身建设和阵地建设，探索新时期学院共青团工作的新思路、新方法。在活动中团结广大青年教职工，在学院的各项工作中发挥了生力军的作用，努力为学院的发展作出应有的贡献。

2008 年 5 月，学院召开团员大会，进行团委换届选举工作。全院 28 名团员教师参加大会。学院党委副书记刘枫耘出席会议并讲话。杨晨代表第二届团委作了工作报告；大会以无记名投票、差额选举的方式选举产生了新一届团委委员。通过选举，张文梅、冯杉、李朴、赵苏杭、聂晶 5 位同志当选为团委委员。随后，职业教育学院、体育与艺术学院、培训中心成立了团总支。

2011 年 5 月，通过换届选举产生了共青团北京教育学院第四届委员会。院团委下设四个团支部，各级团组织负责人设置如下：

团委书记：张学兵；团委副书记：董丽。黄寺校区团支部书记：李冬萍；黄寺校区团支部副书记：王昕伟（2013 年 4 月调离学院）；文兴街校区团支部书记：郑婉；中轴路校区团支部书记：刘硕；黄化门校区团支部书记：杨帆。

新一届团委成立以来，组织开展了丰富多彩的活动。组织青年教职工参加了北京电视台《最强阵容》节目；在平谷举办了以“激扬青春活力，争创学习型团组织”为主题的青年团活动；开展了“弘扬五四爱国大志，青春共铸研修高地”主题活动，组织 50 余名青年教职工参观了平西抗日纪念馆并进行宣誓；组织了“大讨论”活动论坛暨《心路历程》学习交流会；院团委与学院关工委、老教协共同举办了“历史与传承”——纪念共青团成立 90 周年座谈会。会议邀请了学院关工委主任倪传荣、学院老教协会员李春山、渠素彬以及党总支负责人与青年教职工一起座谈等。

第三节 民主党派工作

到2012年年底，学院有民主党派人士61人，其中中国民主同盟（以下简称民盟）28人，中国民主促进会（以下简称民进）会员24人，中国民主建国会会员5人，九三学社社员2人，中国农工民主党党员1人，中国国民党革命委员会委员1人，设有两个支部即民盟北京教育学院支部和民进北京教育学院支部，另设有一个侨联小组。

学院重视统战工作，民主管理机制日益完善，充分发挥民主党派、人大代表、政协委员参政议政、民主监督的作用。在干部聘任、任期测评的考核中，邀请学院民主党派代表参加，同时邀请他们列席参加学院院长办公会及各职能部门重要工作征求意见会，参与“十二五”规划与党代会两委报告的征求意见会和修改工作会，参与学院重大事项的研究和决议。学院注重培养党外代表人士，建立党外代表人士后备重点人选数据库，并注重加强培养，择优选派民主党派成员担任中层领导干部，参与学院学术岗位的重要工作。

2009年12月25日，民盟北京教育学院支部召开纪念支部成立20周年大会，出版纪念文集《风雨同舟二十年》。2010年5月6日，民盟北京教育学院支部会同民盟北京市委基础教育委员会、民盟西城区委、民盟北京师范大学委员会、民盟首都师范大学委员会共同承办由民盟北京市委主办的“第二届民盟北京市委基础教育论坛”在学院召开。2011年，民盟北京教育学院支部获得民盟中央颁发的纪念中国民主同盟成立70周年“先进集体”称号。

2011年11月，学院副院长、民盟北京教育学院支部主任委员钟祖荣当选为西城区第十五届人大代表。

2009年至2012年民盟支部共发展5名盟员。2012年11月29日，民盟北京教育学院支部换届选举出了新一届支部委员。

2012年12月，学院副院长钟祖荣当选为民盟第十一届中央委员。

民进北京教育学院支部每年都开展正常的活动，2010年5月5日，支部进行换届，选举了新一届支部委员。

2013年1月，院长李方当选为中国人民政治协商会议北京市第十二届委员会委员。

第四节 其他工作

自2009年，受国家教育部和中共北京市委、北京市教委委托，学院承担了新疆中学少数民族“双语”骨干教师培训班的培训任务。在培训期间，学院党委支持并协助培训班成立了新疆班党支部，并组织学员举办了学习十八大精神、观看爱国主义电影和参观爱国主义教育基地等活动，加深了学员对民族团结的认识。

第六章 主要职能处室

第一节 学院办公室

一、组织沿革

2004年9月，学院进行机构调整，学院办公室包括了党委办公室、院长办公室、党委宣传部、外事办公室，研究室（院庆筹备办公室作为临时机构）挂靠在学院办公室。

2011年2月，学院再次进行机构调整。调整后学院办公室内设机构有：党委办公室、院长办公室、外事办公室、政策和法规研究室、院史馆、院庆筹备办公室。党委宣传部由学院办公室分出，归属组织宣传部。

2008年1月，学院办公室工作人员16人。主任：孙凤兰；副主任：宋忠志、韩玉稳、王振先；学院办公室副主任兼院庆筹备办公室常务副主任（正处级待遇，退居二线）：夏勤政；院庆筹备办公室副主任：曹青。2008年2月，主任孙凤兰调离。学院办公室工作人员15人。

2010年4月，学院办公室工作人员12人。主任：宋忠志；副主任：韩玉稳、王振先。

2010年11月至2011年4月，学院办公室工作人员12人。主任：冯华（兼）；副主任：韩玉稳、王振先、万迪欣；办公室工作人员谢革利自2010年10月起援疆。

2011年4月至10月，学院办公室工作人员12人。主任：冯华（兼）；副主任：韩玉稳、王振先、万迪欣；副处长退居二线：刘斌。副处级干部：谢革利。

2011年10月到2013年1月，学院办公室工作人员14人。主任：滕利君；副主任：韩玉稳、王振先、万迪欣；副处长退居二线：刘斌。副处级干部：谢革利。

2013年1月到6月，学院办公室内部设置不变，工作人员12人。主任：滕利君；副主任：韩玉稳、王振先；享受副处实职待遇人员：谢革利。万迪欣调离。

二、工作职责

学院办公室是学院党委办公室、行政办公室和外事办公室三办合一，负责院内行政和外事工作的综合行政管理部门。学院办公室的主要职责包括：管理、协调和督办院内党务、行政和外事各项工作，负责学院相关政策法规研究，负责信访和机要保密工作，负责学院档案管理、计划生育工作，负责院庆等重大活动的筹备组织工作和院史馆的管理工作。学院办公室下设3个科室：文秘档案科、综合事务科、外事科。在学院“大办公室”概念的倡导下，3个科室各专其职，相互配合，全面服务于学院各项事业的发展。

2011 年 2 月之前，党委宣传部归属学院办公室，负责对党员和全体教职工的思想政治教育，负责对内、对外宣传工作，编写学院大事记和年鉴。2011 年 2 月，党委宣传部由学院办公室分出，归属组织宣传部。

三、工作概况

（一）党委办公室的日常工作

负责拟定、起草或审核学院党政工作要点、工作总结和工作报告等综合性文稿，组织拟定党委有关全院性的规章制度，负责发布学院党委的有关决定、通告或通知等。5 年间，学院办公室参与起草的党委或党委办公室相关规章制度有：《中共北京教育学院委员会关于进一步加强保密工作的通知》《中共北京教育学院委员会关于围绕庆祝新中国成立 60 周年深入开展群众性爱国主义教育活动实施方案》《中共北京教育学院委员会关于实行党务公开工作的意见（试行）》《中共北京教育学院委员会关于党代表列席党委会议的意见（试行）》《北京教育学院改进工作作风、密切联系群众实施意见》等。

负责组织或协助党委有关部门安排学院党委召开的各种会议，作好党委会、党委扩大会会议和书记办公会的准备、记录、会议纪要的编制和决议的督办。5 年间，参与了筹备召开学院历届党员大会、年度党代表大会、历次庆祝七一大会和评优表彰活动；2011 年，协助筹备召开中共北京教育学院第二次代表大会；2012 年，协助参与了迎接北京市高校《党建和思想政治工作基本标准》检查等，参与学院专题调研工作。按照学院部署，完成了《北京教育学院“十一五”发展规划实施概况》总结和《北京教育学院“十二五”改革和发展规划》的制定工作。

负责学院各类文件的拟定、审核和印发等文秘工作。负责学院党委日常事务的管理、协调和督办工作；负责学院党务公开工作；负责学院相关政策法规研究；负责拟制学院每年度的工作计划、总结和《工作年报》；负责编印《北京教育学院文件汇编》。制发以学院的名义发布的各类文件、请示、信函、情况通报年均 50 多件。完成学院每年学籍、文书、基建、财务等各项档案归档和数据统计工作。

负责机要文件的收发、登记、传阅、催办、清退、归档和销毁工作。协助学院保密委员会做好学院保密工作，制定保密制度，审核上报保密材料，管理保密文件，督促检查保密工作的落实情况。

负责学院党委印鉴的使用管理和保管工作；牵头开展学院党务公开的工作。

2011 年 2 月，新一轮的机构改革和全员聘任后，除完成日常工作，还负责承担学院院庆活动的筹备组织工作和院史馆的管理工作。

（二）行政办公室的日常工作

负责学院行政日常事务的管理、协调和督办工作，5 年来具体工作内容如下：

贯彻执行党和国家的方针政策，认真执行上级指示和学院的决定，努力做好服务领导、参谋咨询、辅佐决策、督促检查、沟通协调、管理事务等行政方面的工作和协调、服务学院各部门及服务教职工工作。

组织安排院级领导的全院性会议和重要活动，做好有关会务工作。负责院长办公会及学院大型活动的会议记录并编写下发会议纪要。2008 年以来，参与承担了全国人大常委会副委员长司马义·铁力瓦尔地，教育部副部长鲁昕，教育部师范教育司司长许涛，教育部基础教育一司司长王定华，中共北京市教工委书记赵凤桐、常务副书记刘建、原副书记王民忠、委员刘勇，市教委主任姜沛民、副主任罗洁、委员李奕等各级领导、兄弟院校来学院考察调研的接待任务。

协助院领导处理各种突发事件及重要问题，并向上级机关报告事件的发生和处置情况。负责学院行政印章和领导名章的管理和使用，严格用印审批程序。

负责全院计划生育工作。负责基地校、附中、丰台实验学校、全国教育学院联盟的日常事务联络工作。负责人民信访工作。

（三）宣传工作（2008 年 6 月至 2011 年 1 月）

党委宣传部围绕学院中心工作，加强对党员和全体教职工的思想政治教育，组织全院各种范围的政治学习，通过参观、报告、座谈等多种形式进行革命传统教育。随着学院各项业务工作的不断扩展，宣传部的工作范围也在不断扩大。2003 年 5 月，开始负责学院校园网新闻的编辑制作工作，2004 年 9 月，开始承担原院长办公室的简报编辑工作。平均每年发布新闻稿 300 篇以上，编制简报 80 期。同时，负责编写学院大事记和年鉴。

2011 年 2 月，党委宣传部由学院办公室分出，与组织部合并，称为组织宣传部。

（四）外事工作

外事办公室负责学院外事工作计划的制订、实施。负责组织、安排、协调学院的各项涉外活动，对学院外事干部、涉外人员进行管理、教育。负责协调全院的国际培训工作；组织内外接待工作。2008 年 3 月至 2012 年 12 月，外事办公室共接待 169 人次的境外来访团组（项目）或个人来院访问、教学。负责聘请外国文教专家或邀请短期专家来院讲学或合作研究；负责安排国外人员来院参观访问或作专题学术报告。负责与国外高校建立校际交流合作关系及中外合作办学项目。国际合作所涉及的领域包括高等教育、中小学教育、幼儿教育、教师教育和职业教育等多个方面。学院目前已经与美国、加拿大、英国、法国、荷兰、挪威、瑞典、日本、澳大利亚、韩国、新加坡等 18 个国家的 30 余所大学和教育机构建立了合作与交流关系。合作的形式包括短期考察、师生交流、合作培训、合作办学、合作科研和举办国际研讨会等。

此外，外事办公室负责院内人员临时出国访问、考察及参加国际学术会议；院内人员公派出国进修、合作研究、攻读学位等；参与组织 44 个因公出国（境）团组或个人赴美国、英国、加拿大、日本、韩国等国家和地区进行考察交流、培训、学习；负责以学院名义组织国际学术会议；外国记者、驻华使领馆人员来院参观、采访等活动；举办了 2012 年海峡两岸教育论坛、2012 年北京教育学院与挪威卑尔根大学学院学前教育研讨会暨交流项目结业式、2012 年多元智能国际研讨会。

2012 年，外事办公室组织了面向全院公开选拔因公出访团组随团翻译外语能力测试。通过测试选拔以建立学院外语人才库，为学院外事出访、外事接待和国际合作交流工作做好人力资源保障工作。

（五）55周年院庆工作（院庆筹备办公室）

建院55周年院庆工作在院党委领导下，全院各个部门共同参与，以“隆重热烈、节俭务实、内庆为主、外宣为辅”为基本原则，以学术活动为主线，圆满完成了各项任务，达到了总结经验、凝聚人心、树立形象、振奋精神的目的。

2004年9月，学院院庆筹备办公室成立。开始搜集史料、考证具体建院时间，并决定于2008年举办建院55周年院庆活动。

2007年5月，学院下发了《北京教育学院建院55周年工作方案》，明确了院庆筹备工作的指导思想，确定了院庆主要活动项目，正式启动了建院55周年院庆活动的筹备工作。

2008年1月，学院机构调整，重新组建院庆筹备办公室后，把院庆工作纳入学院党政工作要点与折子工程。3月制订下发了《北京教育学院建院55周年院庆工作实施安排》，确定了院庆工作的总体思路、工作内容，统筹协调院庆总体工作和各项具体实施方案。建立了院庆筹备工作领导小组以及史志编辑组、征文征物组、宣传文化组、学术活动组、实施保障组等专项工作组。学院主要领导任总负责人，分管院领导分别担任每个工作组的主管领导。10月，学院召开院庆工作动员大会。

1. 学院办公室牵头完成院庆宣传工作

准备领导题词、学院简介、贺信、贺词等相关文字材料，参与起草院庆总体报告等。拍摄制作院庆专题宣传片《做基础教育发展的奠基石》，编辑制作宣传画册。抽调人员，成立了专门的文字工作组，在《前线》《人民教育》《北京教育》北京电视台等各大媒体发表反映学院历史与业绩的新闻与宣传文章10余篇。完成校园环境整体设计及布置工作。制作宣传橱窗10块，设计制作院庆纪念大会3块背板、校园横幅等，完成主会场布置工作。

2. 完成院庆基础性工作

（1）完成院庆标志评比与启用工作。面向院内外征集院庆标志55件，发动全院各校区教职工积极参与投票并组织专家评比，评出并启用院庆标志。

（2）在信息与远程教育学院的协作下，制作并开通了院庆专题网站并保证了内容的经常更新与奥运期间的安全监控。

（3）组织《北京教育学院志（1953—2008）》及院庆纪念书系的编辑出版工作。编辑出版了《北京教育学院志（1953—2008）》，纪念书系4册（《携手同行》《薪火心传》《开放足迹》《学术成果选编》）以及《求索——温寒江教育思想30年》一书。200万字的《院志》和纪念书系从不同角度，给学院留下了珍贵的历史文献记录，除了被国家图书馆等文献机构收藏，还成为一套宣传学院、了解学院的学习、交流教材。

（4）筹建院史馆。征集部门和个人上交的题词、文物、档案、书刊、字画、图片等千余件。院史馆已经作为境内外合作、爱院教育、院史研究的基地开放。院史馆落成后，馆藏有题词、文物、档案、书刊、字画、图片等实物506件，图片612张。另藏有学院艺术教师创作的书画作品数十幅。截止到2013年7月，共近百批2000余人次参观了院史馆。

3. 校庆日活动的组织

院庆日当天召开了建院55周年纪念大会暨第十六届全国省级教育学院书记院长协作会、国际教师教育论坛，各界领导、兄弟院校、校友、外宾、全体教职工1500余人参加。

教育部副部长陈小娅院庆日来院调研并祝贺。北京市政协原副主席李晨、中宣部原常务副部长徐惟诚、教育部师范司副司长宋永刚、北京市政府副秘书长刘志等出席纪念大会。市委书记刘淇给学院发来贺信，蒋树声、许嘉璐、顾明远等为院庆题词，80家单位给学院发来贺信、贺电。收到礼品31件、礼金7万余元。

党委书记马宪平主持大会，院长李方致辞回顾了学院的办学历程。兄弟院校、校友、外宾代表发言祝贺。

4. 学院办公室会同其他部门共同组织嘉宾和校友接待工作，并协调全院各部门积极参与，共同举办院庆日纪念活动

如科研处牵头，各二级学院和图书馆、外事办等部门精心组织了15场主题学术活动，学报出版了院庆专刊，展示了学院科研方面的成就，调动了教职工参与教育科研的积极性，营造了浓厚的科研学术氛围，取得了以学术活动支持院庆活动的良好效果。

5. 协助工会、离退休工作处举办群众文体活动

成功举办了教职工书画摄影工艺作品展，与北京广播电视大学、北京教育考试院联合举办了教职工运动会。

2008年11月，学院党委在全院范围内开展了“读院志、学院史”系列爱院教育活动，各党总支积极行动，组织全体党员、积极分子和教职工观看院庆宣传片，阅读《院志》和院庆纪念书系，参观院史馆，填写院志知识问答题，并以此为基础深入思考、展开讨论，继续将爱院教育推向深入。

第二节　党委组宣部

一、组织沿革

2008年，机构建制为党委组织部，2011年新的聘期开始，宣传科从学院办公室调整至组织部，成立党委组宣部，机关党总支挂靠组宣部。组宣部部长：谢志东；副部长：张文梅。内设组织部、宣传部、统战部、党校、党代表工作办公室和团委。

二、基本职能

协助市委和市委教育工委做好院级领导干部的相关工作；负责学院处级领导干部和处级后备干部的日常管理、考核及教育培训等工作；负责学院基层党组织建设和党员教育管理工作；负责宣传和教职工的思想政治教育；负责学院党代表任期制和提案制实施的相关工作；负责党校、共青团和统战等工作；负责高级专业技术人才和学院女教授协会的日常管理。

三、工作概况

（一）组织科

根据党的路线、方针、政策及北京市委教育工委的决议、指示，围绕学院的中心工作，调查研究有关党的组织工作方面的情况，提出实施党的组织路线的具体方针、政策和措施；检查督促基层党组织贯彻执行民主制、坚持集体领导和组织生活的情况；贯彻执行党的干部路线和干部政策，积极培养选拔优秀的中青年干部，调整、配备、建设各级领导班子；加强党员教育、党员管理，制定发展党员工作的政策和措施；认真落实知识分子政策；负责干部统计和党员统计；受理党员、干部的申诉，做好党员、干部的来信来访工作；做好市委教育工委、学院党委交办的其他重要工作。按照市委人事局和教育工委政工职务评审办公室的相关要求做好学院政工职评工作。统战部围绕学院中心工作，加强党外人士教育培训工作及其队伍建设，开展建言献策等活动，发挥民主党外人士的参政议政、民主监督等作用。贯彻党的民族政策，开展民族团结教育活动。北京教育学院党校负责对党员、预备党员、入党积极分子和干部进行教育培训。党代表工作办公室认真落实党代表大会代表任期制和提案制的有关要求，试行党代表参与学院重要会议的制度；建立党代表提案和建议的管理和落实、回复机制，做好党代表的日常管理和服务工作。院团委挂靠在组织宣传部，在上级团组织及学院党委的领导下，开展团员青年思想教育活动、组织管理，配合上级团组织开展各项活动。

2007 年 9 月 18 日至 19 日，市委教育工委《基本标准》达标检查组第一检查组首次对学院的党建和思想政治工作进行了达标检查验收。经市委教育工委委员会研究确定，学院通过《北京普通高等学校党建和思想政治工作基本标准》达标检查验收。2012 年 10 月 16 日，市委教育工委《北京普通高等学校党建和思想政治工作基本标准》集中检查组第二次深入学院就党建和思想政治工作开展为期一天的检查。在两次检查中，检查组充分肯定了学院的党建和思想政治工作，认为党委重视，重点突出，推进扎实，提高了党建和思想政治工作水平，推动了学院科学发展，赢得了良好的社会声誉。

2008 年 5 月，组工专网正式运行，学院处级及以上干部信息进入市委干部数据库。2012 年组工专网纳入政务专网。2009 年 1 月根据中共中央组织部印发的《关于中国共产党党费收缴、使用和管理的规定》和市委教育工委对党费计算办法的解读，根据学院薪酬方案实行了新的党费标准，每年 1 月 1 日进行核算。2011 年起，全院党员开始参加“北京市教师党员在线”网络学习，党员培训开始实行网络化自主学习。结合创先争优活动，在全体党员中开展了“大讨论、深思考、广交流”活动，并且分别举办了“核心价值追求与学院科学发展建言献策”和“凝练学院核心价值观、促师干训事业科学发展”论坛。

（二）宣传科

组织党委中心组理论学习和全院教职工的政治学习；编印学院简报，编辑制作校园新闻、视频新闻，出版电子院报，编制学院宣传片，设计制作学院宣传橱窗，管理和培训学院宣传员队伍；配合学院中心工作，统筹、协调、策划学院对外宣传工作。根据学院事业发展需要，开展校园网改版工作。2013 年 1 月，新版校园网正式启动。自 2008 年以来，北京电视台、中国教育电视台、《求是》《前线》《人民日报》《中国教育报》《光明日报》《北京日报》等多家媒体持续关注学院重要活动及各级各类干部教师培训工作。2008 年 1 月至 2012 年年底，纸质媒体共发表报道学院的文章 216 篇。

第三节　纪检监察审计处

一、组织沿革

2008 年至 2011 年，纪检监察审计处历任处级领导如下。

（1）2008 年，处长：王群仙，2009 年调离。2009 年 8 月 21 日，经中共北京教育学院第一届委员会第 71 次会议研究决定：免去王群仙纪监审处处长职务。

（2）2009 年 9 月 4 日，经中共北京教育学院第一届委员会第 72 次会议研究决定：王红樱任纪监审处处长（兼）。

（3）2010 年 11 月 12 日，经中共北京教育学院第一届委员会第 86 次会议研究决定：宋忠志任纪监审处处长，免去其学院办公室主任职务；免去王红樱纪监审处处长职务。

目前，工作人员 4 人。

二、工作职责

纪监审处是在学校党委和行政的领导下，履行党的纪律检查、行政监察和审计监督 3 项职能，是纪检、监察和审计合署办公。

按照中央、北京市的要求和学院的统一部署，对党员进行纪律教育，促进各项工作规范化、制度化，为学院改革发展提供纪律保证。依据监察工作的法律规定，负责监督检查学院行政职能部门、教育教学部门及其工作人员，学习、贯彻、执行国家法律、法规、方针、政策及学院有关规章制度、决定的情况，对监察对象进行遵纪守法、廉洁自律的宣传和教育；受理对监察对象违纪违法行为的检举和控告，负责举报信访的承办、转办和催办工作。依照法律规定的职权和程序，独立行使内部审计监督职能。对学院的预算执行、财务收支、资产管理以及有关经济活动、资金使用、资产负债和所有者权益的真实、合法、效益性等情况实施审计监督。

（一）纪检工作职责

纪检办公室是纪监审处办事机构，在纪委的领导下，按照学院党委和上级纪委的统一部署和要求，对党员进行纪律教育，促进各项工作规范化、制度化，为学院改革发展提供纪律保证。

（1）负责纪委决议的落实，处理纪委日常工作。

（2）协助党委作好党风廉政建设和反腐倡廉工作。

（3）检查党组织和党员执行党的路线、方针、政策和决议的情况。

（4）对党员、党员干部进行党风党纪教育。

（5）接待受理举报党组织和党员违反党纪的来信来访，以及党员对党纪处分不服的申诉。

（6）承办违纪案件的检查和审理工作。

（7）作好信息和调研工作。

（8）承办上级纪委和院党委、纪委交办的其他各项工作。

（二）监察工作职责

（1）依据监察工作的法律规定，负责监督检查学院行政职能部门、教育教学部门及其工作人员，学习、贯彻、执行国家法律、法规、方针、政策及学院有关规章制度、决定的情况，对监察对象进行遵纪守法、廉洁自律的宣传和教育。

（2）受理对监察对象违纪违法行为的检举和控告，负责举报信访的承办、转办和催办工作。按照干部管理权限组织调查、处理监察对象的违纪、违法行为；接待监察对象对行政处分不服的申诉和复议工作。

（3）协助、帮助学院各职能部门制定、建立、健全、完善各项规章制度，并做好相关实施监督工作。

（4）开展行风行纪调研和监察信息工作。

（5）承办上级监察部门和学院领导交办的其他各项工作。

（三）审计工作职责

（1）在院长的直接领导下，依照法律规定的职权和程序，独立行使内部审计监督职能。

（2）以有关法律、法规和政策为依据，对学院的预算执行、财务收支、资产管理以及有关经济活动、资金使用、资产负债和所有者权益的真实、合法、效益性等情况，实施审计监督。定期或不定期地对同级或下级领导干部、有关责任人进行经济责任审计；经济效益审计；离任审计；科研项目以及教育教学项目审计；基建修缮工程审计；附属独立核算单位经营效益情况和财务收支情况审计；对校办企业、后勤服务承包经营以及国有资产的保值增值情况的审计。另外，对学院内部职能部门管理的和受政府或其他组织委托管理的职工社会保障基金、社会捐赠资金以及其他有关基金、资金的财务收支，进行审计监督。

（3）作出审计评价，提出审计意见，向本级行政领导和上一级审计机关提交审计结果报告。负责协调和组织与审计相关的职能机构对审计报告和审计意见征求意见、进行研讨，根据研讨后的审计意见报请院长办公会讨论通过后，出据审计意见书或审计决定。

（4）检查、监督、督办审计意见的整改落实情况。

（5）对与学院财政收支有关的特定事项进行专项审计调查，向本级行政领导和上一级审计机关报告审计调查结果。

（6）承办上级审计部门和学院领导交办的其他各项工作。

三、工作概况

（一）纪检工作

（1）坚持教育为先，突出主题，多层次、多角度、多形式，认真抓好中纪委、市纪委党风廉政建设工作会议精神的贯彻落实，深入开展党风廉政建设和反腐倡廉教育。纪监审处坚持每年确立廉政教育宣传主题，加强党员和领导干部的廉政教育。通过讲党课、橱窗宣传、组织专题报告会、观看廉政教育专题片、参观北京市警示教育基地（听服刑人员现身说法）和反腐倡廉专题展览、更新网页、知识竞答等多种形式，学习党员权利保障条例、纪律处分条例、党章、廉政准则、教育系统警示案例等。每年接受廉政教育的党员领导干部在100名左右，专题教育活动强化了党员和领导干部的廉洁自律意识，提高了党员领导干部廉洁从政的责任意识。

（2）做好廉政风险防范管理工作，2009年，纪监审处贯彻市委、市政府《关于在全市推进廉政风险防范管理工作的意见》的精神，结合学院工作实际，认真学习市委教育工委、市教委有关开展“廉政风险防范管理工作的实施意见”精神，组织召开专题会议，采取多方位、多角度调研，制定了《北京教育学院关于推进廉政风险防范管理工作实施方案》。利用校园宣传橱窗、编制宣传手册，推进廉政风险防范管理工作。工作中坚持教育为先、着眼防范、规范管理、建章立制、稳步推进的原则，采取走出去请进来、试点先行、以点带面、全面推进的方式，在全院各个部门和岗位全面展开廉政风险防范管理工作。

廉政风险防范管理工作的开展，促进了学院规范管理、有序运行。纪监审处组织汇编了《试点部门廉政风险防范管理文集》《职能部门、二级学院廉政风险防范管理工作流程图汇编》和《职能部门、二级学院廉政风险防控表汇编》。近一年的廉政风险防范管理工作的尝试与实践，实现了预期目标，促进了学院的规范管理和有序运行。

2011年，根据上级要求，继续推进学院廉政风险防控管理向二级部门和局级干部延伸，围绕权力结构和权力运行的各个环节，推动廉政风险防控管理向决策环节、执行环节、监督环节延伸。学院党委研究决定开展廉政风险防范管理“回头看”活动，对全院落实廉政风险防范管理工作情况进行全面检查。

（3）坚持以人为本，贯彻执行领导干部“一岗双责”。纪监审处在新一轮干部聘任后，坚持纪委书记与中层领导干部集体廉政谈话制度，强化领导干部的廉政勤政意识；制定并与部门负责人签订党风廉政建设责任书；深入基层，采取召开部门负责人汇报会、座谈会、调查问卷等形式，掌握党风廉政建设责任制落实情况，不断增强各级领导干部廉政责任意识。

（4）注重改进工作作风，树立纪检监察工作的良好形象。近年来，纪监审处开展了一系列的主题教育，把作风建设转化为促进纪检监察工作不断深入的动力，反腐倡廉建设的执行力得以提高。每年定期召开纪委会，分析研究纪检监察工作的新形势、新要求、新任务，求真务实，制订年度工作计划，围绕学院党政工作要点，进行党风廉政建设任务分解。

（二）监察工作

（1）纪监审处始终坚持把惩防体系建设作为基础性建设来抓。以权力制约为重点，在已有党风廉政建设制度的基础上，注重加强对权力运行的制度建设。通过2009年开展的学院制度与执行情况的大检查，已建立规范管理行为的制约机制和配套制度约150项，惩防体系基本制度框架已形成。制度建设促进了学院管理水平的提升。

（2）纪监审处始终坚持定期上报信访报表，不断完善信访工作，规范信访办理程序，加大信访件督办力度。注重提高专职纪检监察队伍的案件排查能力，完善纪检、监察、信访、组织、审计部门联审制度，强化业务培训，认真做好信访和案件查办工作。

按照“惩治腐败，优化环境，维护稳定，促进发展”的办案指导思想，认真落实市纪委《关于对涉嫌违犯党纪政纪有关重要案件线索统一管理的办法》。充分发挥信访主渠道作用，认真受理群众来信来访工作，及时做好信访和案件查办工作。5年来受理各类来信来访举报信件29件次，其中涉及处级干部的有19件次。

加强信访举报线索的排查筛选、案件办理和信访监督工作，完善查办案件组织协调机制，加强预防职务犯罪工作机制建设。注意关心和保护党员干部，维护党员干部的合法权益。对群众举报线索，纪监审处都按领导的批示，进行调查核实，及时报送审理结果。受理举报信访做到件件有领导审批、有研究、有调查结果。

（三）审计工作

学院审计工作，以科学发展观为指导，认真贯彻全国教育审计工作会议和北京教育系统审计工作会议精神，在学院党政领导和市教委审计处的业务指导下，紧紧围绕学院5项攻坚任务的实施，把握总体、突出重点，立足于促进机制建设，着眼于促进问题解决，通力与相关职能部门协作，加强审计质量控制，科学、有效、扎实地开展学院内部审计工作，为促进学院事业全面协调和可持续发展，保障学院财务预算及相关经济业务活动的健康运行，实现市教委2010年教育审计工作意见中提出的“为规范财务会计工作服务、为提高教育资金使用效益服务、为教育改革与发展服务”的内部审计工作目标，发挥好学院内部审计工作的职能作用。

（1）利用职能部门业务优势，开展专项治理；深入开展预算执行和决算审计。

近5年来，学院纪检监察部门认真落实上级要求，牵头组织并有效发挥财务、国资、教务等职能部门业务优势，有的放矢地开展了治理商业贿赂专项检查，教育收费、“小金库”和假发票专项检查，组织年度预算执行的财务检查和资产清查等工作。专项工作的开展，进一步提高了学院规范管理的意识，强化了各级领导的法制意识，防止出现“小金库”等违规违纪行为。

将预算执行与决算内部审计列为年度常规工作，建立预算执行与决算内部审计制度，加强对预算执行过程的监督；本着强化预算意识，规范财务管理，提升管理水平的原则，将学院基本经费、专项经费编制和执行，固定资产出租、出借和处置以及“收支两条线”政策的执行等情况作为重点，全面启动自查工作。进一步落实《北京市属高校预算执行和决算内部审计实施办法（试行）》，实现学院预算执行内部审计的经常化和规范化，完善学院预算执行监管机制，发挥内部审计应有的作用。

（2）启动学院监事会审议制度，参与重点项目；继续开展专项资金审计，实施过程监督。依照学院投资管理委员会章程，启动学院监事会审议制度，实行管委会、董事会、监事会工作制度，促进经济实体依法经营，为从源头预防和治理腐败奠定了基础。继续开展对教育收费检查和管理与使用情况的审计和审计调查，着眼于招生过程监督，规范招生和合作办学，促进规范收费行为，防止和杜绝各种乱收费。实施继续教育项目专项经费审计，切实做好审计调研工作。切实加强过程审计监督，保证专款专用，提高资金使用效益。

（3）进一步加强基建修缮工程项目审计。

认真贯彻《教育部关于加强和规范建设工程项目全过程审计的意见》（教财〔2007〕29 号）的精神，进一步加强对基建修缮工程项目管理过程的内部控制审计监督，重视和关注招投标工作的公开公正程序，促进工程项目规范管理，有效控制工程造价，提高项目投资效益，维护单位的合法利益。参与学院重点基建工程（修缮）、政府采购招投标、预算执行的监督与检查约 400 余项，为学院规范办学营造良好的发展环境。

（4）继续做好对中层干部经济责任的审计。

结合学院新一轮聘任，认真落实领导干部经济责任办法，坚持审计联席会议制度，加强部门之间协调，形成组织、人事、纪监审等部门工作的合力；加大对中层领导干部任期内重大经济决策及效果、内部控制制度的健全及执行情况、重点岗位、重要职位等方面的审计力度，促使干部职工行使权力与履行经济责任紧密衔接，发挥经济责任审计在促进科学决策、推进依法治教、完善监督机制、防范廉政风险等方面的重要作用。

（5）建立健全的学院内部审计结果利用工作机制。

组织对被审计单位的整改情况的后续审计检查，促进内部审计结果利用。认真组织学习贯彻北京市教委《关于进一步加强教育系统内部审计结果利用工作的意见》，建立健全的学院内部审计结果利用工作机制，规范工作范围和程序，认真整改内部审计发现的各类问题。通过后续检查，对于整改落实好的给予肯定和总结经验加以推广；对于审计发现的问题没有进行纠正和整改的，督促整改，以推动审计结果的利用，提高审计效果。

（6）加强审计队伍建设，不断提高审计人员素质。

认真学习贯彻《中华人民共和国审计法实施条例》，认真组织学习、领会、把握《内部审计实务指南第 4 号——高校内部审计》（2009 年），提高审计人员业务政策水平，夯实内部审计工作基础，保障内部审计工作顺利开展。

落实《北京市教育系统内部审计工作实施办法》的规定，采取切实有效的措施，继续加强内部审计机构的建设、注重内部审计人员业务能力的培养、强化内部审计人员的责任感和使命感，落实岗位资格制度和后续教育制度，组织内审人员参加业务培训，提升内部审计人员的综合素质。

第四节　安全保卫处

一、组织沿革

2008年1月副处长佟德仲主持工作，共有工作人员9人。

2009年3月起，处长：佟德仲。

2011年1月，处长：佟德仲。下设综合科、户籍档案科、消防科。从2008年1月以来，安全保卫处先后接收军转干部3人、通过岗位竞聘新增加人员4人，现有工作人员12人。

二、工作职责

在学院党委领导下，依法执行国家各项安全保卫法规，紧紧围绕学院发展总体目标，以教学、科研和各项管理工作服务为宗旨，维护校园安全、稳定、和谐，为学院建设成为特色鲜明、品质卓越，国内示范引领、国际开放合作的校长研修高地和首都基础教育党建研究中心而不懈努力。

（1）认真学习、贯彻、执行党和国家的路线、方针、政策、法律，以及关于安全保卫、社会治安综合治理工作的法规、办法，结合学院实际情况，制定并落实各项安全管理规章制度，保证学院的安全稳定。

（2）负责制定治安、消防防范措施，拟定年度治安、消防工作计划、季度工作安排和年终工作总结。掌握学院治安保卫情况，定期分析研究总结汇报，提出学院安全保卫工作的计划、措施，当好院领导安全保卫工作的参谋。

（3）确定全院值班岗位，指导和检查各单位值班工作，设立值班室，受理师生员工报案，负责处理夜间和节假日安全保卫方面的问题，做好学院门卫、巡逻的业务指导、检查考核等工作，处理其他有关安全保卫方面的问题。负责维护校园的治安秩序，建立巡逻、检查和隐患记录，清理小商小贩和无关闲杂人员，负责院内昼夜治安巡逻，检查门窗，检查办公用电，发现并处理不安全隐患。

（4）负责贯彻社会治安综合治理的方针，按照“谁主管，谁负责”的原则，建立健全安全保卫工作各级岗位责任制和各项管理制度，实行逐级负责，责任落实到人。不断加强信息网络建设，及时发现和掌握非法组织活动情况、各种闹事苗头及违法犯罪线索，适时予以打击。负责对反动信件、反动标语、反动宣传品的处理。

（5）负责对全院集体户口的户籍管理，负责保卫印章、信件的使用登记和保管，负责安全保卫工作的信息收集处理、数据统计分析、文件材料的立卷归档。办理临时来院学习、进修、协作人员和外来人员的办证、登记和管理工作，负责制作、发放各种临时出入证，并建立严格的登记管理制度，做好办公室的日常工作，做好门卫拾物招领等工作。

（6）负责防火、防盗、防治安灾害事故等预防管理工作，负责制定突发事件应急预案，并组织实施应急预案的演练。负责全院的消防安全工作监督和管理，审定重点防火部位，制定消防灭火方案，负责防火巡查和经常性的防火检查，负责施工工地安全防火的监督检查。

(7) 采取多种形式，组织对全体教职员工进行防火、防盗、防破坏、防治安灾害事故的宣传教育，增强教职员工的法制观念和安全防范意识，提高自我保护、自我防范能力，坚持开展“11·9”消防宣传周活动。负责购置、配备、维护和管理各种消防器材设备，负责消防设备的检查测试，参与学院消防工程的验收工作，落实防火安全责任制。

(8) 负责全院大型活动和来院领导、外宾、专家的安全保卫工作，制订保卫方案并组织实施，维护大型文体活动和公共场所的安全秩序，负责对违反校园治安秩序行为的查处。搞好元旦、春节、五一、十一等重大节日和寒暑假前后的安全教育，并开展全面细致的安全大检查，及时消除不安全隐患，并做好检查记录，发现安全隐患及时发出整改通知，并积极督促整改。

(9) 负责全院的交通安全工作，规划、设置并管理院内交通标志，对在院内发生的交通违章和交通事故进行处置，或协助有关部门查处。负责监督有关单位对易燃、易爆、剧毒、放射性物质等危险品的采购、运输、贮存、使用、管理手续，并进行安全检查，参与发生危险品事故的处置。

(10) 负责对保卫人员进行业务培训和技能训练，抓好保卫队伍的思想、业务建设，有针对性地组织保卫进行相关的理论学习，协同保安公司做好聘用保安人员的教育与管理，树立公正严明的工作作风和秉公执法的职业道德。

(11) 负责起草院内安全保卫奖惩办法；定期或不定期组织开展安全检查，发现隐患，督促有关单位进行整改；定期组织安全保卫保密工作评比，表彰先进，鞭策落后，落实奖惩措施。

(12) 负责协助公安机关进行重大治安、刑事案件的侦破和取证工作，协同上级有关部门处理校园群体性闹事、打架斗殴等突发事件，协同相关部门调解民事纠纷。

(13) 协助公安机关、城管执法、文化稽查等部门，抓好校园周边综合治理，维护好校园治安秩序。协同主管部门，做好对外来暂住人员的管理工作。

(14) 完成学院社会治安综合治理委员会、交通安全委员会、防火安全委员会交办的任务。

(15) 完成学院和上级机关交办的其他安全保卫工作。

三、工作概况

在学院党委、行政部门的领导下，在上级相关部门和公安机关的帮助指导下，在全院教职员工和各部门的积极配合下，以深入贯彻落实科学发展观为根本，以创建“平安校园”长效机制为主线，坚持为全院教职工服务为宗旨，以治安防范、消防安全为基础，以保障“平安校园”建设、保障学院各项教学、培训和学术研讨等大型活动为重点，积极开展安全宣传教育，搞好制度建设和群防群治工作，全面夯实维护稳定基础，推动学院安全稳定工作的科学发展。

2008 年以来，安全保卫处圆满完成了“平安奥运”行动、学院 55 周年院庆、新中国成立60周年大庆、学院党代会、党的十八大召开等大型活动的安保工作，以及每年全国两会时期、上级领导来院调研等重点阶段的安保工作。经过全体工作人员的努力，学院没有发生任何政治责任事故、重大突发事件和影响学院安全稳定的事件，预防工作扎实到位。安全保卫处连续5年被西城区政府评为“综合治理先进单位”，2008年、2009年，安全保卫处分别获得北京市公安局集体嘉奖；2009年获得西城区国庆60周年民兵执勤工作优秀组织奖；2012年安全保卫处荣获北京市公安局集体三等功，安全保卫处党支部被学院评为2010—2012年先进基层党组织。处内先后有11人次分别获得北京市公安局个人嘉奖，一人获得北京市西城区优秀专武干部。佟德仲处长连续5年获得西城德胜地区社会治安综合治理先进个人，2008年被授予首都教育系统奥运工作先进工作者，荣获北京市公安局个人三等功。

（一）组织机构健全、制度不断完善

（1）学院成立了以党委书记、院长为组长的“平安校园”创建领导小组，在各校区、各二级学院也分别成立了“平安校园”创建领导小组，建立健全了以全院37名教职工安全员和专职保卫干部组成的安全稳定队伍，覆盖了全院所有校区和二级单位，为创建平安校园工作提供了有力的人员保障。

（2）学院成立了社会治安综合治理委员会、保密委员会、安全稳定工作领导小组和突发事件（事故）应急工作领导小组，制定各安全组织责任制度，明确其任务、职责、处理突发事件（事故）的程序、措施和责任追究制度。安全保卫处根据工作形势的发展和学院实际情况，制定、充实、完善了值班制度、监控室值班制度、监控录像查看制度、校园保安巡更制度，修订了安全员职责和管理办法，建立了定期、不定期检查和日常防范相结合的安全管理制度。

（3）2008年和2011年，安保处牵头分别与学院各部门签订了有效期为3年的5种安全责任书（《综合治理领导责任书》《防火安全责任书》《校区安全责任书》《安全稳定责任书》《重点要害部位安全责任书》），本着“预防为主、防消结合、群防群治”的方针，学院党政领导与各个校区、二级学院以及处室、所属各科室，层层签订安全责任书，使安全稳定工作责任向基层延伸到岗、到人。

（4）学院承办的全国教师资格报名、认定、考试等工作，每次都牵扯到4个校区数万名人员，安全保卫处根据制定的《北京教育学院防止和处置突发事件预案》，全部投入维持现场秩序的安保工作，秩序井然。

（二）认真学习业务知识，加强安全宣传工作，不断提高管理服务水平和教职工安全意识

（1）定期召开处务会，不断分析完善充实各项制度规定，认真组织全处人员学习相关业务知识，提高了保卫人员的业务素质和工作能力。

（2）加强宣传教育，强化教职工安全意识，结合学院2008年安全员聘任工作会议，安全保卫处邀请北京市公安局文化保卫总队领导，作了题为《平安奥运，构建和谐校园需要你和我共创》的报告，组织部门领导和全体安全员参观海淀区公共安全馆，陆续邀请防火办、文保队警官为保卫干部、安全员和保安队员作防火、防盗、防治安案件的报告，坚

持重大节假日前在校园网发布安全提示，宣传安全保卫工作。

(3) 每年结合我国“11·9”防灾减灾日宣传活动，安全保卫处联系学院组宣部开展了主题宣传周活动，悬挂消防宣传条幅，使教职工进一步了解安全形势，提高安全意识、防灾减灾意识，增长应对各类灾害事故的安全知识，并带领安全员对全院各校区的重点部位进行全面的安全检查，取得了较好的宣传效果。

(4) 配合消防监控室设备的不断更新，组织保卫干部和保安员进行消防监控操作的集中培训，使其对设备会操作、规范操作，通过西城消防局的统一考试，均取得了上岗证书。

(5) 狠抓保安队伍管理，提升保安员文明值勤形象、业务素质和工作水平，为使保安员队伍能够很好地完成工作任务，在关心保安员生活，创造良好工作环境的同时，注重加强对保安员的教育和引导，激励保安员增强集体观念，规范保安员文明执勤、文明用语、岗容岗姿；保安员在完成校园基础安全防范工作的同时，较好地完成了大型活动的安全保卫工作，为学院的安全稳定作出了应有的贡献。

(三) 圆满完成了学院各种大型活动的安全保卫工作

(1) 安全保卫处针对每次大型活动情况，都制定了详细、切实可行的安全保卫工作预案，做到分工负责，责任到人；逐步成立了以保安员、安全员为主的应急快速反应队伍。在教师资格考试报名、考试、开学典礼、节假日、寒暑假期间，安全保卫处全体同志放弃休息，坚守岗位，确保了大型活动的安全稳定和良好的秩序。

(2) 圆满完成了每年两会、国家大型政治活动期间地区民兵执勤。为完成好任务，全处人员克服了人员少、任务重、年龄普遍偏大的实际困难，坚守岗位，认真履行岗位职责，多次被北京卫戍区、西城区武装部抽查，得到较好的肯定，受到地区武装部的表彰，为学院争得了荣誉。

(3) 根据上级要求制定了北京教育学院“平安奥运”行动保卫工作方案、自查方案、督查方案、应急预案；北京教育学院反恐、防暴预案和防汛应急预案。建立了奥运期间多层次安全检查队伍，圆满完成奥运期间安全保卫工作。

(4) 圆满完成学院55周年院庆期间安全保卫工作，安全保卫处根据学院院庆工作的总体方案，制定了细致的《北京教育学院庆祝建院55周年安全保卫工作预案》和《院庆各岗位安保人员分工及任务明细单》，明确目标与责任人，并对参加院庆保卫人员进行集中培训，全体人员按照设置的岗位和工作职责、任务，做好各项安全工作。

(5) 圆满完成中共十八大期间学院的安保工作，合理调配人员，按照北京市公安局、教工委、教委要求，结合“平安三号”行动以及十八大召开期间安全检查。针对文兴街校区与十八大代表下榻宾馆只一墙之隔的特殊情况，安全保卫处专门安排一名保卫干部，与文化保卫总队警官一同驻扎在文兴街校区，确保了中共十八大期间学院各校区的安全稳定，做到了大事小事都不出。

(四) 围绕中心工作不放松，确保校园安全稳定，抓好重大节日、重点部位安全检查，及时妥善处理突发事件

(1) 每年重大节日、寒暑假前后，都要进行安全大检查，对查出的问题现场整改，或

者下发限期整改通知书限期整改，确保了学院安全稳定和中心工作的顺利开展；制订应急预案，并在校园网及时发布安全工作通知和安全提示，增强全体教职工主动参与学院各时期安保工作的意识。

（2）2012 年暑假，黄寺校区全面施工，最多时达到 5 个施工队 200 余工人，安全保卫处放假前召开专门处务会，研究暑期安全工作，并部署各项安全措施，贴出安全告示和提示，安排保卫干部到校巡视，到暑假装修结束，及时排除了安全隐患，有效制止了盗窃事件发生。

（3）在处理学院突发事件时，安全保卫处的同志能够首先控制事态，防止恶化，然后在院党委和行政部门的统筹安排下，有理有节地按规章制度处理，最终均达到满意的处理效果，为学院的正常秩序提供了坚强的保障。

（五）维护、完善消防、安防系统，发挥技防优势，实现科技创安

（1）为了保证消防设施的正常、有效运转和使用，聘请消防专业检测公司对各校区的防雷、避雷设施进行了检测，同时分别对学院进行了消防报警和电气安全检测及时回充、更新各类灭火器，有效地将各项安全隐患消除在萌芽状态。

（2）为升级消防系统，学院对黄化门校区、文兴街校区的消防给水工程进行了改造，分别建设了消防给水水箱，新增消火栓水泵、稳压泵，保证消防用水，从硬件上进一步加强了消防设施的完善。

（3）分次对全院的安全技术防范系统进行升级改造，校区公共区域覆盖率达 95% 以上，基本无死角，进一步增强了人防、技防的有机结合。

（六）积极开展校园交通秩序整顿，确保学院各项工作正常进行

（1）近年来，解决停车难已成为安全保卫处的一项重要工作。2008 年年初，黄寺校区划出的停车位只有 73 个，到 2012 年，全院教职工车辆增加到 320 辆，原有的停车位已经远远不能满足停车需要，安全保卫处主动和家属院物业管理部门协调，极大地缓解了停车难问题。2011 年重新核发了机动车出入证，对外单位长期办学部门发放机动车临时出入证；同时与北广停车场联系，将教职工车辆有偿存放，由办学部门统一结算，基本解决了大型活动当天的停车难和秩序混乱现象。

（2）遇到学院有大型活动时，提前与交通管理部门协调，减少校门口的交通拥堵，有计划地组织机动车进入校园。

第五节　离退休工作部（处）

一、组织沿革

2008 年 1 月，老干部处从人事处分离，独立设置为离退休工作部（处）。处长：李凌。2011 年 4 月，处长：李凌；副处长：李奇颖。

二、工作职责

（1）贯彻执行国家有关离退休人员管理服务工作的方针政策，制定离退休人员管理服务工作的有关规章制度。

（2）负责离退休党总支及党的基层组织建设，做好离退休人员的思想政治工作，认真落实离退休人员的政治待遇。

（3）及时落实离退休人员的各项生活待遇。

（4）负责离退休工作经费的管理，保证离退休工作及活动的正常进行。

（5）负责做好离退休人员的调研工作，及时了解和帮助解决有关困难和问题。

（6）负责做好离退休人员的节日慰问、重病探望工作。

（7）负责老干部活动室的管理服务。

（8）协助关心下一代工作委员会开发利用离退休人才资源，为学院思想政治工作、教育教学、培养和帮助青年教师发挥作用。

（9）协助老教育工作者协会开展不同形式的教育、参观、娱乐活动，丰富离退休人员的生活。

（10）协助家属办好去世离退休人员的善后工作。

（11）完成上级主管部门和学院安排的其他工作任务。

三、工作概况

（一）学院党委对离退休工作的领导和指导

（1）2011 年年底，召开学院首届离退休工作会，制定《中共北京教育学院委员会关于进一步加强和改进离退休工作的意见》和《中共北京教育学院委员会关于落实离退休工作领导责任制实施办法》。

（2）每年召开学院离退休工作领导小组会议，协调各部门，研究解决离退休工作中的问题。为老同志办好实事。

（3）学院领导定期向离退休老同志通报学院工作，每年至少一次。

（4）坚持学院领导固定联系老同志制度。

（二）组织建设工作

1. 离退休工作领导小组

按照《北京市老干部工作领导责任制》要求成立离退休工作领导小组，现任组长：马宪平、李方；副组长：刘枫耘、许志矛；成员：倪传荣、蓝继世、高凤兰、丛佩华、谢志东、冯华、王红樱、余新、杨禾、吴珊、韩永江、李凌、李奇颖。

2. 基层党组织情况

2008 年 1 月，李凌任离退休党总支书记，李奇颖任党总支副书记；委员：丛佩华、马贵昌、李玉荣、杨捷、段义山、高凤兰、王明德、谷蕴平。

下设 8 个党支部：

文兴街校区离休党支部书记：丛佩华

黄寺校区离休党支部书记：马贵昌

文兴街校区退休党支部书记：李玉荣

黄寺校区退休一支部党支部书记：杨捷

黄寺校区退休二支部党支部书记：段义山

黄寺校区退休三支部党支部书记：高凤兰

黄寺校区退休四支部党支部书记：王明德

离退休工作处党支部（在职）书记：谷蕴平

2011 年 4 月，离退休党支部由 7 个变为 14 个，并成立各党支部工作班子。离退休党总支原设置和人员构成不变。

2012 年 4 月，正式选举产生新的党支部领导班子和新的离退休党总支。书记：李凌；副书记：李奇颖；委员：孟克、丛佩华、项树朗。

文兴街校区离休党支部书记：丛佩华

黄寺校区离休党支部书记：彭建英

文兴街校区退休第一党支部书记：李玉荣

文兴街校区退休第二党支部书记：段从娟

文兴街校区退休第三党支部书记：洪力

黄寺校区退休第一党支部书记：刘丙辛

黄寺校区退休第二党支部书记：项树朗

黄寺校区退休第三党支部书记：钱燕萍

黄寺校区退休第四党支部书记：张福月

黄寺校区退休第五党支部书记：栗建云

黄寺校区退休第六党支部书记：夏勤政

黄寺校区退休第七党支部书记：高凤兰

黄寺校区退休第八党支部书记：孟克

黄寺校区退休第九党支部书记：王明德

3. 关心下一代工作委员会情况

2007 年 7 月学院成立关心下一代工作委员会。2009 年完善关工委组织机构，设立办公室，负责人：夏勤政。

4. 老教育工作者协会情况

北京市老教育工作者总会北京教育学院协会是学院离退休老教育工作者自愿组成的群众团体。

2011 年 4 月老教协进行调整，会长：刘枫耘；常务副会长：蓝继世；秘书长：李凌；副秘书长：李奇颖、栗建云。

以支部为单位建立老教协分会，书记即为分会会长。

（三）落实离退休人员政治待遇和生活待遇

（1）坚持按规定阅读文件、重大事项征求意见、走访慰问老同志制度。

（2）2010 年成立退休局级领导干部理论中心组；2012 年成立老教育工作者协会学习中心组。

（3）每年学院拨专款对特殊困难离退休教职工实施“阳光救助”和困难补助。

（4）2010 年制定《离休干部特需费使用办法》，分层分类对离休干部进行管理。

（5）坚持普惠原则，2012 年为长期不能参加活动的退休教职工设立“普惠基金”。

（四）加强思想政治工作

每年党总支和各支部都会定期通过组织形势报告会、座谈会、主题党日、参观等多种形式的活动进行思想教育。特别是近年来通过参加共产党员先进性教育、高校党建迎检、深入学习和实践科学发展观、深入学习宣传贯彻中共十八大精神等大型思想教育活动，使离退休党员普遍受到了党性教育。

（五）积极发挥老同志作用

（1）2010 年 4 月组织老教授、老教师组成专家团，对学院附中开展视导工作。

（2）每年返聘老教授作督导员，对学院教学培训项目的立项、实施、总结等作评估、检查、督导，把好质量关。

（3）2011 年年底组织开展密云冯家峪中心小学支教活动。

（六）开展评选先进活动

（1）2008 年年底开展关心下一代工作先进个人和老教协工作先进个人评选工作，共有 47 人获得表彰。

（2）2010 年评选出 15 名优秀共产党员和 1 个优秀党支部。

（3）2011 年 6 人被学院授予“共产党员标兵”称号。

（4）2012 年在学院开展的创先争优评选表彰活动中，两个党支部被评为“先进党支部”，3 人被评为“优秀共产党员”。

（七）开展丰富多彩的活动

（1）积极参加上级主管部门组织的主题活动并精心设计、认真组织学院的各项活动。

（2）设立舞蹈、合唱、摄影、书画、健身操、手工艺制作、收藏、乒乓球、棋类等活动团队开展文化体育艺术活动。

（3）继续办好《枫叶红》月刊。

（八）获奖情况

（1）2008 年蓝继世、杨捷、李玉荣受到北京市老教育工作者总会的表彰。

（2）2009 年温寒江被评为“全国离退休干部先进个人”。

（3）2010 年温寒江、李玉荣被评为北京市离退休干部先进个人；老教协黄寺校区退休第一分会、第三分会、文兴街校区退休分会被北京市老教育工作者总会评为杰出分会；李玉荣、杨捷、段义山被北京市老教育工作者总会评为杰出分会长。

（4）2011 年倪益琛被评为“全国教育系统关心下一代工作先进工作者”；李奇颖被评为北京市老干部工作先进工作者；离退休党总支被评为“北京市高校先进基层党组织”。

（5）2012 年倪益琛被授予“全国青少年‘五好小公民’主题教育活动先进个人”；高凤兰被评为“北京高校创先争优离退休干部优秀党员”；周韫玉被评为“北京高校离退休干部老有所为先进个人”；北京教育学院老教育工作者协会被北京市老教育工作者总会评为“三型社团”建设工作先进单位；文兴街校区退休一支部被评为“北京高校离退休干部先进党支部”；教学督导室被评为“北京高校离退休干部老有所为先进集体”。

第六节　工会（略）

第七节　人事处

一、组织沿革

2011 年 3 月，人事处处长：冯华；副处长：王建华。下设 3 个科室：薪酬管理科、人力资源管理科、档案信息管理科。

二、工作职责

人事处是负责学院人事、劳资、机构编制和师资队伍建设管理工作的职能部门，主要职责是：负责学院编制管理；教职工的聘任管理、工资管理、人员调配、人才引进、专业技术职务评聘、教职工年度考核、福利、社会保险等工作；负责师资队伍建设工作；负责处级以下干部和专业技术人员的教育培训工作；负责编制外用工管理工作；负责学院人才交流中心工作；负责离退休人员工资和相关福利的管理工作。

三、工作概况

（一）学院教职工岗位聘任工作

1. 2011 年 4 月，学院启动新一轮全员岗位聘任工作。学院颁布《北京教育学院 2011 年教职工岗位聘任实施办法》《北京教育学院党政管理机构处长助理、二级学院院长助理、系主任聘任与管理办法（修订）》《关于行政助理、科级干部的任职决定》《关于二级学院院长业务助理、系主任的任职决定》《关于职业教育学院院长业务助理的任职决定》等文件。为行政及专业技术人员编印了岗位任务书。

此次聘任，共有 237 名教职工聘任到管理和专业技术岗位，174 人聘任到教师岗位，其中 71 位同志担任行政助理、科级干部，41 位同志担任二级学院院长业务助理、系主任或副系主任。

学院延续转岗政策，通过试讲、考试等方式，4 名管理人员顺利由管理岗转为教师岗，5 名工勤人员由工勤岗转为管理岗。

2. 第二次订立聘用合同工作

2006年，人事处代表学院与教职工第一次签订聘用合同，聘期至2010年9月30日。2010年10月1日，人事处再次代表学院与教职工续订了2006年订立的《聘用合同》。

本次订立的聘用合同中，签订“至退休”聘用合同为85人，签订固定期限聘用合同为307人（聘用合同终期为2016年12月31日），身在国外未签订固定期限劳动合同4人，延续2006年订立“至退休”聘用合同184人。合计580人。

（二）薪酬分配制度改革

2011年，在新一轮全员岗位聘任时，学院修订了《北京教育学院薪酬分配实施办法（修订）》，绩效工资分值标准由原来的每分55元增加至每分58元。

根据《北京教育学院2013年调整在职教职工绩效工资分值标准方案》（经学院第二届党委会第41次会议［党政联席］决定，第六届教职工代表大会暨第九届工会会员代表大会第二次会议审议通过），在职教职工绩效工资分值标准由58元/分增加至60元/分，自2013年1月起实行，自2013年5月起按新标准调整在职教职工绩效工资，并补发2013年1月至4月绩效工资差额。

2011年5月，学院决定人事处接管离退休工资，离退休工资由离退休工作处（部）转移到人事处管理。2012年人事处根据北京市人力资源和社会保障局北京市财政局文件，进一步规范了离退休人员工资。

（三）专业技术职务评审工作

2008年至今，学院按照《关于北京教育学院岗位设置方案的批复》文件，根据学院的岗位设置情况和结构比例，继续做好专业技术职务的评审、推荐工作。此项工作关系到教职工的切身利益，也是教职工较为关心的一项工作，学院专业技术职务学术评议委员会的委员们遵循公开、公平、公正的原则，认真做好此项工作。5年来，共有93人晋升专业技术职务。其中正高级10人，副高级44人，中级39人；教师（实验）系列79人、高校教育管理研究系列3人，11人通过以考代评、考评结合、评审等社会化评审方式取得相应的专业技术职务任职资格。

2010年至2012年，根据市教委核定的比例数，完成当年工人技术等级的推荐、考核、认定工作。5年里，学院共有5人晋升为高级工，3人晋升为中级工。

（四）各类人事奖励的推荐工作

人事处按照上级有关规定，做好各类人事奖励的推荐工作，例如：北京市优秀教师、北京市政府特殊津贴、中小学高级专业技术职务评委等推荐工作。推荐工作严格按照民主程序进行，完成材料整理、等额推荐、公示、上报等工作。

（五）年度考核工作

进一步完善各类考核内容和程序，每年对教职工进行年终考核，考核结果存入个人档案，并依据考核结果晋升薪级工资。

2010年制定《北京教育学院教职工2008—2010聘期暨2010年度考核办法》文件，按要求做好各类人员的聘期考核工作。在规范完成各类人员年终考核的同时，认真完成了初任科长考核、大学毕业生试用期考核等工作。

根据《北京教育学院2009—2015年学科建设规划》文件要求，为推动学科和专业建设，加强专业团队、人才梯队的建设，促进骨干群体的成长，以适应北京市基础教育、中等职业教育、成人教育校长教师培训基地和党建研究中心建设与发展的需要，制定了《北京教育学院学科带头人、学科骨干教师聘任办法》，并先后分两批聘任学科带头人17人，学科骨干教师44人。按计划人事处与教务处共同完成第一批学科带头人及骨干教师的聘期考核工作，并依据考核结果发放一次性奖励津贴。

（六）人员招聘工作

为进一步完善事业单位人事制度改革，努力建立一支师德高尚、素质优良、总量适度、结构合理、爱岗敬业的教师队伍，特颁布了《北京教育学院关于接收应届大学毕业生的若干意见》，并依据该文件精神，2008年至2012年，学院共接收毕业生69人，军队专业干部16人，调入38人。

（七）深入附中及农村中小学教师研修工作站工作

教师下校既是教师成长的必由之路也是学院发展的必要机制，2008年至2013年7月，学院共有63人到中小学实践或到职能处室挂职锻炼6～12个月。教师们谨记学院的重托，珍惜机会，多听、多看、多学习、多思考，带着问题深入实践，力争做懂中小学、懂中小学教师的培训者。

随着教育部、北京市教委对学院支援西藏工作范围的不断扩大，为鼓励学院教师、管理干部支援西藏工作，切实解决他们的后顾之忧，根据国家有关文件精神，结合学院实际，颁布了《北京教育学院支援西藏人员有关待遇的方案》，并于2009年9月至2010年1月，派校长研修学院的吕蕾到西藏拉萨师专进行挂职锻炼。

（八）人事档案管理工作

2011年岗位聘任，人事处增设档案信息管理科，岗位职责中增加了人事档案电子信息化的建立及管理工作。逐步完善人事档案管理工作，进一步建立健全人事档案管理制度。

（九）社会保险工作

1. 确定社会保险缴费工资基数核定方案

自2009年4月核定社会保险缴费工资基数起，到2013年4月人事处执行国家统计局《关于工资总额组成的规定》，及时、准确地上报了学院全体教职工的社会保险缴费工资基数，确保了劳动者的合法权益，履行了学院的社会责任。

2. 编制内教职工基本医疗保险、工伤保险、生育保险、失业保险、基本养老保险相关业务工作

随着《社会保险法》的实施，2012年起，事业单位社会保险政策环境愈加完善，学院投入大量财力，保证学院编制内教职工参加社会保险中的失业、工伤、生育、基本医疗保险4个险种。

2011年8月起，为497名在职、440名退休教职工采集、上报了基本信息，为教职工参加基本医疗保险、生育保险做好认真细致的准备工作；2011年12月26日开始向全院

937名教职工发放了社会保障卡，确保学院教职工能够刷卡就医、实时结算，确保我院教职工享受社会保障利益。其间，还为55人进行了特殊病审批、异地安置、手工报销。

自2012年1月起，学院正式纳入基本医疗保险、生育保险系统，2012年1月到2013年4月，人事处共为12名教职工申报生育津贴共计34万余元，产前检查手工报销共计5万余元。

工伤保险、失业保险保证了教职工在劳动合同的订立、履行、解除中的相关权益，为劳动关系的和谐、稳定提供了支持。

（十）参与继续教育项目管理工作

继续做好继续教育项目管理工作，根据工作需要，及时调整备案制度并严格执行。人事处做到备案每月合计，年终总计。日常做到与教务处、财务处及时沟通，共同解决特殊和个案问题。

（十一）统计工作

2008年至2012年，人事处按季、按年报送相关统计报表。2012年年底，根据北京市统计局、国家统计局北京调查总队《关于印发2012年统计年报和2013年定期统计报表制度的通知》文件要求，人事处按月、按季、按年报送相关统计报表，确保劳动工资104报表、102报表、201报表的及时、准确报送。

2008年到2013年，学院有9名教职工先后取得统计从业资格，充实了统计人员队伍。人事处每两年为学院具有统计从业资格的人员报名参加统计继续教育学习，通过法规培训，确保报送材料的合法和规范。

（十二）编外用工管理工作

人事处继续完善并推进学院编外用工管理制度的落实，与总务处、二级学院等部门合作，做好编外用工人员的管理工作。

1. 编外用工劳动合同、工资及社会保险

2008年年初，人事处根据《劳动合同法》《北京教育学院编制外聘用人员管理暂行办法》及其他北京市规章、条例规范编外用工管理工作。

按照法律要求改革编外用工工资发放依据，严格考勤记载，确保每一笔工资发放准确、及时；按照工作日、休息日、法定假日分别计薪，落实《劳动合同法》，保障劳动者和用人单位的合法权益。

2008年5月，学院与编外用工续订了劳动合同，为构建和谐、稳定的劳动关系打下了一定的基础。

为编外用工缴纳基本养老保险、工伤保险、失业保险。根据2011年7月1日实施的《社会保险法》，人事处按照北京市人力社保局要求，于2012年1月为编外用工缴纳生育保险，2012年4月为编外用工缴纳基本医疗保险，并及时解读政策、发放社会保障卡。这些措施确保了编外用工的劳动权益。

2. 编外用工劳动纠纷处理

2008年至2013年4月，人事处依照国家法律文件，本着确保学院和劳动者的合法利益的精神，共处理5起历史遗留劳动纠纷，该5起纠纷中涉及9名编外用工。处理结果如下：经仲裁裁决结案1起，法院调解结案1起，当事人双方和解结案3起。

（十三）继续完善“阳光救助”工程工作

继续完善“阳光救助”工程，制定《北京教育学院福利费、阳光救助金管理办法》文件，进一步规范了“阳光救助”基金和福利费管理。2012年5月10日，北京教育学院培训中心、北京成人培训中心、北京教育学院交流培训中心、北京兴教科贸公司、北京桃李书店、《中小学管理》杂志社、《北京教育丛书》编辑部分别向学院“阳光救助”基金捐款共计40万元。党委书记马宪平、院长李方向捐赠企业负责人颁发了荣誉证书。2013年1月，学院首次在网上公布上年度福利费、“阳光救助”基金使用情况。

表4－4为2008—2012年福利费、“阳光救助”基金执行情况：

表4－4　2008—2012年福利费、“阳光救助”基金执行情况

项目／年份	福利慰问				阳光救助			
	人数（单位：人）		金额（单位：元）		人数（单位：人）		金额（单位：元）	
	在职	离退休	在职	离退休	在职	离退休	在职	离退休
2008	8	53	2400	21500	40	16	43500	27000
2009	6	50	2400	22700	32	19	26400	25000
2010	17	79	7400	30400	20	15	28000	19500
2011	10	51	4600	24500	23	25	33100	56000
2012	15	24	6900	12000	21	35	31400	62000
合计	56	257	23700	111100	136	110	162400	189500

（十四）兼职教授管理工作

为落实《北京教育学院延聘荣誉教授、客座教授、兼职教授办法》的文件精神，加强外聘教授的管理和使用，制定《北京教育学院2012年外聘教授工作计划》。

第八节　财务处

一、组织沿革

2008年1月至2011年4月，财务处处长兼党支部书记：杨禾；副处长兼核算中心主任：李骞。

2011年5月，处级干部任职情况不变。下设4个科室：预算科、结算科、事业会计科和企业核算科。现有正式在编人员16人。

二、工作职责

在学院党委和行政部门领导下，具体负责全院财务运行与管理工作。负责制定学院各项财务制度，对学院各类经济业务实施全面的财务管理与监督；负责管理各项资金的收入、结合学院年度重点工作合理调配资金，组织经费预算编制与执行，确保学院教育教学工作的顺利开展；负责及时推进预算进度；负责对学院各经营实体进行全过程财务管理与监督；负责完成学院各类经费核算，有效编制财务决算，如实反映学院财务状况，及时提供财务信息，为学院科学决策提供依据。

三、工作概况

2008 年 6 月以来，财务处在及时有序组织学院各类资金来源的同时，配合学院党委和行政积极争取财政和教委的支持，使得学院各类办学经费逐年稳步增长，截至 2012 年年底，学院办学经费规模达到 2.9 亿元。在财务管理方面，始终坚持认真学习、深入研究各项财政制度与改革要求，从及时调整、完善各项财务、业务规章制度入手，强化内部职能管理，注重预算执行的过程管理与监督，进一步完善项目管理“五统一”的操作程序与办法，提高预算经费管理的精细化水平。

（一）统筹规划，服务大局，科学管理，实现办学经费稳步增长

（1）积极与市教委财务处沟通，科学合理地安排年度预算经费规模，做到收支平衡。

（2）定期召开职能部门专题会，分析学院现有教学设备设施现状，统筹安排基础设备设施改造年度经费需求计划，建立、健全项目库管理，加强预算的统筹规划，及时与教委财务处沟通，做好委托项目经费的申报，确保学院预算的完整性。

（3）进一步深化项目预算管理的改革与创新，规范预算执行，细化“五统一”的内控制度和操作流程，落实绩效考评，争取市财政、市教委等上级的支持，确保学院办学经费的稳步增长。

（二）提高预算申报质量，为规范预算执行打下良好基础

（1）项目经费实行统一申报、统一标准、集中组织院内统一评审。

（2）按照业务分工，明确职责，强化预算的职能管理。

（3）财务处牵头组织接受项目财政评审。做到及时报送评审材料、及时沟通存在问题、及时反馈评审意见。

（三）规范年度预算经费支出，保证经费预算高效、安全运行

不断完善学院预算管理制度，细化经费预算管理程序，强化预算刚性。统一核算口径，定期发布财务信息和分析，指导预算执行。按要求坚持项目资金统一核算与管理，从严控制项目资金的预算执行标准，严格审批程序，完善报销手续，实现有效监督，预防财务风险。学院连年被评为教委系统财务管理先进单位。

（1）依据财政部门预算批复，按部门及具体业务工作编制预算分解方案，细化预算指标，并及时下达。

（2）预算执行实行指标控制，实现预算经费支出事前控制。每年下达预算控制指标800多项。

（3）严格预算支出标准、范围、审核程序与审批标准，强化预算刚性，严控“三公”经费支出。

（4）严格预算调整制度，明确预算调整规定，加强沟通、指导和过程监督。严格控制，尽量减少预算调整。

（5）定期发布预算执行信息，完善相关辅助账，及时对账，有效督促预算进度。

（6）强化预算执行的审批程序，完善报销手续，规范预算执行。执行凭单复查、抽查制度，定期进行发票防伪等风险防控培训。

（7）加强财经政策、制度的宣传力度，在日常工作中注重与职能部门、项目组沟通，争取理解，达成共识。

（四）加强预算执行的审计检查，注重过程监督与整改措施的落实

财务处高度重视对财务预算管理的审计监督。每年预决算均邀请纪检审处全程参与监督。对于项目支出强化过程监控，实施定期绩效考评。2008年以来，每年都接受北京市审计局和市教委审计处的预算执行、决算和专项经费审计，学院的各项财务管理情况均得到上级部门的肯定。每次审计结果分别在党委会、行政办公会上通报，针对审计建议逐条落实整改措施。

（五）加强廉政建设，注视财务公开

在日常财务管理中，结合学院党风廉政建设要求进一步完善财务管理制度，梳理、规范财务报销、收费、薪酬发放、预算申报、绩效考评等工作流程，严格审批制度，实现外请教师教课报酬银行发放。严格年度预决算教代会通报制度。

第九节　科研处

一、组织沿革

2008年3月，科研处处长：石瑒。根据2009年4月29日院党委第65次会议（党政联席会）决议，同意科研处适当增加编制，调整机构设置，成立两室一部，即科研规划管理办公室和科学发展研究室（含院史馆）及《学报》编辑部。决定曹青调科研处工作，负责院史馆并兼科学发展研究室主任，保留副处长待遇到此聘期止。

2011年新的聘期，院史馆重新划归学院办公室管理。

二、工作职责

（1）承担学院科研管理和《北京教育学院学报》的归口管理工作，“十一五”以来，还承担了对学院设立的专业研究所的业务统筹指导和学院建立的实践基地校及附中的业务

统筹管理；同时负责各级科研课题的申报的组织、科研成果的审核、统计及津贴的发放工作。

（2）科研处是学院学术委员会的日常办事机构，负责研制院级科研课题指南并协助学院学术委员会审批学院科研课题的立项及科研成果的评优工作。

（3）负责组织全院科研活动，安排专家讲座，组织学院内各种类型学术交流活动。负责开展学院对外部的科研交流活动。

（4）建立和管理科研档案、科研橱窗和科研网页，负责搜集和发布科研信息。

（5）围绕学院的中心工作和干部教师队伍建设进行调查研究，组织教职工的学习研究活动和学术活动；承担上级领导交办的专题调研，为上级领导科学决策提供咨询。

（6）负责实践基地校事务的协调管理，负责统筹学院对附中的业务支持并参与附中的管理和改革工作。

（7）配合学院的教务处、人事处等部门，共同做好教职工的考核、评审、选拔等工作；共同组织重大学术性、专业性活动。

（8）负责对挂靠科研处的《北京教育学院学报》的行政事务管理。

（9）对教师专业发展研究所、课程教材教法研究所、德育研究所、学校发展研究所、职业教育研究所等院内设立的科研机构进行业务统筹和指导。

三、工作概况

（一）完成日常科研管理工作

每年根据国家、部委、北京市发布的科研课题指南，组织学院教职工申报课题，负责课题研究过程的定期检查、课题经费的归口管理和协助课题负责人组织开题结题工作。近年来通过积极疏通各种渠道，使学院教职工有更多途径申报省（市）、部级课题。

（二）召开科研工作会议

2009年学院召开科研工作会议，制定和颁布了《北京教育学院2009—2015年科研发展规划》，出台6个科研管理文件：《北京教育学院学术委员会工作条例》《北京教育学院科研课题管理办法》《北京教育学院科研经费管理办法》《北京教育学院科研奖励办法》《北京教育学院专业研究所管理章程》《北京教育学院学术科研假管理办法》。建立了三级科研管理体制和8个二级学院的专业研究所。

（三）组织学术委员会的工作

科研处是院学术委员会的秘书处，每年组织学术委员会的例会，审批科研课题，评审科研成果奖。

（四）承担附中统筹管理与业务指导工作

自北京教育学院附中于2008年成立以来，北京教育学院领导对附中给予了极大的关注，选派科研处处长助理时俊卿担任北京教育学院附中科研副校长。学院科研处组织“北京教育学院专家团”赴附中开展教学视导工作，学院每年以支教、挂职锻炼、项目培训多种形式，选派学院教师深入附中担任教育教学工作，2008年以来，共有15名教师在学院附中进行挂职。2010年4月12日，在学院附中召开了“北京教育学院专家团赴附中教学视导启动仪式大会”，自2010年4月12日至5月19日，专家组对附中教学工作进行集中视导。视导团12位教授对附中15位教师的教学和教师专业发展状况进行分析，提出肯定意见73条，提出不足之处有39条。其间视导团的教授与任课教师的交流谈话共46次。为了提高教学水平，促进教师专业发展，又提出建议43条。

（五）承担北京市教育学会小学教育研究分会秘书处工作

2011年10月12日，北京市教育学会小学教育研究分会召开成立大会。

会议选举了研究会理事会，学院杨志成副院长担任研究会常务副理事长，研究会秘书处设在学院科研处，科研处处长石瑒担任秘书长、张祥兰担任副秘书长。

四、科研课题立项与科研成果的统计

（详见第二编第四章）

第十节　教务处

一、组织沿革

2008年1月，学院进行机构调整，教务处下设招生与学籍管理科、学历教育与学生管理科、继续教育与项目管理科、教学质量研究与管理科，文印室挂靠教务处，并继续负责督导室日常工作协调。处长：余新；副处长：李晓东（分管招生与学籍管理）、李永莲（分管继续教育）、张瑾（分管学历教育）。

2011年3月，学院机构调整，教务处下设三科（项目管理科、质量管理科、教学管理科）负责学院继续教育的教学管理；下设另外两科（招生与学籍管理科、学历教育与学生管理科）负责学院学历教育的教学管理；督导室和文印室仍挂靠教务处。处长：余新；副处长：邸磊（分管继续教育）、李淑君（分管学历教育），李炬（副处级干部）2011年调入（分管学生教育）。

截至2013年4月教务处共有职工18人（含文印室4人）。

二、主要职责

随着学院的改革和发展，教务处的职能逐步适应二级管理的需要，在学历教育、继续教育和其他有关工作中发挥组织、协调、管理和服务的作用。

（一）继续教育教学管理工作

（1）承担学院继续教育项目立项计划、申报组织、实施协调、总结评估和验收等全过程管理。

（2）组织学院继续教育项目申报方案、实施方案、绩效考评专家审议会，协助督导室开展教学质量督导，并负责各项目实施过程中的业务支出审核和培训质量监控工作。

（3）负责学院继续教育项目招生、学籍管理和学员结业等学生管理工作，继续教育教学档案管理工作。

（4）承担全院继续教育院内外教师的教学工作量统计、审核和报送工作。

（5）开展学院继续教育项目管理与教学质量方面的调查研究，起草相关项目管理文件，督办与落实学院相关规章制度。

（6）承担北京市中小学教师培训者团队研修项目和“国培计划”培训管理者团队研修项目的申报、实施和总结工作。

（二）学历教育教学管理工作

（1）招生、学籍管理、毕业（结业）工作。

（2）学科与专业建设，教学计划的制订、修订和实施。

（3）制定教育教学管理规章制度。

（4）教学过程管理，教学质量监控。

（5）学生和班主任管理工作。

（6）教师教学工作量审核。

（7）教学改革与教学研究工作的组织、协调、管理和服务。

（8）其他有关教学活动的协调与服务。

（三）重点学科建设的管理与服务工作

（1）协调学院重点学科规划制定，组织重点学科团队申报和年度实施计划和绩效考评工作。

（2）负责重点学科重大活动协调工作，学科建设档案管理和网页信息发布，定期编制学科建设简报。

（四）其他工作

（1）教育教学改革项目管理工作。

（2）教学督导室工作的协调与服务。

（3）中小学教师资格认定，教育学和教育心理学的培训、组考、阅卷工作。

（4）成人高考阅卷工作。

（5）小学教师高等教育自学考试管理、阅卷工作。

（6）学院临时交办的工作。

三、工作概况

2008 年至 2012 年，教务处承担全院学历教育和培训的教务组织管理工作，并为保障学院的教学质量而作出积极努力。特别是为适应全市教师培训事业发展要求，推进学院继续教育发展和保障培训项目质量，在学院领导指导下，教务处承担着学院继续教育管理创新和发展的重要任务。

建立学院继续教育项目管理体系，为学院继续教育发展提供制度保障。2008 年教务处起草制定《北京教育学院继续教育项目绩效考评办法》，颁发《关于做好2008年继续教育基本数据统计和评优工作的通知》，建立学院继续教育项目内部绩效考评制度，并在此后几年实施过程中不断完善，还制定了《北京教育学院继续教育学员成果出版管理办法（试行）》和《北京教育学院“十二五”期间继续教育先进集体和先进个人年度评选与表彰办法》。为推进继续教育项目过程管理，先后制定《北京教育学院2010年教师培训项目申报办法（试行）》《北京教育学院继续教育课程建设办法（试行）》《北京教育学院委托培训项目管理办法》《北京教育学院继续教育项目团队成员工作职责及管理规定》《北京教育学院外聘教师管理办法（试行）》。为适应全市“十二五”教师培训事业发展要求，教务处继续承担着培训制度创新与探索任务。2011年，与学院其他部门共同起草制定《北京教育学院继续教育项目管理办法》，进一步完善学院继续教育项目管理制度；2012年，教务处起草《北京教育学院培训质量提高工程实施方案》，并组织各二级学院贯彻实施。

教务处承担着全院继续教育教学管理与服务工作。包括项目申报、学员招生、培训实施协调、教学过程管理、项目绩效考评和学员证书管理、教学工作量统计、审核和管理等。2008年，为配合学院薪酬分配改革，教务处制定《北京教育学院教学工作量计算与管理办法》，2009年，制定《北京教育学院教学工作量统计操作办法（试行）》，2011年制定《北京教育学院教学工作量计算与管理办法（修订）》。教务处在学院领导支持下，开发了学院继续教育信息管理系统，并于2010年投入使用，大大提高了管理效率。

教务处承担着学院重点学科建设的组织与协调工作。协助学院领导，起草制定《北京教育学院2009—2015年学科建设规划》《北京教育学院2009—2015年重点学科建设管理办法（试行）》和《北京教育学院优秀教学成果评选及奖励办法（试行）》。与其他职能部门协作，先后于2010年、2012年组织学院17个重点学科团队申报与评审工作，负责学院重点学科实施推进的协调、管理和服务工作。

教务处承担着学历教育的招生、教学管理、学籍档案和日常教学服务工作。2008年，在学院主管领导指导下，组织召开全院学历教育管理会议，制定《北京教育学院关于稳定学历教育规模、提高教育教学质量的若干意见》，积极探讨新形势下学历教育发展对策；2009年，制定《北京教育学院学历教育班主任管理办法》，加强学历教育的规范管理；2010年颁发《北京教育学院关于稳定学历教育规模的补充意见》，提出学历教育招生奖励的具体措施；2012年提出重点建设学院学历教育的特色专业，加强幼儿教育本专科专业建设。

2008年至2013年，教务处承担北京市中小学教师培训机构的培训者培训项目，培训北京市16个区县和市级培训机构培训者学员近1000人；2009年至2013年，教务处承担“国培计划”——中小学教师培训管理者团队研修项目，培训来自全国32个省市自治区培训管理者学员550人。

教务处负责学院督导室、文印室两个挂靠科室的协调工作，此外，承担着北京市成人自考阅卷、北京市中小学教师资格考试教育学、教育心理学辅导培训的组织等任务。

附：教学督导室

一、从教学研究室到教学督导室

1994 年 10 月，学院下发《关于成立北京教育学院教学研究室的决定》的文件。文件申明为加强教学质量监控，有效推进教学改革，提高教学质量，学院成立教学研究室，文件规定了教学研究室的主要职责，明确了教学研究室人员的构成和教学研究室的工作内容及待遇等。教学研究室挂靠在教务处，由教务处人员协助开展工作。

1994 年 11 月 5 日，学院召开教学研究室成立会。会上，倪传荣院长代表院领导宣布了学院的决定，并任命叶九成为主任，潘筱萍、李国岚为副主任。聘任杨文荣、刘培娜、刘瑞一、裘大彭等为研究室成员。

2002 年 11 月，学院下发《关于成立教学督导室和开展教学督导工作的决定》的文件，决定将原来的教学研究室更名为教学督导室，并依据《教学督导室工作章程》（试行）开展工作。该文件对教学督导室的人员构成、成员聘任、工作职责等作了具体规定。

二、教学督导室的主要职责

根据学院下发的文件《北京教育学院教学督导室工作章程》，教学督导室的工作职责包括以下内容。

教学督导室的基本职责是对学历教育和继续教育的教学质量进行调研、评估与督导，做好学院教育教学改革的参谋。

（1）根据教育部、市教委有关学历教育与继续教育项目管理的文件精神，以及学院《教学管理规程》（试行）和《关于继续教育项目质量管理的规定》，对学院的教学质量和教学管理工作实施督导，提出改进意见和建议，为学院实施教学质量工程当好参谋。

（2）对教学计划、教学过程、教学秩序、教学基本建设等教学管理环节和课堂教学质量进行检查和督导。

（3）参加学院组织的教学检查、教学质量评估、专业评估、教学大奖赛和学院教学工作会议等重大教学管理活动。

（4）参加学科建设、专业建设、课程建设研究，提出改革建议。

（5）提出总结和推广学院优秀教师教学经验的建议，指导青年教师培养等教师队伍建设工作。

（6）参加有关教学管理政策、规章制度的研究。

（7）参与学院有关教育教学的重大改革事项的研究，为学院的改革和发展提供咨询和指导。

三、教学督导室工作的基本程序

（1）每学期初，根据学院重点工作制订学期督导工作计划。教务处整合后报院长办公会或学院教学指导委员会审议通过，经与接受督导的教学实体协商同意后，组织实施。学院组织的专项评估，由教务处提前2～3周下达任务通知书，并与接受评估的项目领导机构协商后，组织实施。

（2）教学督导室在主管教学（包括学历教育和继续教育）副院长领导下，按学年或学期督导工作计划主动积极开展工作，通过听课、观摩教学、召开座谈会、听汇报、检查档案等活动，对教育教学实施督导。

（3）每次督导工作结束后，教学督导室全面分析各类评估数据，完成督导评估报告，并及时向二级学院的领导、教学管理部门、培训项目负责人及相关授课教师反馈督导情况。同时，对在督导中发现的问题提出改进意见与建议。督导评估的整体情况要适时向学院领导报告。

（4）每学年末，教学督导室要向学院提交学年督导工作总结。

（5）教学督导室定期、不定期地开展活动，定期活动日为每周二。

四、教学督导室完成的几项重点工作

（一）1999年上半年在全院范围开展的教学调查研究工作

这是学院建院史上第一次对教学进行大规模的调查研究。在这次调查研究中，教学研究室的专家们从调研的设计，到调研的实施、调研的总结，历时3个月，累计听课260人（次），听了92位教师的184节课，收回听课评价表260份，完成总结8份，提出教学建议34条。他们编著的《教学质量调研报告集》，不仅厘清了学院教学质量现状，也揭示了成人教育的一些规律和特点，对学院教学工作有重要的参考价值。

（二）参与课题研究，制定相关标准

教学督导室参与开发“中小学教师专业发展标准及指导”，该标准约80万字，并已正式出版；参与研制学院继续教育教学质量评价标准，为课堂教学、实践追踪、项目管理等培训环节建立了一系列标准、模板。

（三）参与学院“十二五”时期继续教育培训的需求和效果调研

2010年教学督导室参与学院“十一五”继续教育培训效果和“十二五”时期继续教育培训需求调研，通过开发、使用科学的调研工具、全面细致的数据分析，最终完成了约7万字的调研报告，为“十二五”开局之年的教师干部培训工作打下了坚实的基础。

（四）对培训项目的质量调研督导

教学督导室先后完成了对北京市市级学科带头人与骨干教师培训、京郊教师“绿色耕耘”项目追踪实践环节等专项质量调研，梳理了一批典型案例，各完成8万字的报告。在学期初的教学工作会上进行了汇报反馈，对改进培训发挥了积极作用。

五、历任教学研究室和教学督导室专家

从1994年11月至2002年11月，不分时间先后，教学研究室的成员有：叶九成、潘

筱萍、李国岚、杨文荣、刘培娜、刘瑞一、裘大彭、苏立康、刘尧、罗希尧、徐锡祺、卢铁峰、孙家镇、邵宝祥等。

2002 年 11 月教学督导室成立，历任督导室主任及成员：

2002 年 11 月至 2003 年 8 月

主任：苏立康；副主任：杨文荣

成员：刘尧、罗希尧、卢铁峰、孙家镇、徐锡祺

2003 年 9 月至 2005 年 8 月

主任：苏立康；副主任：杨文荣

成员：刘尧、罗希尧、卢铁峰、孙家镇

2005 年 9 月至 2008 年 8 月

主任：李晶；副主任：白桂香、杨文荣

成员：刘尧、罗希尧、何怡生、叶九成、朱嘉泰、常俊高

2008 年 9 月至今

主任：李晶；副主任：白桂香

成员：朱嘉泰、常俊高、张亚新、常克敏、李春山、李慎英、徐中伟、袁昌寰

第十一节　北京市普职成教育干部培训中心办公室

一、组织沿革

2008 年 1 月成立党校与干部培训办公室，内设北京教育党校办公室、北京市普职成教育干部培训中心办公室。主任：胡淑云；副主任：方怀胜。

2009 年 2 月，迁入北京教育学院中轴路校区。

2011 年 5 月学院机构调整，北京市普职成教育干部培训中心办公室独立建制。主任：胡淑云；处级调研员：孟令惠；副主任：柳立涛。

干部培训办公室现有教职工 7 人，全部为中共党员；其中正、副教授各 1 人，占教职工人数的 28%；博士 1 人，硕士 2 人，博士、硕士占教职工人数的 43%。

二、工作职责

北京市普职成教育干部培训中心办公室受北京市教委及北京教育学院双重领导，负责全市干部培训工作的统筹规划、管理协调、业务指导、质量监控、研究宣传和信息服务。

三、工作概况

（一）协助上级主管部门对全市普职成教育干部培训工作进行规划计划、检查评估、总结验收

定期组织召开全市干部培训工作会议。一般每年召开两次全市干部培训工作会议，上

半年、下半年各一次，部署全市干部培训工作，组织市区干部培训工作的总结和交流。

定期开展全市干部培训评估验收和规划部署。每年对全市干部培训工作进行计划和总结。

（二）对市区（县）开展的各层次干部培训进行管理协调和业务指导

培训项目立项申报和过程管理、绩效评估工作。5 年来，共组织了 65 个市级高级研修项目的立项申报和管理工作。

市级高级研修项目的招生和专业指导、结业审核工作。5 年来，共计完成学院以及兄弟高校承担的市级 65 个高级研修项目 6241 人的招生和结业审核、证书发放工作。

校长任职资格培训方案审批、过程管理和专业指导工作。5 年来，共计完成区县 44 个班级 1959 人的任职资格培训方案审批和结业证书印发工作。为了加强对中小学校长任职资格培训的管理，强化了学科组教研工作，研制了《北京市中小学校长任职资格培训指导意见》《北京市中小学校长任职资格培训核心课程标准》，组织区县进行了核心课程的集体教研，并深入到培训过程或做观摩课等形式，对区县培训进行专业指导和示范引领。

配合上级单位开展重大项目管理协调工作。自 2009 年始，教育部—中国移动中小学校长培训项目启动，每年学院承担 70 余人的“影子培训”任务。同时，参与该项目的督导工作，负责云南、辽宁等地“影子培训”“远程培训”的督导工作，并完成推荐“2012—2015 年教育部—中国移动中小学校长培训项目专家”的任务，胡淑云、李雯、李烈、吴甡、张忠萍被聘为该项目专家。

“十二五”以来，实行区县重大培训活动或特色活动报告制度，全面掌握区县干部培训计划和动态，并有针对性地参与其中，给予所需要的支持和服务。主动、及时跟进全市培训和重大培训项目的管理、协调、服务、指导工作。

（三）组织开展对普职成教育干部培训工作的研究、研究成果的评选和交流

组织全市中小学干部培训研究论文评选。自 2008 年，组织党建与干部培训研究论文评选、表彰。每年有 60 余篇干训论文参加评审，30 余篇获得奖励。

组织全市中小学干部培训课题研究。自 2011 年组织全市干部培训课题研究，每年通过立项申报、专家评审等程序批准 10—15 个立项课题，并对研究进行专业指导和结题验收。牵头开展“全市中小学校长培训效果与培训需求调研”，先后召开 12 次研讨会，发放回收问卷 5000 余份，调研报告 2 万余字，为总结“十一五”、规划“十二五”摸清底数；开展国内外中小学校长培训状况与趋势研究、“十一五”干训验收标准和方案研究、“十二五”干训规划研究会议 6 次，各类座谈会、征求意见座谈会 8 次，多次到其他省市学习调研干训工作先进经验，为全市干部培训总结“十一五”、规划“十二五”提供支撑。开展“北京市中小学校长队伍状况调查”，为全市中小校长队伍建设提供政策依据。

开展中小学教育干部培训课程体系研究。研制了中小学校长任职资格培训课程体系及核心课程标准、中小学校长提高培训课程体系，完成《中小学校长任职资格培训课程设置指导意见》及《政治思想与职业道德》《学校教育理论与实践》《学校管理理论与实践》《心理学基础与心理健康》《中外教育思想专题》《教育政策法规》6 门核心课程《标准》。

（四）开展全市普职成教育干部培训研究成果、先进经验的宣传和信息交流

从 2008 年至 2012 年，每年编辑一本全市普职成教育干部培训工作画册，以图文并茂的形式反映全市一个年度的干训工作成果。

通过全市干部培训工作会、研讨会、座谈会、培训论坛以及干训信息管理系统等渠道搭建沟通平台，促进各区县之间和与兄弟省市之间宣传、交流干部培训研究成果和先进经验。协助有关部门于 2008 年、2010 年先后举办了两届"全国中小学校长培训专业化论坛"；于 2010 年与《中小学管理》杂志社、上海徐汇区教卫党委教育工委联合举办"中小学校党的建设研究论坛"。

（五）加强干部培训支持系统建设，组织市区（县）教育干部培训机构培训者（管理者）研修以及干部培训信息管理系统、优质课程资源库、干部培训实践基地学校等基础建设

加强培训者（管理者）培训，促进培训队伍专业化建设。5 年来，每年坚持"面对全员、分层推进、任务驱动、研训一体"，通过"专题研训、观摩听课、集体教研、课程评优、参观考察"等多种方式，为培训者搭建学习平台，进行培训理念和培训模式的专业引领。

2010 年开始进行"北京市中小学校长及培训资源系统建设"，整合各类教育干部信息和培训资源信息，把握北京市教育干部队伍的整体数据、动态信息和变化趋势，为市委教育工委、市教委加强队伍建设的宏观决策提供科学依据，搭建北京市教育干部培训管理的公共服务平台。

2011 年开始进行培训课程资源建设，"学校文化建设的理论思考与实践策略""新任校长管理实务技能""生态校本培训理论与实践""校长领导艺术的理论与实践""法律视角下的学校管理实践""调查问卷设计与数据分析"等 12 个专题被纳入提高培训优质课程资源。

加强干部培训实践基地学校建设，为市区干部培训拓展绿色平台。2012 年，对 2007 年挂牌的 23 个北京市中小学校长培训实践基地发挥作用情况进行检查，增建 21 所中小学校长培训实践基地学校，制订《北京市中小学校长培训实践基地工作规范》。同时，积极拓展海外培训资源，加强与境外培训院校的联系。

（六）举办高层次、创新性干部培训班，探索培训新模式

2009 年，举办北京市第一期专兼职督学培训。2008 年、2009 年，举办中小学专职书记高研班各 1 期。2012 年、2013 年，举办中小学校长国内名校高级访问研修班（京苏粤优秀中青年校长高级研修班）各 1 期。2012 年，举办中小学骨干校长境外研修班，包括加拿大 21 天、美国 70 天两个短期班和加拿大教育管理硕士班。

第十二节　北京市中小学中等职业学校教师培训中心办公室

一、组织沿革

北京教育学院教师培训办公室（简称师训办）是以北京市中小学中等职业学校教师培训中心（简称市师训中心）和北京市教师资格认定事务中心为主体，辐射了国家级、援助性、委托（合作）性教师培训的组织协调任务，同时挂靠在教育部教师工作司中小学教师继续教育工程办公室（简称继教工程办）的行政管理职能部门。

（一）北京市中小学中等职业学校教师培训中心

培训中心最早成立于1995年6月。

2008年1月，学院成立教师培训办公室（北京市中小学中等职业学校教师培训中心）。主任：渠素彬；副主任：夏静。

2011年1月，教师培训办公室（北京市中小学中等职业学校教师培训中心）。主任：汤丰林；副主任：夏静；袁立新。

（二）北京市教师资格认定事务中心

前身为2008年3月成立的北京市教师资格认定工作办公室。

2008年3月，北京市教师资格认定工作办公室，主任：渠素彬；副主任：夏静。

2011年1月，北京市教师资格认定工作办公室，主任：汤丰林；副主任：夏静。

2012年8月8日，北京市机构编制委员会办公室发出《关于同意为北京教育学院教师培训办公室（北京市中小学中等职业学校教师培训中心）加挂牌子的函》（京编办事〔2012〕243号文件），同意为北京教育学院教师培训办公室（北京市中小学中等职业学校教师培训中心）加挂北京市教师资格认定事务中心的牌子。北京市教师资格认定事务中心，主任：汤丰林；副主任：夏静。

（三）中小学继续教育工程办公室

继续教育工程办公室成立于1999年5月，是教育部教师工作司设立在北京教育学院的办事机构。

2008年1月学院成立教师培训办公室，继续教育工程办公室挂靠教师培训办公室。主任：李方；副主任：盛泓洁。

2011年1月起盛泓洁任常务副主任。

二、工作职责

（一）北京市中小学中等职业学校教师培训中心

（1）协助北京市教委规划、组织、协调全市普通教育（中学、小学）教师以及中等和中等以下成人教育教师的培训工作。

（2）负责全市普通教育（中学、小学）教师以及中等和中等以下成教教师任职培训与考核工作。

（3）协助北京市教委认定全市普通教育（中学、小学）教师以及中等和中等以下成教教师培训机构的资格。

（4）定期补充、更新全市有关教师培训方面的信息，组织协调全市教师的远程继续教育，建立教师师资库。

（5）组织开展全市普通教育（中学、小学）教师以及中等和中等以下成教教师继续教育培训的教研活动。

（6）承担以北京教育学院名义承担的“国培计划”、对口援助性培训和委托合作性培训的资源统筹与组织协调工作。

（7）完成学院和市教委领导临时交办的任务。

（二）北京市教师资格认定事务中心

（1）负责受理申请认定高级中学教师资格、中等职业教师资格、中等职业学校实习指导教师资格、高校教师资格人员的报名审核工作，组织专家对上述申请人员进行教育教学能力测试工作。

（2）负责编写教育学、教育心理学教材及考试大纲的组织工作，组织专家进行教育学、教育心理学的考试命题工作。

（3）负责教育学、教育心理学考试的报名、组考、阅卷、成绩发布、证书发放等相关工作。

（4）负责制定教师资格认定考试管理的相关规定，承担有关教师资格认定的政策咨询。

（5）负责全市教师资格认定工作的各项数据统计、发放教师资格证书等工作。

（6）配合市教委做好对授权高等院校教师资格认定工作的监督检查。

（7）完成市教委交办的其他工作。

2012 年 8 月 8 日，加挂北京市教师资格认定事务中心的牌子后增加以下职责：受市教委委托，受理北京市高级中学教师、中等职业学校教师、中等职业学校实习指导教师、高等学校教师等资格认定的申请，审核报名情况，开展教学能力测试；承担组织相关教材及考试大纲的编写、考试报名、命题、组考、阅卷、成绩发布、证书发放等事务性工作；承担教师资格认定方面的政策咨询、数据统计等工作。

三、工作概况

（一）北京市中小学中等职业学校教师培训中心

1. 市级教师培训规划制定与管理制度建设

2008 年以来，中心在全面配合市教委人事处开展北京市“十一五”教师培训规划的落实工作的同时，在教委与学院的领导下，积极组织开展了“十二五”规划的前期调研与规划的编制工作。规划已于2011年由中共北京市教工委和市教委正式颁布。目前中心正在全面组织落实“十二五”规划。

根据市委教育工委、市教委《关于“十二五”期间中小学干部教师培训工作的意见》的精神，为了加强全市教师培训工作的统筹管理，提高各项培训的有效性，中心在市教委和学院的领导下，起草并正式由市教委颁布了培训相关制度，主要包括：《北京市“十二五”期间中小学教师继续教育学分管理办法（试行）》《北京市教育委员会关于中小学教师培训实践基地的意见》，起草了《北京市“十二五”期间教师培训机构资质认定办法》，正在广泛征求意见，并将择机颁布。目前，正在起草的制度有《北京市“十二五”时期区县教师培训机构验收管理办法》。

2. 市级教师培训项目的统筹与管理

市师训中心肩负着市级教师培训项目统筹管理的职责，为了更好地履行部门的职责，中心以贯彻落实“十二五”教师培训实施意见为基础，在对市级教师培训项目的统筹管理开展了大量基础性探索的背景下，进一步深化了市级培训项目的统筹管理工作，具体开展了如下几项工作。

一是“北京市中小学教师继续教育管理系统”正式投入招生管理和日常工作管理。系统具有两项重要职能，一是对全市中小学教师的基础信息进行管理，目前登录系统的教师数为136480人；二是对市级教师培训项目进行网上招生管理。

二是全面开展市级项目的立项评审和绩效评审工作。充分发挥统筹管理职能，配合市教委人事处，对全市市级教师培训项目进行立项评审和绩效评审。

三是进行教师培训实践基地的遴选与日常管理。为了整合全市优质中小学资源，为教师培训提供学习实践基地，提高培训的针对性，中心在市教委人事处的领导下，面向全市各区县开展了第一批实践基地学校的遴选工作。目前已遴选并确定了43所学校作为首批教师培训实践基地（其中，19所小学，24所中学）。中心将配合市教委人事处对实践基地进行日常管理。

3. 市级教师培训研究工作

一是面向全市进行教师培训课题立项。为了加强全市教师培训工作的规范化与专业化，中心制定了《北京市教师培训研究课题管理办法》，并面向全市各区县教师培训机构和中小学组织开展以教师培训为主题的课题研究。

二是积极承担“两委”委托课题。中心曾承担了中共北京市教工委、市教委委托的《北京市中小学校本培训研究》和《北京市中小学教师继续教育质量评估体系研究》的课题，对促进培训的有效开展提供了专业支撑。

4. 教师培训交流研讨活动

一是强化了区县教师培训工作的研讨交流。为进一步加强全市教师继续教育工作，全面提高教育质量，一方面，中心积极推动北京市中小幼教师继续教育联合体的工作，并探索在举办联合体年会的同时，举办特定主题的教师培训学术沙龙，进而开展深入的学术交流与研讨。另一方面，组织区县教师继续教育信息员的日常交流学习，并召开每年一次的年度工作交流会。

二是组织区县培训机构管理者的考察交流。为更好地推进北京市“十二五”教师培训工作的全面开展，学习兄弟省市教师培训方面的先进经验，开拓教师培训工作视野和思路，中心每年组织一至两次区县教师培训机构管理者的异地考察交流学习，参加者包括培训机构的院长、主管副院长、继教办主任和信息员。

5. 市级行政推进项目的组织实施

一是农村教师研修工作站的组织与实施。农村中小学教师城镇研修工作站是北京市促进城乡教育均衡发展的一项重要举措。该项目自 2008 年正式启动以来，以脱产学习的方式，为农村学校培训各学科的教师。目前，该项目已举办 8 期，培训农村地区骨干教师 3000 余人。

二是启动了“首都特级教师京郊行动计划”。为了进一步探索农村教师培训的新形式，师训中心与市教委人事处共同策划实施了“首都特级教师京郊行动计划”。该计划根据远郊区县学校与教师的不同需求，选派一线特级教师赴远郊区县多所学校，通过讲座、深入课堂听评课、上示范课、专题研讨等方式，搭建了连接基础教育名师与远郊区县的桥梁，以更好地发挥特级教师的引领、带动和辐射作用，为远郊区县教师专业发展提供智力支持。

三是组织实施公共必修课的培训。中心配合市教委和学院组织实施每 5 年一轮的全体中小学教师的公共必修课培训。

6. 市级教师培训信息工作

中心积极为全市各级各类教师培训搭建交流平台，已初步形成了“一网一刊一库”为主体的信息交流“云平台”。“一网”即“北京市中小学教师网”，主要提供全市各级各类教师培训的动态资讯与信息资源；“一刊”即《北京教师培训》，主要刊登全市教师培训的研究论文与相关文献（每年出版 4 期）；“一库”即“首都教师培训研究文库”，主要以研究专著的形式体现北京教师培训的品牌项目。

7. “国培计划”北京招生与培训管理

中心还作为北京地区“国培计划”招生与组织管理的职能部门，在市教委领导下，主要开展“国培计划”面向北京的招生与日常管理工作。目前主要开展了两个方面的工作，一是示范性集中培训项目中的县级培训机构培训管理者远程培训项目的组织实施；二是示范性集中培训项目的招生管理工作。

（二）北京市教师资格认定事务中心

1. 协助市教委出台相关政策

配合市教委，在调研论证基础上，先后出台 5 个文件，《北京市教育委员会关于教育学、教育心理学实行统一考试有关问题的通知》《北京市教育委员会关于进一步做好教师资格认定工作的通知》《北京市教育委员会关于在试点省份取得中小学和幼儿园教师资格考试成绩有效范围的通知》《北京市教育委员会关于进一步做好高等学校教师资格认定工作的通知》《北京市教育委员会关于做好 2013 年春季北京地区高等学校教师资格认定工作的通知》，完善了相关政策内容。

在教育部教师资格认定指导中心及市教委的指导下，与各高校及北京市各区县认定机构沟通协商，先后解决北京师范大学全日制教育硕士、教育论专业“4+2”毕业生及首都师范大学全日制教育硕士、中央民族大学全日制教育硕士的认定问题。先后解决北京汇佳职业学院、北京城市学院、中华女子学院、北京联合大学特殊教育学院、北京海淀区艺术职业学校等校学前教育专业师范生直接认定幼儿园教师资格问题。

2. 完成培训教材修订及考试题库建设

2010年8月，结合《国家中长期教育改革与发展规划纲要（2010—2020年）》的精神和内容，组织专家对2007年版本市中小学教师资格认定考试《教育学》《教育心理学》的两本教材进行了较大的增删和修改，增加了教师职业道德、教育法规、教育科学研究方法等内容，2010年11月正式出版和使用。协助市教委先后两次组织学科专家组建考试题库。

3. 组织全市统一教育学、教育心理学考试

由于社会对教师职业关注度的日益升温，5年内报考教师资格人数翻了近两番，在市教委和学院领导关心支持下，在学院各职能部门、北京市东城、西城、朝阳、海淀4个区及所属考点学校的全力配合下，保证了每年组考任务的完成。2009年首次实现网上阅卷（见表4－5）。

表4－5　教师资格认定理论考试情况统计表（2008—2013年）

序号	时间	网上报名人数	考试人数	报考双科人数	报考教育学单科人数	报考心理学单科人数
1	2008年	9394	7412	6139	409	864
2	2009年	11008	9090	7761	556	773
3	2010年	14562	10817	10239	578	750
4	2011年	17921	15332	14067	556	709
5	2012年	19861	16697	15241	766	690
6	2013年	25506	22749	20734	1114	901
总计		98252	82097	74181	3979	4687

4. 规范认定行为，完成受理报名申请及认定工作

按照《教师资格条例》《〈教师资格条例〉实施办法》《行政许可法》的要求和程序，积极稳妥地开展教师资格认定工作。

加强各高校及各认定机构相关工作人员培训及操作技术指导，先后组织赴上海市、重庆市、天津市、广西壮族自治区等地认定机构学习调研，赴境外学习相关经验，参与接待加拿大教育代表团、新加坡教育部代表团，印度尼西亚教育代表团，就我国及北京市教师资格认定工作进行了工作交流。

2008年委托公司组织开发教师资格认定考试报名系统和申请教师资格认定报名系统，逐步实现了7类教师资格申报的全部网上报名。2012年重新改版北京市教师资格认定门户网站“北京市教师资格网”；建立全市17家区县认定机构、全市115所高校人事处负责教师资格认定工作人员和师范教育类应届毕业生院校工作人员的QQ群，沟通工作，提供技

术指导，开通“网上答疑”平台，编印工作手册、认定工作指南等，组织专家修订高中教育教学能力测试标准，调整测试材料，建立测试题库，完善了教师资格认定工作的相关政策，规范了操作行为。5 年内共完成认定 33048 人（见表 4－6）。

表 4－6 北京市各类教师认定人数汇总（2008—2012 年）

序号	年份	认定总人数	受理资格申请人数		认定人数	
			高校	高中、中职	高校	高中、中职
1	2008 年	7156	3515	5543	3398	3758
2	2009 年	6363	3004	5119	2894	3469
3	2010 年	6645	3284	5352	3071	3574
4	2011 年	6162	3263	3792	3127	3035
5	2012 年	6722	3308	4578	3185	3537
汇总		33048	16374	24384	15675	17373

（三）全国中小学教师继续教育工程办公室

1. “国培计划”——中小学班主任教师培训项目

2010 年教育部和财政部联合启动了中小学教师国家级教师培训计划，项目办公室设在教育部师范教育司，下设 3 个执行办公室，其中，“国培计划”——中小学班主任教师培训执行办公室设在“工程办”，主要负责班主任教师、心理健康教育教师、少先队大队辅导员 3 类培训项目的组织、协调和管理工作。

项目通过邀投标方式遴选承办院校，2010 年北京师范大学、东北师范大学、北京教育学院等 8 所院校共培训骨干班主任教师和班主任培训者 800 名。2011 年培训院校增至 12 所，共培训骨干班主任教师 700 名、心理健康教育教师 200 名、大队辅导员教师 100 名。2012 年培训院校达 13 所，共培训骨干班主任教师 850 名、心理健康教育教师 500 名、大队辅导员教师 150 名。

2. “知行中国”——中小学班主任教师培训项目

“知行中国”——中小学班主任教师培训，是教育部师范教育司 2009 年正式启动的利用国内企业捐资资金开展的国家级班主任远程培训项目。项目办设在“工程办”，主要协助师范教育司负责与中国教师研修网、项目省的联络协调，并对项目实施全程监管和评估等工作。

该项目 2009 年启动，2011 年 11 月结束，历时 3 年。全国 28 个省（市、自治区）上千个区县的班主任教师参加了培训；近 3000 名省市班主任培训的管理者和指导老师通过集中面授的方式参加了培训，25 万名中小学班主任教师（其中小学班主任教师 20 万，初中班主任教师 5 万）通过远程学习方式参加了培训；培训过程中，开发近百个中小学班主任培训专题案例式课程。

3. 英特尔®未来教育核心课程培训项目

“英特尔®未来教育核心课程”项目的总协调机构设在工程办，主要负责该项目在全国31个省区市的组织协调、培训的质量管理和评估工作。该项目自2000年启动，截止到2012年年底全国已经有约227万名中小学学科教师和师范院校学生参加了培训。

该项目的实施对推进我国新课程改革、教师教育技术能力的普及和提高产生了重大影响，在一定程度上推动了我国中国教育信息化进程。

4. 开展课题研究

（1）《中小学教师培训制度、模式和质量研究》课题研究

2008年5月，教育部师范教育司委托北京教育学院牵头承担《中小学教师培训制度、模式和质量研究》课题研究，该课题是全国教育科学“十一五”规划2008年重点课题的子课题。由北京教育学院、东北师范大学和合肥师范学院3个单位合作完成。课题主持：李方、张贵新、宋冬生。

（2）《特级教师的现状、管理及政策完善》课题研究

2011年11月，教育部师范教育司委托北京教育学院牵头承担《特级教师现状、管理及政策完善的研究》课题研究任务，拟完成《特级教师评选规定》（1993年）文件的修订工作。课题组对全国10137名特级教师进行了问卷调研，形成了全国特级教师信息库；对北京市、山东省潍坊市、陕西省宝鸡市和广西百色市进行了实地调研；对国内外优秀教师群体进行了比较研究。截至目前，课题研究工作已经完成，基于研究成果的教师教育工作用书正在出版之中。课题顾问：顾明远、劳凯声；课题组长：李方；副组长：杨春茂、钟祖荣、赵建军。

四、部门获奖情况

2008年2月，获得北京继续教育协会第三届继续教育论文评选组织奖。

2008年、2009年、2010年度获得宣传工作优秀部门称号。

2010年7月，获得学院“先进党支部”称号。

2011年度被评为学院档案工作先进部门。

教师培训办公室党支部被评为“北京教育学院2010—2012年创先争优先进基层党组织”。

“北京市农村中小学教师研修工作站”项目团队获学院2009年继续教育工作先进培训团队二等奖。

“西藏中小学干部与教师培训”项目团队获学院2009年继续教育工作先进集体优秀奖。

“中小学教师继续教育中期检查与调研”项目团队获学院2009年继续教育工作先进集体优秀奖。

北京市农村中小学教师研修工作站团队获“2011年北京教育学院继续教育优质团队二等奖”。

“基于义务教育均衡发展的农村教师城镇研修的实践与研究”获“北京教育学院2012年优秀教育教学成果奖”。

第十三节　北京教育党校与北京市基础教育党建研究中心

一、北京教育党校

（一）组织沿革

北京教育党校于1992年8月6日成立，现任校长是中共北京市委教育工委常务副书记刘建，常务副校长是北京教育学院党委书记马宪平。

2011年，根据北京市中小学党建工作发展的新要求，按照中国共产党北京教育学院第二次代表大会确立的“将北京教育学院建设成为特色鲜明、品质卓越、国内示范引领、国际开放合作的校长教师研修高地和首都基础教育党建研究中心”的发展目标，成立北京市基础教育党建研究中心，与北京教育党校、北京市教育学会普教系统党建研究会秘书处合署办公。北京教育党校办公室主任：方怀胜；副主任：王鸿杰。

（二）工作职责

北京教育党校是在北京市委教育工委直接领导下培养北京市教育系统党员干部和理论干部的学校，是北京市委教育工委的一个重要工作部门，具有对区县教育党校工作统筹规划、协调服务、督导评估和业务指导的职能。

（1）在市委教育工委的领导下，及时将中央、市委和市委教育工委有关党校工作方针、政策和各项指示精神，传达给区县教育党校。

（2）根据市委教育工委的要求，及时举办各种党政干部参加的培训班。

（3）认真调查研究区县教育党校办学中遇到的新情况、新问题，提出指导性意见，对教育党校建设中的重大问题，及时向市委教育工委汇报并提出解决的意见和建议。

（4）加大对区县教育党校教学的指导力度，逐步规范各层次培训轮训工作。

（5）办好区县教育党校师资培训班，组织教育党校工作经验交流会和教学、科研研讨会。

（6）协助市委教育工委，适时对区县教育党校工作进行评估。

（三）工作概况

进入“十一五”，特别是2008年以来，北京教育党校紧紧抓住全党开展大规模干部培训的重要机遇，充分发挥“三个阵地、一个熔炉、一个中心”的作用，坚持自身特色，突出时代特征，深化教学改革，不断创新发展，在新的起点上取得了新的成绩。

（1）开展中小学干部队伍培训。结合首都基础教育系统干部队伍的现状和教育事业发展的需要，组织开展中小学校党支部书记高级研修培训、教育行政部门组工干部专题培训和教育党校培训者提高培训，形成了主题培训与专题培训相结合、组织调训和自主选学相补充的分层次、分类别、多渠道教育培训格局。

（2）推进教学改革。围绕党的建设和教育发展，积极进行教学方式改革，实现了教学组织方式由“关门讲学”向“开放办学”转变，不断探索案例式、体验式、模拟式教学模式，综合运用学员论坛、专家讲坛、案例分析等方法，加强教师与学员的互动、促进理论与实践的有机结合，实现教学相长、学学相长，提高了教育培训质量和效果。

（3）加强宣传交流。紧紧围绕党的基本理论、基本路线、基本纲领和基本经验，围绕党性修养和党性锻炼、贯彻中小学“三个意见”、基础教育素质教育与课程改革等内容，广泛开展宣讲活动，不断提高广大干部党员政治素质和业务能力。2011 年 12 月至 2012 年 4 月，配合市委教育工委基层工作处，组织北京市首批中小学党建示范点创建评议和经验交流工作。2012 年 4 月，创办了《首都基础教育党建研究》，到 2013 年 4 月，已编印 5 期，为市区两级党校搭建工作交流平台。依托北京中小学党建信息网和《北京教育》杂志，分别开设党校频道和专栏，进一步拓展了党校工作的宣传交流阵地。2012 年 3 月，首次开展对全市中小学党建优秀案例的征集评选工作，10 月，收录近年来全市基础教育系统优秀党建论文和研究报告 65 篇，选编中小学党建案例 60 篇，汇编出版《首都基础教育党建科学化实践研究》和《北京市中小学校党建工作案例集萃》。12 月，举行北京教育党校成立 20 周年暨京津沪渝中小学校党建论坛，总结培训的实践经验，促进交流展示，明确培训的发展方向。大会对 23 位获得“特别奉献奖”的市区教育党校老领导、老同志和 18 位荣获“优秀工作者”称号的区县教育党校同志进行了隆重表彰。

（4）开展党建研究。北京市普教系统党建研究会成立于 1994 年。为推进党建研究工作，党建研究会常设机构——秘书处与教育党校办公室、北京市基础教育党建研究中心实行合署办公，三块牌子，一套人马。教育党校与党建研究会密切配合，坚持每年开展研究成果评选、下发课题指南、召开工作年会，项目管理和课题管理不断规范，党建研究水平逐年提高。为切实保障党建研究工作对上信息准确、对下渠道畅通，北京市基础教育党建研究中心、北京教育党校和党建研究会于 2012 年开展大规模调研，对全市教育党建工作和教育党校情况进行摸底，全面了解中小学校党建工作的现状，及时发现基层党建工作实践的鲜活经验、创新举措，为市委教育工委决策提供了重要参考。

（5）加强自身建设。按照“建设一支素质优良、规模适当、结构合理、能满足不同层次干部教育培训需要”的师资队伍建设要求，在提高党校管理人员素质的基础上，积极利用在京教育培训资源，聘请中央党校、中国社会科学院、北京大学等教育和科研院所的 50 多位党建专家担任客座教授、兼职教授和兼职教师，建立健全教育党校兼职师资库。研究起草《关于进一步加强教育党校工作的意见》，制定《北京市普教系统党建研究课题管理办法》，重新修订党建研究会章程，提高了党校工作规范化水平。

二、北京市基础教育党建研究中心

（一）组织沿革

2011 年，根据北京市中小学党建工作发展的新要求，按照中国共产党北京教育学院第二次代表大会确立的学院发展目标，成立北京市基础教育党建研究中心。6 月 16 日，在北京市委教育工委、北京教育党校举办的“北京市中小学纪念建党 90 周年先进基层党组织、优秀共产党员优秀党务工作者表彰大会暨基层党建工作论坛”上，教育部基础教育一司司长高洪、北京市教委主任姜沛民为“北京市基础教育党建研究中心”揭牌。

北京市基础教育党建研究中心受市委教育工委、北京教育学院党委双重领导，与北京教育党校办公室、北京市普教系统党建研究会秘书处合署办公。中心主任：马宪平（兼任）；常务副主任：方怀胜；副主任：王鸿杰。

（二）工作职责

党建研究中心面向全市各区县教育党校、普教系统党建研究会和中小学校党组织提供党建研究、党校培训和党建宣传三位一体的统筹、管理、指导、咨询与服务，致力于成为首都基础教育系统党员干部学习、研究和宣传邓小平理论、“三个代表”重要思想和科学发展观等重大战略思想的重要阵地，成为党建与思想政治工作的研究中心，成为党员干部党性修养和党性锻炼的熔炉。

其主要职责是：

（1）开展和创新基础教育党建研究，为基层党的建设提供支持和服务；

（2）组织开展基础教育系统党务干部的研修培训和党建活动；

（3）组织开展党的理论、党的历史、党建研究成果和实践成果的宣传与深度交流；

（4）加强中小学党建信息网、《首都基础教育党建研究》（内刊）等宣传交流平台建设工作；

（5）配合市委教育工委，做好有关党建工作的统筹规划、信息沟通、制度建设、全局调研等工作；

（6）承担市委教育工委授权和委托的有关工作。

（三）工作概况

北京市基础教育党建研究中心成立以来，在建设发展过程中，努力找准工作定位、全面履行工作职能、突出党建研究管理运行机制的构建，促进全市基础教育系统党建研究的规范化、制度化。

加强组织领导，完善管理体制。建立健全规范有序、保障有力、推进有效的党建研究管理运行机制。初步形成了以北京教育党校、北京市普教系统党建研究会、北京市基础教育党建研究中心为核心，以区县教育党校、教育党建研究会为重点，以中小学党支部（总支、党委）为基础的三级研究网络和管理合作网络，逐步构建上下配套、条块结合、职责明确、齐抓共管、整体推进的党建研究管理格局。

健全管理制度，构建质量保障机制。充分发挥北京市普教系统党建研究会作用，进一步建立和完善全市基础教育系统党建研究管理制度。每年上半年，面向全市各区县基础教育系统党建研究会发布《北京市普教系统党建研究会年度课题指南》，组织市级课题立项申报，并逐步适度扩大立项规模。组织修订《北京市普教系统党建研究会章程》，研究制定《北京市普教系统党建研究课题管理办法》，制定党建研究论文征集、评选工作的评审标准，规范评审程序和要求，为深入开展党建研究工作、提高党建研究水平提供相应的制度保障。

完善培训制度，构建支持服务机制。充分发挥北京教育党校的培训职能，组织开展中小学党支部书记、区（县）教工委组织科长、教育党校常务副校长、党建课题研究骨干等多层次、多类别的研修培训。

建立调研督导制度，构建引导推动机制。聘请中央党校、市委党校和市党建研究所等单位以及中小学一线有丰富理论成果与实践经验的党建专家担任党建研究中心客座教授和兼职教授，组成督导组和培训师资队伍。建立北京市基础教育党建研究督导制度，组织专家组深入区县、深入中小学，及时了解区（县）与中小学党建工作和党建研究动态，有针对性地为研究工作顺利推进提供专业性指导、支持和服务。

建立宣传表彰制度，构建激励推进机制。建立党建研究成果的评审、表彰、宣传和推广制度，坚持以规范化的评审促进专业化的研究，组织党建专家定期对区县和中小学一线的党建研究论文和研究课题进行评审，对评选出的优秀论文进行奖励，对市级立项课题给予一定的经费支持，对有典型示范推广意义的重点研究课题加强专家的指导支持力度，对组织开展党建研究取得突出成绩的先进区县进行表彰。搭建形式多样的学习、交流、宣传平台，通过编辑会刊、出版党建研究优秀论文集、征集评选党建创新案例、举办党建论坛、召开研讨会等形式，促进党建理论的学习、实践探索的交流、研究成果的宣传和党建工作创新经验的推广。中心成立以来，各区县在评审基础上择优推荐上报党建研究论文490篇，经专家评审，共评出一等奖论文46篇、二等奖论文87篇、三等奖论文135篇；推荐申报北京市普教系统党建研究课题73个，经专家评审，评出市级课题42个，其中重点课题7个，另外评出市级指导课题19个。

第十四节　北京市督学研修中心

一、基本情况

根据市编办京编办〔2012〕127号文，北京市督学研修中心设立在北京教育学院，业务接受市教委和市政府教育督导室领导。

北京市督学研修中心成立于2012年7月，为北京市人民政府教育督导室的代管机构。主任：李方；副主任：伍芳辉。现有工作人员3人。

北京市督学研修中心的成立是北京市人民政府教育督导室和北京市教委推动督学专业发展的重要举措，也是对学院近年来开展督学培训工作的肯定。中心的建立将能更好地服务于首都教育现代化和科学化的发展，更好地服务于北京市督学专业化队伍建设，为北京市督学队伍建设提供政策咨询服务，为首都教育事业的科学发展作出更大的贡献。

二、工作职责

1. 培训工作

研发面向全体督学和学校负责教育评价相关人员的不同系列、不同类型的培训课程；开发培训教材，建设培训课程库和案例库。开展面向全体督学和学校负责教育评价相关人员的内容丰富、形式多样的研修工作，建立分层分类的涵盖专兼职督学的全员性通识培训、入职培训、提高培训、高级研修等不同层次的培训体系。

2. 研究工作

开展督导队伍的理论研究、督学专业发展研究、督学任职资格标准研究，研究北京市督学的基本结构特征和专业发展规律。

3. 督导队伍管理

建立和维护督学专业发展动态信息库，对督学的继续教育、考核评价进行科学化管理。受北京市人民政府教育督导室委托开展督学资格认定工作。

4. 接受市政府教育督导室和市教委委托的相关工作。

三、工作情况

（一）中心成立前的相关工作

自2009年开始，为了提高北京市专兼职督学的教育督导能力，切实加强教育督导工作，促进教育督导的专业化，进而促进首都教育优质均衡发展，根据《北京市“十一五”时期教育督导工作规划》，北京教育学院接受北京市人民政府教育督导室委托对全市专兼职督学进行分层分类、系列性的专业培训工作。

1. 基本情况

截止到2012年6月，200名市区专职督学、市特聘教育督导员、市区县兼职督学参加了多次全员性培训，78名市区专职督学参加了轮训并获得结业证书。

在督导室、市教委的领导下，进行了督学的培训需求调研、组建了比较稳定的培训师资队伍、开发了3门督学技能培训课程讲义。

2. 全覆盖、开放、高端、灵活的督学大讲堂

2009年，督学全员培训共进行了两天，6位专家分别作了专题报告，涉及教育发展、国内外教育督导的发展以及义务教育法的实施情况等内容，受到了广大督学的欢迎。

在2009年全员培训的基础上，为开创督学培训的新局面，打造督学培训品牌，决定以“北京市督学大讲堂”的形式开展督学的全员培训。

2010年9月21日，教育部督导办主任何秀超、国家总督学顾问陶西平、北京市人民政府教育督导室副主任关国珍、北京教育学院院长李方共同启动北京市人民政府教育督导室和北京教育学院联合举办了“北京市督学大讲堂”。

自启动仪式开始至中心成立，督学大讲堂举办了7场讲座，先后邀请了中共中央党校研究室副主任龙新民、北京市委副秘书长傅华、国家教育部师范司司长管培俊、北京市人民政府教育督导室主任线联平、北京大学副校长刘伟、国家教育部教育发展研究中心副主任杨银付等领导和专家开设讲座，为全体督学开阔了视野、提升了品位。

（二）中心成立后的工作

1. 建设了北京市督学研修网站

在李方院长的直接领导下，通过与专业网站的沟通、协调，设计了网站的主体风格和

相关内容，将网站建设所需资料进行精心的收集和准备，建设了集宣传和培训为一体的督学研修中心网站，并在成立大会召开当日正式启动。

2. 继续开展北京市督学大讲堂培训工作

中心成立后督学大讲堂先后邀请了时任中国教育科学研究院院长袁振国、教育部教师工作司司长许涛作《国家教育规划纲要实施情况与未来教育创新走向》《贯彻全国教师工作会议及相关重要文件精神》的专题报告，在中共十八大召开之后，迅速邀请教育部教育发展研究中心主任张力、北京市史家小学校长王欢传达中共十八大精神。

3. 完成了第一期新任督学培训和第四期督学轮训工作

2013 年对新开设的新任督学培训班 22 名学员进行了为期 3 天的培训工作；对第四期专职督学轮训班 32 名学员进行了两个阶段为期 6 天的培训工作。

4. 组织第三期、第四期学员外出考察

为提高培训质量，丰富培训形式，开阔学员视野，了解全国教育发展与教育督导工作，带领学员赴海南省进行教育考察。参加考察的 32 名成员顺利、安全地完成考察任务。

5. 开展北京市督学资格认证制度研究

通过文献研究、资料分析等方式对国内外督学任职资格制度的相关文献进行收集整理。收集整理国家及省市层面的教育督导的相关政策文本，尤其是 4 个直辖市教育督导的相关政策文件。对国内有关省市的任职资格制度系统分析；对京、沪、渝、津 4 个直辖市的督学资格认证制度进行比较分析。起草北京市督学资格认证制度的文件。

6. 接受委托，完成研究课题

2013 年接受朝阳区政府教育督导室委托，组织院内有关专家完成了《朝阳区教育人才发展环境评估》的课题，撰写了完整的研究报告和缩减的汇报报告，研究中发现的问题成为朝阳区制定教育人才发展政策制定的重要依据。

第十五节　国有资产管理处

一、组织沿革

2008 年 1 月，国有资产管理处下设房屋管理科、物资设备科。北京兴教科贸公司，北京桃李书店挂靠在国有资产管理处。副处长：郑满芝（主持工作）、刘丽霞。

2009 年 2 月，原设置不变。处长：郑满芝；副处长：刘丽霞。

2011 年 3 月，内设部门增加中轴路校区综合科。处长：吴珊；副处长：刘丽霞、孙广学。

二、工作职责

（1）负责学院土地、房产和固定资产的使用和管理；

（2）负责设备物资的招投标、采购、维修、调配、更新和处置；
（3）负责中轴路校区的协调和管理（自2011年3月起增加的职能）；
（4）负责对学院主办的法人实体以合同方式进行统筹管理；
（5）以国有资产保值增值为目标，对学院固定资产和无形资产的使用管理和服务。

三、工作概况

围绕学院中心工作，坚持科学化、规范化、法制化和精细化管理，为教学、科研和行政管理部门提供物质保障，管理全院资产。

（一）资产管理

1. 改善办学条件

2008年至2012年，共申请设备专项45个，采购设备家具共计12589台件，金额4787万元。涉及更新一线教师笔记本电脑，更新4个校区教师培训专业教室设备和空调，更新3个校区食堂设备等。同时，各校区教学设备进行了更新改造。具体情况如下。

黄寺校区：为校长研修学院心理咨询中心配备咨询系统及设备；更新图书馆配套家具；更新财会模拟沙盘项目设备；购置多功能电子学术厅配套设备及家具；更新计算机房2间；建设网络实验室；购置职业教育学院烹饪实习设备；购置新疆餐厅的设备、新疆和田“双语”骨干教师培训班的物资设备；更新教工活动室健身器材及家具。

中轴路校区：购置教师大厦专用教室、报告厅、研修公寓等配套设备；更新计算机房1间。

文兴街校区：改造理科实验室；建立理科多功能电子显微数据分析实验室；更新高中新课程理科教师培训项目设备；更新改造部分多媒体教室老旧设备；更新计算机房1间；更新培训教室和报告厅设备；建成对外汉语语音教室；更新留学生对外汉语培训教学设备、留学生公寓家具和空调。

黄化门校区：新建艺术工作室、工艺美术室、实验室和讨论室；更新计算机房3间；更新小型多功能厅、报告厅和阶梯教室；更新部分办公家具；更新体育音乐教师培训多功能教室设备。

2. 加强队伍建设

建立学院各部门、各二级学院的资产管理员队伍，定期组织各部门分管资产工作的领导和资产管理员进行了培训。

3. 固定资产清理

每年开展固定资产清理工作。2011年，以清理公用设备为重点，对在用和陈旧设备进行清查，并按新的管理软件对全院固定资产重新张贴条形码。

2012年，完成全院固定资产清查及考核工作，制定了《北京教育学院固定资产管理工作考核办法》，截至2011年12月31日，学院共有物资设备（不含房屋和图书）共计26560台件，总金额为8206万元。

（二）房屋管理

（1）2008年，制定《北京教育学院办公布局调整方案》，分5次进行了办公布局调整，涉及11个部门，65间房屋。

（2）2008年4月，制定学院《教职工取暖费发放办法（暂行）》、出台并实施《教职工取暖费补贴发放实施细则》。

（3）2009年5月，完成高校教师限价房（通州半壁店龙湖大方居）配售工作，学院共为49名教职工办理申报手续。

（4）完成教职工住房补贴的信息审核、上报及备案工作。

（5）为教职工办理房屋产权证，共计办理37户。

（6）办理了衙门口校区和文兴街校区土地证、中轴路校区教师大厦和育慧里小区房屋产权证。

（7）2013年4月，完成全院房屋资产清理、登记，并绘制办公用房平面布局图。

（三）中轴路校区管理

加强中轴路校区的综合管理和协调，确立“共建、共享、共利、共赢”的校区管理目标。建立三级巡视制度和用电安全专项检查制度。定期召开物业考核和综合治理例会；加强校区公共资源的使用、调配和管理；规范校区安全管理，与校区各部门、单位签订安全责任书11份。

2012年9月，对黄寺校区综合楼3～5层库房进行统一规划和改造，建立了库房管理规定。

（四）法人实体管理

加强对学院所属法人实体管理和监督，严格执行《北京教育学院所属法人实体单位管理办法》。2012年5月10日，组织各法人实体向学院“阳光救助”基金捐款共计40万元。

第十六节　总务处

一、组织沿革

2008年1月，撤销后勤校产集团，成立总务处。原隶属国资处的医务室归属总务处，并成立综合办公室。

2008年1月年至2011年3月，副处长（主持工作）：李起臣；副处长兼党支部书记：李广朝（分管饮食服务中心）；副处长：孙广学（分管医务室、交通服务中心、物业服务中心）。内设科室：综合办公室、交通服务中心、饮食服务中心、医务室、物业管理中心。

2009年2月，经学院党委第62次会议决定，学院基建办公室与总务处整合，总务处（基建办公室）处长兼党支部书记：王卫则；副处长：李起臣（分管交通服务中心、医务室）；副处长：孙广学（分管物业服务中心）；副处长：刘斌（分管基建办公室）；副处长兼党支部副书记：李广朝（分管饮食服务中心）。

2011 年 4 月至 2012 年 5 月，副处长兼党支部书记（主持工作）李晓东；副处长：韩永江（分管医务室、饮食服务中心）；副处长：王小菊（分管物业服务中心、综合办公室）；处长助理：侯毅（分管交通服务中心）。内设科室：综合办公室、交通服务中心、饮食服务中心、基建办公室、物业管理中心、医务室。

2012 年 6 月 27 日，经学院党委第 31 次会议研究决定：李晓东不再担任总务处副处长。副处长韩永江分管行政工作；副处长王小菊分管党务工作。内设科室不变。

二、工作职责

总务处负责基本建设和后勤服务与管理工作，承担学院基本建设和修缮任务；围绕学院中心工作，规划后勤保障方案，促进协调、可持续发展；探索改革发展新思路，提高后勤服务能力和水平；依据预算，稳妥使用经费，达到最大效益；负责教职工的饮食保障工作；负责物业托管监管考核事项；负责水、暖、电、气、电话的保障以及校园绿化美化工作；负责教学、科研、培训等公务用车服务，提高服务质量，保证行车安全；负责学院教职工体检、医疗咨询、疾病预防等工作；负责节能降耗工作，构建节约型学院。

三、工作概况

（一）综合办公室

（1）围绕部门中心任务，组织、协调，上传下达，做好部门计划生育、工会等工作。

（2）核算车辆行驶公里数，收集考勤与加班情况等，做好内部服务事项。

（3）审核内部编外用工劳动合同签订、保险上缴、报人事处备案。2008 年至今，为破解自然减员瓶颈，依法与 129 名编外用工签订了《劳动合同》，确保了学院合法用工。

（4）2008 年 11 月，承办全国教育学院后勤协作会。

（5）2012 年 3 月，对全处固定资产进行了清理盘查，建立了台账，健全了资产管理机制，规范管理流程。

（6）2012 年 11 月，承担学院"教职工向青海省玉树州学生捐助献爱心"的组织、协调、发送等工作。

（二）交通服务中心

（1）承担行政、办公、教育教学用车及职工班车服务。

（2）为院庆等大型活动提供车辆保障。

（3）为每年全市教师资格认证考试提供车辆保障。

（4）为学院的紧急、特殊事件（取送紧急文件、处理意外突发事件等）提供车辆保障。

（5）学院施工期间为各校区提供送餐车辆保障。

（6）2012 年 6 月、12 月分别为全国教育院校学院研究会第八届会员代表大会、北京教育党校成立二十周年暨京津沪渝中小学党建论坛提供车辆服务保障。

（三）饮食服务中心

（1）2008 年 7 月，承担奥运会新闻中心工作人员及安保士兵餐饮服务。

（2）为学院55周年院庆及其他大型活动提供餐饮保障。

（3）为学院国家级培训、市级骨干培训、委托性培训、援助性培训等各类培训班学员提供餐饮保障人员5年合计为555164人/次。

（4）2009年4月黄寺校区食堂被评为北京市A级餐饮单位，文兴街校区食堂被评为北京市B级餐饮单位。

（5）2011年9月承接新疆“双语”骨干教师班的饮食保障任务，委托北京食圣天下餐饮有限公司提供清真饮食服务，由饮食服务中心负责考核、监督、管理。

（四）物业服务中心

（1）全院5个校区及两个家属区的日常物业管理。

（2）对联科物业有限责任公司服务质量考核、监督、管理工作；承担文兴街校区物业服务保障。

（3）2009年7月1日，学院总务处与北京联科物业管理有限责任公司签订了《北京教育学院物业管理委托合同书》，委托联科物业管理有限责任公司，负责黄寺校区、黄化门校区及育慧里小区物业服务，总面积9.6万平方米，2012年1月，又与该公司续签两年合同。

（4）2010年9月，对四校区广域虚拟网进行了改造，实现了内部通话全覆盖与免费服务。

（5）2011年5月至10月，完成黄寺校区系列改造工程，其中包括绿化工程。栽植柏树41株、藤本月季440株、丛生竹30株丛、草坪277.5平方米等。更新改造黄寺校区3号家属楼监控、消防系统设施设备；完成综合楼部分雨水管、全部电缆桥架更新工作。更新黄寺校区1号楼地下供暖管线和校区锈蚀失灵的暖气阀门。

（6）2012年9月，更换黄化门校区供暖泵、更新文兴街校区热力配电柜。

（五）医务室

（1）2008年5月学院办公会研究，经西城卫生局批准，建立文兴街校区卫生室，派一名医生负责。

（2）2008年年初完成了西城卫生局组织的奥运期间医护人员反恐知识的培训及考核。完成了《西城区奥运应急无偿献血队伍实施方案》的宣传动员、组织报名及上报等工作。闫蕾被批准成为2008年北京奥运志愿者。

（3）为学院55周年院庆及其他大型活动提供医疗保障。

（4）2012年，1月市级公费医疗与基本医疗保险制度并轨完成，全院教职工参加北京市基本医疗保险。

（5）承担全院教职工日常门诊、医疗咨询及公费医疗报销等工作，自2008年至2012年共完成门诊近200万元的药品采购与发放；完成门诊就诊量：25495人次；完成公费医疗报销：14872589元。期间每年都被评为西城区公费医疗管理先进单位。

（6）2013年2月，院长办公会决定撤销医务室。

（六）基建办公室

（1）2009年，组织中轴路校区的综合教学楼土建及设备安装工程验收，学院将该项工程命名为教师大厦。2010 年教师大厦投入使用。

(2) 2011 年，为配合学院承担的新疆和田地区“双语”教师汉语培训任务，完成黄寺校区清真餐厅装修改造工程。

(3) 2012 年为改善师生员工就餐环境，完成了黄寺校区和文兴街校区两个食堂的装修工程。

第十七节　北京教育学院附属中学

一、校史沿革

2008 年，北京教育学院附属中学成立（以下简称教院附中）。教院附中是北京教育学院与西城区政府共同支持下建立，由北京市丰盛中学和北京教育学院西城分院附属中学合并而成。

北京市丰盛中学的前身是李大钊先生在 1923 年创立的志成中学。志成中学 1949 年更名为北京市新生女中，1952 年更名为北京市第九女子中学，1980 年更名为北京市丰盛中学。

北京教育学院西城分院附属中学是在 1997 年由北京市第一五七中学与北京市第五十三中学合并而成。北京市第一五七中学的前身是 1942 年创立的北京市第十女子中学，1968 年更名为新十中，1972 年更名为北京市第一五七中学。北京市第五十三中学创立于 1954 年。

二、基本情况

(一) 历任校长、书记

校长：张延华（2008 年 9 月至 2011 年 7 月）
　　　周子军（2011 年 7 月至今）
书记：张丽芳（2008 年 9 月至 2009 年 5 月）
　　　张延华（2009 年 5 月至 2010 年 2 月）
　　　金培京（2010 年 2 月至今）

(二) 组织机构

学校组织机构呈现“三处一室”格局：德育处包括团委和学生综合素质提升中心，由德育副校长直属管理，具体负责人是德育主任和团委书记；教学处包括教务处、信息中心和教科室，由教学副校长直属管理，具体负责人是教学主任、教务主任、信息中心主任及教科室主任；总务处由行政副校长直属管理，具体负责人是总务主任；办公室是学校党政办公室，由书记、校长直属管理，具体负责人是办公室主任。

（三）基本情况及发展思路

1. 基本情况

学校分初中部和高中部。初中部位于新开胡同20号，高中部位于新街口四条48号，两址共占地面积21959平方米，建筑面积24323平方米，体育场（馆）面积8222.6平方米。拥有200米环形塑胶跑道和两个塑胶篮球场与多个羽毛球场，并配置完备的体育器材。教学楼建有室内篮球场、健身房、形体教室等。地下一层建有1167平方米的师生餐厅，可同时容纳千名师生就餐。建有设备达标、管理规范的学生宿舍楼。学校拥有计算机585台，多媒体教室座位1080个，校园网出口总带宽300M，数字资源量20TB，普通教室36个，专用教室19个，实验室11个。图书馆（室）藏书94214万册。

截止到2013年4月，学校有教职工199人，其中专任教师145人；副高级职务42人，中级职务70人。在校生数：1067人，其中初中生509人、高中生558人；住宿生100人。

2. 发展思路

落实以人为本的核心理念，实现学生、教师的“双成长”；实现课程改革、教师干部培训的“双示范”；实现学校教育、社会需求的“双辐射”，在这一过程中使学校有一批名师、管理专家、教育教学改革专家脱颖而出。

阶段目标：一所大校→一所发展较快的学校→一所中等学校→一所特色学校→一所市、区有影响的特色学校。特色呈现具体形式是：基于学校层面——有学术氛围，有特色校园文化，有科研引领，有较多数量的优秀教师。基于教师层面——有先进的教育理念，有较强的研修能力，有独特的教育教学风格，有成熟的教育教学经验，有较强加工能力和突出的成绩。基于学生层面——有较强的学习兴趣，有一项特长，有科技爱好，有较强的发展意识和人生规划能力。

（1）2008年至2011年

经过初期的适应与磨合，学校顺利完成“凝心聚力——促和谐”的前期任务，进入“抓住契机——争发展”的崭新阶段，积蓄力量朝着“励精图治——创优质”的目标迈进，具体体现在：拓宽专业发展渠道，以高水平师资促高质量均衡；以课程改革为契机，搭建广阔学习平台；提供多样化机会（国际交流、主题活动、学生社团），为学生个性成长插上翅膀。

（2）2012年至2015年

以“和谐、创新、发展”为主题词，以“提升质量，打造品牌，赢得口碑，获取尊严”为发展目标，以构建“阳光校园”为特色品牌，全力打造“口碑良好、特色显著、质量优质”在全区乃至全市有一定影响力的学校。具体体现在：开设阳光课程、打造阳光课堂、组织阳光活动、提供阳光服务，从而培育阳光的学生——会做人、能做事、爱生活；培养阳光的教师——有爱心、能奉献、肯钻研。

三、工作概况

学校立足于“公平立教，均衡发展”；着眼于“用共同的愿景凝聚人心，用细致的工作赢得理解，用出色的业绩促进发展”，着力于“为普通劳动者子女提供优质教育，在普通学校实践不普通的教育”。依托北京教育学院的专家团队，以科研为引领，以项目带发展，以课题促落实，使学校具备实现跨越式发展的实力。

学校努力深化办学内涵，搭建教师专业发展、学生学习过程公平的教育平台。教育科研年会、课题研究推广会、专题研讨会等专业学术会议，和来自不同地区的教育同行交流学习等，促进了教师的专业化发展，开阔了视野、更新了理念、磨炼了技能、展示了风采，提升了课堂教学效率。学校先后与法国、美国、澳大利亚的3所学校结成了友好校，多次组织师生赴法、赴美交流，为师生拓展国际视野、完善学业、规划人生奠定了基础。学校还为学生展示个性特长，成立了管乐队、合唱队、机器人兴趣小组、美境行动社团等，设立了艺术节、体育节、科技节等传统活动，力图在公平优质的教育活动中，培养学生创新精神，提高学生实践能力。

学校先后获得西城区文明单位、西城区初中建设工程优秀校、西城区科技示范校、西城区科研先进单位、西城区研修网校本教研先进校、西城区教育研修学院教育实践基地、北京市高中课改实验校、北京市教育科研先进学校、北京市高中特色建设项目校等荣誉称号。

（一）德育工作情况

1. 构建德育网络，坚持全员育人

学校成立了德育工作领导小组，以领导小组为核心，以首席班主任、年级组长为龙头，以班主任为主力，形成由学校校长、党总支书记→主管德育副校长→德育处（主任、团、队委、教导员）→年级组长→班主任组成的德育管理系统。在学科活动中渗透德育，发挥学科主渠道作用，寓德育于课堂教学中，落实新课程提出的“三维目标”。

2. 抓实德育常规，坚持全程育人

学校通过抓实常规管理，培养学生对“规则”的尊重意识，从而规范学生的行为，培养良好的习惯，为学生的可持续发展奠定良好的思想基础。（1）制定了《教院附中学生日常行为规范》《教院附中学生个人德育考核办法》。（2）逐步完善附中文明班检查评比制度，每日由值周班检查记录，每月进行全校讲评并颁发流动红旗。每学期初对进步生、三好生、优秀干部、文明标兵、学习标兵、劳动标兵、学风标兵班等进行表彰。（3）强化对学生的全日制管理内容。（4）设立学生校风监督岗，加强对值周生的管理，校团委、学生会、少先队培训学生干部，提高了学生自主管理的能力。（5）加强对问题学生的管理，坚持谈话制度、家长联系制度、定期汇报制度等。

3. 创设情景，坚持活动育人

学校紧紧抓住教育这一根本，坚持教育活动经常化，寓教育于活动之中，开展各类专题活动，如18岁成人仪式、14岁生日会、艺术节、体育节、科技节、“午间阳光活动一小时”等，每项活动有专人负责，有布置、有检查、有总结。

4. 发挥“三位一体”功能，坚持全方位育人

学校加强与家庭、社会的联系，共同发挥育人功能。（1）成立家长委员会，通过“家长开放日活动”，让家长委员们走进学校，全方位了解学校，参与学校建设。（2）开设专家进校园之走进家长系列课程，让不同年级的学生家长都能得到适合自己孩子年龄阶

段有关家庭教育的科学指导，发挥家长在教育中的作用，实现家校合力。（3）学校邀请部分家长参加开学典礼、新年联欢会、运动会等大型活动，共同分享教育成果，发现教育问题，为学校进一步发展提出意见和建议。

5. 因材施教，坚持全纳育人

学校坚持不放弃任何一个孩子，建立和完善了学生学籍管理制度，没有流失和辍学的学生，使每一个学生都能够健康成长。适龄残疾儿童在附中随班就读，并有相应的教师进行特殊教育专题研究。

（二）教学科研工作情况

1. 规范、落实教学常规管理

（1）学校按照国家和市区课程计划规定，开齐、开足课程。（2）实行小班化教学和分层教学，提倡个性化辅导，满足学生个体需要。（3）加强教学年级团队、班级团队组织建设，实施教学干部、教研组长、备课组长和学科带头人参加的校本督导制度。（4）实施学科带头人每月教学示范课制度，强化骨干教师在教学改革和科研中的引力和辐射作用。

2. 夯实细节，强化过程管理

学校对常规教学中的备、教、辅、批、评等基本环节，按照新课程标准的要求，重新给出具体量化指标，由教学处定期严格进行考评，及时通报考评结果，表彰先进，督促后进。学校实行校班子成员包组制度。每名班子成员分包一个年级组或教研组，分工负责，严格把关，查教师到岗情况、查常规落实、常抓不懈。学校坚持听、评课制度，不论是班子成员还是科任教师每学期有具体的听课节次规定。评课采取集体座谈与个别交流相结合的形式，促进教师业务能力的提高。随时抽查教师的听课笔记、政治学习笔记、教案、作业、年级组、教研组活动记录、班务工作笔记，及时通报检查结果。学校每学期召开一次全校学生代表会研究学情、反馈信息、征询意见与建议。

3. 加强对教学工作的指导

校长和教学干部以主要精力抓教学工作。注重常态教学，特别是课堂教学，听课达到规定节数以上，听课后与教师有沟通和反馈，加强对课堂教学、教学改革的指导。建立教学干部联系教研组制度，干部联系教研组，参加组内教研、备研活动及各类研究课的准备、展示、反馈。落实教学部门、教研组、备课组三级管理制度。

4. 探索素质教育背景下的课程改革

学校加强学习培训，转变教育理念，积极配合区教委和西城区研修学院的部署和要求，组织教师参加市、区开设的培训班。积极探索符合新课程的课堂教学模式，学校选准课程活动化、活动课程化的方向，以培养学生自主学习能力为切入点，明确提出了课堂教学的具体模式：自学辅导式、探究发现式、情境陶冶式、集体性课堂教学模式。

5. 课题研究引领科研开展，实施研究型教学

在教科室的指导下，学校各年级确立了子课题，每位科任教师又结合实际确定了自己的研究课题，扎实开展新课程研究，形成了人人参与校本研究的局面。学校每学期都开展“四优”（优质课、优秀论文、优秀教学设计、优秀课件）评比活动，定期举办教育教学经验交流会。

（三）教师队伍建设情况

1. 公正透明，明确制度管理

学校除认真贯彻落实上级领导的各项教育法规外，根据校情制定《北京教育学院附属中学岗位职责》《常规教学管理办法》等各种管理制度，狠抓了各种制度的落实，不搞形式，不走过场，充分发挥了这些制度的效能。坚持聘用合同制度和岗位竞聘择优制度。

2. 德高为范，重视师德建设

学校高度重视师德建设工作，把其作为教师队伍建设的核心工作常抓不懈，树立了“一正、二严、三勤、四爱、五坚持”的工作作风：“一正”即一身正气；“二严”即严格管理，严格要求；“三勤”即脑勤、手勤、脚勤，反对只说不干的坏习气，提倡雷厉风行的工作作风；“四爱”指爱学校、爱学生、爱公物、爱本职；“五坚持”指坚持教书育人、坚持钻研业务、坚持艰苦奋斗、坚持岗位成才、坚持团结合作。

3. 落实促进教师专业发展的长效机制

学校发挥北京教育学院智能资源优势，落实专家引领机制。采取“请进来”和“送出去”的方式，实现名师的引领作用，建立了促进名师成长的培训制度、评价制度。学校充分发挥骨干教师的模范和辐射作用，骨干教师采取经验交流、专题讲座、上示范课等多种形式对全校教师进行培训。学校注重资源传导，凡学校安排外出学习培训的老师，回校后必须当好“二传手”，写出详细的学习汇报材料在全校或一定范围内交流，听课的要在全校范围内上汇报课，从而做到一人学习，全员受益，实现了资源传导和共享。学校还强化教师自学，每学期开学拟定教师自学课程参考书目，引导自学内容，明确自学要求。

（四）学生社团建设情况

为了让学生拥有健康的生活情趣和一技之长，做到不拘一格培养人才，学校树立人人成才观念，尊重学生个人选择，鼓励其个性发展，从学生现实生活入手，搭建了多个展示他们个性特长的平台，让所有学生能从不同角度得到锻炼，目前学校开设的学生社团有：足球队、篮球队、管乐队、合唱队、健美操队、机器人兴趣小组、乒乓球队、编珠小组、武术队、话剧社、摄影小组、美境行动社团、陶艺小组等等。其中机器人小组连续多年获得国家级二等奖、北京市一等奖；美境行动社团是北京市著名学生社团之一；管乐队、合唱队多次在校、区重要活动中演出。

学校还定期举办艺术节、体育节、科技节、新年联欢会、运动会，开设“午间阳光活动一小时”，配备专门的指导教师等途径，为学生社团的健康发展提供帮助。

（五）对外交流工作情况

在北京教育学院的支持与帮助下，学校一直为教师和学生谋求更多地参与国际、国内交流的机会。在交流与合作中，深化学校开放办学内涵，努力构建大教育平台，促进学校跨越式发展。

迎进来——从 2008 年 4 月份起，学校共接待涉及美、法、韩等多个国家的外宾来访，目前学校有 3 所境外友好校：法国巴黎维克多·杜吕中学、美国玛丽亚高中、澳大利亚伍德维尔学校。在交流中，国外同行深入课堂，走近教师，贴近学生，就共同感兴趣的话题进行讨论与交流。同时，学校接待涉及西藏、四川、湖北、广东、贵州、江苏等多个省市区的国内教育同行，兄弟学校奋战在教学第一线的骨干教师、中层干部、主要领导与各级教育领导机构的专家。通过这些活动，教师的教学风采得到充分展示、教学技能得到不断磨炼，教学方法得以互相借鉴，进而有力地促进了教学效益的提升。

走出去——每年寒假，学校组织师生赴美、赴法参加冬令营活动，后来发展为“国际理解与文化交流课程”的境外培训课程。

（六）获奖情况

1. 2008 年

获得北京奥运会残奥会先进集体、西城区教育科研先进单位、西城区第 26 届“鲁迅奖章”系列读书活动先进单位、第九届“西城杯”中学生思想道德法律知识竞赛最佳组织奖、西城区青少年涉台教育“五个一”活动优秀组织奖、西城区学生科技节优秀组织奖、西城区第 26 届“鲁迅奖章”系列读书活动——第一届高中生情景剧比赛最具人气奖和西城区中小学智能控制（单片机）知识竞赛团体二等奖。

2. 2009 年

获得北京市第 12 届学生艺术节和西城区第 13 届中小学生艺术节优秀组织奖、北京市西城区初中建设工程先进学校、2009 年西城区教育工作先进集体、2009 年西城教育研修网优秀协作组、西城区学生科技节优秀组织奖、西城区第十一届少年科学奖、2008 年西城区学生科技节优秀组织奖、2008 年度西城区高中会考管理评比一等奖、2008 年度高招工作管理评比一等奖、2008 年度西城区健康促进校验收评比优秀奖，被授予 2008 年度西城区“文明单位”、西城区 2008 年社区教育“十百千”工程先进单位、2009 年度贯彻落实科学发展观加强改进学校德育工作活动先进学校、北京市红领巾读书活动先进单位、2009 年度西城区交通安全工作先进单位、西城区中小学生科技教育示范学校称号。地理组在“2008 年西城区教育系统共青团达标创优竞赛活动”中获青年文明号。

3. 2010 年

获得国庆 60 周年庆典活动突出贡献奖、西城区第 26 届书法、绘画、摄影、工艺美术比赛优秀组织奖、北京市十佳红十字青少年活动奖、2009 年度十佳红十字青少年活动奖、校园风范的镌铸与咏歌优秀展示奖、校园风范的镌铸与咏歌校歌最佳特色奖、校园风范的镌铸与咏歌校徽最佳特色奖、第四届中国青少年创意大赛北京赛区选拔赛团体二等奖、西城区首届高中生技术设计创意大赛总成绩三等奖、西城区首届高中生技术设计创意大赛超级链接二等奖、西城区首届高中生技术设计创意大赛三等奖、北京市第 13 届学生艺术节校级合唱团展演三等奖、西城区首届高中生技术设计创意大赛总成绩三等奖、北京市第 13 届学生艺术节、校园剧展演二等奖、第四届“西城杯”中学课堂教学大赛评选活动优秀组织奖、西城区第二届教育教学优秀成果评比优秀组织奖、西城区中小学课间操评优活动优秀校、西城区中学生时事竞赛优秀组织奖、西城区学生科技节优秀组织奖、2009 年至 2010 年度北京市先进青少年体育俱乐部二等奖，被授予北京市初中建设工程先进集体、北京市高中学校特色建设项目学校、2009 年计划生育先进集体、2009 年度西城区文明单位、北京市节水型（企业）单位、2009 年西城区教育系统创建学习型学校先进单位、西城区教育研修学院教育实践基地、西城区教育系统模范基层工会称号。

4. 2011 年

获得 2010 年西城区高级中等学校招生工作目标管理优秀奖、2010 年西城区普通高中毕业会考工作目标管理优秀奖、2010 年西城区高校招生考试工作目标管理优秀奖、西城区 2010 年度健康促进校学校工作优秀奖、西城区青少年民族团结教育基地庆祝建党 90 周年主题教育活动优秀组织奖、北京市教育科研先进学校、西城区学生科技节青少年创新大赛优秀科技实践活动一等奖，获得西城区 2010 年度交通安全先进单位、第九届全国中小学和中职学校思想道德建设优秀成果展评活动“德育先进学校”、2010 年度人口和计划生育工作先进单位、2010 年度西城区教育系统共青团达标创优竞赛活动五四红旗团支部、2010 年度西城区教育系统共青团达标创优竞赛活动优秀志愿者服务队、2011 年西城区中小学生金鹏科技论坛活动优秀组织单位称号。

5. 2012 年

获得西城区 2011 年度健康促进学校工作优秀奖、2011 年度应急救护培训工作组织奖、首都教育系统教职工运动会“优秀组织奖”、西城区“全纳杯”中小学课堂教学展示研讨活动优秀组织奖、“纪念中国共青团成立 90 周年主题团（队）日评选活动”三等奖，被授予 2011 年西城区文明单位、“我身边的先锋”西城区教育系统创先争优先进基层党组织、中国教育学会“十二五”教育科研规划重点课题实验基地校、中国教育学会“十二五”重点课题《基于学生学习需求的课堂学习实践研究》实验校、国家级教育体制改革试点项目推进城区义务教育均衡发展试验项目校、2011 年度西城区资源共享先进单位、2011 年度西城区教育工会目标管理考核“优秀基层工会”称号，学校网站被评为北京市中小学示范校园门户网站，高一年级组被评为西城区教育系统先进集体，学校保卫组荣获北京市集体嘉奖。

附录一　大事记

2008年

1月

7日　学院举行澳大利亚西澳大学汉语留学项目开学典礼。参加人数44人，学制一个月。

9日　学院启动“育体、育心、育人”迎奥运阳光体育活动北京市中小学体育教师全员培训。共14个区县、5000名小学体育教师参加培训。

16日　2008年“春风化雨”培训行动小学部分学科开班。5个区315名小学教师参加培训。

18日　学院与西城区教委签署合作协议，共同举办北京教育学院附属中学。

20日　学院承办的“心系奥运·相约明天——绿色耕耘希望杯”中学英语教师口语大奖赛举行决赛。

22日　学院2008级新生报到工作基本完成。应报到人数2591人，实际报到2152人，报到率为83%。

23日　学院举办北京市中小学教师继续教育校本培训展示交流活动。校本培训百所示范校代表400余人参加了本次活动。会议分为专题报告、主题论坛及效果展示3个模块。上海教育科学院副院长顾泠沅教授作《行动学习：造就名师团队之路》专题报告。

25日　学院举办第三期中英北京城区初中英语骨干教师培训班开学典礼。英国大使馆文化教育处一等秘书、学习与培训部总监罗晖怡（Nicole de Alouviere）女士出席典礼。此次培训为期12天，分为外教授课、中国专家授课、追踪指导3个阶段。培训对象为8个城区的100名英语骨干教师。

27日　职业教育学院承担的丰台区中等职业学校青年教师培训班开学。此次培训是受丰台区教委委托开展的定向培训工作，为期1年，学员共30名。

30日　学院召开教职工岗位聘任、教师职务聘任工作总结大会。已任命、选拔、聘任处级干部69人，处级正职24名，处级副职45名，其中新任处级正职10名，新任处级副职20名。管理（含专业技术岗）、工勤岗位聘任265人，其中进入科级系列的人员共有77人，占受聘人员总数的29%。按学院政策退二线享受原科级待遇的有6人，达到规定年龄，且有10年以上管理岗位工作经历，享受副主任科员待遇的11人。专任教师聘任228人，其中教授10人，副教授84人，正、副系主任32人。

2月

3日　西城区政府批复，同意西城区教育委员会请示，将北京市丰盛中学和北京教育学院西城分院附属中学合并，校名为北京教育学院附属中学。

16日　学院召开2008年“春风化雨”培训行动小学数学、语文、科学、思想品德学科开学典礼。320名教师参加为期一年的培训。

18日　学院举行2008年“绿色耕耘”行动小学数学、小学品德、中学历史3个学科开班仪式。11个远郊区县共200名教师参加为期5天的学习。

19日　法国纳依玛丽娅女子中学汉语培训班开班，17名法国高中生在学院接受为期两周的汉语培训，培训内容包括汉语课程和文化活动。

26 日　学院和北京师范大学承办的第 138 期希望工程全国教师培训班暨第二期宝洁希望小学体育教师培训班开班。该培训班由中国青少年基金会主办，北京教育学院和北京师范大学承办，宝洁公司出资，对来自 28 个省市的 120 名宝洁希望小学体育教师进行为期 10 天的培训。培训分为奥林匹克教育、阳光体育活动、新课程教学、希望小学运动会 4 个模块进行。

27 日至 29 日　学院召开 2008 年寒假干部工作会议暨干部培训会议。

3 月

2 日　学院启动 2008 年北京市中小学中等职业学校教师资格认定非师范教育类专业教育学、教育心理学考试工作。考试共设有 11 个考点，共 7412 人参加考试。

11 日　市教委下发的《关于设立北京市教师资格认定工作办公室的批复》，同意学院设立北京市教师资格认定工作办公室，挂靠在北京市中小学中等职业学校教师培训中心。

14 日　学院“绿色耕耘”农村中小学学科骨干教师再提高培训班开班。11 个远郊区县共 240 名中小学语文、数学优秀教师参加 180 学时的培训。该项目从“绿色耕耘”第一、二期学员中挑选出一批优秀教师进行再培养、再提高。

17 日　民盟中央主办、学院承办的“农村教育烛光行动”培训者研修班举行开班典礼。全国人大常委、民盟中央副主席李重庵，民盟中央社会服务部部长郭勇，全国政协委员、民盟北京市委常务副主委朱尔澄出席典礼。来自 10 个省（市）农村的 49 名语文、数学、外语初中骨干教师和教育培训管理干部将接受为期一周的培训。

22 日　学院调整教学指导委员会，主任：李方；副主任：钟祖荣（常务）、郭世安、方中雄、余新。

22 日至 4 月 12 日　学院举办 2007 年“春风化雨”培训成果交流展示活动。活动共展示了学员研修报告、论文 23 篇，展示课 5 节。地理学科的《自制等高线模型学具进行体验式学习的探索》校本研究报告获优秀成果一等奖，并向国家知识产权局申请专利。

28 日　“北京市教师资格认定工作办公室”在学院正式挂牌成立，“北京市教师资格认定网”同时开通。

是月　民盟北京市委聘请学院副院长钟祖荣为民盟北京市委基础教育委员会主任。

3 月至 5 月　2008 年“绿色耕耘”中学语文提高班组织门头沟、延庆、昌平等 8 个区县共 110 名学员参加远程培训。

4 月

1 日　2008 年市级干部培训项目之一——小学校长高级研修班在学院开班。市委教育工委基层联络处处长吴武、党委书记马宪平、副院长方中雄出席典礼。

△　市委教育工委和学院联合举办讲座。北京师范大学教授于丹作题为《阅读经典、感悟成长》的讲座。

3 日　北京市中小学教师远程教育应用培训项目启动会在学院召开，2800 人接受培训。

7 日　学院召开 2007 年教师培训项目绩效自评工作会。共 11 个项目被评为优秀，10 个项目被评为良好。

8 日　学院启动 2008 年第三期北京市中小学心理健康教育教师上岗培训项目。培训在形式上首次实现了驻京高校、科研院所和培训机构的合作，共培训 280 名教师。

8 日至 16 日　市委教育工委、市教育工会、北京教育党校联合举办北京市教育领导干部“贯彻科学发展观，推进基层党建创新”研究班。全市 18 个区县共 80 人参加了学习。学院副院长、教育党校常务副校长方中雄作培训动员，市委教育工委常务副书记张建明、市教育工会主席张青山、市教委专职委员兼人事处处长吴松元分别作《认清形势，抓住机遇，实现首都教育又好又快发展》、《贯彻十七大精神，强化工会执政能力》、《教育系统人事人才工作的基本思路》的专题报告。

11 日　市委教育工委副书记、市政府督导室主任线联平率市教委发展规划处、财务处等负责人到学院调研。

15 日　市教委专职委员吴松元到学院研究教师培训工作。

△　学院“春风化雨”培训中学化学、生物、政治学科开班。共 300 名教师参加培训。

17 日　学院举办小学特级教师窦桂梅报告会。

△　学院就“平安奥运行动”召开中层干部会议，全面部署本市“平安奥运行动”期间学院的各项安全保卫任务。

18 日　学院旅游管理系教师韩彦龙获第四届中华美食养生烹饪交流赛（韶山杯）热菜、冷荤、面点三项全能金奖和“世界美食药膳大师”荣誉称号。

21 日至 23 日　学院组织 2008 年新聘任系主任培训，30 人参加培训。

22 日　学院新一届学术委员会成立并召开第一次工作会议。会议推举院长李方为学术委员会主任，钟祖荣为学术委员会副主任。学术委员会共批准 47 项院级课题立项，并对申报的 2006—2007 年优秀科研成果进行评议。

24 日　学院在鹫峰国家森林公园举行“迎奥运，健步行”比赛。体育与艺术学院队、机关一队、职业教育学院和图书馆队分别荣获团体第一名、第二名和第三名。

29 日　2008 年北京市中小学教师培训机构专兼任教师培训项目在学院启动。市教委人事处副处长李海燕，学院党委书记马宪平、院长李方、副院长钟祖荣等人出席会议。李方、钟祖荣、李晶分别作《知识管理与教师专业发展》《提高教师培训针对性、实效性》《教师培训项目设计框架》的主题讲座。

是月　中国民主同盟中央委员会任命学院副院长钟祖荣为中国民主同盟第十届中央委员会教育委员会委员。

5 月

6 日　学院召开 2007 学年度优秀班主任表彰暨经验交流会。31 名优秀班主任受到表彰。

7 日至 11 月 17 日　北京市市级学科带头人及市级骨干教师培训项目组组织“百位名师、百节优质风采课”录制活动。该活动不仅是 2007 年“学科带头人及市级骨干教师”培训的总结，也是 2006 年、2007 年培训工作的阶段性总结与成果展示。

8 日　学院举办“教学管理沙龙”活动。

△　学院邀请中国科学院党组副书记、博士生导师方新作《提升自主创新能力，完善国家创新体系》报告。

△　学院机关党总支、黄寺、文兴街、中轴路、黄化门校区党总支举行党总支委员会换届选举工作。

△　学院文兴街校区卫生室成立，院长李方、副院长田宏忠为卫生室揭牌。

9 日　市委教育工委、市教委在学院召开北京市中小学德育队伍培训工作专题会议，总结 3 年来的工作成果。市教委副主任罗洁出席会议。

12 日　学院召开 2008 年宣传工作会议。表彰了 12 个部门和 12 名优秀宣传员。《现代教育报》资深记者张秀江进行新闻写作培训。

12 日至 13 日　北京市体育教师全员培训项目组在朝阳区五路居一中、北苑中学举办 2008“迎奥运、阳光体育活动”展示活动。自 20 日至 6 月初，参加培训项目的 14 个区县陆续举办展示活动。

13 日至 14 日　学院组织科级干部培训。党委书记马宪平、院长李方、副院长郭世安参加培训活动并授课。

15 日　“北京市中小学教师继续教育网络视频课程建设”项目启动会在学院召开。学院申报的 51 门网络课程中，47 门通过，4 门暂缓通过。

△　北京市 2008 年春季教师资格认定教育教学能力测试评委 300 余人在学院接受培训。北京市教师资格认定工作办公室向评委颁发证书。

16 日　市委教育工委巡视组组长吕焕卿带队对学院进行为期一个月的巡视工作。

19 日　根据国务院决定，学院早晨降半旗为在汶川大地震中遇难同胞志哀，并筹款 15 万元人民币、5000 港元，上交特殊党费约 26 万元。

21 日 学院举办 2008 年北京市中小学数字图书馆应用推广讲座。150 名中小学图书馆馆员参加了活动。中国少年儿童新闻出版总社总编室主任吕卫真、北京教育网络和信息中心教师申军霞分别作了题为《电子出版物的发展趋势》和《北京市中小学数字图书馆 2.0 的特点及使用》的报告。

22 日 《北京教育学院学报》召开新一届编委会第一次会议。

△ 学院召开第三次团员大会，进行换届选举工作。选举产生第三届团委会。党委副书记刘枫耘出席会议。

23 日 北京市普职成教干部培训中心办公室召开校长研修学院 2007 年度项目绩效评估会。

25 日 学院承办的北京市 2008 年春季教师资格认定教育教学能力测试工作结束。高中学科和中等职业学校的 10 个学科共 2530 人参加测试。

27 日 教育系统"平安奥运行动"督查小组来学院督查。

27 日至 28 日 学院"春风化雨"培训项目组召开总结会。2007 年该项目共培训城区初中学校教研组长和骨干教师 1006 名。市教委委员吴松元出席会议。

28 日 北京市普职成教干部培训 2007 年度市级项目结业典礼暨实践基地授牌仪式在学院召开，中共北京市委教育工委常务副书记张建明、市民委主任牛颂出席会议，并向首批"北京市中小学校长培训实践基地""北京市中等职业学校校长培训实践基地"和"北京市校长拓展培训基地"等 27 所实践基地的校长颁发了证书和铜牌。

30 日 北京市"十一五"教师继续教育信息管理系统通过验收，全市 300 名中小学心理健康教育教师参加了学习。

△ 学院举办震灾心理危机干预辅导讲座。市教委副主任罗洁出席讲座。

30 日至 31 日 北京市市级学科带头人及骨干教师培训项目组召开 2007 年项目工作总结会暨 2008 年培训实施方案研讨会。

6 月

3 日 学院举行中年教师教学观摩活动。7 个二级学院共选派 24 名优秀教师分文科组、理科组、综合组展示课程。

5 日 学院召开党风廉政建设工作会暨宣传月动员会，主题为"讲党性、重品行、作表率"的 2008 年党风廉政建设宣传月主题教育活动正式启动。共 110 人参会。宣传月期间，学院重点开展了 10 项工作，即召开专题工作会（含专题报告）、院领导讲党课、开展警示教育、召开民主生活会（含廉洁从政对照自查）、签订党风廉政建设责任书、举办橱窗宣传展览、编制党风廉政建设制度集、进行知识问答、组织纪检员和党支部书记培训、进行重点部门专项审计和中层干部离任经济责任审计。

10 日 学院启动"祥云行动"——提高高中校长课改领导力的跟进培训。18 个区县的正副校长和各区县师干训部门领导共 900 人参加培训，学制半年。

12 日 西城区机构编制委员会批复，同意西城区教育委员会请示（西教人文〔2008〕1 号），撤销北京市丰盛中学和北京教育学院西城分院附属中学建制，将其建制合并成立北京教育学院附属中学，高中部设在西城区新街口四条 48 号，初中部设在西城区新街口东新开胡同 20 号。

18 日 2008 年北京市教育学会普教系统党建研究会年会在学院召开。大会对荣获 2007 年北京市教育学会普教系统党建研究论文组织奖的西城区、崇文区、宣武区、朝阳区等 9 个党建研究会、18 名党建研究先进工作者和 106 篇优秀论文作者进行了表彰。

19 日 学院召开继续教育项目绩效考评总结表彰大会。会议总结了"绿色耕耘""春风化雨"等 2007 年干部教师培训工作经验，并对优秀项目集体和个人进行表彰。市教委委员吴松元、市委教育工委基层联络处处长吴武、市教委人事处副处长李海燕出席会议。大会共表彰了在 2007 年继续教育工作中业绩突出的 22 个优秀项目集体、59 位先进教师和 87 位先进管理者与服务者。

23 日 学院举办的法国巴黎凡尔赛市茹尔费里高级中学汉语培训班开班。19 名法国高中生在学院接受了为期半个月的汉语培训。

△ 学院承办的2008年北京市支教大学生教育素养培训班开班。此次活动是北京市首次开展的市级支教大学生培训。

△ 学院召开外事工作领导小组成立会暨2007年度出访团组经验交流会。会议宣布成立外事工作领导小组并颁发聘书，“北京教育学院国际合作与交流学术人才库”建设正式启动。

24日至26日 学院召开第五届教职工代表大会第三次会议暨工会第八届会员代表大会第三次会议。会议讨论并通过了《北京教育学院薪酬分配实施办法》和《北京教育学院教职工代表大会条例》。

26日 学院召开纪念建党87周年大会暨党风廉政建设宣传教育月党课。表彰了荣获北京市高校“优秀共产党员”称号的陈雁飞及15名获得学院“优秀共产党员”称号的同志，并为十七大征文获奖者颁奖。

7月

1日 学院召开教学督导意见反馈会。

1日至2日 学院党校举办2008年党支部书记培训班，共80人参加培训。

7日 教育部师范司委托学院承担的全国教育科学“十一五”规划2008年重点课题“中小学教师培训制度、模式和质量研究”启动。院长李方为主要负责人。

10日 学院邀请北京奥组委新闻宣传部副部长、奥运宣讲团团长徐达为全院教职工作报告。

11日 教育部委托开展的西部初中体育骨干教师国家级培训正式启动。陕西、甘肃、青海等12省、市、自治区共600名教师参加培训，360人在京参加培训，240人在西北师范大学参加培训。

13日至16日 学院举办北京市远郊区县中等职业学校文化课教师继续教育培训班。共260名学员参加为期4天的培训。全国人大常委会办公厅副主任叶齐炼、教育部数学新课标组专家吴正宪、微格教学专家郭友等作了讲座。

30日 市委教育工委副书记、市教委主任刘利民来学院调研并视察教师大厦的施工情况。

8月

7日 市委教育工委副书记刘建到学院衙门口校区调研。

19日 市委教育工委副书记、教委副主任、市政府督导室主任线联平来学院调研。党委书记马宪平、党委副书记、院长李方、副院长方中雄、钟祖荣出席会议。

24日至25日 学院召开暑假干部会议暨干部培训会议，80人参加会议。

30日 学院附中建校后第一次开学典礼在高中部举行，学院院长李方、西城区委书记林铎、区教工委书记沈桂芬及相关领导参加了开学典礼。

9月

2日 学院举行北京市农村中小学教师研修工作站项目启动仪式。教育部师范教育司司长管培俊、市委教育工委副书记刘建、市教委主任刘利民、市教委副主任罗洁出席启动仪式。

3日 学院举办的北京市中小学教师带薪脱产培训班开班，共招收19个班，543名学员，学制半年。

4日 市委教育工委常务副书记张建明、基层联络处处长吴武来学院调研。

4日 法国教育部总督学白洛桑教授到北京教育学院附中参观并进行教育教学交流。

9日 学院召开庆祝教师节暨师德标兵、中年教师教学观摩课活动表彰大会。

11日 学院针对“一院多址”校区特点开展的属地管理工作正式启动。黄化门校区的体育与艺术学院率先试行。院长李方同体育与艺术学院院长陈雁飞签订属地管理责任书。

16日至18日 学院对31名2008年新入院教职工进行培训。

17日至18日 学院与北京市政府教育督导室共同举办2008年高中课改督学培训，共110人参加培训。

20日 学院承担的奥运安保任务基本完成。

21日 学院启动“2008年北京市骨干教师工作室”项目。按照学科及研究主题，共设立27个工作室。500名北京市学科教育带头人及骨干教师接受为期一年的培训。

23 日　学院 55 周年院庆系列学术活动正式启动。美国教育专家吉姆举办首场讲座。至 2008 年年底，全院共举办“专业化校长与教师培训示范性基地建设研究”论坛、“绿色数学”教育思想研讨会、“信息化创新教育，专业化优质服务”论坛等 17 场学术活动。

10 月

6 日　学院从教师教育人文学院、体育与艺术学院、教师教育数理学院选派 8 名青年教师到农村中小学教师研修工作站和北京教育学院附属中学参加为期一年的教学实践。

7 日至 31 日　学院对挪威卑尔根大学学院幼儿教育专业师生进行“跨文化理解与比较教育”课程培训，为期一个月。

8 日至 9 日　2009 年度 15 个项目单位的 47 个基础教育师资培训项目申报材料评审工作在学院进行。

10 日　学院举办的首期北京市中小学国际理解教育教师培训班开班。国家教育总督学顾问、中国教育学会副会长、教育专家陶西平作了《同一个世界，同一个梦想——关于国际理解教育的思考》的报告。来自西城、海淀、朝阳等区共 80 位中、小学教师参加了为时 100 学时的培训。

16 日　教育部副部长陈小娅来院调研，教育部师范司司长管培俊、基础教育司一司司长姜沛民、二司司长郑富芝、市教委专职委员兼人事处处长吴松元、基教处处长李奕陪同调研。学院领导、各二级学院院长及部分教授参加调研。

△　市教委举行授牌仪式，在学院成立“北京市优秀班主任工作室”。

18 日　学院承办的第三期新加坡教育管理硕士学位班开班。学员共 27 人，学制 1 年。市教委专职委员吴松元出席开班典礼。

21 日　“北京市优秀班主任工作室”首期研修工作启动，共 14 名中小学优秀班主任参加为期 2 年的研修。

24 日　学院举办教职工书画、摄影、手工艺作品展，国家教委原副主任柳斌、北京市原副市长胡昭广、北京市教育工会主席张青山为展览揭幕。98 位离退休和在职教职工的 150 件作品参展。展览历时 26 天。

25 日　学院召开纪念建院 55 周年大会。中共中央政治局委员、市委书记刘淇发来贺信，蒋树声、许嘉璐、顾明远分别为学院院庆题词，80 家单位发来贺信、贺电。北京市委、市政府、市委教育工委、市教委等各级领导、教育界前辈、国内外兄弟院校、区县培训机构、学院离退休教职工、在职教职工、各届校友代表参加大会。党委书记马宪平主持会议，院长李方致辞。

△　位于学院黄寺校区的院史馆落成。中宣部原常务副部长徐惟诚、中共中央党校原常务副校长汪家镠为院史馆揭幕，新华社原副社长徐锡安为院史馆留言：“培养人才、传承文明。”该馆展览面积 160 平方米，共陈列展品 506 件，照片 612 幅，59 块展板，从不同侧面反映了北京教育学院成立以来的发展历程及工作成果。

25 日至 26 日　学院举行国际教师教育论坛暨第 16 届全国省级教育学院书记、院长协作会。参加会议的共有 26 家单位，70 名代表。教育部师范教育司副司长宋永刚作了《健全教师培养培训制度　提高教师队伍整体素质》的报告。

28 日　北京市教委和内蒙古阿拉善盟教育体育局委托的内蒙古阿拉善盟中小学校长培训班在学院开班，共计 88 学时，22 人参加培训。

29 日　北京教育党校举办“改革开放 30 年党的建设新的理论与实践”专题报告会。

11 月

3 日至 26 日、12 月 5 日至 26 日　学院分别举办西藏拉萨市文科骨干教师培训和理科骨干教师、教育管理干部培训。培训为期 1 个月，培训对象为拉萨市 30 名文科教师、30 名理科教师和 29 名教育管理干部。

6 日至 12 月 4 日　学院针对 45 岁以下的教师开展了远程教育应用与图书馆数字资源使用培训。培训分 5 期进行，共培训 160 人。

7日　学院承办的湖北省巴东县中小学数学骨干教师培训结业。巴东县12个乡镇的100名骨干教师及10名甘肃地震灾区数学骨干教师完成了160学时的脱产学习任务。

7日至8日　学院召开"绿色数学"教育思想及教师培训研讨会。

10日至12月18日　学院举办广东省佛山市南海区校长赴京培训班。南海区教育局纪委书记黎远鸿出席开班典礼，南海区教育局局长卢志华、南海区教育研究中心主任禹飚出席结业典礼。南海区26名中小学校长在学院接受了共240学时的培训。

12日　学院与中国教育学会等多家单位联合举办温寒江教育科研30年研讨会。首都学术界、教育界嘉宾，学院领导及教职工代表110人参加了会议。国家总督学顾问、中国教育学会副会长陶西平代表主办单位作主题发言。北京市教育局原局长李晨等领导出席会议。

13日　学院与北京广播电视大学、北京教育考试院在中国人民大学世纪馆联合举办第二届友好运动会。学院获得集体传球一等奖、乒乓球团体赛一等奖、背夹球二等奖、"同舟共济"项目二等奖、羽毛球团体赛二等奖和"同舟共济"项目三等奖。

15日至16日　学院完成北京市2008年秋季教师资格认定教育教学能力测试工作。

20日至12月3日　北京市普教系统党建研究会开展纪念改革开放30年党建征文评选工作。共征集论文187篇，评出获奖作品一等奖11篇，二等奖20篇，三等奖40篇，优秀奖44篇。

21日　学院召开改革开放30年暨复院30年座谈会。

29日　学院附中召开一届一次教代会，通过了《北京教育学院附属中学结构工资方案（试行）》。

12月

3日　学院负责的北京市高等学校教育教学改革项目《体育师资培训模式与新课程教学改革创新的研究》结题。

9日　全国人大常务委员会委员、民进中央副主席、著名教育家朱永新教授为学院600名学员作《新教育改革》的专题报告。

16日　学院召开成人高考招生录取工作通报会。2008年共录取成人高考学生1788人，其中高起专1061人，专升本727人。录取组班专业32个，专科17个，本科15个。

18日　学院2008年"春风化雨""绿色耕耘"培训项目中的北京市中小学音乐、美术、劳动技术课骨干教师共280人结业并展示成果。

19日　全国人大常委会委员、全国人大教科文卫委员会副主任委员、民进中央副主席王佐书为学院师生作《教学目的研究》的报告。

是　年

1. 学院获中共北京市委、北京市人民政府"首都民族团结进步先进集体"荣誉称号。

2. 学院获中共北京市委教育工委、北京市教委、共青团北京市委、北京市学生联合会"首都教育系统奥运工作先进单位"荣誉称号。

3. 学院党委获中共北京市委教育工作委员会、北京市教委"2007年度北京高校奥林匹克宣传教育工作先进集体"荣誉称号。

4. 学院获中共北京市委教育工作委员会"高校系统2007年党内统计工作全优单位"荣誉称号。

5. 学院获北京奥运会培训工作协调小组"北京奥运培训工作先进单位"荣誉称号。

6. 学院获北京市妇女联合会"北京市三八红旗集体"荣誉称号。

7. 学院获"北京2008年奥运会民兵安保工作组织奖"。

2009年

1月

8日　学院举行2009—2011年度外聘教授颁发证书仪式暨迎新春教师演唱会。

10日至11日　学院完成2009年新生报到工作。

13 日　北京市学院附中与法国维克多·杜吕中学签订建立友好学校协议，两校结成姊妹校。

2 月

9 日　学院完成对 25 个党政管理、教学科研及直属单位共 71 名处级干部（含 3 名退居二线干部）的考核评价工作。

10 日　学院启动 2009 年高中通用技术教师培训工作。全市 18 个区县共 120 名教师分两期参加为期半年的培训。

12 日至 13 日　学院召开 2009 年寒假干部工作会议暨干部培训会。

18 日　学院在顺义区召开“北京农村地区 0～3 岁婴幼儿看护者教育工程”项目第一阶段总结大会。

20 日　学院举行北京市农村中小学教师研修工作会议。首批 421 名学员完成研修任务。

22 日　市委常委、教育工委书记赵凤桐，教育工委副书记、市政府督导室主任线联平来学院调研。

3 月

1 日　北京市中小学、中等职业学校教师资格认定非师范教育类专业教育学、教育心理学考试在西城区 14 个考点举行。

5 日　学院成立女教授协会。党委副书记刘枫耘任会长。

6 日　学院进行党委中心组扩大范围学习，邀请首都经济贸易大学谢太峰教授作《金融危机：影响与对策》专题报告。

10 日　学院“学习与思维”研究班开班。该研究班旨在推广《学习与思维》课题的研究成果，传播温寒江的教育思想。

10 日　学院“春风化雨”项目中学数学校本教研专题研修班开班。研修班为期半年，共 180 学时。

10 日至 4 月 23 日　学院“深入学习实践科学发展观活动”进入学习调研阶段。共举办 5 场报告会并开展 23 次专项调研工作。

12 日　北京市“绿色耕耘”培训项目“教非所学”子项目——中学历史、政治学科培训班在房山区开班。培训为期 10 个月，共 180 学时。

13 日　北京市中等职业学校文化课教师培训班开班。8 个学科共 300 名教师参加 80 课时的培训。

17 日　北京市普教系统党建研究会、北京市普职成教干部培训中心召开 2008 年北京市党建系统论文专家评审会。

25 日　美国俄勒冈地区男子合唱团到学院附中进行交流访问，这是学校成立后第一个境外学生团到学校访问交流。

30 日　学院新版校园网主页正式投入使用。

4 月

1 日　学院举行北京市 2009 年春季市级教育干部培训班开班典礼。共举办中小学校长任职资格班和区县教委中教科长班两个培训班。

3 日　学院 2009 年第一次学术委员会会议审议 2007—2008 学年度优秀科研成果及 2009 年院级立项科研课题情况，共评出优秀成果 14 项，批准 60 项院级课题。

8 日　学院完成 2008 年教师培训项目自评工作。

10 日　学院举办的北京市 2009 年中小学骨干班主任培训班开班。全市 18 个区县共 180 名教师参加为期 1 年共 200 学时的培训。

10 日至 12 月 29 日　学院承办的北京市对口支援四川省什邡市教育干部和骨干教师首期培训班在学院举行。5 个培训班共 244 名干部教师接受培训。此外，学院在“北京—什邡远程教育培训资源网”承担 20 门网络精品课程的资源建设与远程培训辅导工作。

13 日　学院党委副书记、院长李方被聘为教育部第二届教师教育专家委员会委员。

14 日　学院举办 2009 年国际教育学术报告会。

16 日　市教委副主任吴松元来学院座谈教师培训工作。

24 日　学院举行北京市中小学班主任基本功训练和展示活动项目总结展示大会。市委常委、市委教育工委书记赵凤桐出席活动并为获奖者颁奖。

24 日至 6 月 18 日　学院“深入学习实践科学发展观活动”转入“分析检查阶段”。

28 日　2009 年“春风化雨”项目开始启动，6 个学科共 500 名学员参加为期 1 年共 180 学时的培训。

是月　学院开展 2009 年青年教师教学基本功比赛。5 月 5 日，学院举办基本功展示交流活动，并评出一等奖 3 名、二等奖 7 名、三等奖 7 名，推荐邸磊代表学院参加北京市青年教师教学基本功比赛。

5 月

6 日　学院召开科研工作会议。党委副书记、院长李方作《推进研训一体，建设首都“人才强教”培训高地》的主题报告。会议通过了学院科研发展规划和一系列文件。

11 日　学院附中第一届艺术节举行开幕式，本次艺术节的主题是“与祖国同行”。

19 日　学院举办的北京市首期民办中小学管理干部培训班开班，共 50 人参加为期 1 个月的培训。

23 日至 29 日　学院开展 2009 年高中、中等职业学校教师资格认定教育教学能力测试，53 个学科共 2809 人参加测试。

25 日　学院召开 2009 年宣传及思想政治学习工作会。

26 日至 10 月 16 日　学院举行北京市首批督学系统性培训。

6 月

4 日　学院召开 2008 年教育干部与教师培训工作总结表彰大会。37 个培训项目团队、149 名个人受到表彰。

10 日至 10 月 31 日　学院受教育部基础教育一司委托承办 12 省（区）校外教育机构干部教师培训活动。

11 日　学院举行“中央彩票专项公益金支持青少年学生校外活动场所建设项目人员培训班”开班典礼。

16 日　学院召开 2009 年人口和计划生育工作会。

△　学院召开保密工作会议。

17 日　北京市基础教育新课程改革项目“学与教策略”“学习者分析”在北京教育学院附中召开现场研讨会。

18 日　学院召开 2009 年院级后备干部民主推荐会。共 90 人参加公开推荐局级后备干部投票。

19 日　学院召开北京市教育学会普教系统党建研究会年会。

19 日至 7 月 9 日　学院“深入学习实践科学发展观活动”转入“整改落实阶段”。

20 日　中共北京市委第 20 指导检查组来学院调研开展“学习实践科学发展观活动”情况。

30 日　学院 2009 年度申报的体育教育（高起本业余）和多媒体设计与制作（专科脱产）等两个新专业获北京市教委批准。

7 月

5 日　受朝阳区教委委托，由北京教育学院职业教育学院承办的首期朝阳区中等职业学校教师新课改培训班在朝阳分院开班。北京市教委职成处荣燕宁副处长、北京教育学院钟祖荣副院长、师训办渠素彬主任、朝阳区教工委马金东副书记等参加了开班典礼。

9 日　学院承办的北京市“十一五”第一期名校长工作室召开主题为“研究·分享·超越·引领”的“入室研究”总结会。

△　学院召开“深入学习实践科学发展观活动”总结大会。

8 月

4 日　《北京教育丛书》成立新一届编委会并启动“第三个一百本”出版计划。

18 日至 30 日　学院开展西部小学体育骨干教师国家级培训。该项目为教育部“支持西部边远地区骨干教师培训专项计划”，由北京教育学院与西北师范大学共同承担，这一年是该计划实施的第二年。

26 日至 28 日　学院召开 2009 年暑假干部工作会议暨干部培训会议。

29 日至 12 月 25 日　学院开展西藏拉萨市中小学教师培训。130 名教师按学科分 3 批参加培训。

9 月

8 日　为庆祝中华人民共和国成立 60 周年及第 25 个教师节，充分展示首都人民教师的精神风貌，协助市委教育工委、市教委在北京会议中心举行了“绿叶颂——首都教师庆祝中华人民共和国成立 60 周年暨第 25 个教师节文艺演出”。

15 日　学院举办的 2009 年北京市高中理科新课程实验教学培训班开班。首批 60 名教师参加培训。

16 日　学院举行北京市 2009 年秋季市级教育干部培训班开班典礼。本次举办中学校长高研班、中学副校长高研班、中学书记高研班以及两个小学校长高研班共 5 个研修班。

18 日　学院举办的 2009 年新疆“双语”骨干教师培训项目开学。新疆 11 个地区共 116 名教师参加为期 1 年的脱产培训。教育部副部长鲁昕、北京市副市长黄卫来院看望了新疆教师并亲切合影。鲁昕在开学典礼上讲话。

20 日　学院举行 2008 年北京市骨干教师培训结业典礼暨 2009 年北京市骨干教师培训开学典礼。

22 日　中共北京市委检查组来院检查“深入学习实践科学发展观活动”进展情况。

27 日　北京教育学院暨附属中学师生庆祝新中国成立 60 周年“我爱我的祖国”红歌会在地坛体育馆举行。

29 日　北京教育学院收藏协会成立。

10 月

9 日　学院党委中心组学习传达中共十七届四中全会精神。

10 日至 16 日　学院党委组织部分党总支和党支部书记开展 2009 年“红色之旅”活动。

19 日至 20 日　学院举办全国中小学校长培训专业化研究论坛。

22 日　学院举办的 2009 年北京市小学体育学科市级骨干教师培训班开班。来自北京市 18 个区县及燕山地区共 48 名教师和 39 名朝阳区教师参加为期 5 个月的培训。

29 日　学院 2009 年“教师教育创新平台”研究项目启动。

是月　学院 2010 年教师培训项目申报工作完成。

11 月

11 日　学院教师大厦竣工。

16 日至 18 日　全国省级教育学院第 22 届后勤协作会在学院召开。江苏、新疆、陕西、河南、山东、吉林、四川、重庆、贵州、安徽、广西、福建、江西、北京共 14 家会员单位的分管领导以及后勤、财务、基建、国资部门的领导共 45 名代表出席了会议。

17 日　学院离休干部、原顾问胡朝芝逝世。

25 日　学院召开北京市第三期新加坡南洋理工大学教育管理硕士班总结会。共 16 名学员在学院完成了为期 1 年的学习。

26 日　学院邀请原中国现代文学馆馆长、中央文史馆馆员舒乙作《漫谈文学》专题讲座。

27 日　学院召开人才工作研讨会。

△　学院附中与四川省什邡市方亭中学签订手拉手友好校协议。

△　学院举行多元智能第二轮实践研究课题启动会暨 2010 年多元智能国际研讨会主办方签约仪式。国家教育总督学顾问、中国教育学会副会长陶西平出席会议。

△　学院举行广东省深圳市宝安区教育管理后备干部培训班开班典礼。

12 月

1 日　“国培计划”——培训者研修项目中学班主任培训者研修班举行开班典礼。

12 日　“国培计划”——培训者研修项目培训管理者研修班举行开班典礼。

14 日至 26 日　学院承办了 2009 年“教育部—中国移动中小学校长培训项目”。来自 6 个省的近 70

名校长参加培训。

14 日至 19 日　学院举办 2009 年“祥云行动”——提高高中校长课改领导力的跟进培训。18 个区县共 760 名学员分别参加 12 学时的学习。

15 日　学院举行教师教育发展与创新论坛暨纪念《北京市中小学教师继续教育暂行规定》颁布 20 周年大会。教育部师范教育司司长管培俊，北京市人大常委、教科文卫体委员会主任委员梁平、市教委主任刘利民、市委教育工委副书记王民忠出席会议。

16 日　北京高校党风廉政建设责任制检查第 17 检查组来院检查党风廉政基本制度建设。

18 日　外交部原副部长武韬来学院作《国际形势和我国外交工作》专题报告。

18 日　学院附中举行题为“艰辛、同心、创新”的首届教育教学科研年会。

25 日　民盟教育学院支部召开成立 20 周年座谈会。民盟中央副主席、全国人大常委李重庵，民盟北京市委常务副主委朱尔澄，民盟西城区委常务副主委赵勇、秘书长温国梅，市委教育工委统群处处长钱卫，学院党委书记马宪平，副书记刘枫耘，副院长钟祖荣出席庆祝活动。

30 日　学院召开干部任免宣布大会。市委组织部宣布免去田宏忠副院长职务，另有任用；任命许志矛为副院长并向其颁发任命书。

是　年

1. 学院获中共北京市委、北京市人民政府“首都民族团结进步先进集体”荣誉称号。
2. 学院获“西城区国庆 60 周年民兵执勤工作组织奖”。

2010 年

1 月

12 日　学院召开 2009 年度出访团组及国际项目成果汇报会。学院已与 18 个国家的 30 余所大学和教育机构建立了合作与交流关系，取得了显著的成绩。

14 日　学院召开 2009 年度安全工作总结暨培训会。

△　学院召开干部、教师深入实践工作座谈会，就 2009 年有关同志进行挂职锻炼、实践学习的情况作了交流。

16 日　学院受朝阳区教委委托承办的第 2 期朝阳区职高教师新课改培训班开班。8 所职业高中共 458 人参加，培训为期 1 年。

19 日至 20 日　北京市中小幼教师继续教育联合体 2010 年第一次工作会议在学院召开。市教委人事处处长吴武作了《扎实工作 开拓创新 进一步加强教师队伍建设》的报告。

21 日　学院召开学科带头人聘任动员暨学科建设规划解读会。《北京教育学院 2009—2015 年学科建设规划》正式启动。

22 日至 23 日　学院召开深入学习贯彻中共十七届四中全会精神暨党建和思想政治工作研讨会。

是月　教育学院附中 2 位老师和 5 名初高中学生组成的赴美文化交流访问团走进美国俄勒冈大学、玛利亚高中和北尤金高中并入住美国当地家庭，开展各项交流任务。此后此项活动每年延续进行。

学院附中 3 位教师和 12 名高中学生组成的赴法文化交流访问团到访欧洲。学生们走进巴黎维克多·杜吕中学，入住该校学生家庭。此后此项活动每年延续进行。

2 月

22 日至 23 日　学院在中轴路校区教师大厦百校讲堂召开 2010 年寒假中层干部工作会议暨干部培训会。

24 日　学院举办第四期北京市农村中小学教师研修工作站指导教师培训。

28 日至 12 月 8 日　学院举办 2010 年北京市高中新课程教师专项培训。其中包括高中新课程通用技术教师培训，高中新课程语文、政治、数学专业培训，高中理科新课程实验教学培训等 3 个子项目。

3 月

2 日　北京市教委委员叶茂林来学院调研师干训工作。

2 日至 10 日　学院举办的 2010 年“绿色耕耘”行动的学科教师专业提高培训（即“教非所学”项目）分别在平谷、通州、大兴、怀柔 4 个区县开班。培训共 120 学时，165 名学员参加。

4 日　学院工会、女教授协会举办庆祝三八国际劳动妇女节 100 周年暨女教授协会“学术与生活”讲坛活动。

7 日　学院组织的北京市 2010 年中小学教师资格认定非师范教育类专业教育学、教育心理学考试在西城区、朝阳区 17 个考点 387 个考场开展。共有 11567 人参加考试。

9 日至 11 月 19 日　学院开展 2010 年“春风化雨”培训行动——北京市城区中小学教师培训。其中包括常规培训、小学英语教师培训、可持续发展教育教师培训和国际理解教育教师培训 4 个子项目。共 502 名教师参加 80 学时的培训。

10 日　学院举行北京市“中小学教育技术能力（中级）培训”项目颁奖大会。会议对 19 个项目管理团队、18 个主讲教师团队予以表彰并颁奖。

△　学院附中与美国玛利亚高中签订友好校协议。

14 日　学院承办的 2010 年北京市市级学科带头人与骨干教师培训班开班。自 3 月至 8 月，对 1024 名教师开展 140 学时的培训。

17 日　学院举办第四期北京市农村中小学教师研修工作站学员集中培训。

23 日至 29 日　学院举行故宫博物院“紫禁城图片展”并举办故宫文化专题讲座。700 位教职工和学员观看展览。

24 日　北京市区县教师继续教育工作会议在学院召开，会议就“十一五”期间教师继续教育工作、“十二五”规划进行研讨。

24 日至 25 日　北京教育党校、《中小学管理》杂志社联合上海市徐汇区教育工委，在该区教师进修学校举办“中小学校党的建设研究”论坛。

25 日　学院与丰台分院合作举办的 2010 年中小学教师远程培训班开班。共 1200 名教师参加 20 门网络课程的学习。

29 日至 11 月 25 日　学院开展了 2010 年北京市对口支援四川省什邡市教育干部及骨干教师培训项目。99 位校级干部和 153 位骨干教师先后参加学习。

30 日　学院承办的 2010 年北京市中小学校长任职资格培训班开班。培训为期 1 年，共 41 名学员参加。

△　学院在房山区首次开展“十一五”教师培训效果调研工作。

4 月

1 日　学院召开中轴路校区管理领导小组及综合办公室成立大会。

6 日　台湾屏东教育大学代表团来京访问交流。院长李方与刘庆中校长代表两校签订《北京教育学院与屏东教育大学学术交流协议书》。

△　学院正式启动“十二五”规划制定工作。启动会后，学院规划制定工作组正式成立，并着手开展培训和研讨工作。受市教委委托，学院还承担了北京市中小学教师继续教育“十二五”规划和干部培训“十二五”规划的研制和具体实施工作。这两项工作分别于 4 月 2 日和 22 日启动。

7 日至 8 日　北京—南京小学校长高研班和北京—浙江—四川小学校长高研班先后在学院开班。参加培训的校长分别为 28 人、30 人。教育部基础教育二司副司长申继亮等领导出席开班典礼。

8 日　学院召开党风廉政建设宣传教育月动员部署会。

9 日　学院举行 2009 年教师培训项目绩效自评验收工作会。

12 日　学院关工委组织对学院附中进行视导工作。

12 日至 5 月 6 日　学院委托关工委组织退休老教授、老教师 16 人组成专家团，对附中开展为期 24 天的视导工作。

14 日　北京市普教系统党建研究会在学院举行课题结题验收会。

16 日　学院承办的 2010 年北京市中等职业学校文化课教师及教研组长培训班启动。培训分市区班和远郊班，各为期 10 天，共 80 学时。来自市区 10 余所中职校的 270 名文化课教师和大兴区第一职业学校、第二职业学校的 299 名文化课教师参加培训。

21 日　学院下半旗悼念青海省玉树藏族自治区地震遇难同胞并组织教职工捐款。

28 日　学院召开 2010 年宣传及思想政治学习工作会议。

5 月

4 日　学院承办的 2010 年北京市中小学教师培训机构专兼任教师培训项目即培训者研修项目开班。培训为期 1 年，共 100 名学员参加学习。

6 日　“第二届民盟北京市委基础教育论坛”在学院召开。民盟中央副主席索丽生、民盟北京市委主委葛剑平、学院党委书记马宪平、院长李方等出席论坛。

7 日至 9 日　学院领导参加华北地区师训、干训协作会并签订《华北地区师训干训协作联盟合作意向书》。会议确定了培训协作联盟例会制度。

8 日　学院组织的北京市中小学校徽校歌培训项目展示汇报暨颁奖典礼活动在北京四中举行。北京市首部中小学校徽校歌集《校园风范的镌铸与咏歌——北京市中小学校徽校歌通览》正式出版发行。北京市委副书记兼教育工委书记王安顺为《通览》一书作序。全国人大常委会原副委员长何鲁丽，艺术家王昆，教育部有关司局领导，北京市人大、市委教育工委和市教委有关领导出席本次活动。

13 日　学院召开重点学科建设规划暨学科带头人、学科骨干教师聘任评审会，确定了 12 门首批重点建设学科、12 位学科带头人及 30 位学科骨干教师。

14 日　学院承办的北京市 2009 年中小学骨干班主任培训班结业。该培训班共开设中学班、小学班各两个。19 个区县共 180 名班主任完成为期 1 年共 200 学时的学习任务。

24 日　学院举办的新加坡中小学汉语教师研修班开学。该班为期 3 周，共 23 位教师参加学习。

25 日和 10 月 12 日　学院举办的西藏拉萨市中小学干部教师培训班先后开班。培训均为期 1 个月。

25 日　中共北京市委教育工委和北京教育党校联合举办的北京市区（县）委教育工委组织科长、党校常务副校长研修班开班。共 39 人参加为期 10 天的培训。

26 日　教育部 2010 年“国培计划”组成部分“知行中国”——小学班主任教师培训项目骨干教师培训在学院开班。全国 27 个省共 550 名骨干班主任教师参加培训。远程培训于 6 月 22 日启动，启动仪式向全国 27 个省教育厅设立的分会场和县级分会场现场直播。

27 日　学院第五届教职工代表大会第六次会议暨工会第八届会员代表大会第五次会议召开。学院领导及工会代表 110 人参加会议。院长李方、副院长钟祖荣分别就学院财务预决算、学科建设规划等问题作报告。党委书记马宪平讲话。

△　学院举办第三期丰台区中小学教师“十一五”继续教育远程培训。培训共开设 5 门网络课程，6 个培训班，200 名教师参加学习。

28 日　学院于 2009 年启动的中学校长高研班、中学教育教学副校长高研班、小学校长高研班、中学专职书记高研班 5 个市级干训高研项目结业。5 个高研班共 139 名学员参加了为期 1 年共 360 学时的培训。

31 日至 6 月 1 日　由学院和美国多元智能学会共同主办，中国教育学会、艾毅教育机构协办的 2010 年多元智能国际研讨会开幕。会议主题为“多元智能与全球教育转型”。多元智能理论创始人霍华德·加德纳，中国顾明远、陶西平、郭福昌等学者和北京市教委有关领导出席会议。

6 月

1 日　学院工会、团委邀请中国“龙在天”袖珍人皮影艺术团来院举行专场演出，200 位教职工的子女在家长的陪伴下观看了演出《红孩儿》。

8 日至 12 月 14 日　学院受教育部委托承办的中央彩票专项公益金支持青少年学生校外活动场所建设项目人员管理干部、骨干教师培训启动。

13 日　学院举办的北京市中小学教师艺术素养提升培训班开班。19 个区县共 200 名学员参加为期 7 个月的培训。

17 日　学院邀请中央党校哲学部科技哲学教研室主任李建华教授作《系统科学与战略思维》专题报告。

18 日　北京市教育学会普教系统党建研究会召开 2010 年年会。

22 日　学院与用友公司签署校企合作协议。根据协议规定，用友公司将定期为学院学生提供实训、就业平台。

26 日　学院举行新疆少数民族“双语”骨干教师培训班结业典礼暨培训成果展示活动。全国人大常委会副委员长司马义·铁力瓦尔地出席结业典礼。

28 日　学院举办 2010 年北京市专职督学培训开学。培训共 60 课时，共 27 位专职督学参加学习。

7 月

1 日　学院召开庆祝建党 89 周年党员大会暨深入开展“创先争优”活动动员部署会。

2 日　《北京教育丛书》编委会 2010 年工作会议在学院召开。

9 日　学院邀请北京师范大学“985”研究员、博士生导师、中国教育社会学会副理事长杨昌勇教授作《国家中长期教育改革和发展规划纲要（2010—2020 年）》的专题报告。

12 日　学院召开第二次党代表会议筹备会，筹备工作全面启动。

17 日　学院举办 2010 年海峡两岸教育论坛。论坛以“青少年的成长——改革与创新”为主题。学院党委书记马宪平、副院长方中雄出席活动并致辞。

29 日至 8 月 29 日　学院受教育部委托首次举办为期 15 天的中小学音乐、体育骨干教师国家级培训班开班。

8 月

27 日　举办第五期北京市农村中小学教师研修工作站指导教师集中培训。

29 日至 30 日　学院召开 2010 年暑假干部会议暨干部培训会。会议邀请教育部教育发展研究中心主任、博士生导师张力作了题为《教育规划纲要的背景和基础教育相关政策要点》的辅导报告。邀请中共北京市委教育工委副书记、市政府教育督导室主任线联平就制定《北京市中长期教育改革和发展规划纲要》的几个重要问题作了专题报告。

9 月

1 日　北京市市长郭金龙参加学院附中开学典礼并讲话。副市长黄卫、市政府秘书长孙康林等领导陪同。

7 日　由学院和英国大使馆文化教育处合作主办的 2010 年中英联合校长领导力高研班开班。培训主题为“国际比较视野下的校长领导力建设”，17 个区县共 30 名校长参加学习。

15 日　举办第五期北京市农村中小学教师研修工作站学员集中培训。

16 日至 10 月 19 日　学院举办的 2010 年北京市中小学书记主题研修班开班。研修主题为“提升中小学党支部书记党建能力”。17 个区县共 45 名学员参加为期 1 个月的研修。

16 日至 12 月 6 日　市教委和学院北京市普职成干训中心共同举办的“十一五”期间第二期北京市区（县）教委主管中小学教育教学副主任研修班开班。共 19 名学员参加为期 1 个月的研修。市教委副主任罗洁参加开班典礼并作《首都基础教育改革与发展的战略思考》的专题报告。

18 日　学院举办的 2010 年新疆“双语”骨干教师培训班开学。

19 日至 21 日　北京教育党校举办中小学党支部书记、党建研究骨干主题培训。2010 年北京市中小学书记研修班学员、各区县教育党校、一线党建研究骨干以及学院党总支书记、支部书记近 170 人参加了学习。

19 日至 10 月 28 日　学院承办了“国培计划”（2010）——中小学骨干班主任教师培训。培训班包括 3 个子项目（小学骨干班主任教师培训项目、初中骨干班主任培训项目、骨干班主任培训者培训项目）共4个班，均为期10天，各50学时。25个省、市、自治区共188人参加培训。

20日　2010年北京市高校教师资格认定工作会议在学院召开。会议确定，在2008年、2009年试用和推广的基础上，2010年全部在京高校教师资格认定均实行网上报名。北京市116所高校人事处相关工作人员130人参加会议。

21日　“北京市督学大讲堂”启动仪式在学院举行，北京市200名专兼职督学参加了本活动。国家总督学顾问陶西平等人出席启动仪式。

10月

11日　受西安文理学院委托举办的陕西西安中学校长高研班开班。本次培训为期12天，共有26名学员。

11日至11月29日　学院举办“国培计划”（2010）——培训团队研修项目的中小学教师培训管理者班（共2期）和小学英语班。全国23个省、市、自治区的97名中小学教师培训管理者和10个省、市、自治区的50名小学英语教师培训者分别参加了为期10天的培训。

14日　学院组织相关干部、教师共40名研讨《北京市中长期教育改革和发展规划纲要（征求意见稿)》。

18日　第二届“教育部—中国移动中小学校长培训项目”在学院开班。6个省区共76名中小学校长参加了为期13天的培训。本次培训是继2009年后的第二届培训。

20日　学院邀请教育部师范教育司司长管培俊为国培班学员作专题报告，对教师队伍建设的战略目标、战略重点工作进行了阐述，介绍了今后两项规划、三项改革、四方面工作和未来10年教师教育的6项任务，同时介绍了国培计划的实施背景，解析提高培训针对性的规律，并鼓励培训者不断创新，为提高培训质量和教师队伍素质作出积极贡献。

23日　学院举办以“智慧与情怀：从班主任到教育家”为主题的“全国中小学优秀班主任专业成长”论坛。教育部基础教育一司副司长王定华、市教委委员叶茂林等领导出席。

26日　学院举办的2010年“祥云行动”——北京市高中骨干校长课改专题高级研修班开班。北京市各区县共43名学员参加了为期5个月的培训。

27日　学院举行“多元智能早期教育网络课程发布会暨课题研究会”。院长李方、美国多元智能学会常务董事许尚杰出席会议。

31日　学院组织的北京市市级学科带头人与骨干教师培训项目举办展示活动。

11月

8日至12月25日　学院首次举办的青海省高中数学骨干教师培训班开班。培训主题为“基于高中课程改革的教学研究，提升数学学科观念”。12月19日，青海省副省长高云龙来学院看望在京学习的青海教师，北京市委副秘书长秦刚陪同。

10日　学院与挪威卑尔根大学学院合作开展的幼儿教育学术交流项目完成。课程为期1个月。

15日　学院举办的新加坡中学汉语教师研修班开学。共19位教师参加为期3周的学习。

17日　学院举办的内蒙古阿拉善盟中小学教学副校长培训班开班。培训为期10天，共有34名学员。

30日　台湾屏东教育大学陈正昌副教授来学院主讲的量化研究SPSS、AMOS统计软件培训顺利结课。培训历时3个月，共36学时。

12月

6日　河南省教育厅委托的“国培计划”（2010）——河南省中小学教师培训管理者短期集中培训项目在学院举办开学典礼。24个市县共100名教师培训机构负责人参加为期10天的培训。

12日　学院召开北京市哲学社会科学“八五”至“十一五”重点规划课题“学习与思维”研究20年成果汇报会。

16日　学院召开二级学院（图书馆）三年发展规划总结评议会。

21日　学院召开北京市首届优秀班主任工作室总结会。10个区县共13名优秀班主任顺利结业。

22 日 北京市高校党风廉政建设责任制检查组来学院检查党风廉政建设责任制和惩防体系任务落实完成情况。4 月至 6 月，学院全面推进了廉政风险防范管理工作，开展了党风廉政宣传月活动，编制了《廉政风险防范管理试点工作选编》，推广风险查找的经验。

23 日 学院举办“核心价值追求与科学发展”建言献策论坛。

25 日至 27 日 学院受宁波教育学院委托承办 2010 年宁波市名师在京培训任务。

26 日 学院召开“传承与创新”方道霖思想政治教育教学工作座谈会。

27 日 中共北京市委教育工委、市教委和《北京教育丛书》编委会联合召开第五届“读、用《北京教育丛书》征文活动”交流暨表彰大会。

是 年

1. 学院获中共北京市委、北京市政府“什邡市恢复重建对口支援先进集体”荣誉称号。

2. 学院党委获中共北京市委教育工作委员会“2009 年度党内统计报表优秀单位”荣誉称号。

3. 学院获北京市西城区德胜地区社会治安综合治理委员会“2009 年度德胜地区社会治安综合治理先进单位”荣誉称号。

4. 学院获北京市西城区德胜街道残疾人联合会“2009 年度残疾人就业保障金审核征缴工作先进集体”荣誉称号。

2011 年

1 月

5 日 教育部副部长刘利民前往退休教授贺乐凡、周韫玉家中看望慰问，并传达了温家宝总理关于自我教育研究的重要批示精神以及教育部部长袁贵仁的重要指示。

7 日 学院召开 2010 年度院级领导班子和领导干部考核述职测评会，市委教育工委联络员范国英，工委干部处副处长高小军、副处长邵文杰，市委组织部及工委组织处领导莅临指导。

11 日 为期 3 年的北京市干部培训机构培训者培训项目结业。93 位学员圆满完成了为期 3 年的研修任务，副院长方中雄、市教委人事处处长吴武出席会议。

13 日 受新疆教育厅委托，“国培计划”（2010 年）——中西部农村骨干教师培训项目之一的新疆农村中小学教师短期培训开班。

13 日至 14 日 北京市区县“十一五”中小学教师继续教育工作总结评估会在学院召开。汇报的主要内容包括：“十一五”时期本区教师继续教育的培训思路、组织管理与质量监控、各级培训任务的全面落实与完成情况、主要经验与特色亮点、问题反思与对“十二五”工作的思考。

16 日 “关注校园安全，构建人文和谐”——“龙子心”校园安全公益培训开班。该培训由北京成龙慈善基金会发起、教育部中国教师发展基金会主办、学院体育与艺术学院承办，是一项全国性的公益活动，面向基层、面向农村、面向薄弱学校开展。培训学员为来自全国各省（市、区、县）级教育行政部门主管安全工作的负责人和中小学主管校园安全工作的负责人。

20 日至 21 日 中共北京教育学院第二次代表大会胜利召开，选举了新一届党委和纪委并完成了各项议程。

2 月

16 日 学院举办北京市第六期农村中小学教师研修工作站指导教师培训，全体学员于 3 月中旬在学院接受通识培训。北京师范大学朱旭东教授作了题为《行动研究促进教师发展》的专题讲座，讲解了行动研究的内涵和具体的操作方法。灯市口小学宋燕晖老师以《扎实推进注重实效》为题发言，介绍了灯市口小学指导农村教师的经验与方法。

18 日至 19 日 学院 2011 年寒假干部工作会议暨干部培训会在西郊校区举行。会议传达了高校领导干部会议有关精神，并邀请著名学者陶西平作了“站在新的起点上——迎接时代挑战的《国家中长期教育改革和发展规划纲要（2010—2020 年）》”专题报告。

19日　以“提高教师学科教学能力”为主题的2011年北京市中小学教师带薪脱产培训项目在学院启动。培训分为半脱产培训和全脱产培训方式进行。

21日　受内蒙古自治区教育厅委托，学院承办的“国培计划”——内蒙古自治区农村牧区中小学骨干教师短期集中培训开班，涉及10个学科，共计800人。

22日　北京市人民政府教育督导室领导集体来院，就市级督学培训工作与学院领导及有关同志进行指导和研讨。

3月

6日　北京市举行2011年中小学教师资格认定非师范教育类专业教育学、教育心理学考试，学院负责组考工作。共设25个考点、493个考场，15332人参加考试。考场分布在东城、西城、海淀、朝阳4个区的中学和部分职业学校。

11日　2011年“绿色耕耘”培训在学院开班。项目组针对非专业教师、熟练期教师和发展前期教师3个不同发展阶段的教师，设计了培训目标和内容，实施不同的培训策略。培训分为集中讲座、实践指导、校本展示3个阶段，并通过网络辅导的方式答疑解惑，帮助学员深刻理解所学内容。

△　北京市2011年初中骨干班主任培训项目在学院启动。该项目是北京市中小学骨干班主任与心理健康教师培训项目的延续，聚焦于“新课程背景下初中班主任主题活动设计与实施能力的提升”。

16日　北京市首届“积极心理教育大讲堂”在学院正式开课，同时启动同步网络学习平台。大讲堂聘请了该领域的专家开设专题讲座，同时，学员可以通过网络学习平台进行有关问卷测评并得到专家的指导建议。

25日　2010年北京市中小学教师培训机构专兼任教师培训项目在学院举行了结业式。该培训历时1年，分别以“培训需求分析工具研发与应用”“学校心理咨询工具研发与应用”和“远程数字化学习与培训平台的操作工具研发和应用”为主题展开培训。

4月

6日　学院召开处级干部聘任大会。会上，党委书记马宪平宣读了党委对处级干部的任命文件，党委副书记、院长李方向全院行政岗位55位处级干部发放了聘书。

7日　学院召开2011年教职工岗位聘任工作动员会，正式启动全员聘任工作。会议对《北京教育学院2011年教职工岗位聘任实施办法》和《北京教育学院党政管理机构处长助理、二级学院院长助理、系主任聘任与管理办法（修订）》两个文件进行了全面解读，院长李方作聘任动员讲话，副院长郭世安对聘任工作提出明确要求。

12日　北京市2011年春季市级教育干部培训班开班，其中包括区县德育管理干部专题班、教育行政干部提高班、“祥云行动”校长高研班和中小学校长国际合作培训高研班。

△　学院举行了2011年青年教师教学基本功比赛。由学院教学督导室专家、退休教授和学院领导组成的专家组进行了评审。各二级学院部分教师参加现场观摩。

16日　2011年北京市中小学学科教师市级培训开班，分为“教学实施能力提升培训”“校本教研能力提升培训”和“基于实际需要的专题研修”3个子项目。

19日　学院举行2011年北京市市级学科带头人与骨干教师培训开班典礼，21个学科的600名市级骨干教师参加培训。本年度继续采用研修工作室的形式开展，旨在提高学员的研究能力，使其由“教学型”教师向“教学—研究型”教师转变，同时提高骨干教师团队的教学领导力。

Δ　学院举行了2010年北京市级教师培训项目绩效自评验收工作会。项目负责人从项目信息、成果成效、经验特色及反思等方面作了汇报陈述，并接受评审专家提问；各项目组以书籍、光盘、展板的形式展示了丰硕的培训成果。

学院举行了2010年北京市市级教师培训项目绩效自评验收工作会。

21日　2011年北京市中小学教师培训机构培训者培训项目在学院开班。培训主题为“教师培训管理工具箱”，针对教师培训者的岗位需求，重点解决如何设计教师培训方案的问题。

22日　“法官妈妈”尚秀云成为职业教育学院2011级金融证券班的首位法制教育班主任。这是学院为加强学生的思想道德建设而采取的新形式。副院长钟祖荣出席聘任仪式并向尚秀云老师颁发聘书。

24日　中国教育学会教育管理分会第六届代表大会暨2011年学术年会在学院举行。大会的主题为“规划纲要精神下的教育管理创新”，本次大会还进行了理事会换届选举工作，产生了中国教育学会教育管理分会第六届理事会。马宪平书记任理事长。

5月

7日　学院承办的2011年中职校教师培训项目在怀柔开班，培训内容涉及课程改革实施情况分析、提升中职教师的职业素养、课堂教学技术与艺术、学科价值和职业思考、教师教学工作的质量监测与评估等5个模块。

8日至17日　受西安市教委委托，学院开展了2011年西安市中小学学科带头人培训。

11日　西藏拉萨市中学文科骨干教师培训开班。培训为期1个月，共200课时，拉萨市的30名教师参加学习。本次培训主题为“新课改后中学文科教师课堂教学能力的提高”，分为理论学习、专业提升、观摩实践、总结展示4个阶段。

13日　“祥云行动”（2010）——北京市高中骨干校长课改专题高级研修班举行结业典礼。42名校长在完成政策学习与经验分享阶段、模块课程学习—考察交流—行动研究阶段和总结与提炼阶段共360学时的研修后顺利结业。

△　2011年北京市中小学学科教师市级培训“校本教研能力提升培训”子项目在学院开班。培训涵盖了小学科学、初中数学、高中地理等11个学科，480名教师参加学习。

15日　北京市中学体育教研组长阳光工作室专项培训开班典礼在学院举行。全市17个区县的150名中学音体美教研组长参加本次培训。

16日　学院召开2010年干部培训项目绩效自评会。学院领导、市教委人事处领导以及院内外专家出席会议并对10个干训项目进行评审。

21日　学院承办的优美校园建设工程——北京市中小学教师专项培训开班。共有来自北京市19个区县、200所学校的200名中小学美术教师和德育教师参加为期1年、累计160学时的培训。

23日　北京市教育学会普教系统党建研究会年会在学院召开。会议对征文获奖者予以表彰，对理事会理事增补调整情况进行了说明。来自全市17个区县的论文获奖者代表、基础教育党建研究先进单位相关人员及先进工作者120人参加会议。

25日　学院召开干部任免宣布大会，中共北京市市委组织部宣布市委、市政府决定：任命张彦春为副院长；免去李方党委副书记职务；任命郭世安为党委副书记，免去副院长职务；免去方中雄副院长职务，调至北京教育科学研究院任副院长。

31日　学院召开第四次团员大会。选举产生第四届团委会，会议听取了第三届团委工作报告并就各校区团总支书记、副书记人选建议名单征求意见。第四届团委书记由党委组宣部的张学兵担任。

6月

7日　学院启动主题为“加强作风建设、增强廉洁意识、促进科学发展”的党风廉政宣传教育月活动。学院党政领导班子与各部门党政负责人签署了《党风廉政责任书》。会后，全国政协委员、军事科学学会副秘书长、博士生导师罗援将军受邀作了《弘扬周恩来精神》专题报告。

10日　学院举行纪念中国共产党成立90周年党史报告会，邀请中共中央党史研究室副主任龙新民作了《从学习党的历史中汲取前进的智慧和力量》专题报告。

11日和18日　学院承担的北京市17个区县300名小学音体美教师“德艺双修阳光培训”开班。

17日　学院举办了“学党章、忆党史、强党性、正党风”党的知识竞赛活动。

21日　学院举行2010年新疆“双语”骨干教师培训班结业典礼，全国人大常委会副委员长司马义·铁力瓦尔地、教育部副部长鲁昕、北京市副市长洪峰出席结业典礼。

21日　学院召开档案工作会暨档案员培训会。各部门分管档案工作的负责人、档案员40余人参加了会议。

23 日　北京市中小学教师培训课程体系建设项目全面启动。该项目将依托学院学科建设研发专题课程，力争在 5 年内建立教师专业发展标准，明确各级各类各层教师培训目标，建构科学的课程体系。

△　在北京高校纪念中国共产党成立 90 周年表彰大会上，学院离退休党总支荣获“北京市高校先进基层党组织”荣誉称号，教务处马铁老师荣获“北京高校优秀共产党员”荣誉称号。

△　学院召开纪念建党 90 周年统战座谈会，民盟、民进、民革、民建、农工、九三学社等民主党派代表及无党派人士参加会议。

24 日　学院召开离休老同志座谈会。学院领导及青年党员、入党积极分子代表与离休老党员欢聚一堂，共同庆祝中国共产党建党 90 周年。

25 日　2011 年北京市高中、中职教师资格认定工作完成，2011 年北京市高中、中职教师资格认定工作结束，共认定 3035 人。今年上半年，教师资格办公室共受理申请 3792 人。

27 日　2011 年度“祥云行动”——提高高中校长课改领导力的跟进培训之子项目——全员培训项目——启动。该项目是市教委针对新课程的实施和每年度的中心工作设计的委托培训项目。

28 日　学院新一届学术委员会召开成立大会暨第一次工作会，马宪平、李方、王武兴、冯华、石瑒、刘加霞、吕亚非、巩平、毕超、汤丰林、余新、季苹、何彩霞、胡淑云、钟祖荣 15 位同志当选本届委员，任期 3 年。

△　学院举行《北京教育学院学报》创刊 25 周年暨出版 100 期纪念会。学院领导、北京市教委科研处领导、中国人民大学书报社《报刊复印资料》负责人、北京市高教学会社会科学学报研究会领导及学院学报的老主编、退休编辑代表和各二级学院代表、学报编委出席了会议。会议同时向新一届学报编委会委员颁发了聘书。

30 日　学院隆重召开纪念中国共产党成立 90 周年暨“共产党员标兵”表彰大会，10 名为学院教育事业发展作出突出贡献的在职和离退休党员受到表彰。

是月　学院附中与澳大利亚伍德维尔高中签订友好校协议。

7 月

1 日　颂党恩、抒豪情、添光彩、共奋进——纪念中国共产党成立 90 周年北京教育学院教职工摄影、书画、手工、收藏作品展在学院教职工之家开幕。

4 日至 31 日　由法国教育部和法国汉语教师协会推荐、国家汉办审核的 17 位法国汉语教师在学院参加专业培训。

7 日　学院召开 2011 年学历教育招生暨班主任工作会。会议对 2010 年学历教育招生工作中的 11 个先进集体、14 名先进个人及 21 位学历班优秀班主任进行了表彰，部署了 2011 年招生工作并对教务系统班主任模块的使用进行了详细的解读。

13 日　学院召开了第五届教职工代表大会第七次会议暨第八届工会会员代表大会第六次会议。大会通过了《北京教育学院“十二五”改革和发展规划》《薪酬分配实施办法》和《大会决议》等文件。

14 日　由北京市台办、海淀区人民政府和学院共同举办的 2011 年海峡两岸教育论坛开幕。本届论坛上，来自海峡两岸的 300 余名教育专家围绕“教育创新与内涵发展”的会议主题开展了关于教育教学创新、搭建京台教育合作平台的研讨交流。

△　学院召开 2010 年继续教育工作总结暨表彰大会。对培训业绩突出的 35 个培训团队、144 名先进个人进行了表彰，对 2010 年继续教育工作进行了总结。

15 日　为了进一步提升基层党务干部的思想素质、理论修养和工作能力，学院举办 2011 年党务干部培训班。中国人民大学原党委副书记沈云锁作了题为《如何做好基层党建工作》的辅导讲座。

16 日至 28 日　学院受教育部委托承办了教育部—乐高“技术教育创新人才培养计划”2011 年度骨干教师培训。培训共分 2010 年项目学员跟进培训（高中通用技术学科）、2011 年项目学员集中培训（高中通用技术学科、小学科学学科）3 个班，培训对象包括 200 名高中通用技术学科骨干教师和 100 名小学科学学科骨干教师。

17日 第二期北京市中小学名校长工作室启动，本期共设立了“教育国际化”“学校组织变革”“学生自我发展能力培养”3个工作室，采用特聘导师、学院导师共同指导的“双导师制”开展研究。学院还专门聘请著名教育家陶西平担任本期名校长工作室的总顾问。

8月

1日 宁夏石嘴山市中学体育骨干教师培训开班，40名宁夏教师来院学习，培训为期1周，共计64学时。

2日 学院召开《北京教育学院“十二五”改革与发展规划》征求意见座谈会，教育家陶西平、市委教育工委副书记王民忠、市政府教育督导室主任线联平、市教委副主任付志峰以及北京教科院、东城区教委、市教委人事处领导应邀出席并提出中肯的意见和建议。

4日至17日 学院举办了“国培计划”——新疆生产建设兵团农牧团场小学美术教师短期集中培训。30名教师参加了主题为“新课程资源的开发和利用”的培训。

11日 学院主办的《中小学管理》杂志在“全国首届教育期刊改革与发展高峰论坛”上被评为“2010年人大复印报刊资料教育类重要转载来源刊”。

14日 由郝香才、王元艳、卫星、王晨光和胡昊寰5位老师组成的团队代表学院参加了北京电视台青少频道的《最强阵容》栏目，与中国杂技团北京国际艺术学校进行比赛。郝香才老师获本场比赛的“最佳个人表现”奖。

14日至21日 受内蒙古鄂尔多斯市东胜区教育局委托，学院7个学科23名教师赴鄂尔多斯进行中小学、幼儿园新任教师岗前培训。培训以“归位”和“岗位”为主题，共计56学时。

18日至10月14日 学院与英国大使馆文化教育处合作举办的2011年英语特级培训师培训开班。培训对象为来自北京、上海、广东、浙江、重庆、湖北等地的高校及教研部门的10名英语资深培训者。

20日至30日 学院以“继承革命传统，坚定理想信念”为主题，组织院级领导、全体处级干部、各部门业务助理和行政助理共74人分两批集体赴延安考察学习，接受爱国主义和革命传统教育。考察结束后召开了2011年暑假干部工作会暨干部培训会。

22日 北京市教委基教处徐建姝副处长到学院附中进行工作调研。

26日 学院举办北京市第七期农村中小学教师研修工作站指导教师培训。38个教师研修工作站的130位指导教师参加培训。

28日 学院承担的“国培计划”（2011）——紧缺薄弱学科骨干教师培训项目开班。来自15个省区的300名专职小学体育骨干教师和6个省区的100名专职中小学音乐骨干教师参加了培训，课程均为60学时。

29日 广东省深圳市宝安区教育系统后备中层干部培训在学院开班。

30日 学院召开干部任免宣布大会，市委宣布任命杨志成为北京教育学院副院长（试用期1年）。

9月

8日 学院召开了庆祝第27个教师节暨“三育人”获奖教职工表彰大会。学院领导还向一批从事教育工作满30年的教职工颁发了荣誉证书和证章。

13日 北京市2011年秋季市级教育干部培训班开班，其中包括异地合作培训中学校长高研班、新任校长胜任力培训班和中小学干部培训机构培训者培训班3个项目。

18日 学院举行2011年新疆少数民族“双语”骨干教师培训、新疆和田地区“双语”教师培训开班典礼。在为期1年的时间里，学院将对自治区12个地州的121名少数民族双语骨干教师及和田地区57名维吾尔族双语教师进行脱产培训。

19日 学院党委理论中心组开展扩大范围学习，听取北京第八十中学校长田树林传达胡锦涛总书记考察八十中的重要讲话精神和作《于细微之处感受关怀和责任》专题报告。

△ 受市委组织部、市教委委托，学院承办的内蒙古赤峰、乌兰察布市中小学校长培训班开班。

20日至10月27日 学院承办了“国培计划”（2011）——培训团队研修项目中小学教师培训管理

者班。培训为期10天，设置了教师培训政策理论、教师培训管理工具箱、教师培训管理方案、教师培训同行交流和实践观摩与行动5大课程模块。

23日　日本长崎大学汉语培训班结业。47名留学生圆满完成了为期3周共60课时的培训。

25日　2011年河北省鹿泉市小学校长高级研修班结业，98名学员完成了为期7天56学时的学习任务。

25日至26日　第二届全国中小学校长培训专业化论坛在京举行。本次论坛的主题为“校长培训专业能力建设”，并以“校长培训专业化的理性思考”“校长培训的课程设计”“校长培训的实施模式”“校长培训的质量保障”等专题设立了4个分论坛。

29日　北京市2011年度“教育部—中国移动中小学校长培训项目”影子培训结业。来自四川、广西、新疆、宁夏、甘肃、云南6省的76名中小学校长顺利结业。

29日　学院开展了继续教育项目管理人员院本培训。近200位项目负责人、学科负责人参加了学习。院长李方、副院长钟祖荣出席培训会，作宏观政策通报和培训形势分析，并详细解读了《北京教育学院继续教育项目管理办法》。

10月

9日　北京教育学院院长李方出席附中校长办公会，听取了校级干部工作汇报，对学校的发展提出了指导与建议。

10日　受青海省教育厅和新疆维吾尔自治区教育厅的委托，学院承办的“国培计划”——青海省农牧区、新疆农村初中音体美骨干教师培训开班。培训为期10天，共有116名青海学员和44名新疆学员参加培训。

11日　北京市召开“十一五”中小学教师继续教育总结暨“十二五”中小学教师培训规划启动大会。会议对北京市“十一五”期间的教师培训工作进行了总结，对先进集体和先进个人予以表彰，并部署了“十二五”时期教师培训工作。

△　受乌兰察布市教育局委托，学院举办的2011年内蒙古自治区乌兰察布市中小学校长教师赴京培训班开班。该市120名中学校长、小学校长、初中语文教师、初中数学教师来院参加脱产培训，培训为期10天。

12日　“十二五”第一期中学书记高研班，区县教工委组织科长、教育党校常务副校长研修班开班并开始集中理论学习。

△　北京市教育学会小学教育研究分会举行成立大会，并举办了首届“关注每位学生健康快乐成长”主题论坛。北京市教委副主任罗洁、北京教育学院党委书记马宪平、院长李方、副院长杨志成等领导出席会议。

13日　“国培计划”（2011）——中小学骨干班主任教师研修项目开班。本次学院承担了小学、初中、高中3个子项目，共有143名学员。

17日　市级骨干教师和学科带头人境外培训开班。主题为“提升教师国际视野下的学科教育能力”。根据学科特点和培训目标，培训分为美国班和英国班。

2011年西藏拉萨市教育系统行政管理干部培训班在学院开班。培训为期1个月。

18日和11月29日　由职业教育学院承办的两期《走向社会——生活·就业·发展》课程培训者培训分别开班。该项目是中国科学技术协会同联合国儿童基金会合作，共同组织的旨在为弱势青少年流动人口提供社会支持的发展项目。

18日　学院召开2011年人口与计划生育工作会暨计生宣传员培训会，会议就2008—2010年度全院计划生育工作进行总结，并对2011—2012年全院计划生育工作进行部署。国家人口计生优质服务项目组专家、西城区计生委正处级调研员郭燕葵应邀作了题为《人口和计划生育政策解读》的报告。

20日　学院召开了2011年资产管理工作会暨资产管理员培训会。会议结合学院资产管理工作中的问题，介绍了上级国有资产管理的相关政策，对学院国有资产管理的规章制度进行了梳理与解读，并布置了2011年资产清查工作。

21日 学院清真餐厅正式启用。清真餐厅位于黄寺校区食堂三层，建筑面积268平方米，主要为新疆和田地区“双语”培训班学员提供服务。

22日 学院受内蒙古鄂尔多斯市教育局委托承办的鄂尔多斯市中小学教研员异地研修班开班。培训对象为该市两个区、7个旗、12个学科的教研员，共计88人。培训共计15天，120学时。

△ 学院受广东省佛山市南海区教育局委托承办的南海区校长教师异地研修班开班。培训对象为24位校长和骨干教师，其中校长、副校长7人，骨干教师涉及7个学科。

22日至23日 由北京市教委主办、学院承办的“2011年全国教师培训学术研讨会”在京举行。大会以“中小学教师专业化的政策、理论与实践”为主题开展研讨，并以“教师培训的政策与制度”“教师队伍建设研究”“教师培训的课程建设与质量评价”“教师培训的模式创新与实践探索”为题设立了4个分论坛。

27日 学院举行首期“国内访学计划”项目结业典礼。该项目是在教育国际化背景下，不出国门就能学习国外教育先进理念、实现培训学习时间和空间方面的创新。

11月

1日 学院党委召开党总支书记会，部署创先争优第三阶段工作。党委副书记刘枫耘对学院《深入开展“提高培训质量促发展、服务校长教师树形象”活动暨创先争优第三阶段工作方案》（征求意见稿）进行了文件解读和工作部署。党委书记马宪平对开学以来各党总支组织开展党务活动的情况进行了总结。

4日 北京市召开“十一五”中小学干部培训总结表彰暨“十二五”培训工作启动大会。会议对北京市“十一五”中小学干部培训工作进行了全面总结，对“十一五”时期干部培训工作先进集体和先进个人予以表彰，同时部署了“十二五”时期中小学干部培训工作。

△ 吉林省中小学校长培训管理者、培训者高级研修北京培训阶段圆满结束。培训为期5天。

8日 学院举办了海南省、新疆维吾尔自治区“国培计划”骨干教师培训。

8日至9日 学院在新一轮聘任后首次开展了新提任处级干部培训，共有24名新提任干部参加培训。

10日 学院召开贯彻落实《北京市“十二五”中小学干部教师培训工作意见》暨学院“十二五”改革与发展规划启动会。干训办和师训办负责人分别解读了北京市干部培训和教师培训“十二五”规划的整体思路、主要目标、任务和实施策略。李方院长解读了学院“十二五”规划同时部署了相关任务。马宪平书记在讲话中对深入贯彻落实中共十七届六中全会精神提出了明确要求；对创先争优第三阶段活动进行了部署。

14日 学院承办的“国培计划”（2011）——河北省农村小学语文骨干教师培训者培训开班。培训主题为“基于学科知识的培训项目设计能力提升和教学实践设计能力提升”，采用专家讲座、合作探究、观摩考察、参与体验、交流研讨等多种方式进行。

17日 学院召开工会工作会议。院级领导和教代会主席团成员、工会委员、各党总支书记、各部门行政负责人、各分会主席、副主席、分会委员等70人参加了会议。北京市教育工会主席张青山应邀出席会议并讲话。

18日 2011年西藏拉萨市理科骨干教师培训班开班。拉萨市的30名物理和化学教师来院参加培训，培训为期1个月。

21日 教育部师范教育司公布了教育部—乐高“技术教育创新人才培养计划”——区域性技术教育教师培训基地名单的通知，学院成为在北京市获援建的两个基地之一，也是北京市唯一获援建的高校培训基地。

25日 “市级模范职工之家”复验专家组对学院获得“市级模范职工之家”荣誉称号以来的工作进行了复查验收，结合听取汇报、座谈、查看材料、参观“教职工之家”活动场地，经复验专家组一致讨论评议，学院顺利通过此次复查验收。

28日 学院附中召开了以“坚持校本研究、走内涵发展之路”为主题的“十一五”科研课题总结表彰大会暨“十二五”科研课题开题报告会。

29日　学院召开了2011年宣传工作会，总结了2010年至2011年度宣传和思想政治学习工作，并提出2011年至2012年度有关工作的设想，表彰了学院2010年思想政治学习活动优秀党总支、宣传工作优秀部门和优秀宣传员，向2011年至2013年兼职宣传员和电子院报专栏作者颁发了聘书。《现代教育报》资深记者、总编室主任雷玲应邀作专题讲座。

是月　在西城区人大代表换届选举工作中，学院副院长钟祖荣、人事处处长冯华当选为西城区第十五届人民代表大会代表。

12月

5日　2011年北京市青少年学生校外活动场所管理者培训开班。培训为期4个月，旨在提升首都青少年学生校外活动场所管理者的管理水平和整体素质，培养一批校外活动场所的优秀管理者。

“国培计划”（2011）——云南省农村初中英语骨干教师短期集中培训开班。培训为期10天，共有48名学员。

7日　学院承办的西藏自治区拉萨市和湖北省巴东县教育管理干部培训班开班。培训对象为两个地区的35位书记、校长，涉及藏族、土家族、回族和汉族4个民族。

9日　学院召开教育部师范司委托课题《特级教师的现状、管理及政策完善的研究》启动会。该课题旨在通过对全国特级教师的现状、管理及政策完善进行研究，从而完成国家1993年颁布的《特级教师评选规定》文件的修订任务。

15日　学院承办的2011年青海省青少年学生校外活动场所管理干部异地研修培训班开班。该培训旨在提升学员理论水平，提高管理能力，同时为广大校外教育管理工作者搭建交流与合作的平台。

16日　2011年北京市高校教师资格认定工作完成，共认定高校教师资格3127人。

20日至21日　学院举办了2011北京市中小学教育文献信息研究会年会暨北京市中小学数字图书馆读书活动表彰会。会议总结了2011年度研究会工作，布置了2012年的主要工作并表彰了论文获奖者。

23日　学院召开以“凝聚力量，温暖人心，鼓足干劲，推动发展”为主题的第六届教职工代表大会暨第九届工会会员代表大会。学院领导和全体代表参加会议，共商学院建设和改革发展大计。

25日　学院与清华大学素质教育中心、清华大学老科协教育评估中心共同举办了2011年（北京）幼儿教育国际交流年会。年会邀请美国幼儿教育专家Pamela J. Oviatt教授、Yu－ling Yeh教授和清华大学史大胜教授就美国幼儿园教育作精彩报告。来自北京、河北省的幼儿园园长、教师及校长研修学院部分教师160人参加大会并就当前幼儿教育热点问题展开交流。

26日　中共北京市委教育工委、北京市教委党风廉政建设责任制领导小组对学院集中开展了落实党风廉政建设责任制推进惩防体系任务完成情况的检查，学院顺利通过此次检查。

27日　学院召开了主题为“以人为本，加强领导，齐抓共管，落实责任，全面做好新形势下离退休工作”的离退休工作会议。中共北京市委教育工委离退休工作处原处长徐小珍、北京市老教协副会长李守德以及学院领导出席会议。学院在职和离退休老同志100人参加了会议。

30日　学院附中“阳光附中人　奋进迎新春”文艺汇演在中山音乐堂举行。

是　年

学院获中共北京市委教育工作委员会、北京市教育委员会“教育系统‘五五’普法先进集体”荣誉称号。

2012年

1月

5日　2011年度北京市中小幼教师继续教育联合体年会暨第一届学术沙龙召开。

△　学院举行全院教职工新年联欢会。

6日　学院对12个重点学科进行2011年度考核。经院内外专家评审，12个学科全部通过考核。

13 日　学院党委召开 2012 年北京教育学院党建工作研讨会。

16 日　学院组织研制的《中小学教师专业发展标准及指导》通过专家论证。

2 月

10 日至 11 日　学院召开 2012 年寒假干部工作会。

11 日　学院附中召开了第二届三次教代会。会议通过了《北京教育学院附属中学 2012—2015 年三年发展规划（草案)》《北京教育学院附属中学教职工内部管理工作要求》《北京教育学院附属中学 2012 年绩效工资发放调整办法》等文件。

13 日　2012 年内蒙古鄂尔多斯市中小学教研员异地研修班在学院开班。

22 日　北京市中小学“校本研修与整校推进”培训项目在北京石油学院附属小学举行开班典礼。

23 日　学院召开以“推进学科建设”为主题的新学年全体教职工大会。

24 日　学院召开人才工作会筹备启动会。《北京教育学院人才队伍现状调研报告》和《北京教育学院 2012—2016 人才队伍建设规划（征求意见稿)》先后完成。学院民盟支部也提供了《北京教育学院青年教师现状调研报告》。

3 月

2 日　北京市城区教师“学教一体”初中物理学科教师培训开班。

△　2012 年“绿色耕耘”培训小学数学、初中英语两个学科在门头沟区教师进修学校开班。

3 日　2011 年北京市市级高中英语教师培训举行了成果展示暨结业典礼。

受云南省教育厅委托，“国培计划”——云南省幼儿园园长国家级短期集中培训在学院开班。

5 日　学院成立学雷锋志愿者服务队。

6 日　2012 年春季北京市市级教育干部培训开班，包括：中小学骨干校长培训高研项目、中学校长国际合作培训高研项目、中小学农村校长培训高研项目和“祥云行动——北京高中校长办学特色实施项目”。

△　学院组织有关专家对 12 个重点学科 2012 年度建设实施方案进行评审。

7 日　2011 年北京市普教系统党建研究会党建研究论文评审会召开。

由北京市中小学中等职业学校教师培训中心和北京教育学院学报编辑部联合举办的“北京市教师继续教育信息员 2012 年工作会议暨北京教育学院学报编辑部兼职编辑聘任会”举行，北京教育学院学报首次聘请 19 位区县兼职编辑。

学院召开固定资产考核工作启动暨全市资产清查工作动员会。

8 日　内蒙古赤峰市高中骨干教师培训项目开班，首轮京蒙对口帮扶计划启动。

△　学院工会与女教授协会、女职工素质教育基地联合举办第二期女教职工“学习与生活”论坛，邀请刘加霞、张丹、杨雪梅、陈丽 4 位女教授与女教职工分享个人在“治学”“治家”中的经验与感悟。退休教授、教学督导室主任李晶应邀作了《多彩光谱——解密职业女性的工作和生活特征》的发言。

12 日　“首都图书馆联盟”（以下简称“联盟”）在国家图书馆举行成立仪式，学院图书馆参加“联盟”，馆长朱宝利担任首届“首都图书馆联盟”副主席。

△　学院对 12 个重点建设学科 2012 年的工作计划组织专家评审。

14 日　北京市“十二五”中小学教师培训公共必修课《教师职业理想与道德》教材专家征求意见会在学院召开。《北京市“十二五”时期中小学教师培训工作实施意见》将《教师职业理想与道德》列为公共必修课。

15 日　《北京教育学院学报》编委会召开 2012 年工作会议。

19 日　2012 年内蒙古乌兰察布市小学科学、中小学网络管理骨干教师来京参加培训。

20 日　北京市“十二五”第二期中小学书记高级研修班开班。

21 日　2012 年北京市初中骨干班主任及心理健康教育教师技能提高培训开班。

22 日　北京市委副秘书长傅华应邀来院作“北京精神”专题报告。

25 日　学院受市教委委托组织 2012 年北京市中小学中等职业学校教师资格认定非师范教育类专业教育学、教育心理学考试，全市共有 16697 人参加考试。

27 日　《北京教育丛书》编委会召开年度工作会议。

30 日　北京市中小学干部教师“国内访学计划”（第二期）开班。

△　学院举行 2011 年“积极心理教育大讲堂”结业典礼暨 2012 年项目开班仪式。

31 日　学院学术委员会召开工作会议。会议经过评审表彰 2011 年学院教师的论文类成果奖 8 项、著作类成果奖 6 项，并评出 1 项特别贡献奖。会议经评审确定 2012 年院级课题立项 30 项。

4 月

8 日　学院召开 2011 年境外培训项目成果汇报会。国家外国专家局培训四司长崔长征、市政府外事办公室主任赵会民、市教委委员叶茂林、北京市外国专家局引智办主任程金刚及学院主要领导出席会议。

10 日　学院召开 2012 年党代表会议。会议选举马宪平为出席中共北京市第十一届党代会的代表。

11 日　北京市第七期农村教师研修工作站结业暨追踪调研启动工作会召开，40 个工作站将对第 1 期至第 6 期的 400 名学员进行为期两个月的追踪指导。

△　北京大学图书馆主编的《中文核心期刊要目总览》（2011 年版）出版，《中小学管理》入编教育类核心期刊。

12 日　学院召开了 2011 年继续教育项目院内绩效自评验收工作会。共评出 30 个优秀项目和 8 个良好项目。

16 日　2012 年天津市滨海新区教坛能手培养项目在学院开班。

23 日　2011 年北京市普教系统党建研究课题结题验收评审会在学院举行。

是月　《中小学管理》再次被中国人民大学《复印报刊资料》列为重要转载来源期刊。

5 月

2 日　由市教委人事处和学院组织实施的“首都特级教师京郊行计划”在密云县启动。

3 日　北京市中小学校长境外研修项目加拿大教育管理硕士班开班。

4 日　院党委委托院团委与学院关工委、老教协共同举办了“历史与传承——纪念共青团成立 90 周年”座谈会。

8 日　2012 年青海省小学语文骨干教师培训开班，至 11 月 3 日，共有小学语文、小学数学、初中数学、初中语文 4 个学科共计 200 名学员分批来院培训。

9 日　由学院承办的京苏粤中小学优秀中青年校长高级研修班在江苏南京开学。

10 日　以“体育健身、快乐参与、播种幸福、共创和谐，以良好的精神风貌迎接中共十八大胜利召开”为主题的全院教职工“健康行”活动在北京奥林匹克森林公园举行。

△　学院举行“十二五”期间阳光救助基金捐赠和 2012 年学院法人实体单位经营协议签订仪式。

16 日　2012 年北京市教育学会普教系统党建研究会年会暨党建工作交流会召开。

17 日　学院召开 2011 年继续教育绩效评估总结表彰暨“培训质量提高工程”启动会。大会表彰了 2011 年继续教育先进工作者 136 名，先进集体 15 个。

△　学院召开党建和思想政治工作基本标准集中检查动员部署会。

18 日　教育部办公厅公布了“国培计划”——示范性集中培训项目培训机构名单，学院获批该资质，承担小学体育、小学美术、初中数学、初中体育、培训管理者、初中班主任 6 个学科的培训任务。

21 日　北京市 2011 年市级教师培训项目评估验收工作在学院举行。

21 日至 27 日　西安市中小学校长高研班来学院进行集中培训。

29 日　2011 年区县培训者培训骨干研修班举行考察交流汇报暨结业典礼。

△　学院召开学历教育班主任表彰暨培训会。表彰了 17 位优秀班主任。

△　学院召开档案工作会议暨档案员培训会。

30 日　学院召开 2011—2012 年新疆少数民族“双语”骨干教师培训、新疆和田地区干部教师培训汇报座谈会，全国人大常委会副委员长司马义·铁力瓦尔地、教育部副部长鲁昕参会并与学员座谈。

6月

1日　全国教育院校学报研究会第八届会员代表大会在学院召开。北京市新闻出版局报刊处处长喻萍、广西教育学院党委书记陈洛、学院院长李方、副院长张彦春、全国高校文科学报研究会理事长武京闽出席会议。来自全国省、地级教育学院学报编辑部的40多位同行出席会议。会议表彰了研究会的先进集体和个人，《北京教育学院报》获评“十佳学报”称号，《北京教育学报（自然版）》获评优秀学报称号。

2日　由职业教育学院承担的北京市东城区中等专业学校骨干教师培训项目开班。71名骨干教师奖参加140学时的培训。

9日　北京市农村中小学音乐教师合唱指挥专项培训和北京市农村中小学美术创新思维专项培训开班，200名京郊中小学音乐、美术教师来院参加为期半年的培训。

10日　2012年北京市中小学教师“艺术师资荟萃提升培训”和城区幼儿园骨干教师“艺术教学创新能力提升培训”开班，共有158名学员参加为期半年的培训。

14日　学院召开主题为“纯党性、强党风、重师德、促勤廉”的2012年党风廉政建设宣传教育月动员部署会暨培训会。

15日　北京市中小幼教师继续教育联合体举办第二届学术沙龙。

19日　学院民盟支部主委、副院长钟祖荣当选为中国民主同盟北京市第十一届委员会常务委员。

21日　学院邀请全国政协委员、军事科学学会副秘书长、博士生导师罗援将军作《周边安全环境与软实力建设》专题报告。

25日　在北京高校纪念中国共产党成立91周年暨创先争优表彰大会上，信息与远程教育学院计算机系党支部荣获“北京高校2010—2012年创先争优先进基层党组织”荣誉称号，教师教育人文学院王远美被评为“北京高校2010—2012年创先争优优秀共产党员”。

28日　学院举行以“凝练学院核心价值观，促师干训事业科学发展”为主题的“大讨论 深思考 广交流”活动论坛。

7月

6日　北京市督学研修中心在学院成立，院长李方任督学研修中心主任。

6日至10日　南昌市东湖区班主任能力提升北京教育学院高级研修班在学院举行。49位来自南昌市东湖区的年轻班主任参加了形式多样的学习。

9日　由职业教育学院承担的丰台区中等职业学校教师培训班在洋桥职业学校举行开班典礼。150名学员参加120学时的培训。

10日　学院召开第六届教职工代表大会暨第九届工会会员代表大会第一次会议。

12日至13日　学院举办全国高中通用技术项目学习研讨会，来自北京、天津、重庆、湖北、江西、新疆等13个省市自治区的100位代表参加会议。

15日　学院附中召开了暑期教育教学研讨会，邀请国家教育总督学陶西平、北京教育学院院长李方参加研讨会。

8月

13日　学院承担的大兴区小学英语教师语言综合能力提升封闭培训开班。

17日　受民建中央委托，由职业教育学院承办的贵州省黔西县教师培训班开班典礼在学院举行。民建中央副主席张少琴，民建中央副主席、北京市政协副主席、民建北京市委主委王永庆，学院党委书记马宪平以及民建中央、民建北京市委、中华思源扶贫工程基金会的有关负责人出席开班典礼。

28日　北京市第八期农村中小学教师研修工作站指导教师培训在学院举行，来自46个工作站的180名指导教师参加培训。

29日　“北京市教师资格认定事务中心”在学院挂牌。

30 日至 31 日　学院召开 2012 年暑期干部工作会议。

9 月

1 日　学院承担的内蒙古鄂尔多斯市初中音乐、各种体育骨干教师培训开学。97 名学员参加了为期 10 天的培训。

2 日　2012 年北京市中小学教师带薪脱产培训项目在学院启动。

4 日至 6 日　塞浦路斯大学副校长和该校外事负责人对学院进行正式访问。表示将尽快促成两校签署合作举办孔子学院的合作备忘录。

6 日　学院召开 2012 年庆祝教师节暨表彰大会。表彰 2012 年学院“师德标兵”、市级“师德先进个人”、市级“三八红旗手”、优秀科研奖及从教 30 年的教职工。

9 日　新疆生产建设兵团初中信息技术教师短期集中培训在学院开班。

18 日　2012 年北京市幼儿园园长高级研修项目开班，16 个区县的 61 位幼儿园骨干园长参加培训。

△　北京市“十二五”第一期中小学书记高级研修班党建论坛暨结业典礼在学院举行。

△　由职业教育学院承担的《走向社会——生活·就业·发展》课程培训者培训开班。来自全国 10 省区的 38 名学员参加 40 学时的培训。

20 日　全国教育学院联盟在福州市正式成立，31 家教育学院（含已转制教育学院、省级、副省级城市与省会城市教育学院）以及全国中小学教师继续教育网相关负责人参加启动会。大会通过了《全国教育学院联盟章程》，确定了“理论研究”“培训创新”“资源研发”“质量评估”和“培训者发展”5 个专业委员会的牵头单位和分组名单。

△　由国际语言与文化学院承办的 2012 年日本长崎大学汉语培训班结业。

22 日　全国教育管理学术研讨会暨中国教育学会教育管理分会第六届常务理事扩大会议在北京举行。研究会理事长马宪平，副理事长钟祖荣等出席了会议。中国教育学会会长钟秉林教授等在大会发言。

25 日　2012 年新疆“双语”骨干教师培训举行开学典礼。

27 日　学院邀请教育部教师工作司司长许涛来院作贯彻全国教师工作会议及相关重要文件精神的专题报告。

△　学院党委召开创先争优活动总结表彰大会。组织宣传部党支部等 14 个党支部被评为“北京教育学院 2010—2012 年创先争优先进基层党组织”，丁国英等 18 名共产党员被评为“北京教育学院 2010—2012 年创先争优优秀共产党员”。

10 月

8 日至 11 月 6 日　学院与挪威卑尔根大学学院合作开展第六期学前教育专业大学生交流项目。

9 日　学院首次举办的教育科研管理者培训——“2012 北京市教育科研管理者研修项目”开班。

△　“国培计划”（2012）中西部项目——新疆维吾尔自治区初中英语教师培训项目、云南省小学品德与生活（社会）骨干教师短期集中培训项目同时开班。

10 日　“国培计划”（2012）——培训团队研修项目、紧缺薄弱学科初中体育骨干教师培训项目首期培训开班。

△　“国培计划”（2012）——甘肃省中学地理骨干教师短期集中培训开班。

11 日　学院举行第二批重点学科建设规划暨学科带头人、学科骨干教师评审会，经审议，国际理解与可持续发展教育、语文教育学、生涯教育与创造性培养、学校管理学（含校长学）4 个学科成为学院第二批学科建设重点项目；德育与班级管理学科定于次年复审。

△　2012 年新疆和田地区“双语”骨干教师培训在学院举行开班典礼。

12 日　“国培计划”（2012）示范性项目——高中骨干班主任研修项目在学院开班。

15 日　学院与河北省秦皇岛市教育局签署基础教育校长教师专业发展实验区合作协议。

△　广东省深圳市宝安区文科骨干教师培训在学院开班。60 位学员将参加为期两周的培训。

△　黑龙江民族学校校长研修班在学院开班。50 名学员将参加 3 周的学习。

15 日至 11 月 19 日　教务处对学院担任继续教育学科负责人不满 3 年的 48 位教师开展院本集中培训。

16 日　北京高校党建《基本标准》集中检查组来院就党建和思想政治工作开展为期 1 天的检查，对学院的党建和思想政治工作给予充分肯定。

20 日　经学院推荐及国家汉办考核选派，国际语言与文化学院对外汉语系张琨老师赴莫斯科州立大学担任汉语教师，为期 1 年。

22 日　“国培计划”（2012）——培训团队研修项目北京教育学院培训管理者培训 1 班开班。

23 日　北京市普职成教育干部培训中心办公室、北京市中小学教育干部培训资源建设项目组召开 2012 年北京市中小学校长培训优质课程评审会。

25 日　安徽省亳州市谯城区中小学校长培训在学院开班。60 名学员将参加为期 8 天的学习。

29 日至 11 月 1 日　学院党委书记马宪平带领学院部分党务工作者一行 23 人赴广西百色等地开展主题为“弘扬革命传统，激发工作动力”的红色之旅学习考察活动。

30 日至 31 日　学院举行 2012 年工会干部培训。

31 日至 11 月 2 日　受市政府教育督导室委托，市督学研修中心举办了面向北京市 52 名专职督导人员的“ 北京市专职督学第四期轮训 ”和“2012 年新任督学培训”。

11 月

3 日　2012 年河北省秦皇岛市高中理化生骨干教师高级研修班开班，12 日和 17 日，语数外和史地政学科也先后开班，共有 182 人参加培训。

5 日　2012 年北京对口支援青海省玉树州教育人才培训项目启动，40 名小学语文骨干教师和 40 名中小学教育管理干部、校长来院参加培训。

8 日　教育部教师工作司下发《关于公布“国培计划”第二批专家库人选的通知》（教师司〔2012〕72 号），学院 7 名教师入选。

12 日　河北省秦皇岛市高中语数外骨干教师培训在学院开班。60 名学员将参加 6 天的培训。

17 日　学院附中召开了“阳光校园建设”研讨会。

19 日　“国培计划”（2012）——中小学骨干教师研修项目初中数学班开班。

22 日　北京市人民政府教育督导室和院党委联合举办了学习贯彻中共十八大精神专题报告会，邀请中共十八大代表、史家胡同小学校长王欢，教育部教育发展研究中心主任张力就中共十八大精神进行宣讲。

25 日　“国培计划”（2012）——紧缺薄弱学科骨干教师培训项目——小学体育骨干教师培训班开班。

28 日　学院党委召开党总支书记会，就学习宣传贯彻中共十八大精神进行专题动员部署。

29 日　2012 年北京市教育对口支援项目：新疆阿勒泰地区、西藏拉萨市、青海省玉树州中小学校长培训项目在学院同期开班。

12 月

3 日　河北省秦皇岛市高中理化生骨干教师培训在学院开班。60 名学员将参加 6 天的培训。

5 日至 7 日　学院承办“少年强则国强”——2012 全国中小学校长体育工作研讨会。教育部体育卫生与艺术教育司司长王登峰、副司长刘培俊、教师工作司司长许涛、北京市教委副主任郑萼、学院党委书记马宪平、院长李方等出席会议和颁奖仪式。

6 日　学院与北京市台办、北京联合大学共同主办 2012 年海峡两岸教育论坛。此次论坛以“提升专业品质，促进学校发展”为主题展开讨论和交流。

12 日　钟祖荣当选为中国民主同盟第十一届中央委员。

12 日至 13 日　学院举办北京教育党校成立 20 周年暨京津沪渝中小学校党建论坛。教育部基础教育一司司长王定华，中组部组织二局五处处长谢玉峰，北京市委副秘书长张建明，市委党校副校长韩久根，市委教育工委常务副书记、北京教育党校校长刘建，北京教育学院党委书记、北京教育党校常务副校长马宪平，北京教育学院院长李方，天津市、上海市和重庆市的有关领导出席大会。

13 日　学院召开 2013 年北京市市级培训项目实施方案评审会，审议了 18 个市级教育干部、教师培训的 121 个学科的实施方案。

17 日　河北省秦皇岛市高中政史地骨干教师培训在学院开班。60 名学员将参加 6 天的培训。

18 日、21 日　市教委委员叶茂林、人事处处长吴武、副处长李海燕等领导两次来院分别就全市师训、干训工作进行专题调研和指导。

19 日　市委组织部干部教育培训考核组一行 3 人在组长侯毅的带领下，来院检查干部教育培训工作，并进行交流座谈。

20 日　学院召开首批 12 门重点学科 2012 年度考核总结会。

21 日　院党委举办中共十八大精神专题培训班，全体党支部书记和科级干部近 100 人参加培训。

26 日　“北京市中小学教育文献信息研究会 2012 年学术年会”在学院举行。

△　北京市教育学会创造教育研究会第四届会员代表大会暨 2012 年学术论文表彰大会在学院举行。

31 日　学院文兴街校区食堂改造工程竣工验收。

是　年

1. 学院获北京市人口与计划生育协会“示范会员之家”荣誉称号。
2. 学院获“北京市教委系统 2009—2011 年度计划生育先进集体”荣誉称号。

2013 年

1 月

8 日　学院召开 2013 年北京市中小学干部培训工作座谈会，市教委委员叶茂林、人事处处长吴武、学院党委书记马宪平、院长李方、副院长杨志成，干训办负责人、各区（县）委教育工委、教委干训主管领导参加会议。

9 日　学院召开 2013 年北京市中小学教育干部培训工作会。

10 日　学院工会、体育与艺术学院共同举办 2013 年新春联欢会。

11 日　学院举行新版校园网开通仪式，在学院领导和教代会代表的共同点击下，学院与北京赛灵通公司合作设计制作的新版校园网正式启用。

△　学院召开“知行中国”——中小学班主任教师培训项目总结会，历时 3 年的“知行中国”项目圆满结束。

11 日　北京市中小学骨干校长境外研修项目——美国高级研修班赴加州富乐敦州立大学进行为期 70 天的境外研修培训。

13 日至 14 日　学院召开 2012 年“绿色耕耘”项目总结暨 2013 年“绿色耕耘”项目启动会。

14 日　北京市中小学骨干校长境外研修项目美国高级研修班在美国加州富勒顿州立大学举行开学典礼。

16 日　中国民主同盟北京教育学院支部举行支部换届暨新年座谈会。

18 日　北京市英特尔®未来教育项目 2012 年总结表彰暨成果展示会在学院召开。

22 日　北京市督学研修中心工作研讨会在学院召开。

△　学院举办慰问劳模座谈会，青年教职工代表与历年获得劳模荣誉称号的离退休教职工座谈。

△　学院举行北京市中小幼教师继续教育联合体第三届培训研究学术沙龙。

25 日　学院召开 2013 年党建研讨会，成立北京高校党建研究会北京教育学院分会并发布第一批研究课题。

29 日　学院受教育部教师工作司委托召开《特级教师评选规定》修订征求意见会。

2 月

22 日　学院召开 2012 年度院级领导班子及领导干部考核述职测评会。

△ 学院召开2013年寒假干部工作会。

23日 学院举行2012年北京市中小学教师培训工作总结暨教师培训实践基地授牌会议。

△ 北京市城区中小学教师“专业促进”培训项目（2013年第一期）举行开学典礼暨通识讲座。

26日 2013年第一学期青年教师下校活动正式启动，有7位青年教师在本学期深入中小学及职能处室实践锻炼。

28日 学院举行新学期教职工大会。

是月 《首都基础教育党建工作的现状与改进对策调研报告》荣获市党建研究会课题优秀成果奖，并在北京市党建研究会六届三次理事大会上受到表彰。

3月

1日 台湾高雄市中小学语文教育辅导团一行22人到学院附中进行交流访问。

5日 学院开展“学雷锋、献爱心”活动，在校园内为教职工提供图书咨询、计算机使用咨询、医疗咨询、资产管理咨询以及住房公积金咨询等；另有团委的年轻同志去看望学院离退休的老同志。

△ 学院召开2013年第一学期教学工作会，通报部署学院本学期教学工作计划和重点工作，并组织与会人员讨论教学工作量统计及课酬发放调整办法。

7日 为迎接三八国际劳动妇女节，学院工会联合女教授协会、女职工素质教育基地、女工委员会，邀请学院督学研修中心副主任伍芳辉副教授作《积极应对压力，追求幸福生活》的讲座。

9日 2013年北京市中小学教师国际理解和可持续发展教育项目开班典礼在北京教育学院石景山分院举行。

11日 学院离退休工作领导小组召开2013年工作会。

△ 2013年北京市小学骨干班主任培训举行开班典礼。

12日 举行党委理论中心组扩大学习，传达习近平在新进中央委员会的委员、候补委员学习贯彻中共十八大精神研讨班上发表的重要讲话和在十八届中央纪委二次全会上发表的重要讲话。

13日 学院召开纪检干部专题培训会。

16日 京郊教师“绿色耕耘”培训开班，来自11个远郊区县720名农村教师参加此次培训。

17日 2012年北京市中小学教师带薪脱产培训项目结业典礼在学院举行。

19日 北京市“十二五”第三期中小学书记高级研修班举行开学典礼。

20日 学院接待俄罗斯教育代表团，该代表团共60人，主要是来自莫斯科的幼儿园及中小学校长及莫斯科西南区教育局部分官员。

22日 2013年北京市中小学干部教师“国内访学计划”（第三期）举行开班典礼。上一年度启动的第二期项目在4月11日结业。

24日 组织北京市2013年中小学、中等职业学校教师资格认定非师范教育类专业教育学、教育心理学考试，全市共有22749人参加考试。

25日 2013年天津市滨海新区教坛名家培养工程——中小学名教师下校实践培训、廊坊市中小学教师跟岗研训项目开班典礼在学院同期举行。

26日 2013年春季市级教育干部培训班举行开班典礼，“祥云行动”校长高研班、国际合作高研班、幼儿园园长高研班和中小学校长高级研修班4个干训项目开班。

27日 师训办召开区县教师继续教育信息员年度工作会议。

28日 《北京教育学院学报》编委会召开2013年工作会议。

28日至30日 2013年北京市春季各级各类教师资格认定工作会议在学院召开，教师资格认定工作全面启动。

29日 学院开展党委理论中心组扩大范围学习活动，组织院领导和处级干部共48人赴用友新道科技有限公司学习考察并参加行动学习培训。

是月 “积极心理教育大讲堂”第三期开班，对来自各区县的百名学科教师进行为期1年的专业培训。

4月

2日　学院举行公务自行车配发仪式，推行使用公务自行车，倡导绿色出行。

△　学院组织新任处级干部“履职与思考”工作论坛，2011年以来新提任、新入院的19名处级干部参加了论坛。

△　学院首次召开教职工生日座谈会，以“幸福、健康、快乐”为主题，为当年1月至4月期间过生日的教职工集体庆祝生日。

8日至12日　学院开展北京市“十二五”中小学教师公共必修课2013年春季辅导教师培训。全员培训于4月15日至7月10日分区县全面组织实施。

9日　学院组织2013年全院青年教师教学基本功比赛活动，11位青年教师参赛，吴欣歆、丁友福、曲小毅3位青年教师获得“学院优秀教学一等奖”，丁友福获得“最佳教学设计奖”。吴欣歆被推荐代表学院参加“北京市高校第八届青年教师教学基本功比赛”。

10日　2012年“祥云行动”子项目“北京市高中骨干校长高级研修班”举行结业典礼。

△　北京教育党校、北京市基础教育党建研究中心组织的北京市区（县）委教育工委组工干部、教育党校领导干部专题研修班开班。

13日　2012年北京市市级学科带头人和骨干教师培训项目举行结业典礼暨优秀成果表彰会。

15日至28日　2013年天津市滨海新区教坛能手培训项目在学院开班。

16日　学院图书馆电子刊物《教苑图情》举行发刊启动仪式。

△　学院召开2013年外事工作会议，包括：外事报告会、2012年学院因公出访团组成果汇报会以及2013年学院外事工作领导小组会议三部分。

17日　学院召开第六届教职工代表大会暨第九届工会会员代表大会第二次会议。

18日　学院举行2012年继续教育项目院内绩效自评验收工作会，对教育干部和教师培训项目进行统一考评，包括市级培训、援助培训和国家级培训，共计56项评定出“优秀”项目41个、“良好”项目12个。

23日　学院召开北京市中小学校长任职资格培训指导性教学计划和课程标准评审会。

△　学院召开《北京教育学院学报》区县兼职编辑总结表彰培训会。

26日　北京市基础教育新课程改革“教与学策略”“学习者分析”项目召开2013年工作推进会暨门头沟区试验项目展示交流会。

27日　北京市西城区德胜地区社会治安综合治理委员会召开2012年度德胜地区综治先进单位和个人表彰大会，学院荣获“德胜地区社会治安综合治理先进单位”荣誉称号，安保处处长佟德仲被评为“德胜地区社会治安综合治理先进个人”。

△　由北京市教委基础教育一处、学院科研处、《中小学管理》杂志社共同策划组织的北京市小学百年老校文化品牌建设与育人价值挖掘研讨会在海淀民族小学召开。

△　2012年北京市中小学干部培训科研课题结题评审会在石景山区召开。5月14日，学院组织召开了2013年课题立项评审会。

5月

2日　学院召开2013年固定资产管理工作考核动员会，通报了学院资产管理工作和各部门的自查情况，并确定组成4个考核小组，自5月6日起深入各部门进行实地考查。

3日　北京市中小学校长培训实践基地建设工作会在学院召开并为21所新建基地校授牌。

7日　新疆和田地委副书记、行署专员艾则孜·木沙带领地委、行署和6县1市的县长、书记一行30余人，在北京市援疆指挥部和北京市教委领导陪同下，来学院考察和田地区“双语”教师的培训情况并与学员座谈。

8日　2013年北京市教育学会普教系统党建研究会年会暨党建工作交流会在学院召开。

△　京苏粤中小学优秀中青年校长高级研修班（第二期）在江苏教育学院开学，于9月来京开展研修活动。

9日　学院工会在奥林匹克森林公园组织开展2013年“健康行”活动，400位教职工参与了24式太极拳表演、第九套广播操表演和五公里健康长走活动。

15日　学院与丰台区教委签署合作办学协议，在丰台区大成郡小区建立北京教育学院附属丰台实验学校，学校定于9月1日正式开学。

16日　学院召开2013年党代表会议，听取党委书记马宪平代表院党委以《凝聚人心 汇聚力量 全面推进学院各项事业科学发展》为题向大会作的2012年工作报告，并讨论了《北京教育学院2013—2020年人才队伍建设规划（征求意见稿）》。

△　学院召开2012年继续教育工作总结暨表彰大会，对26个先进集体、139名先进个人进行表彰。

△　2013年度北京市教师培训研究课题进行立项评审，并于20日确定44个课题正式立项。

17日　学院召开2013年档案工作会暨档案员培训会。

△　《北京教育丛书》新作《永远的新校长》在史家小学举行首发式，主题为“追梦教育，逐梦成长”的校长成长研讨会同时举行。

18日　2013年新疆和田地区幼儿骨干教师教育教学能力提升培训开班，来自和田地区的30名幼教干部和幼儿骨干教师参加此次培训。

16日至19日　北京市中小学中等职业学校教师培训中心参加了在重庆举行的全国教师教育学会省级教师继续教育中心协作委员会第八届年会，并在会上代表学院就“北京市在‘研训一体’背景下的教师培训管理模式”问题发言。

20日　学院召开2013年科研工作会，总结2012年的科研工作，通报2012年度全院教职工科研成果及相关获奖情况，并对2013年科研工作计划作了详细介绍。

△　2012年北京市市级学科带头人与骨干教师境外培训项目总结交流会在学院举行。

21日　学院党委组织召开了民主党派和各类教职工代表的座谈会，对《北京教育学院2013—2020年人才队伍建设规划》（征求意见稿）再次征求意见。

△　学院召开学历教育班主任表彰暨培训会，对2012年学历教育班的16位优秀班主任进行了表彰。

22日　莫斯科州立大学留学生处处长Yudin先生、国际合作处副处长Makeeva Galina女士来学院访问。

△　美国佛蒙特大学教育学院院长米勒博士和王觉非教授来学院访问，与学院就教师交换、互派访问学者、硕士学位课程等项目达成了初步合作意向。

△　教师创新平台子项目2012年北京市中小学教学优秀视频课例库建设项目进行总结并接受专家评审验收。

23日　中国民主促进会北京教育学院支部召开属地管理暨西城区委欢迎会。

△　学院召开院级教育教学改革项目启动会。

24日　由北京市委教育工委基层联络处、北京市基础教育党建研究中心组织的首批北京市中小学党建示范点入校集中检查工作圆满结束。

30日　北京市西城区德胜街道人民武装部召开总结表彰大会，学院被评为“2012年度先进民兵单位”。

31日　北京市教委人事处与北京市中小学中等职业学校教师培训中心组织东城、西城、朝阳、海淀、丰台、石景山6个城区的教师培训机构召开“十二五”教师培训中期工作交流会。

是月　学院向教育部申报的3个项目获准立项，进入45类教师队伍建设示范项目，其中《中小学教师专业发展标准的应用试验》和《中小学教师培训专业标准与认证制度研制及其有效培训的试点项目》入选“教师培训课程及资源建设”示范项目，《中小学教师培训模式创新试点项目》入选“教师培训模式创新”示范项目。

6月

3日　受北京青少年发展基金会委托，学院承担的首期“中南海爱心学校”小学语文骨干教师培训开班。26名学员分别来自青海、云南、贵州、四川等省，总计培训56学时。

4日　北京市教委系统会计继续教育培训在学院举行。

8日　学院召开人才工作会议，党委书记马宪平以《全面落实人才规划，为首都基础教育可持续发展提供智力支持》为题作报告，会议由院长李方主持。

△　召开2013年党风廉政建设宣传教育月动员部署会，以“加强作风建设，密切联系群众”为主题的宣传月活动正式启动。

△　学院召开北京市2012年市级干部培训项目绩效总结会。

17日　学院举行2013年新疆及和田地区少数民族“双语”骨干教师培训结业典礼暨成果展示会。

18日　北京市第二届中小学班主任基本功培训与展示活动启动暨培训会在学院召开。

20日　教育部教师队伍建设示范项目开题并启动，学院有3个项目获准立项。

17日至19日　学院与联合国教科文组织亚太国际理解教育中心联合为深圳市福田区教育研究中心举办了首期国际理解教育骨干教师培训班。

23日至29日　学院举办内蒙古乌兰察布市新任小学校长高级研修班。

24日　北京市中等职业学校文化课教师培训项目在房山区第二职业学校举办远郊区县班开班典礼。

28日　为期10天的宁夏石嘴山市高中英语教师培训结业。

附录二　2008 年—2013 年中层干部任免情况

2008 年（4—12 月）

胡淑云任中轴路校区党总支书记。

沙培宁任《中小学管理》杂志社社长，姬向群不再担任《中小学管理》杂志社社长职务。

2009 年

王卫则任总务处（基建办公室）处长（主任），免去教师教育人文学院常务副院长职务。

李起臣任总务处（基建办公室）副处长，免去总务处副处长（主持工作）职务。

李广朝任总务处（基建办公室）副处长。

刘斌任总务处（基建办公室）副处长，免去基建办公室副主任职务。

孙广学任总务处（基建办公室）副处长，免去总务处副处长职务。

王远美任北郊校区第一党总支书记，王卫则不再担任黄寺校区第一党总支书记职务。

佟德仲任安全保卫处处长（试用期 1 年）。

郑满芝任国有资产管理处处长（试用期 1 年）。

刘加霞任教师教育人文学院副院长（试用期 1 年）。

李凌、杨禾、余新、王远美、陈丽、孟宪凯、孟令惠、沙培宁 8 位同志试用期满，经考察合格，按期转正。

韩玉稳、王振先、李奇颖、王建华、李骞、张瑾、夏静、陈琳、张丹、何彩霞、汤丰林、袁立新、陈捷、张洲、张金秀、邢素丽 16 位同志试用期满，经考察合格，按期转正。

曹青不再担任院庆筹备办公室副主任职务，调科研处工作，负责院史馆工作，保留原待遇至本聘期结束。

夏勤政留学院办公室工作，保留原待遇至退休。

王红樱任纪监审处处长（兼）。

孟令惠任职业教育学院副院长（兼）。

免去王群仙纪监审处处长职务。

免去徐素霞黄寺校区第二党总支副书记兼职业教育学院副院长职务。

王红樱任纪委副书记。

免去王群仙纪委副书记职务。

免去王红职业教育学院副院长职务。

2010 年

佟德仲、郑满芝、刘加霞 3 位同志试用期满，经考察合格，按期转正。

宋忠志任学院办公室主任（试用期 1 年）。

吴元建任《北京教育丛书》办公室主任（试用期1年）。

柴纯青任《中小学管理》杂志社社长（副处）（试用期1年），沙培宁不再兼任《中小学管理》杂志社社长职务。

冯华任学院办公室主任（兼）。

宋忠志任纪监审处处长，免去学院办公室主任职务。

免去王红樱纪监审处处长职务。

张丹主持教师教育数理学院工作，何妮妮不再担任教师教育数理学院院长职务。

王卫则任文兴街校区党总支书记（兼），王松美不再担任文兴街校区党总支书记职务。

2011年

冯华任人事处处长兼学院办公室主任。

谢志东任组织宣传部部长。

经中国教育工会北京市委员会批复，王红樱为北京教育学院工会常务副主席。

佟德仲任安全保卫处处长。

李凌任离退休工作部（处）部（处）长。

杨禾任财务处处长。

石瑒任科研处处长。

齐宪代任《北京教育学院学报》主编（正处）。

余新任教务处处长。

胡淑云任干部培训办公室主任。

王远美任教师教育人文学院院长。

陈丽任校长研修学院院长。

吴安民任职业教育学院院长。

陈雁飞任体育与艺术学院院长。

孟宪凯任信息与远程教育学院院长。

王卫则任国际语言与文化学院院长。

朱宝利任图书馆馆长。

沙培宁任中小学管理杂志社主编。

汤丰林任教师培训办公室主任兼教师资格认定办公室主任（试用期1年）。

方怀胜任北京市基础教育党建研究中心常务副主任（正处）（试用期1年）。

盛泓洁任继教工程办常务副主任（正处）（试用期1年）。

吴珊任国有资产管理处处长（试用期1年）。

张丹任教师教育数理学院院长（试用期1年）。

刘楠任黄寺校区第二党总支书记。

王远美兼任黄寺校区第一党总支书记。

王卫则兼任文兴街校区党总支书记。

胡淑云兼任中轴路校区党总支书记。

孟令惠任中轴路校区党总支副书记兼干部培训办公室调研员（正处）。

陈雁飞兼任黄化门校区党总支书记。

李凌兼任离退休党总支书记。

王振先任学院办公室副主任。

韩玉稳任学院办公室副主任。

李萍萍任纪监审处副处级纪检员。

李奇颖任离退休工作部（处）副部（处）长。
王建华任人事处副处长。
李骞任财务处副处长兼核算中心主任。
夏静任教师培训办公室副主任。
袁立新任教师培训办公室副主任。
刘丽霞任国有资产管理处副处长。
李起臣任北京兴教科贸公司经理（法人代表）。
孙广学任国有资产管理处副处长。
王小菊任总务处副处长。
李永莲任教师教育人文学院副院长。
陈琳任教师教育人文学院副院长。
刘加霞任教师教育人文学院副院长。
何彩霞任教师教育数理学院副院长。
杨秀治任校长研修学院副院长。
毛正才任职业教育学院副院长。
巩平任体育与艺术学院副院长。
刘竹云（体育与艺术学院）保留副处级及原待遇。
毕超任信息与远程教育学院副院长。
陈捷任信息与远程教育学院副院长。
吴润任国际语言与文化学院副院长。
张洲任国际语言与文化学院副院长。
张金秀任国际语言与文化学院副院长。
邢素丽任图书馆副馆长。
柴纯青任《中小学管理》杂志社社长（副处）。
张瑾任《北京教育丛书》办公室（编辑部）副主任。
以上同志原任职务自然免除。
万迪欣任学院办公室副主任（试用期1年）。
张文梅任组织宣传部副部长（试用期1年）。
邸磊任教务处副处长（试用期1年）。
李淑君任教务处副处长（试用期1年）。
柳立涛任干部培训办公室副主任。
韩永江任总务处副处长（试用期1年）。
李春艳任教师教育数理学院副院长（试用期1年）。
陈寒墅任校长研修学院副院长（试用期1年）。
李雯任校长研修学院副院长（试用期1年）。
潘建芬任体育与艺术学院副院长（试用期1年）。
周志勇任体育与艺术学院副院长（试用期1年）。
郭君红任信息与远程教育学院副院长（试用期1年）。
谢革利任学院办公室副处级职务。
曹青到《北京教育学院学报》担任专业技术职务，不再保留原行政副处长待遇。
石瑒兼任机关党总支书记，免去王红樱机关党总支书记职务。
刘丽霞兼任机关党总支副书记。
李永莲兼任黄寺校区第一党总支副书记。

吴润兼任文兴街校区党总支副书记。

李春艳兼任文兴街校区党总支副书记。

李奇颖兼任离退休党总支副书记。

王鸿杰任北京市基础教育党建研究中心副主任。

宋忠志、吴元建2位同志试用期满，经考察合格，按期转正。

柴纯青试用期满，经考察合格，按期转正。

滕利君任学院办公室主任（试用期至2012年4月），冯华不再兼任学院办公室主任职务。

李炬任教务处副处级干部。

2012年

滕利君试用期满，考察合格，按期转正。

汤丰林、方怀胜、盛泓洁、吴珊、张丹5位同志试用期满，考察合格，按期转正。

万迪欣、张文梅、邸磊、李淑君、韩永江、李春艳、陈寒墅、李雯、潘建芬、周志勇、郭君红11位同志试用期满，经考察合格，按期转正。

伍芳辉任北京市督学研修中心副主任。

李晓东不再担任总务处副处长（主持工作），保留副处长待遇。

免去万迪欣学院办公室副主任职务。

2013年（1—6月）

曲静任学院办公室副主任（试用期1年）。

注：按照《党政领导干部选拔任用工作条例》规定，党政领导职务的任职时间，自党委决定之日起计算。

附录三　2008年—2012年专业技术职务评审结果

年度	正高级	副高级
2008	刘加霞 孟宪凯 高明书	吕鹏、肖北方、李宝荣、张宾、王寿红、杨艳萍、谢丽群、吴会艺、沙培宁、时俊卿
2009	王媛 杨雪梅	于晓雅、齐建芳、邸磊、袁立新、高宝华、韩兵、霍俊明、高大明、郭君红、张葳
2010	巩平 汤丰林 何妮妮	王漫、王蔚、张学君、赵楚、潘建芬、赵若斌、王欣
2011	张丹	方美玲、吕俐敏、张芳、李丰、李慧芳、涂元玲、黄文胜、许丽艳
2012	胡玉华	刘宇、吕蕾、张庆新、李军、陈莉、郄利芹、贾晓春、常雪鹰、孟令红

附录四　2008 年—2012 年先进个人评选情况

2008 年

1. 陈雁飞被中共北京市委教育工作委员会评为“北京市高校优秀共产党员”

2. 温寒江被评为全国“关心下一代先进个人”

3. 马宪平被第 29 届奥林匹克运动会组织委员会授予突出贡献奖

4. 李方、陈雁飞、王松美被中共北京市委教育工作委员会、北京市教委评为“2007 年度北京高校奥林匹克宣传教育工作先进个人”

5. 宋忠志、佟德仲、韩兵、张乃明、高瑞林被中共北京市委教育工作委员会、北京市教委、共青团北京市委、北京市学生联合会评为“首都教育系统奥运工作先进个人”

6. 张乃明被北京市奥组委、北京市人民政府评为“北京残奥会先进个人”

7. 黄春秀被第 29 届奥运会、第 13 届残奥会国家体育场运行团队评为“国家体育场运行团队第 13 届北京残奥会优秀国内技术官员”

8. 王德龙被北京市奥组委评为“优秀奥运驾驶员志愿者”

9. 陈雁飞、王松美荣获北京市妇女联合会颁发的“北京市‘三八’红旗奖章”

10. 王松美被北京市教育工会评为 2008 年度“北京市师德先进个人”

11. 潘建芬、黄春秀、闫蕾荣获北京市妇女联合会颁发的“奥运巾帼奉献奖”

12. 陈雁飞被北京奥运会培训工作协调小组评为“北京奥运培训工作先进个人”

13. 袁立新被评为“首都统战系统参与奥运、服务奥运先进个人”

14. 佟德仲获北京市公安局个人三等功

15. 潘磊被北京市政府外事办公室评为“2008 年度北京市优秀外事专办员”

16. 杨晨、赵苏杭被共青团北京市委员会评为 2007—2008 年度“首都高校优秀基层团干部”

17. 张景瑞被评为“北京高校人文社科学报优秀编辑”

18. 沙培宁获“2008 年度北京市新闻出版（版权）创意成果奖”

19. 王德龙、高瑞林、赵颖、闫蕾作为北京奥运会赛会志愿者受到第 29 届奥林匹克运动会组织委员会表彰

20. 学院附中王涛、邓宇红获评北京奥运会残运会交通服务工作奖

21. 学院附中赵淑凤获得第 21 届北京市中小学“紫禁杯”优秀班主任二等奖

2009 年

1. 温寒江被评为“全国离退休干部先进个人”

2. 韩少华获“中国作家协会荣誉奖”

3. 刘枫耘被北京市人口和计划生育委员会评为“2008 年度北京市人口和计划生育工作先进个人”

4. 陈雁飞被中共北京市委教育工作委员会、北京市教育委员会评为“北京市优秀教师”

5. 王远美、李雯、杨雪梅被中共北京市委教育工作委员会、北京市教育委员会评为“初中建设工程先进个人”

6. 李岩、李亚丽、闫冰被北京市教育委员会评为“2008 年度人口和计划生育工作先进个人”

7. 沙培宁被北京市新闻出版局、北京市人事局评为“2008 年度北京市新闻出版（版权）创意成果奖先进个人”

8. 侯德岳、陈焕顺获北京市公安局个人嘉奖

9. 刘琳被北京教育志编纂委员会评为“2009 年度北京教育年鉴先进工作者”

10. 郭跃先被中共北京市西城区委员会、北京市西城区人民政府评为“西城区 2008 年度人口和计划生育工作先进工作者”

11. 学院附中叶楠被中共北京市委教育工作委员会、北京市人民政府教育督导室评为北京市初中建设工程先进个人

12. 学院附中曹阳被北京市委教育委员会授予北京市第十二届学生艺术节中节目指导纪念奖

13. 学院附中郝了被北京市委教育委员会授予北京市教育信息化工作先进个人

2010 年

1. 李方被北京市人口和计划生育委员会评为“2009 年度北京市人口和计划生育工作先进个人”

2. 刘广居被北京市人民政府评为“北京市 2010 年度‘孝星’”

3. 陈雁飞被中共北京市委教育工作委员会评为“北京高校育人标兵”

4. 杨雪梅被北京市教育工会评为“2010 年北京市师德先进个人”

5. 毕超、高瑞林被北京市教育委员会评为“北京市教育信息化工作先进个人”

6. 王建华、王淑华、庞惠敏被北京市教育委员会评为“2009 年度人口和计划生育工作先进个人”

7. 张艾被北京市教育委员会授予“2009 年教育事业统计工作质量评估优秀个人三等奖”

8. 学院附中胡秀华被中国国民党革命委员会北京市委员会授予优秀女党员称号

9. 学院附中丁琳获得第 23 届北京市中小学“紫禁杯”优秀班主任二等奖

10. 学院附中李华被评为北京市高等教育自学考试三十周年优秀工作者

2011 年

1. 倪益琛被教育部关心下一代工作委员会评为“全国教育系统关心下一代工作先进工作者”

2. 倪益琛被中共北京市委教育工作委员会评为“北京教育系统关心下一代工作突出贡献奖”

3. 刘枫耘被中共北京市委教育工作委员会评为“北京教育系统关心下一代工作荣誉奖”

4. 马铁被中共北京市委教育工作委员会评为“北京高校优秀共产党员”

5. 李奇颖被中共北京市委组织部、北京市老干部局、北京市人力资源和社会保障局评为“北京市先进老干部工作者”

6. 杨雪梅被北京市教育工会评为“教育先锋教书育人先进个人”

7. 学院附中王强被评为第二届北京市高中生技术设计创意大赛优秀辅导教师

8. 学院附中王强、刘海金、李宝来被评为 2011 年北京市青少年 DI 创新思维竞赛优秀指导教师。

2012 年

1. 倪益琛被教育部关心下一代工作委员会评为“全国青少年‘五好小公民’主题教育活动先进个人”

2. 高凤兰被中共北京市委教育工作委员会评为“北京高校创先争优离退休干部优秀共产党员”

3. 周韫玉被中共北京市委教育工作委员会评为“北京高校离退休干部老有所为先进个人”

4. 王远美被中共北京市委教育工作委员会评为“北京高校 2010—2012 年创先争优优秀共产党员”

5. 陈莉被北京市教育工会评为“北京市师德先进个人”

6. 杨雪梅被北京市教育工会授予“北京市三八红旗奖章”

7. 柴纯青被北京市新闻出版（版权）局评为“第二届北京市新闻出版行业领军人物”

8. 孙金鑫被北京市新闻出版（版权）局、北京市人力资源和社会保障局评为“2010—2012 年度北京市新闻出版和版权工作先进个人”

9. 学院附中王强荣获第 32 届北京青少年科技创新大赛科技辅导员科教创新项目“科技教育方案”类二等奖

10. 学院附中王强、李宝来、刘海金在第三届北京市高中生技术设计创意大赛中荣获优秀辅导教师称号

11. 学院附中刘琳在“2012 年北京市基础教育优秀课堂教学设计评选”活动中荣获三等奖

12. 学院附中李利民在 2012 年度中国少年科学院“小院士”课题研究活动中，被评为全国优秀科技辅导教师

13. 学院附中刘海金在 2011—2012 学年度北京市基础教育课程建设优秀成果评选活动被评为三等奖

附录五　北京教育学院获曾宪梓教育奖、国务院政府特殊津贴奖人员名单

曾宪梓教育奖（10人）

王长沛　叶禹卿　萧应衡　姚今迈　梅汝莉　苏立康　曾中平　卢元锴　何立婴　张亚新

国务院政府特殊津贴（13人）

李永廉　江希泽　徐锡祺　罗希尧　何怡生　张维善　贺乐凡　米桂山　温寒江　方道霖　刘俊邦　梅汝莉　周韫玉

附录六　学院教职工获北京市基础教育教学成果奖情况

第一届（1999 年）

等级	成果题目	成果主要完成人
一等奖	提高中学生学习质量整体改革试验	阎玉龙　齐宪代

第二届（2004 年）

等级	成果题目	成果主要完成人
一等奖	北京市《科学》课程教材编写、教师培训与教学实验研究	李晶　张玉书　谢晓玲　杨翠凤　唐凤英
	中学数学创新实践活动的设计与实施	白永潇　张思明　陈廷礼　李长军　马晓虎

第三届（2008 年）

等级	成果题目	成果主要完成人
一等奖	北京市地方课程《国际理解》教材	方中雄　陈红　张学岩　赵克玲　廖明华
	多种材料的艺术创造——基础美术教育设计制作课程研究	巩平　杨嘉栋
二等奖	北京市中小学心理健康教育教师上岗培训	伍芳辉　项灵羽　齐建芳　卢强　汤丰林
	高中通用技术课教师培训课程与培训模式研究	何妮妮　龚燕江　冯华　王凌诗　许琼
	推行教学策略，提高教学效益的实践研究	时俊卿　石瑒　徐玲　魏莘　王清

第四届（2012 年）

等级	成果题目	成果主要完成人
一等奖	基于义务教育均衡发展的农村教师城镇研修的实践与研究	汤丰林　钟祖荣　李晶　钟亚妮　李海燕
	“主题驱动的骨干教师工作室”模式的构建与实践	张丹　何彩霞　胡玉华　张素娟　金钊

续表

等级	成果题目	成果主要完成人
二等奖	密切跟进，高端引领——“祥云行动——提高高中校长课改领导力的跟进培训”	陈丽　马宪平　何育萍　杨秀治　李雯
	“国培计划”中小学体育培训系列教材	陈雁飞　潘建芬　韩兵　周志勇　张庆新
	基于学习者分析的教与学策略的应用研究	李方　马效义　时俊卿　石瑒
	基于“绿色耕耘”培训项目的农村中小学教师培训模式创新研究与实践应用	李春艳　陈琳　张洲　李方　王建明
	借鉴多元智能理论促进学生有效学习与全面发展的实践研究	梅汝莉　张金秀　张祥兰　刘文娜　李方

附录七　学院教职工获北京市高等教育教学成果奖情况

年份	获奖项目	获奖者	获奖等级
2004	综合科学课程师资培训系列课程	李晶	一等奖
2004	学习指导的理论与实践（教材）	钟祖荣	二等奖
2012	教师培训管理工具箱	李方　钟祖荣　余新	二等奖

附录八 2010年教育部基础教育课程改革教学研究成果获奖名单

成果名称	获奖姓名	所在单位	获得奖次	备注
新课程教学策略的实践研究	时俊卿 石瑒 徐玲 马富贵 王欣 刘文娜	北京教育学院	一等奖	
《国际理解》教育的课程开发与实践	方中雄 何妮妮 冯华 冯艺远 陈红 张学岩	北京教育学院	二等奖	
中学数学创新实践活动的设计与实施	张思明 白永潇 冯海君 徐丹 陈亮 鲍静宜	北京大学附属中学	二等奖	白永潇为北京教育学院教师

附录九　教职工名单

1. 北京教育学院2012年年底在册教职工名录

机构名称		姓名						人数
院领导		马宪平	李方	刘枫耘	郭世安	卢晖	钟祖荣	9
		许志矛	张彦春	杨志成				
学院办公室		滕利君	韩玉稳	王振先	万迪欣	刘斌	谢革利	14
		孙佳嶷	刘笑冰	张欣	王昕伟	栾好问	郝文辰	
		田军	刘雪					
组织宣传部		谢志东	张文梅	王艳艳	张楠	刘琳	张学兵	8
		董丽	刘扬					
纪监审处		宋忠志	李萍萍	杨晨	李玲馨			4
安全保卫处		佟德仲	王增强	徐哲明	陈焕顺	关培勇	张燕军	13
		张燕均	刘雷	曹文利	张铁林	蒋泽华	曹效	
		宋建彬						
离退休工作部（处）		李凌	李奇颖	谷蕴平	边红华	王红兵	李洪科	6
工会		王红樱	李广朝	孙红丽	王枫			4
人事处		冯华	王建华	王翠萍	袁梅莲	张竞	何国秀	9
		汲莉	张蕊	郭欧				
	人才交流中心	程平	高欣	韩幼萍	蔡玉茹			4
财务处		杨禾	李　骞	郝冬梅	毕绍文	陈艳芳	王毓容	15
		安阳	李星楠	刘谦	许蔓	吴亚轩	刘新峰	
		张强	徐冬梅	兰婷				
教务处		余新	邸磊	李淑君	李炬	赵建建	闫洁	20
		李巾姝	舒畅	赵丽	崔秋月	王永红	赵苏杭	
		沈珊珊	王　懿	孟欣				
		马铁	张士瑞	段晓梅	许小会	赵丽平		

续表

机构名称		姓名						人数
科研处		石瑒	齐宪代	刘文娜	曹青	王欣	张祥兰	10
		杨晨	任亚方	何艳	张玉平			
干部培训办公室		胡淑云	孟令惠	柳立涛	郭坤	马甜甜	杜蕊	7
		焦滢						
党建研究中心		方怀胜	王鸿杰	李亚杰	李楠	郭佳		5
教师培训办公室		汤丰林	盛泓洁	夏静	袁立新	邹雪梅	庞惠敏	12
		史思	钟亚妮	石燕	张艾	季卫华	霍琳	
国资处		吴珊	刘丽霞	孙广学	李起臣	闻育辉	芮铭君	20
		侯德岳	马秀玉	张茂杰	石国霞	李建民	朱海生	
		李春元	刘硕	张宝光	肖今	张广超	高童玲	
		刘春荣	张文君					
图书馆		朱宝利	邢素丽	甘延清	安纪勇	程张	廖虹	15
		刘毅华	刘红彤	杨艳萍	陈淑菁	马旭	李永强	
		雷连萍	刘蕴秀	刘利亚				
杂志社		沙培宁	柴纯青	方君启	陈首峰	许丽艳	孙金鑫	6
总务处		王小菊	韩永江	侯毅	张传好	柏启刚	曹志新	43
		贺国	成新运	何宏莲	闫冰	胡墨林	王洪波	
		屈远征	沈来华	谈虹	臧玉金	何京光	武德胜	
		赵继有	张明禄	张兰章	赵富海	张东晨	郭建霞	
		杨依依	王伟	尹亭	韩优良	高国强	刘颖奇	
		唐富明	贾晓利	李桐升	蔡纲	叶利君	张庭禄	
		王继庄	黄晓红	闫蕾	姜俊霞	韩秀峰	李智	
		张雷						
《北京教育丛书》编辑部办公室		张瑾	刘充琴	宋艳	杨艳			4
教师教育人文学院	二级学院领导	王远美	陈琳	刘加霞	李永莲			4
	行政办教学办	李春荣	周启哲	杨玲	陈熹			4
	中文系	王漫	杨智	刘晓光	杨秋荣	徐莉	张学君	13
		张念荀	常雪鹰	卢杨	姜峰	霍俊明	胡春梅	
		吴欣歆						

续表

机构名称		姓名						人数
教师教育人文学院	社会科学系	廖明华	陈红	方美玲	赵克玲	胡英才	刘军	16
		赵力	王兰涛	高宝华	武蔚	金钊	尚九宾	
		张学岩	李军	林永清	李燕			
	初等教育系	吕俐敏	王蔚	肖玉柱	陈莉	陈晓波	刘月艳	8
		刘琳娜	刘晓婷					
教师教育数理学院	二级学院领导	张丹	李春艳	何彩霞				3
	行政办 教学办	王清	张端华	康琪	王卫东	何树京	马雅芬	6
	实验中心	王寿红	赵若斌	孟令红	靳飞	李情义	马丽莹	8
		王晨光	杨青青					
	数学系	王建明	伍春兰	顿继安	白永潇	袁素芬	杨小丽	9
		冯启磊	李红云	陈鹏举				
	物理系	孙章华	张芳	龚燕江	梁天灵	孙立仁	黄金华	12
		冯爽	乔灵芝	公维余	沈雷雷	丁友福	周莹	
	生化环境系	胡玉华	张素娟	周玉芝	王凌诗	许琼	郭宏伟	14
		赵景春	唐晓波	贾晓春	王钦忠	曾早早	张莉娜	
		张军刚	李曼					
校长研修学院	二级学院领导	陈丽	李雯	杨秀治	陈寒墅	李晓东		5
	行政办 教学办	聂晶	曲静	王敬轩	王丁	胡昊寰	周凯怡	6
	教育管理系	何育萍	孟瑜	李奕	肖北方	张红	杨雪梅	14
		季苹	迟希新	石英德	王淑娟	涂元玲	吕蕾	
		胡荣堃	王晓玲					
	心理系	齐建芳	刘维良	卢强	李　丰	崔艳丽	吕红梅	10
		曹新美	曾盼盼	金颖	马英			
培训中心		吕扬	王文艺	康小勇	谢树芳			4
督学研修中心		伍芳辉	马效义	张雁南				3
职业教育学院	二级学院领导	吴安民	毛正才					2
	行政办 教学办	赵玉如	李蕴洁	郭培根	秦山清	谢延慧	李冬萍	8
		王赏	马素林					
	财经管理系	黑岚	梁红霞	高宝通	张武超	蒋维静	李杰	12
		王丽	卓思廉	崔娜	杨颂	石嘉玉	汪青	
	旅游管理系	吕亚非	李正方	韩彦龙	孟妍红	申大光	周涛	8
		叶一粟	曲小毅					

续表

机构名称		姓名						人数
信息与远程教育学院	二级学院领导	孟宪凯	刘楠	毕超	陈捷	郭君红		5
	行政办教学办	汪越	李凤红	高瑞林	王建军	李朴	董文红	27
		郭笑天	丁国英	昝玉萍	董震	石琳洁	苏小岑	
	网络建设维护部	史爱伦	李新通	潘一新	伊雪	吴健伟	王海峰	
	多媒体技术服务部	田原	赵颖	温岩	王欣	关睿	王晨	
	远程教育中心	梁文鑫	张晶晶	申坤				
	计算机系	纪方	秦昆	谢平	李秋红	杨建伟	杨宣	11
		李涛	俞瑶	于晓雅	支斌	高大明		
体育与艺术学院	二级学院领导	陈雁飞	刘竹云	巩平	潘建芬	李龙元	周志勇	6
	综合办行政办教学办	延静	王淑华	王德龙	王雅军	刘晖	关玉	18
		黄春秀	韩铁山	陆建军	田蕊	杨帆	孙立新	
		白全芝	李晓更	赵永师	于俊玲	夏西奇	孙建雪	
	体育系	韩兵	李健	韩金妍	卫星	张庆新	史红亮	8
		张锋周	姜宇航					
	美术系	张宾	林泰然	赵志雄	吕鹏	王劲松	何佳媛	15
		王晓光	李蕴平	李振奋	周嵬	马玉兰	刘彬	
		王新宇	陶钧	王菲				
	音乐系	赵楚	高胜海	黄文胜	苏宁	李惠玲	陈寅路	12
		魏大松	孔蒙	张红阳	符彦虹	尚洪刚	石梅	
	艺术设计系	杨岩	刘宇	安雪梅	朱海燕			4
	幼儿艺术系	陈晓芳	郝香才	顾晓华	楚晓娟	曹颖	王元艳	12
		赵灵萍	邱虹	胡鹏	王艺儒	胡峰光	傅聪	

续表

机构名称		姓名						人数
国际语言与文化学院	二级学院领导	王卫则	吴润	张洲	张金秀			4
	行政办 教学办 留学生办公室	包咏	张永泉	何东顺	张军	王晓梅	孙宇	13
		张乃明	赵宏	段金松	王冬妮	王秀艳	王耕	
		王萌						
	外语系	李宝荣	李慧芳	王武兴	吴薇	李玲玲	周莹	20
		柯丹	任卫廷	仇妍	曹志华	郄利芹	李健莉	
		曹丽	韩冰	徐国辉	王琳琳	张敏	张红	
		夏素彦	郑婉					
	对外汉语系	刘耘	王红	王秀荣	段颖玲	赵春华	张静	7
		张琨						

2. 北京教育学院2008—2012年调入人员名单

年份	调入人员
2008	王昕伟、张欣、侯德岳、汲莉、安阳、张强、闫洁、张艾、刘文娜、马甜甜、钟亚妮、刘硕、刘晓婷、栾好问、吕俐敏、张传好、康琪、王晨光、冯启磊、李红云、柳立涛、王丁、曹新美、徐素霞、叶一粟、李冬萍、谢延慧、杜蕊、温岩、张学兵、杨帆、孙立新、夏西奇、张庆新、邱虹、王元艳、朱海燕、柴纯青、曹丽、王冬妮
2009	徐冬梅、张玉平、马效义、李楠、陈晓波、杨青青、沈雷雷、曾早早、吕蕾、张雁南、郭君红、高大明、关睿、陈晓芳、史红亮、张锋周、赵灵萍、郑婉、杨艳、曹志新、赵开抒
2010	许志矛、李玲馨、关培勇、李星楠、王永红、张祥兰、王赏、曲小毅、王晨、梁文鑫、段颖玲
2011	姜俊霞、王鸿杰、王耕、刘扬、吴亚轩、焦滢、胡昊寰、郝文辰、崔秋月、曾盼盼、张彦春、陈鹏举、胡鹏、金颖、沈珊珊、杨志成、昝玉萍、滕利君、许蔓、季卫华、李炬、胡荣堃、王艺儒、杨玲
2012	吴欣歆、周凯怡、刘雪、郭佳、马英、周莹、姜宇航、王萌、张文君、孟欣、杨晨、陈熹、郭欧、傅聪、张雷、张晶晶、张蕊、李燕、刘利亚、李曼、张琨、田军、兰婷、宋建彬、申坤、霍琳、王晓玲

后 记

2012年8月，学院党委决定于2013年开展庆祝学院建院60周年系列活动。

2012年9月，为全面展示2008至2013年五年来学院在教学、培训、科研、管理等各方面事业取得的成就，留下全面、详实的历史资料，学院决定续编《北京教育学院志（2008—2013）》（以下简称《院志》）。

2012年末，院党委、院行政明确了《院志》编写的指导思想、原则和框架结构，并决定成立《院志》编辑委员会。

2013年2月28日，《院志》续编工作正式启动，学院召开各部门《院志》续编工作启动会，对《院志》续编工作的编写原则、内容、完成时间等提出了具体的要求。

3月28日，编委会对各部门撰写情况进行了中期检查，就编写工作中出现的共性问题对执笔人给予指导。4月15~30日，各部门撰写的初稿陆续完成。

5月15日，经过半个月认真、细致的审查，学院对各职能部门执笔人做了面对面的初稿修改意见反馈与指导；5月16日又对各二级学院的执笔人进行了初稿修改意见集中反馈，对共性问题进行集中指导。

6月15~30日各部门陆续提交了其承担章节的第二稿，编审人员抓紧审查修改，发现问题后及时与各部门执笔人核实、沟通和修订。

7月8日，经过撰稿人和编审人员两上两下、甚至三上三下的磨合，《院志》续编工作初步完成。

7月10日，为确保有关数据的一致性、真实性和严肃性，提高编辑效率，编审人员、教务处、师训办的相关同志与各二级学院执笔人、统稿负责人还一同核对了继续教育、学历教育的相关数据。

暑假期间，《院志》的编写工作进入最后攻坚阶段。7月17日《院志》第一稿完成送各位院领导审阅。各位院领导对稿件非常重视、高度负责、认真审阅。党委书记马宪平、院长李方，党委副书记郭世安、副院长钟祖荣、杨志成等分别以各种方式与编辑同志联系，从全局及分管工作两个方面给出具体的指导意见、提出了修改建议。执行主编齐宪代和责任编辑曹青、何艳三位同志根据修改意见及建议，冒着酷暑，连续加班，通过分头审阅、及时沟通、集中核对、个别修改等方式对部分史料和数据进行核实、补充；部分概念和表述方式进一步规范；部分章节和内容责成有关部门重新补充和改写，对《院志》作最后的编辑定稿。

8月7日，《院志》统稿第二稿完成，顺利提交出版社审校。

本次续编工作，学院各部门领导和撰写者积极参与，历时数月，数易其稿，许多撰写者是各部门的中青年同志，他们积极参与、勇担重任，终于使本书在金秋10月面世了。

参与《院志》续编的青年教职工通过撰写过程对各自所在部门、处室近五年各项工作的台前幕后，重点项目的来龙去脉有了深刻的了解，对学院60年来的发展历史有了更全面、更深刻的认识。续编《院志》工作成为一次鲜活的热爱学院、了解学院的教育活动，充分体现了纪念建院60周年“回顾历史，传承文化、重在教育”的宗旨。

在《院志》的编写工作中，离退休老领导、老同志表现的爱院之情、尽责之心，使我们深受感动。例如，原师训办主任渠素彬同志积极帮助整理、核实2008—2010年间教师培训的大量统计数据；原《学报》主编方金秋、张亚新两位德高望重的老同志在被聘为编辑顾问后，勇担重任，利用暑期认真审核多达30多万字的《院志》初稿，提出了许多重要的修改意见和建议。在此谨向所有参与《院志》续编相关工作的老同志致以深深的敬意和谢意。

特将直接参与《院志》编写工作的人员情况列表如下：

《北京教育学院志（2008—2013）》撰写者名单

内容	参编人
卷首图片	刘琳
前言	齐宪代
凡例	齐宪代
综述	马宪平、张彦春、钟祖荣、齐宪代

第一编　学院的基本功能与主要任务

内容	参编人
第一章 北京教育背景与学院基本情况	杨志成、李燕
第二章学院功能新拓展、任务新转型与特色创新	钟祖荣、冯华
第三章 管理体制与领导构成	滕利君、谢志东、曲静、栾好问、董丽

第二编　教学与科研

<table>
<tr><th>章</th><th>节</th><th>参编人</th></tr>
<tr><td rowspan="5">第一章　学历教育</td><td>第一节　专业设置与办学规模</td><td rowspan="5">余新、李淑君</td></tr>
<tr><td>第二节　教学管理与制度建设</td></tr>
<tr><td>第三节 学科、专业、课程、教材</td></tr>
<tr><td>第四节 教学研究工作</td></tr>
<tr><td>第五节 学员德育管理</td></tr>
<tr><td rowspan="4">第二章　校长、教师党务干部培训</td><td>第一节　校长培训</td><td>胡淑云、马甜甜</td></tr>
<tr><td>第二节　教师培训</td><td>余新、邸磊</td></tr>
<tr><td>第三节　党务干部培训</td><td>方怀胜、郭佳</td></tr>
<tr><td>第四节　服务全国教师教育</td><td>汤丰林、袁立新、张艾</td></tr>
<tr><td colspan="2">第三章　重点学科建设</td><td>余新、王永红</td></tr>
<tr><td rowspan="6">第四章　科学研究与学术出版</td><td>第一节　科研方向、重点课题与成果</td><td rowspan="2">石瑒、张祥兰</td></tr>
<tr><td>第二节　科研的创新与重要科研活动</td></tr>
<tr><td>第三节　《北京教育丛书》的发展与成果</td><td>张瑾、宋艳</td></tr>
<tr><td>第四节　《北京教育学院学报》的发展与成果</td><td>齐宪代、曹青</td></tr>
<tr><td>第五节　《中小学管理》杂志社的发展与成果</td><td>柴纯青</td></tr>
<tr><td>第六节　教材与学术著作出版</td><td>石瑒、张祥兰</td></tr>
<tr><td rowspan="4">第六章　对外交流、国际合作与我国港澳台地区合作交流</td><td>第一节　主要国际合作项目</td><td rowspan="4">王振先、仇妍</td></tr>
<tr><td>第二节　合作院校与中外合作办学机构</td></tr>
<tr><td>第三节　国际合作培训与主要成果</td></tr>
<tr><td>第四节　港澳台合作院校与学术交流</td></tr>
</table>

第三编　教学院系与专业发展

<table>
<tr><th>章</th><th>节</th><th>参编人</th></tr>
<tr><td rowspan="5">第一章　教师教育人文学院</td><td>学院综述</td><td rowspan="5">王远美、王漫、廖明华、吕俐敏、方美玲</td></tr>
<tr><td>第一节　中文系</td></tr>
<tr><td>第二节　社会科学系</td></tr>
<tr><td>第三节　初等教育系</td></tr>
<tr><td>第四节　教师专业发展研究所</td></tr>
<tr><td rowspan="6">第二章　教师教育数理学院</td><td>学院综述</td><td rowspan="6">张丹、何彩霞、李春艳、王清、冯爽、张端华、王建明、孙章华、胡玉华、王寿红、张芳、康琪、顿继安、王钦忠、靳飞</td></tr>
<tr><td>第一节　数学系</td></tr>
<tr><td>第二节　物理系</td></tr>
<tr><td>第三节　生化环境系</td></tr>
<tr><td>第四节　实验中心</td></tr>
<tr><td>第五节　基础教育课程教材教法研究所</td></tr>
<tr><td rowspan="3">第三章　校长研修学院</td><td>学院综述</td><td rowspan="3">陈丽、何育萍、齐建芳、王丁</td></tr>
<tr><td>第一节　教育管理系</td></tr>
<tr><td>第二节　教育心理系</td></tr>
<tr><td rowspan="7">第四章　体育与艺术学院</td><td>学院综述</td><td rowspan="7">陈雁飞、巩平、潘建芬、张宾、赵楚、韩兵、杨岩、陈晓芳、林泰然、田蕊、韩铁山、尚洪刚、张庆新、张锋周、黄春秀</td></tr>
<tr><td>第一节　体育系</td></tr>
<tr><td>第二节　音乐系</td></tr>
<tr><td>第三节　美术系</td></tr>
<tr><td>第四节　艺术设计系</td></tr>
<tr><td>第五节　幼儿艺术教育系</td></tr>
<tr><td>第六节　青年教师专业创意与实践创作研究所</td></tr>
<tr><td rowspan="4">第五章　职业教育学院</td><td>学院综述</td><td rowspan="4">吴安民、李蕴洁、秦山清、黑岚、吕亚非</td></tr>
<tr><td>第一节　财经管理系</td></tr>
<tr><td>第二节　旅游管理系</td></tr>
<tr><td>第三节　职业教育研究所</td></tr>
</table>

续表

<table>
<tr><th>章</th><th colspan="2">节</th><th>参编人</th></tr>
<tr><td rowspan="4">第六章　信息与远程教育学院</td><td colspan="2">学院综述</td><td rowspan="4">孟宪凯、陈捷、高端林、汪越、吴健伟、纪方、李朴</td></tr>
<tr><td colspan="2">第一节　计算机系</td></tr>
<tr><td colspan="2">第二节　教育信息技术服务与远程教育</td></tr>
<tr><td colspan="2">第三节远程教育研究所</td></tr>
<tr><td rowspan="5">第七章　国际语言与文化学院</td><td colspan="2">学院综述</td><td rowspan="5">王卫则、张金秀、包咏、王冬妮、张乃明、刘耘、李慧芳、王秀艳</td></tr>
<tr><td colspan="2">第一节　外语系</td></tr>
<tr><td colspan="2">第二节　对外汉语系</td></tr>
<tr><td colspan="2">第三节　留学生工作</td></tr>
<tr><td colspan="2">第四节　国际基础教育比较研究所</td></tr>
<tr><td rowspan="4">第八章　图书馆与社会培训机构</td><td colspan="2">第一节　图书馆</td><td>朱宝利、甘延清</td></tr>
<tr><td rowspan="3">第二节　社会培训机构</td><td>北京教育学院培训中心</td><td>吕扬</td></tr>
<tr><td>北京教育学院交流培训中心</td><td>吴润</td></tr>
<tr><td>北京市成人教育培训中心</td><td>刘竹云</td></tr>
</table>

第四编　管理与组织建设

<table>
<tr><th>章</th><th>节</th><th>参编人</th></tr>
<tr><td colspan="2">第一章　行政管理与制度建设</td><td>滕利君、曲静、栾好问</td></tr>
<tr><td colspan="2">第二章　基础建设 校企管理与后勤改革</td><td>韩永江、胡墨林、吴珊、孙广学、李起臣</td></tr>
<tr><td colspan="2">第三章　人才队伍建设</td><td>冯华</td></tr>
<tr><td rowspan="3">第四章　党的建设</td><td>第一节　党员代表大会概况</td><td>谢志东、张楠、董丽</td></tr>
<tr><td>第二节　党的基层组织建设与干部管理</td><td rowspan="2">宋忠志、李玲馨</td></tr>
<tr><td>第三节　党风廉政建设</td></tr>
<tr><td rowspan="3">第五章　工会、教代会、共青团与民主党派工作</td><td>第一节　工会 教代会王红樱、孙红丽</td><td>王红樱、孙红丽</td></tr>
<tr><td>第二节　共青团</td><td rowspan="2">谢志东、董丽、刘扬</td></tr>
<tr><td>第三节　民主党派</td></tr>
</table>

续表

<table>
<tr><th>章</th><th colspan="2">节</th><th>参编人</th></tr>
<tr><td rowspan="13">第六章　主要职能处室</td><td colspan="2">第一节　学院办公室（含党委办公室、院长办公室、外事办公室）</td><td>滕利君、曲静、栾好问</td></tr>
<tr><td colspan="2">党委组宣部（含组织部 宣传部 统战部 团委）</td><td>谢志东、董丽</td></tr>
<tr><td colspan="2">第三节　纪检监察审计处</td><td>宋忠志、李玲馨</td></tr>
<tr><td colspan="2">第四节　安全保卫处</td><td>佟德仲、关培勇、宋建彬</td></tr>
<tr><td colspan="2">第五节　离退休工作部（处）</td><td>李凌</td></tr>
<tr><td colspan="2">第六节　工会（略）</td><td>/</td></tr>
<tr><td colspan="2">第七节　人事处</td><td>冯华、王建华</td></tr>
<tr><td colspan="2">第八节　财务处</td><td>杨禾、许蔓</td></tr>
<tr><td colspan="2">第九节　科研处</td><td>石瑒、张祥兰</td></tr>
<tr><td>第十节 教务处</td><td>教务处
教学督导室</td><td>余新、王永红</td></tr>
<tr><td colspan="2">第十一节　北京市普教系统干部培训办公室</td><td>胡淑云、马甜甜</td></tr>
<tr><td>第十二节　北京市中小学中等职业学校教师培训中心办公室</td><td>北京市中小学中等职业学校教师培训中心办公室
北京市教师资格认定事务中心
全国中小学教师继续教育工程办公室</td><td>汤丰林、盛泓洁、夏静、钟亚妮</td></tr>
<tr><td colspan="2">第十三节　北京教育党校与北京市基础教育党建研究中心</td><td>方怀胜、郭佳</td></tr>
<tr><td rowspan="4">第六章　主要职能处室</td><td colspan="2">第十四节　北京市督学研修中心</td><td>伍芳辉</td></tr>
<tr><td colspan="2">第十五节　国有资产管理处</td><td>吴珊、刘丽霞</td></tr>
<tr><td colspan="2">第十六节　总务处</td><td>韩永江、胡墨林</td></tr>
<tr><td colspan="2">第十七节　北京教育学院附属中学</td><td>周子军、金培京、李京</td></tr>
</table>

附录

序号	内容	参编人
附录一	2008—2013 年学院发展大事记	滕利君、谢志东、曲静、刘琳、张学兵、栾好问、浦洁
附录二	2008—2013 年中层干部任免情况	谢志东、董丽
附录三	2008—2013 年专业技术职务评审结果	冯华、王建华、张竞
附录四	2008—2012 年先进个人评选情况	学院办公室

续表

序号	内容	参编人
附录五	学院获国务院特殊津贴人员及获曾宪梓奖人员名录	冯华、王建华、张竞
附录六	学院获北京市基础教育教学成果奖名录	石瑒、齐宪代
附录七	学院教职工获北京市高等教育教学成果奖情况	
附录八	2010 年教育部基础教育课程改革教学研究成果获奖名单	
附录九	2012 年在册教职工及 2008—2013 年入院教职工名录	冯华、王建华、张竞

在整个编写过程中，学院领导高度重视，不但积极组织编写力量，认真审阅每一次修改稿，而且亲自动手撰写或修改稿件。党委书记马宪平、院长李方和院志续编工作牵头人党委副书记郭世安在统筹和组织方面高度负责、全程指导、细致审阅并严格把关；副书记刘枫耘，纪委书记卢晖，副院长钟祖荣、许志矛、张彦春几位同志亲自撰写或修改稿件；副院长杨志成为《院志》的出版进行宏观协调，做了大量工作。各部门、二级学院负责同志在接到撰写任务后，也都全力以赴组织力量、督办或亲自撰写，确保撰写工作保质保量按期完成。

执行主编齐宪代，在《院志》续编中担负规范制定、问题梳理、意见反馈、个别和集体指导的重要责任，每一个要求都详细具体、有可操作性；每一个环节都确保按计划有条不紊地推进；每一个问题或难点都以高度负责的精神想办法去解决；每一处史料都下大力气核实；在后期编辑和统稿方面做了大量工作，为《院志》最终成书作出重要贡献。学院办公室、人事处、《院志》编辑工作办公室的同志们在整个编辑过程中，积极发挥统筹、协调、联络、整合的作用、与编审人员配合默契，为《院志》续编工作按期完成做了大量幕后工作；学院档案室、人事档案室的同志，为核实历史情况和最新统计数字付出了辛勤劳动；组织宣传部提供了宝贵的前插图片；学院文印室为保证《院志》续编正常开展过程中有求必应，加班加点打印各种材料。北京出版社的领导和编辑们克服时间紧迫的困难，对《院志》如期出版给予大力支持。在此对大家的支持与帮助一并表示衷心的感谢。

《院志》问梓，将面对广大教职工的检验，经受历史的检验。

由于种种原因，《院志》中仍有个别问题未能得到准确核证与妥善解决。对于存在的不妥和疏漏，恳请广大教职工给予指正，以便有条件时再予补充和修订。

对于《院志》编写过程中提供支持和帮助的单位和个人亦或未能一一列举，也恳请谅解。

《北京教育学院志（2008—2013）》编辑委员会

2013 年 10 月